"十三五"江苏省高等学校重点教材　编号：2018-2-113

南京林业大学精品教材建设项目系列教材

U0656327

林业政策学

丁　胜　杨加猛　赵庆建　主　编

东南大学出版社
SOUTHEAST UNIVERSITY PRESS
·南京·

图书在版编目(CIP)数据

林业政策学 / 丁胜,杨加猛,赵庆建主编.—南京：
东南大学出版社,2019.1(2025.7 重印)
ISBN 978-7-5641-8188-8

Ⅰ.①林… Ⅱ.①丁… ②杨… ③赵… Ⅲ.①林
业政策-中国-高等学校-教材 Ⅳ.①F326.20

中国版本图书馆 CIP 数据核字(2018)第 291888 号

林业政策学

出版发行	东南大学出版社	
社　　址	南京市四牌楼 2 号	
出 版 人	白云飞	
责任编辑	夏莉莉	
经　　销	全国各地新华书店	
印　　刷	江苏凤凰数码印务有限公司	
开　　本	787 mm×1092 mm　1/16	
印　　张	19.75	
字　　数	368 千字	
版　　次	2019 年 1 月第 1 版	
印　　次	2025 年 7 月第 2 次印刷	
书　　号	ISBN 978-7-5641-8188-8	
定　　价	52.00 元	

本社图书若有印装质量问题,请直接与营销部联系,电话:025-83791830。

前　言
FOREWORD

　　教材以林业经济学为理论基础,从理论、体制、方法等综合角度对林业政策原理、林政管理组织与职能、我国林业建设方针、林权管理、林地管理、植树造林规划、森林保护管理、自然保护区与野生动植物保护管理、森林经营管理、森林采伐管理、木材流通管理方面等主要的林业政策作了系统的阐述。

　　本教材分为十二章三个部分,第一部分是林业政策与林政管理的基本理论,主要阐述林业政策的意义、性质、特点、内容及分类,制定林业政策的目标、原则、依据和程序,林业政策的实施范围、步骤、反馈、监督,林业政策系统分析、政策设计及评价筛选、林业建设的基本方针等理论。第二部分是森林资源培育和保护政策,主要阐述森林资源管理、保护、培育政策,林权、林地管理制度、森林资源培育政策、植树造林规划与政策、森林保护管理、自然保护区与野生动植物保护管理和森林灾害管理等各种具体政策。第三部分是森林资源采伐及利用政策,介绍我国在不同历史时期的森林资源采伐利用政策、木材流通管理及其他林业政策,并加以分析。

　　本教材由南京林业大学杨加猛(第一章至第三章)、赵庆建(第四章至第六章)与丁胜(第七章至第十二章)等同志负责撰稿。

　　本教材主要适用于农林经济管理类专业的本科生、研究生及职业与继续教育的学生;对林业行政管理人员及林业政策领域的研究人员也具有重要的参考价值。由于笔者水平有限,掌握资料还不够全面,本书还有许多缺点和不足,恳请批评、指正。

目　录
CONTENTS

第一章

林业政策概论

【本章学习目标】

1. 了解林业政策的概念、特征、目标以及作用。
2. 了解林业政策实施的步骤,熟悉林业政策实施的方法。
3. 了解林业政策与林业法规的区别和联系。

【本章要点】

林业政策是党和国家以及各级林业主管部门为实现发展林业的总目标,在一定历史时期乃至一定发展阶段,制定的一系列行为规范和行动准则的总和。从发现分析林业发展中存在的问题、有针对性地提出解决方法、确定林业政策具体内容到林业政策的实施与反馈,这是一个既具体复杂又非常严肃的过程。本章将重点介绍林业政策的性质与作用、林业政策实施的步骤与方法,全面具体分析林业政策的系统性。

第一节　林业政策的性质与作用

一、林业政策的概念及特征

（一）政策的基本含义

在现代生活中,"政策"一词已被人们频繁使用在政治、经济及学术活动等领域。政策,顾名思义就是政治策略或政治谋划的意思。我国古代对"政""策"两个字是分开解释使用的。"政"指的是"政治""政权""政务",包含着掌控、规范的意味。"策"则指"策划""策书",包含政令、谋略的意思。因此,在汉语中,政策指代为治理国家、规范民众的行为而制定的谋略或规定。然而在英语中,初始用"politic"来表示"政治",并无"政策"一词,后来随着政党的出现,才逐渐由"policy"来表示"政策"。

在西方政治学界,几乎所有的政治学者都对"政策"一词进行过研究,并从不同角度对其下定义,实质上揭露了政治的本质。有的学者强调政策的目标性,认为它是为了完成某一目标而制定的一种实际的活动过程。有的学者则侧重政策的相互关系,认为"政策的活动过程是为了解决某一特定问题,由一个或一批行为者制定的"。还有的学者强调政策是政党为了阶级利益而规定的一种行为规范或行动准则。

基于中外学者对政策的认知和研究,我们可以看出,政策具有强烈的政治色彩。用马克思和恩格斯的话说:"统治阶级为了维持和再现现有的生产方式和社会形式,势必运用国家政权,换言之,在政治上进行统治。"对于一个国家而言,一方面,要建立相对稳定的政治制度(包括政治、经济、文化等方面)来规范人们的行为,另一方面还要具备相对灵活的、可以解决复杂问题的具体措施、决策来实现目标任务。可以说,政策就是党和国家在一定时期内为实现某一特定目标,以权威的形式,规定相关的行为依据和行动准则。政策的本质是反映阶级利益的观念化、主体化、实践化。

(二)林业政策的概念和特征

林业政策是党和国家为了实现保护森林资源、发展林业等目标,在一定的历史时期而制定的行动规范和准则。林业政策作为国家经济政策的组成部分,既具有作为国家政策的共性,又具有由林业自身特点所决定的个性,主要体现在下面几点:

1. 针对性与系统性的统一

林业政策是由党和国家以及各级林业部门制定并施行的对林业产生直接或间接影响的一系列措施的集合。林业政策必然与林业相关,所以具有明显的针对性。一方面,林业政策的施行对象是林业这一特殊的行业;另一方面,林业政策是就林业生产与建设中出现的矛盾与问题而制定的相应决策与措施。可以说是为林业"量身定做"的政策。

国家的任何一项政策并不是孤立存在的,而是互为条件,相互补充,形成一个有机的整体,具有系统性、整体性。林业政策也不例外。各个不同层次、不同角度的下级林业政策组成一项总的林业政策,这些政策之间相互依存、相互渗透、相互作用,缺一不可。高层次的林业政策为较低层次的林业政策提供总的奋斗目标、大政方针以及一些基本的行为规范等。而较低层次的林业政策主要涉及属于本层次的、一些较为具体的基本政策,为政策的执行提供具体的指导和参考。

林业政策是针对性和系统性的统一,既要"对症下药",又要根据总的大政方针制定出一套完备的林业政策体系。

2. 变动性与稳定性(连续性)的统一

政策处于不断的发展和变化之中,变动性是政策的一个固有属性。在现代社会中,随着政治、经济、科学技术的飞速发展,各种问题也在不断地产生,如何解决这些问题成为不可避免的一项抉择。在这样的前提下,政策必须因时而异,顺应当前的形势进行补充、调整、修正,以达到最佳的效果。没有任何一种政策可以一成不变地存在下去。林业建设是随着国民经济的发展而发展的,是在社会生产关系的急速变化中变化的。那么,林业政策的制定也应根据变化的形势进行合理的调整,使林业生产关系不断适应林业生产力的发展要求。在新中国林业发展史上,1958 年开始的"大跃进"运动产生了不小的影响。人们大炼钢铁,导致大片森林被毁,林业政策乃至整个林业发展遭遇极大的破坏。为了改变林业发展现状,

1960年后林业部逐渐调整林业政策,提出"继续在全国范围内,本着全面开发、全面利用的方针,大力开发新林区……木材采伐和森林更新同时并举,综合利用森林资源,以林为主,多种经营"。这项政策的及时调整、合理制定,使得我国林业在"三年经济困难时期"虽然遭到了破坏但仍有所发展。特别是1962年以后,国民经济形势好转,带动了林业的发展,1964年更成为林业生产的最好年份。

同时,制定和实施政策的目的是解决社会问题,这个过程从来不是一朝一夕就能完成的。任何政策的制定和执行都需要经历一个相当长的时间与过程。在这个时间和过程的范围内,在其所服务的任务未完成之前,政策必然具有相对的稳定性。因此,政策的稳定性也是林业政策的一个重要特征。政策的稳定与国家的政治、经济和社会稳定是紧密联系的,如果一个国家政策长期不稳定或波动变化太快,那么会给人们带来心理上的不安全感,势必影响人民群众对政策以及政府的信任,造成国家处于动荡、混乱的局面。而且,不稳定的政策还会减弱政策执行者的忠诚度,易使其立场不坚定、做事不负责任。林业属于经济领域,林业经济政策的重大动荡往往影响林业的正常发展。

政策的变动性与稳定性是政策发展与完善过程的一种辩证关系。政策的稳定性实际上是政策变动性的特殊表现,稳定的政策也包含了稳定发展与灵活调整的内容。政策的稳定性与变动性的有机结合可以有效应对社会条件的发展变化给政策带来的各种冲击,这是保证政策稳定性的一个重要手段。在林业政策的制定与执行方面,我们更应该强调林业政策的稳定性以及由林业政策的变动性与稳定性派生出来的连续性。因为在林业生产过程中,生产周期的长期性和自然性是林业生产自身方面的决定性条件,我们必须尊重林业生产的自然规律。频繁地变动林业政策或使林业政策之间缺乏继承性、一致性,势必会影响整个林业生产的正常进行,从而导致社会、经济以及生态方面的一系列难以挽回的恶果。

3. 政策间的相关性

政策系统理论不仅论证了政策的层次性,而且阐明了各项政策之间的相关性,即彼此之间相互联系、相互制约、相互作用、相互补充。就林业而言,林业政策的相关性表现在它与其他政策之间的联系,特别是与林业政策有直接关系的土地政策、农牧业政策、环境保护政策、水利政策、矿业政策以及教育政策等。比如林业政策与土地政策之间有着密切的制约关系,林业不能离开土地而独立存在,土地政策也能为林业生产与经营提供指导与制约作用。

党和国家在制定与执行林业政策时,应考虑与其他有关政策之间的联系,避免重复与冲突,便于林业政策的切实贯彻、全面实施,利于林业的快速发展。其次,林业政策的相关性还表现在林业政策之间的联系上。例如,党和国家在培育森林和利用森林方面颁布了一系列的具体政策,而这些具体政策之间是相互依存、相互作用、相互制约与相互补充的。因此,我们在制定和执行林业政策过程中必须强调协调发展的理念,全面贯彻落实政策精神,使林业生产与经营的各个方面都具有协调性、一致性。

二、林业政策的目标和作用

1981 年 3 月 8 日《中共中央、国务院关于保护森林发展林业若干问题的决定》指出:"发达的林业,是国家富足、民族繁荣、社会文明的标志之一。"林业发展的重点就是依靠林业政策对林业各层次、各方面进行引导与规范。因此,林业政策的目标就在于依靠科学技术进步的力量,制定和实施利于国情、利于林业、利于经济发展的行动准则,最终实现林业经济建设协调可持续发展。

(一) 林业政策的目标

林业政策的目标主要包括社会、生态、经济三个方面。这三个目标紧密联系、不可分割,共同推进我国林业政策的健康发展,同时,为林业生产经营者提供科学造林、高效育林的指导。

1. 社会目标

我国是少林国家,森林覆盖率在世界平均水平之下,所以森林是我国非常珍贵的自然资源,同时也是发展林业的基础,对社会的各方面都有着重要的影响。首先,森林的开发利用为社会的各行各业提供了丰盛的木材和林产品,尤其是在建筑、造纸、采矿等行业中扮演着至关重要的角色,其地位不可比拟。其次,林业发展的水平也关系到其他部门的发展。例如在农业方面,自然条件对其影响甚大。然后,林业的发展为人们日常生活的很多方面带来了极大的帮助,林业产业化为社会提供了品种繁多的经济产品,不仅满足了人们对产品的多样化需求,还促进了社会经济的飞跃发展。因此,林业的发展是社会稳定和发展的重要保证。

2. 生态目标

森林是"地球之肺",也是物种丰富、结构复杂的生物群落。它与所在空间的非生物环境有机结合,形成了一个完整的生态系统。如果一个地区的森林遭到破坏,那么这个地区的生态系统就会失去平衡,而且损害的地区数量一般与生态系统平衡呈负相关,这种不平衡引发了一系列不可避免的严重的社会问题,如人们健康受损、环境污染、生物多样性减少等。所以,为了保护生态环境、保持生态平衡,党和政府必须制定和实施合理有效的林业政策来保障林业的健康发展。

3. 经济目标

森林能够为人类社会发展所需提供丰富、多样的物质资源,自身蕴藏着巨大的经济效益。一般而言,森林覆盖率高且森林资源分布均匀的国家,其生态环境、经济发展环境都更为优越。所以党和国家以保护森林资源为前提,以扩大现有森林面积为条件制定林业政策,以提高森林的覆盖率,实现林业的可持续发展。

（二）林业政策的作用

1. 指导作用

林业政策的指导作用主要体现在林业生产与经营方面。林业的发展不仅需要投入大量的人力、物力和财力，而且还需依赖人们的配合以及整个社会的支持。党和国家通过制定林业政策，来引导百姓正确认识林业的重要性，以此形成全社会统一的思想，从而为实现林业政策的目标而做出不懈努力。

2. 管理作用

林业政策是党和国家通过激励、调节等手段来实现对林业管理的一种措施。一方面，林业政策可以激励人们的行为。改革开放以来，党和国家通过并出台了稳定山权林权的林业政策，这极大地调动了人们林业建设的主动性，提高了林业生产和经营的积极性。另一方面，林业政策的制定、实施可以调解和解决林业经济主体在林业生产与经营过程中出现的矛盾和问题。例如，为了平衡森林培育和森林采伐利用之间的关系，党和政府制定了以营林为基础的政策，有效提高了资源的利用率，减少了资源损耗。

3. 控制作用

林业政策的控制作用主要体现在监督和惩罚方面。通过监督林业工作中的行为，按照检查的标准与要求，确定其是否符合相关的规定，同时对正当行为给予支持和鼓励，对不正当行为进行限制和惩罚，以此达到林业经济正常发展、健康运行的目的。例如，在森林保护方面，林业政策起到限制非法采伐、禁止乱砍滥伐的作用；在木材流通方面，林业政策起到制止木材非法变相涨价、加价的作用。

综上所述，党和国家通过制定和实施林业政策，发挥林业政策的指导、管理与控制作用，以实现社会、生态与经济三大效益目标，推进林业建设的可持续发展。

第二节 林业政策实施的步骤与方法

一、林业政策实施的步骤

我国林业政策的实施机构主要是由中央以及各省（自治区、市）、地（自治州、市）、县（自治县）林业主管部门组成的林业管理组织。林业管理组织机构对切实贯彻、全面落实相关林业政策承担着一定的责任和义务。林业政策的实施一般分为准备和实施两个阶段。

（一）准备阶段

由于林业本身具有特殊性，所以林业政策在制定后并不是立即投入实施，而是需要一定时间去做准备工作。在正式实施林业政策前需要做好思想准备、组织准备和物质准备，以提高政策执行的效率。在思想上，不仅要让实施某项林业政策的机构及其人员充分理解和认可该项政策,而且要让广大人民群众也正确认识该项政策的具体内容、实施步骤、作用意义,只有这样才能使人们自觉遵守政策要求,达到政策执行的高配合、高质量、高效率;在组织上,要保证组织机构的完善和健全,明确组织和个人的责、权、利,保证政策执行的完整性和顺利性;在物质上,要确保该项林业政策实施所需的资金、技术、设施等都已到位,为政策实施做好基本的物资保障。只有做好这三方面的准备,才能使林业政策顺利进入实质性的实施阶段。

(二)实施阶段

实施阶段是对林业政策实施工作的具体化、明确化,按照实施的具体内容合理分配工作任务,并对政策实施者进行监督。主要包括传达、指挥、控制、协调四个阶段。

1. 精准传达

在做好充分、扎实的准备工作之后,需要及时、准确地把政策实施对象、范围、标准、效力等方面的内容传达下去。一般而言从传达之日起,被传达者就应实施该项政策。

2. 统一指挥

在政策的具体实施过程中,林业管理组织机构应按照政策的具体要求,统一指挥,统一指导,以保证政策顺利进行,避免混乱或不一致现象的发生。

3. 检查控制

当政策的实施出现偏差、失真时,林业管理组织机构应进行及时的检查和纠正,为政策的目标性与方向性保驾护航,以防政策偏离目标。

4. 统筹协调

由于林业政策具有相关性,所以它并非独立作用,而是需要各部门、各系统、各行业乃至整个社会一起努力,共同完成。在具体的实施工作中,各级组织或同一级组织之间难免会有冲突与矛盾,这就需要组织进行协调,统筹全局。

二、林业政策实施的方法

林业政策的实施方法有很多,主要有三大方面,即行政方法、经济方法和法律方法。在具体的实施过程中,需要具体情况具体分析,使行政、经济与法律三种方法相互补充、相互作用、相互协调,最终实现林业政策目标。

1. 行政方法

行政方法是最常见、最有效的林业政策实施方法。它主要依靠国家林业行政机构运用行政手段如命令、决定、指令性计划等强制地、无偿地、直接地要求人们听从政策要求、服从政策指令。

2. 经济方法

经济方法主要指国家行政机关运用经济工具如财政金融、价格、经济管制等平等地、有偿地、间接地影响政策参与者的方法。在使用经济手段时,要以林业政策的目标与要求为指导思想,合理运用各种手段,促进林业政策的有效实施。

3. 法律方法

法律的权威性不言而喻,它是林业政策实施中一个至关重要的政策工具。它以法律形式,将相关规定条文化,借助法律的强制性、严肃性、威慑性,确保林业政策被贯彻实施。另外,行政方法和经济方法也会借助法律形式对政策参与者进行约束,通过行政制裁、经济制裁和法律制裁来严惩违法者,规范相关主体的行为,推动林业政策的顺利实施。

第三节　林业政策的系统分析

一、林业政策系统的结构

林业政策具有系统性,是一系列行为规范和行动准则的总合,并且一个完整的政策系统由众多相互连续、相互作用、相互渗透的子系统构成,任何一项林业政策都不是独立存在的。按照不同的分类标准,林业政策可以划分为不同的类型。这里,我们将从横纵两个方向系统分析林业政策的结构。

从横向结构来看,林业政策由相互依存、相互补充、相互制约的相关政策组成,每项政策的顺利实施需要其他政策进行高度配合和大力支持,某一部分的变动会引起其他部分跟着变动,因而使得政策实施的整体效果受到一定程度的影响。所以,在制定一项林业政策时,应考虑林业政策本身的系统性以及与其他政策乃至整个政策系统之间的相关性,做好相互统筹、相互协调,避免政策之间互相抵触、冲突、矛盾;在实施一项林业政策时,也应注意协调好与其他各项政策之间的关系,以确保政策的顺利、有效实施。

从纵向结构来看,林业政策是由林业基本政策和林业具体政策组成的。林业基本政策是针对林业生产与经营中存在的主要问题和矛盾而制定的,它为人们指明了林业建设的行动方向和根本目标;林业具体政策是指党和国家在一定历史时期为实现特定目标而规定的某一方面的具体行动准则。基本政策指导和统领着具体政策,具体政策是基本政策的进一步细化。例如我国林业建设的总方针是"普遍护林、大力造林、采育结合、永续利用";同时,为了实现该项方针,党和国家在营林、育林、采伐利用等方面制定了一系列相应的具体政策。

二、林业政策类型的划分

不难看出,林业政策是一种与其他政策相互作用、相互制约形成的有机整体。我们可以从不同侧面和角度进一步分析林业政策体系,形成不同的政策类型。林业政策类型的划分对于制定和实施林业政策、深化林业政策体系功能的认识具有举足轻重的意义。以下将从三个方面对林业政策类型进行划分。

1. 按照林业政策的作用、对象,可将林业政策分为:

(1) 林业经济政策。它是指党和国家在林业经济领域方面规定的政策,是在我国协调林业经济运行中规定的各种经济关系和经济活动的行动准则。从产业的角度来看,林业经济政策主要包括营林业、森林工业、林产工业等方面内容。而这每一项政策又包含多个分政策,如种苗政策、植树造林政策等就是营林业政策的分政策。

(2) 林业行政管理政策。它是指国家对各级政府林政机关、林业主管部门在林业管理过程中规定的行为准则。林业经济政策及其他政策的落实实施是林业行政管理的工作方向以及最终目标。

(3) 林业科教政策。它是指党和国家在一定历史时期为实现林业经济建设的总目标,对林业科学技术发展、林业科技工作以及林业文化教育所规定的指导原则。

2. 按照林业政策制定的机关和实施范围,可将林业政策分为:

(1) 中共中央、国务院以及国家林业主管部门制定的林业政策。该类政策的制定机关是由党中央、全国人民代表大会、中央人民政府(国务院)及其林业主管部门,在我国林业政策体系中属于等级属性最高、法律效力最大、适用范围最广的政策,其他林业政策均不得与此冲突。该类林业政策一般解决的是我国林业普遍存在的问题,具有指导和约束的作用。

(2) 各级地方政府制定的林业政策。这类林业政策是由各级地方政府通过考察、认识、了解本行政区域内的林业实际情况,因地制宜,制定的适用于本行政区域内的林业政策,为贯彻执行全国性方针政策奠定基础。这类林业政策既是对全国性林业政策的补充,又是其重要的组成部分。各级政府及林业主管部门在制定地方性政策时必须与中央统一政策的思想、内容、要求、精神保持一致,不得与此相抵触。

(3) 国家制定的关于少数民族地区的林业政策。为有效进行少数民族地区的林业建设,一方面,党和国家针对少数民族地区林业发展的特点,制定了一些适用于少数民族地区的、具有特色的林业生产与经营的法律法规;另一方面,赋予自治权,允许地方政府根据自身实际情况制定出相应的政策,但必须与中央及各级政府制定的林业政策指导思想保持一致,并必须报省、自治区或者全国人民代表大会常务委员会批准后方可实施执行。

3. 按照林业生产与再生产过程的环节或阶段,可将林业政策分为:

(1) 关于森林、林木、林地所有权与使用权的政策。我国实行土地公有制,林地的所有权归属国家和集体。随着林业的不断发展与改革,林地所有权与使用权开始分离,林地使用权经过有偿或无偿的流转方式分散到国家、集体、个人乃至其他经营者的手中,提高了对林地资源的利用率。但在林业发展过程中仍然存在着诸多问题,例如集体林产权不明晰、经营主体不落实、利益分配不合理等。为了进一步解放和发展林业生产力,党和国家开展了集体林权制度改革,从根本上有效解决了林业发展动力机制问题。通过明晰产权、放活经营、规范流转,来调动广大林农和社会参与林业建设事业的自主性和积极性,促进传统林业向现代林业转变,更好地发展现代林业。

（2）关于植树造林的政策。面对自然灾害频繁、森林资源日益枯竭的发展趋势，如何利用林业生产改善生态环境、扩大森林资源是现代林业工作的重要议题。植树造林是一个行之有效的促进手段。《中华人民共和国森林法》（简称《森林法》）第十一条规定："植树造林、保护森林是公民应尽的义务。各级人民政府应当组织全民义务植树，开展植树造林活动。"全民义务植树造林，大大增加了我国人工林面积，提高了森林覆盖率，能有效改善生态环境，缓减环境压力。

（3）关于森林保护的政策。林业不仅是一项基础性产业，更是一项建设性、公益性事业，林业的发展预期是实现经济和生态的双重发展。但随着我国经济建设进程的逐渐加快，森林资源不足、林木质量不高、生态功能薄弱等问题日益暴露，党和国家也意识到森林资源保护与利用的重要性，并制定了相关措施，在合理利用森林资源的同时做好培育、保护工作。

（4）关于森林采伐的政策。为了实现森林的可持续经营，党和国家对森林采伐提出了明确要求，规定全国实行森林限额采伐政策，加强对森林资源的利用监管，维护森林资源的可持续发展。

以上的林业政策类型的划分是从多个层次多个角度进行的。此外，还有与林业生产建设有关的林业金融政策、林业税收政策、林业保险政策等。这些林业政策相互配套、相互作用、相互制约，构成了我国完整的林业政策体系，推动我国林业的快速发展。

第四节　林业政策与林业法规

林业政策是党和国家为了保护森林资源、实现发展林业的目标，在一定历史时期而制定的行动规范和准则。但这些行为规范和准则一般都较为抽象，缺乏具体性，所以需要依靠各种途径和方法来保证政策的执行力。其中，将林业政策上升为林业法律或法规是一种最典型、最具强制力、最有效的方法。但是林业法律本身具有普遍约束力和强制性，林业政策自身也具有鲜明的针对性和灵活性，所以必须平衡好林业政策和林业法规之间的关系，发挥各自的作用，才能切实贯彻林业建设总方针和真正实现林业发展总目标。

一、林业政策与林业法规的共性

林业政策与林业法规在本质上存在共同点。两者都是由党和国家统一制定的规定，都是广大人民群众意志的集中体现，都是党和国家推进社会主义林业建设的重要手段，都是由社会主义的经济基础所决定并为该经济基础服务的林业上层建筑的组成部分。

二、林业政策与林业法规的区别

虽然林业政策与林业法规具有相同的本质，但两者并不完全等同，仍然存在许多不同点，具体体现在：

1. 制定机关不同

林业政策是由中共中央、国务院或各级林业主管机关制定的,而林业法规则是由宪法确定的国家权力机关制定的。不同的制定机关赋予林业政策与林业法规的性质是不同的。

2. 表现形式不同

林业政策可以以决议、纲领、声明、指令等形式呈现,表现形式多样,具有原则性和指导性。而林业法规是借助法律条文进行表现,方式比较单一,具有严肃性和规范性。

3. 实施方法不同

林业政策主要通过宣传号召、引导教育和各级组织的行政约束力来贯彻落实。林业法规主要依靠国家强制力和法律威慑力贯彻实施,对违法人员实行一定程度上的法律制裁。

4. 稳定程度不同

虽然两者皆具有稳定性,但稳定程度有所区别。林业政策是随着政治、经济形式不断变化而变化的,有一定的变动性。而林业法规是根据政策经验,将被实践检验过的、行之有效的、比较成熟的党的政策加以法律化、定型化。由此可见,林业法规比林业政策更为稳定。

三、林业政策与林业法规相互关系

林业政策和林业法规两者之间既有相同点又有不同之处,两者存在着一定的联系,使之相辅相成、相互作用,主要体现在以下两个方面:

1. 林业政策是林业法规的依据

林业政策是党和国家指导林业有关活动的基本准则和行为规范。同样,也是林业法规制定和实施的依据。

林业政策指导林业法规的制定。例如,我国《森林法》就是根据我国林业建设总方针制定出的,它将森林保护、采伐利用等方面的政策以法律条文的形式具体化、法律化。随着经济社会的不断进步和发展,党和政府制定了多领域、多方面的林业政策。国家权力机关以此为依据也相继制定了一系列林业法规或条例。

林业政策指导林业法规的实施。林业法规不能取代林业政策,在林业法规具体实施过程中,林业政策依旧是林业法规的依据,依旧要根据政策精神理解林业法规的实质内容。

2. 林业法规是贯彻林业政策的重要工具

林业法规的制定就是依靠国家强制力和法律威慑力,使林业政策条文化、规范化或法律化。通过法律手段贯彻落实林业政策,可以说林业法规是贯彻执行林业政策的重要工具。

党和国家要正确认识林业政策与林业法规之间的关系,既不能把林业法规与林业政策割裂分开、对立抵触,也不能将林业法规与林业政策简单等同、混为一谈。正确处理两者之间的关系不仅在理论上而且在实践中都有重要的意义。

本章小结

本章以林业政策为核心,介绍其性质与作用、实施的步骤与方法,并对林业政策的系统性进行分析。林业政策对于处理林业与人类社会的关系、与整个生态系统的关系、与国民经济的关系都至关重要。除此之外,正确认识林业政策和林业法规,并处理好两者之间的关系,对实现林业建设的总目标同样重要。

【案例分析及讨论】

安徽省林业可持续发展的公共政策

在社会对林业需求呈现多元化的形势下,安徽省林业发展重心也发生了转变,由传统的林木产品产出效益转向生态旅游、弘扬文化、稳定社会等综合效益。安徽省针对本省实际情况制定了一系列政策措施,具体如下:

1. 管制政策。1985 年以前,安徽省森林先后遭到三次严重的破坏,森林面积大量减少。为了培育、保护、合理利用森林资源,实现可持续发展,安徽省依据《森林法》及《制定年森林采伐限额暂行规定》实施森林限额采伐制度,这标志着全省的森林采伐管理进入严格的管理阶段。同时,安徽省根据林业部《关于加强林木采伐许可证管理的通知》规定采伐林木必须要申请采伐许可证,持有许可证才可进入林区进行采伐。采伐限额管制政策的实施标志着安徽省实现了以林产品生产为主向生态保护为主的历史性转变。

2. 财税政策。2009 年,依照《国务院关于完善退耕还林政策的通知》(国发〔2007〕25 号)的具体要求,安徽省继续实施退耕还林补助政策。同时根据 2009 年中央 1 号文件,安徽省追加了森林生态效益的补偿额度,2010 年,公益林集体林提高到 10 元/亩,通过财政直接发放到户增加至 9.75 元/亩,补偿涉及人数约 250 万元,林农每年的直接受益达 24 292 元。除此之外,根据中央文件精神,安徽省于 2009 年颁布《安徽省人民政府关于加快林业改革发展的若干意见》(皖发〔2009〕30 号)文件指出,一方面加大对林业的投入,建立完善的补贴机制。对国家重点工程的人工造林和封山育林,给予连续 3 年的苗木、抚育、管护补贴;对林业项目提供贴息贷款。另一方面加大税收优惠力度,减轻森林经营主体的负担。2013 年《安徽省林权管理条例》规定,为促进林业可持续发展,地方政府应充分发挥林业贴息、资金补助等政策的引导作用,加强与金融机构的合作,进一步落实林业贷款贴息政策和森林保险补贴政策。同时,银行、保险等金融机构应积极响应政府号召,为林业发展提供保险、信贷支持,开展林业小额信用贷款、林权抵押贷款、森林保险等业务。

3. 产业政策。为实现林业持续发展,国务院于 2003 年 6 月颁布《中共中央国务院关于加快林业发展的决定》(中发〔2003〕9 号)提出,进一步加强对林业产业引导,扩大林业对外开发,加快林业产业结构优化升级。随后,安徽省结合本省实际,于2009年颁布《安徽省人民政府关于加快林业改革发展的若干意见》(皖发〔2009〕30号)明确指出,为进一步解放和发展生产力,安徽省务必加快林业基地建设,扩大林产品市场供给和增强森林资源战略储备能力。同时坚持林业建设产业化、产业建设生态化,推进产业结构升级,加快建设一批林业示范村,以达到增加林农收入、繁荣山区经济的目的。

4.产权政策。20世纪80年代,安徽省已经开始集体林权改革,主要体现在三定,即划定自留山、明确林业生产责任制、稳定林权。随着《中共中央国务院关于加快林业发展的决定》的颁布,从2006年安徽省就开始新一轮的集体林权改革,前期选取黄山市、怀远县等地作为试点。在此基础上,2007年安徽省委颁布了《关于全面推进集体林权制度改革的意见》(皖发〔2007〕11号),明确规定了林权制度改革的内容和范围,标志着安徽省集体林权改革全面展开。2009年,根据中共中央颁布的《关于全面推进集体林权制度改革的意见》,安徽省印发了《安徽省人民政府关于加快林业改革发展的若干意见》,进一步推进了本省的林改工作。随着集体林权改革的深入推进,安徽省于2011年12月颁布《关于规范农村集体林权流转的意见》,提出坚持稳定农村林地承包关系长久不变,切实维护林农依法享有林权的合法权益,维护林权权利人的流转主体地位。同时,坚持在"依法、自愿、有偿"的前提下进行林权流转。2013年9月,为规范林权,保护林权所有人合法利益,推进森林资源合理开发以实现林业可持续发展,安徽省在《森林法》等相关法律、法规的指导下,结合本省实际,制定了《安徽省林权管理条例》,并于2013年12月1日开始实施。该条例从林权登记、林权流转、林权市场服务、林权争议处理、法律责任等方面展开,其中明确要求对依法使用森林、林木和林地的,由县级以上人民政府核发林权证并登记造册,建立相应的林权登记制度。

纵观安徽省林业发展全景,林业经济、社会、生态效益都得到不同程度的提高,林业可持续发展综合水平更是保持不断上升的良好趋势。

资料来源:张天阳.促进安徽省林业可持续发展的公共政策研究.安徽大学,2014:21-23.

1.安徽省出台了哪些促进林业可持续发展的公共政策?出台的原因是什么?

2.安徽省制定的相关政策对林业发展产生哪些作用?

【本章复习思考题】

1.简述林业政策的特点及它们之间的关系。

2.如何正确处理林业政策的变动性与稳定性之间的关系?

3.简述林业政策的目标和作用。

4.我国林业政策的实施有哪些方法?

5.在林业政策实施阶段中,有哪些具体步骤?

6.如何正确看待林业政策的横向结构?

7.我国林业政策的具体分类有哪些?

8. 简述林业政策与林业法规的本质及相互关系。

9. 论述林业政策与林业法规之间的区别。

【相关阅读材料】

全国人民代表大会常务委员会. 中华人民共和国森林法(修订版). 2009-8-27.

全国人民代表大会常务委员会. 中华人民共和国土地管理法(修订版). 2004-8-28.

国务院. 中共中央、国务院关于加快林业发展的决定. 2003.

国务院. 中共中央、国务院关于全面推进集体林权制度改革的意见(修订版). 2008-6-8.

国务院. 中共中央、国务院关于保护森林发展林业若干问题的决定. 1981-3-8.

林业部. 林业法律法规规章汇编. 2008.

安徽省人民代表大会常务委员会. 安徽省林权管理条例. 2013-9-26.

【主要参考文献】

[1] 国家林业局经济发展研究中心. 林业政策问答[M]. 北京:中国大地出版社,2009.

[2] 张金马. 公共政策分析[M]. 北京:人民出版社,2004.

[3] 周生贤. 中国林业的历史性转变[M]. 北京:中国林业出版社,2002.

[4] 吕月良,陈钦,等. 林业现代化评价研究[M]. 北京:中国林业出版社,2006.

[5] 马天乐. 林业政策与林政管理[M]. 北京:中国林业出版社,1998.

[6] 陈潭. 公共政策变迁的理论命题及其阐释[J]. 中国软科学,2004(12):10-17.

[7] 陈潭. 公共政策变迁的过程理论及其阐释[J]. 理论探讨,2006(6):128-131.

[8] 朱原辉. 新中国成立以来林业政策变迁背后的价值观演变[D]. 北京:北京林业大学,2012.

[9] 戴凡. 新中国林业政策发展历程分析[D]. 北京:北京林业大学,2010.

[10] 柳建闽. 林政学概念及其关系分析[J]. 林业经济问题,1998(2):45-49.

[11] 张旭峰,吴水荣,宁攸凉. 中国集体林权制度变迁及其内在经济动因分析[J]. 北京林业大学学报(社会科学版),2015(1):59-65.

[12] 何得桂. 关于深化我国集体林权制度改革的若干思考[J]. 林业经济,2013(6):26-29.

[13] 鲁德. 中国集体林权改革与森林可持续经营[D]. 北京:中国林业科学研究院,2011.

[14] 于波,赵辉,李晶. 加强营林工作　促进林业可持续发展[J]. 中国新技术新产品,2013(18):171.

[15] 王恩苓. 关于全民义务植树的思考[J]. 林业经济,2011(3):40-47.

[16] 陈根长. 中国林业政策的回顾与展望[J]. 中国林业,2000(1):15-17.

[17] 冯洁. 中国林业政策评价研究[D]. 福州:福建农林大学,2007.

[18] 刁永凯. 森林资源现状和未来发展分析[J]. 林业科技情报,2013(2):14-15.

[19] 袁畅彦. 现代林业政策的生态性分析[J]. 森林工程,2008(2):17-19,85.

[20] 张玉波,马克,张春峰,等. 关于林业政策负效应原因的系统分析[J]. 林业经济,1992(3):26-29.

[21] 顾凯平,刘音. 用系统论指导我国林业政策体系的建立[J]. 北京林业管理干部学院学报,2002(2):12-17.

[22] 赵明娟. 促进安徽省林业生态经济发展的公共政策研究[D]. 合肥:安徽大学,2012.

[23] 张力. 林业政策与法规[M]. 北京:中国林业出版社,2003.

[24] 崔海兴,温铁军,郑风田,等. 改革开放以来我国林业建设政策演变探析[J]. 林业经济,2009(2):38-43.

[25] 贺东航,孔繁斌. 公共政策执行的中国经验[J]. 中国社会科学,2011(5):61-79,220-221.

[26] 吕雪. 中国地方政府公共政策执行的问题与对策研究[D]. 长春:东北师范大学,2013.

第二章

林业政策的制定及其理论基础

【本章学习目标】

1. 了解林业政策的制定及影响。
2. 了解美国、德国、日本等国家的林业政策体系。
3. 熟悉我国林业政策的框架体系。
4. 掌握林业政策制定的阶段、程序,熟悉林业政策制定的原则。
5. 了解我国林业政策的主要内容。
6. 了解外部性为林业政策制定提供的指导作用。
7. 了解在林业政策制定过程中对公共产品理论的运用。

【本章要点】

政策是治国之策,是公权力实现的重要方式。政策在一定程度上反映了民众对经济、政治、军事等方面的需求,任何政策的制定都有相应的理论基础。林业政策是由国家制定或认可并以国家强制力保证实施的,把与林业相关的法律结合起来,形成一个相对独立的政策体系,调整在林业的培育、保护和合理利用中所形成的各种关系的行为规范的总称。本章介绍林业政策的制定及其影响、林业政策制定的原则和程序以及美国、德国、日本等林业发展先进国家的林业政策体系,然后重点介绍了我国林业政策体系。最后结合林业自身的特点,从经济学角度,分析林业政策制定的理论基础,并着重介绍外部性理论与公共产品理论。

第一节　林业政策的制定及影响

一、林业政策的制定

政策是由国家有权机关制定并认可,以规定权利和义务为内容,依靠国家强制力保证实施的,调整人的行为的社会规范。其内容是统治阶级意志的集中体现,是统治阶级进行阶级统治的重要工具,对社会全体成员具有强制力和普遍约束力。

林业政策是针对林业生产过程制定的行为规范,具有显著的行业特征,它是由国家制定并认可的,针对林业培育、保护和采伐利用等方面规定的行为规范的总和。我国林业政策体系主要包括《森林法》《中华人民共和国防沙治沙法》(简称《防沙治沙法》)、《中华人民共和国

15

野生动物保护法》(简称《野生动物保护法》)、《中华人民共和国种子法》(简称《种子法》)和《中华人民共和国农村土地承包法》(简称《农村土地承包法》)等8部相关法律,配上行政法规和部门规章,共计80多部,涉及的具体行政执法职权共计218项。其中《森林法》是我国林业政策的核心,是林业行业的基本标准,是专门用于调整森林开发、利用、管护产生的各种社会关系的法律规范。

二、林业政策的影响

任何政策的制定都会对人们及社会产生一定的影响,或规范人们行为,或调整社会关系,林业政策也不例外。林业政策的影响主要体现在两方面:一是它作为行为规范,具有与其他政策相同的一般性影响;二是它具有明显的行业特性,具有与其他政策不同的特殊影响。

1. 林业政策的一般性影响

第一,指引。指引是指政策法规对个人行为具有引导、规范的影响。政策规范分为两种,即授权性规范和义务性规范。授权性规范表示有选择的指引,是指政策规定人们可以这样行为或不可以这样行为,是一种"可为模式"的规则;义务性规范表示确定的指引,是指明确规定人们应该这样行为或不应该这样行为,并且规定如若违反政策规定的内容就应承担某种否定性的政策法律后果,目的是防止人们做出违反政策法规指引的行为。人们有权行为或不行为,并不是明确无疑的指引,目的是鼓励人们做出政策法规指引的行为。例如我国《森林法》对森林年采伐量进行严格的控制,这体现了法律对人们的引导性影响,要求林木合理采伐,不可乱砍滥伐。

第二,评价。评价作用是指政策法规变成一种评价人们行为的基本标准,可以去判断、衡量他人行为是否合法或有效。政策法规在这里就是一种客观有效的评价标准,一方面政策法规对人们可为、禁止为、必须为作出了明确的规定,这属于客观评判,不存在主观操控;另一方面人们的行为只要发生在政策法规规定的领域,在一个国家主权范围内,政策法规评价具有普遍的有效性。例如,国家有关部门会依据我国《森林法》及《违反森林法行政处罚暂行办法》等政策法规对盗伐行为人进行相应的处罚。

第三,预测。预测是指政策法规具有可预测性,通过政策法规可以预先估计人们相互间的行为以及行为的后果,从而做出合理正确的行为。例如《森林法》第十七条第四款:"在林木、林地权属争议解决以前,任何一方不得砍伐有争议的林木。"在归属不清、权责不明的情况下,双方当事人一般都会遵守政策法规规定,不任意砍伐林木,这不仅是为了避免违法承担法律责任,而且因为通过政策法规预测到对方不会违法,所以做出这样的行为。

第四,强制。强制是指政策法规可以对违法犯罪行为人进行制裁、惩罚来强制要求人们遵法、守法。政策法规的强制作用主要强调了对违法行为进行应有的惩罚与制裁,因此政策法规必须具有一定的权威性。如果没有权威性,政策法规就失去了强制性;反之加强政策法规的强制性,则有助于提高政策法规的权威。例如根据《森林法》第四十二条规定,买卖林木采伐许可证、木材运输证件、批准出口文件、允许进出口证明书的林木,由林业主管部门没收违法买卖的证件、文件和违法所得,并处以违法买卖证件、文件的价款一倍以上三倍以下的罚款;构成犯罪的,依法追究刑事责任。

第五,社会管理。社会管理是指政策法规具有执行各类社会公共事务并进行管理的作用。在基本生活条件方面,对公共治安、人身安全、食品卫生、环境卫生、生态平衡、交通安全等方面制定相应政策法规进行高效管理并由此带来对人们生活的积极影响。在相关技术规范方面,对直接关系到人们身体健康、生命安全的产品实行严格的检查监督。例如《中华人民共和国进出境动植物检疫法》(简称《进出境动植物检疫法》),对进出我国的动植物都要进行严格的检疫,防止有害动植物、林产品等贸易品进入我国境内,以防造成严重后果。

2. 林业政策的特殊影响

林业政策属于林业行业政策法规,与多个部门政策法规之间存在密切的联系,具有十分明显的技术性、行业性和综合性特征。由于林业具有显著的生态效用和经济效用,所以可以参考这两方面对林业政策的特殊影响进行分析。

第一,对生态的保护和维持。森林作为陆地生态系统的主体和自然界功能最完善的资源库,具有调节气候、涵养水源、保持水土等生态服务功能,在改善生态环境、维护生态平衡方面产生着决定性与不可替代的影响。林业与人类的生存紧密联系,与社会的发展息息相关,人类无法脱离森林而存在,森林也需要我们的尊重和保护。政策法规的制定宗旨是为了集中体现该政策法规的制定理念、基本价值与目的。林业政策法规的制定宗旨是为了直接明确地表达实施该政策法规的价值理念。例如,《森林法》第一条规定:"为了保护、培育和合理利用森林资源,加快国土绿化,发挥森林蓄水保土、调节气候、改善环境和提供林产品的作用,适应社会主义建设和人民生活的需要,特制定本法。"《野生动物保护法》第一条也规定:"为了保护野生动物,拯救珍贵、濒危野生动物,维护生物多样性和生态平衡,推进生态文明建设,制定本法。"从林业政策制定的目的与理念中可以看出林业政策在生态保护和维持方面具有重要的影响。

第二,对林业产业的促进。林业产业是以森林资源为基础,利用资金和技术等有效手段,组织和提供各类产品与服务以获取最大经济利益的行业。林业产业涵盖的范围极广,涉及国民经济的一、二、三产业,即种植业、加工业和服务业。2009年11月3日,国家林业局等五部委联合发布《林业产业振兴规划(2010—2012年)》,提出林业产业总产值2012年要比2008年的1.44万亿元增加0.82万亿元,保持每年12%的增长速度。根据《2014年中国林业发展报告》,2013年我国林业产业保持快速增长趋势,产业规模和总产值也不断扩大,全年实现林业产业总产值4.73万亿元(按现价计算),比2012年增长7 865亿元,增长20%左右。林业产业的快速发展离不开《森林法》《中华人民共和国物权法》(简称《物权法》)等相关法律的大力支持,相关的林业政策也集中体现了与林业产业建设与发展之间的密切联系。

17

第二节　林业政策制定的原则和程序

一、林业政策制定的原则

关于林业政策制定含义有广义和狭义之分。狭义上林业政策的制定仅指党和国家制定新的林业政策;广义上林业政策的制定还包含对现行政策的调整、修改、废止。总的来说,林业政策的制定是党和国家根据国民经济和林业发展的需要,为协调解决重大林业问题而作出决策的专门活动,其对林业政策的贯彻落实以及林业发展战略目标的实现具有重要作用。

而制定林业政策时所坚持的原则是政策制定的核心和主干,是党和国家在制定、修改或废止林业政策时的政策意识和制定该项政策时的意图概括,它是林业政策制定工作的主要依据和重要标准,并贯穿整个过程。我国林业政策制定的原则主要有以下几点:

1. 与国家经济发展总目标相统一

林业经济是国民经济的组成部分,国民经济处于主导地位,林业经济处于从属地位。因此,林业政策的制定必须与国家经济发展总目标相统一,把林业问题纳入国民经济大系统中去认识,以此来保证林业政策的正确性与可行性。

2. 与林业政策制定的指导思想相统一

林业发展的目标就是林业政策制定的指导思想。在我国社会主义改革不断深化、经济社会快速发展的浪潮下,我国林业也进行了相应的变革和发展。现阶段我国林业政策的目标主要是培育、保护、合理利用森林资源,调整林业产业结构,改变传统经营模式,重视生态环境建设,使森林资源得到充分合理的利用和积极有效的保护。党和政府在制定林业政策时要与林业发展目标相统一、相协调,只有这样才能保证林业政策制定的科学性、合理性、有效性。

3. 实事求是,从林业客观实际出发

我国林业政策的制定需要考虑我国当前的国情和林情,实事求是,从林业客观实际出发。只有对国情和林情进行深入探究,才能充分掌握我国林业发展的特点,制定出高质量的、能够解决实际问题的林业政策。

4. 原则性和灵活性相结合

原则性是针对党和国家关于林业方面的基本方针和政策,灵活性则是就结合各地区的实际情况选择实施政策所必须的和许可的措施而言的。原则性是前提和基础,灵活性是实现原则性的条件和保障。在制定林业政策过程中,既要求符合党和国家关于林业的基本方针和政策,又要结合林业本身的特点和各地区林业发展的现状,以寻求切实有效的具体措施。只有这样,才能有效发挥林业政策的作用。

5. 稳定性与适时变化的统一

政策必须具有相对的稳定性，只有相对稳定的政策才具有权威性，能够被大众信服和支持，这一点对于林业而言至关重要，因为林业具有生产周期长、经营风险大、遵循自然性等特点，所以只有稳定的政策才能保证其持续地发展。但政策的稳定性并不意味着否认它的变化性，这是一种相对的稳定。任何一个产业都是处于不断发展与变革中的，林业也是如此，林业活动中出现的矛盾和问题也是变化多样的，所以林业政策需要根据实际情况，考虑自然条件、资源状况、市场变化，不断地进行调整和修正，在保持政策连续性的基础上，发展和完善原有林业政策。

二、林业政策制定的程序

一般而言，林业政策制定的程序是指党和国家在调查研究的基础上，依靠政策手段就林业经济运行过程中需要调整的地方进行规划决策的过程，大致涉及提出问题、科学预测、进行决策、评估论证、政策颁布这几个阶段。一个步骤明确和指明要求的政策制定程序，有利于提高制定者按照程序制定林业政策的效率和自主性，保障林业政策制定质量。与立法程序不同，林业政策制定的程序没有统一、强制的要求。但依据林业政策的特性以及我国林业政策制定的惯例，林业政策制定过程可分为以下两个阶段：

（一）林业政策制定的准备阶段

林业政策制定的准备阶段包括调查研究提出问题、预测分析、拟订方案等几个环节。

1. 提出问题

提出问题是林业政策制定的首要环节。林业政策所解决的问题主要集中在林业经济层次的重大事项，尤其是关系到林业经济发展全局的、关键性或在某一领域、某一方面起主导作用的事项。实践出真理，只有对实际情况进行深入了解和认识，清楚明白问题的实质、影响范围和程度以及产生的原因，才能制定出合理有效的应对政策，妥善解决问题。

2. 预测分析

由于林业生产经营具有生产周期长、经营风险大等特点，所以必须运用科学的方法对问题的未来发展趋势进行有效的预测分析，为政策的制定提供科学的参考依据，避免政策偏差。

3. 拟订方案

在问题提出、分析预测的基础上对政策方案进行思考、研究、拟定。在拟定林业政策方案时，应提出尽可能多的、符合实际情况的方案，为接下来的筛选工作做准备。

4. 初步筛选方案

通过权衡各个方案之间的利弊，从实际出发，实事求是地对方案进行评价、决策，从中确定一种最科学、最切实可行的方案。

（二）林业政策制定的确认阶段

林业政策制定的确认阶段包括对政策方案的论证与确认、广泛征求意见、政策的批准直至颁布。

1. 论证方案

在此阶段中，对筛选出的方案进行全面的可行性论证。对政策可行性的评价主要包括政治可行性、经济可行性、技术可行性。政治可行性主要指该项政策在为林业经济服务时的性质以及为林业工作者愿意接受方面是否可行；经济可行性主要指该项政策所带来的经济效益是否被接受；技术可行性主要指该项政策贯彻执行时所应具备的技术条件是否达到标准。如果拟定的政策不能满足以上要求，则需要选择其他方案或对方案进行修改、重拟。

2. 方案确认

在程序上，林业政策制定者得出的论证结果必须经过再确认，即对政策方案目标、措施和手段以及适用条件进行确认，只有这样，政策方案才具有政策效力，才能够被最终选定。

3. 政策的批准颁布

在对政策方案的认识达到一致、统一的基础上，将政策提请上级主管机关批准，一经批准，即可颁布实行。政策的颁布表明政策具有权威性和执行性，人们从事与此有关活动的行为必将受到引导、规范、管理以及控制。

第三节　国外林业政策体系

森林资源是人类生存发展的必要条件，也是人类社会至关重要的财富，兼具生态、经济和社会的三重效益。森林不仅为我们提供大量的木材和各种林产品，满足人类巨大的物质产品需求，而且还发挥着调节气候、涵养水源、净化空气等生态功能。随着人类社会的发展，大量森林资源遭到破坏，导致各类生态问题突出，世界各国逐步意识到保护森林资源对国家经济和社会发展的重要性，开始重新审视森林保护与人类生存之间的关系。世界各国的林业发展历程基本都经历了三个阶段，即破坏森林资源、恢复森林资源、发展森林资源。在整个发展过程中，林业法律政策也得到了不断的改进和发展，形成了较完善健全的法律体系。一个国家的林业政策的指导思想和宗旨能集中体现国家对社会经济建设和自然生态环境之间关系的态度。通过对世界发达国家林业政策体系的比较分析，来为我国的林业发展提供行之有效的参考依据和决策建议。

一、美国林业政策体系

美国既是世界经济强国，也是林业发达的国家之一。美国是世界上第四大森林资源丰富的国家，位列俄罗斯、巴西和加拿大之后，森林覆盖率达到33.1%，森林蓄积量占全球森林蓄积量的 8%。全美国森林面积有 3.03 亿公顷,约占其国土(陆地)面积的三分之一,占世界森林总面积的 7.6%。目前,美国还是世界上主要的林产品生产、消费、贸易国之一,工业原木、锯材、纸浆产量均占世界首位,纸和纸板产量排名第二。

(一)美国林业管理及服务体制

作为林业大国,美国林业管理及服务体系分为联邦、州、私人咨询公司等几个方面。

1. 联邦林业管理及服务体制

联邦林业管理机构共 4 个层次。第一个层次是农业部林务局,负责全美森林草地、动植物、旅游资源的法律法规的制定实施、相关项目的资金预算和森林草地的技术支持。第二个层次是大林区管理机构,负责几个州的国家森林计划、经费和技术方面的协调工作。第三个层次是林管区草地管理办公室,负责协调林区办公室的经费、技术和项目等。第四个层次是营林区办公室,负责管理 2 万~40 万公顷林地。

2. 州级林业管理及服务体制

在美国的各大州也设有林务局,州林务局主要负责给私有林场提供一系列帮助,如制订林业生产计划,防火、防治病虫害,进行水土保持等方面的管理。

(二)美国林业政策

与林业管理及服务体系相适应,美国林业法律也分为联邦政府制定的林业法律和州、县制定的法规。州、县政府以联邦政府法律为基础,在不违背联邦政府法律的情况下,制定符合自身特点的地方法律法规,作为对联邦政府法律的补充,形成比较完备系统的林业法律体系。自 20 世纪以来,美国林业政策制度在自然资源保护、促进森林资源恢复、环境恢复与治理等方面进行着不断的调整、更新和完善。美国联邦政府先后制定了《系统管理法》《科努森-温盾玻格法》《多用途和持续高产法》《国有林管理法》《可更新资源推广法》和《可更新资源研究法》等一系列法律。美国林业政策典型制度有以下几项:

1. 私有林法律管理制度

美国国土面积 9.36 亿公顷,森林面积约 3 亿公顷,约占国土面积的三分之一,森林覆盖率约为 33%,森林资源在全世界位居第四。美国的森林分公有林和私有林两类,20 世纪初期政府通过法律准许私人可以拥有森林,现在绝大多数森林都属于私有林。从权属角度来看,美国的森林资源中约 60% 的森林为私有林,由林业企业、私有木材公司、印第安土著部落人、农场主和林场主所拥有;34% 为国有林,由林业局,其他联邦、州政府部门所管辖;6% 为其他公有林。美国在私有林方面制定了一系列相关法律,主要体现在《森林保留地法》《国家环境政策法》《清洁空气法》《清洁水法》《森林多种利用及永续生产条例》等法律法规中。美国私有林法律管理制度主要有:

(1)私有林产权保护法律制度。目前美国林地主要以私有林为主,三分之二的森林归私人所有。美国坚决维护私有林主享有宪法规定的土地所有权和使用权长期不变,任何人不得随意侵犯个人的私有财产。如果私有林主的土地因为生态建设需要而被征用,那么政府应该对私有林主的经济损失给予充分的补偿。

(2)森林保险制度。1924年美国通过Clarke-McNary法案,美国农业部的森林服务部门研究了森林火灾损失和森林保险供给的问题,决定由政府承担大部分保护措施成本,这一行为为森林保险市场提供了重要的准备条件。美国鼓励和支持私人保险机构开展林业保险业务,并对其提供30%的业务费补贴,来刺激林业保险市场的发展。

(3)税费法律制度。为了调动私有林主营林的积极性,美国对小私有林主实行优惠的税收和贷款等扶持政策,以刺激私有林主长期投资的积极性,进一步提高林业生产的投资吸引力。美国国会通过了一项关于鼓励造林更新的长期政策,规定只要是在私有土地上进行的更新造林,其费用可在当年纳税时扣除,每位纳税人可免1万美元的造林投资税,造林当年可以先退税9%,其余91%分7年平均退还。国有林免缴固定财产税,原本税率为5%,这一举措相当于每年在国有林建设中多投入20亿美元。此外,对上缴木材所得税也给予一定的优惠,另外向小私有林主发放专门贷款,利率在5%~6.5%,贷款期限为1~7年。

(4)林业奖励法律制度。为了加快林业发展建设的步伐,美国政府制定了一系列的林业奖励措施。为了鼓励私有林主造林,增加木材及林木产品的供应量,美国专门设立了一项林业奖励项目基金,该基金用于补贴造林费用,补贴额度最高可达65%,一位林主1年所获得的最高补助额可达1万美元,补贴费用由政府支付。此外,美国林业部门还积极向私有林主提供无偿的技术服务和技术咨询,来鼓励私有林主积极造林,保证林木产品的稳定供给。

(5)生态效益补偿制度。美国联邦政府对私有林主提供森林生态效益补偿基金,比如为了保留防护林带,给私有林主带来经济损失的,按照与防护林带接壤地带的森林采伐销售单位,以林木的市场价格计算防护林带的森林价值,按其总价值的50%对林主进行一次性补偿。

2. 森林采伐制度

美国的森林开发经历了从"鼓励"到"限制"的过程。100年以前美国鼓励森林开发,但是随着森林的大量采伐,引发了严重的后果,对生态环境和人类生活造成了严重的影响。在这一现象下,人们逐渐认识到森林资源的重要性,美国政府于1891年颁布了《森林保护法案》,明确规定除非改善森林的生态和优化河道水流走向,否则任何人和机构未经允许,一律不得砍伐森林资源。1897年通过《建制法》,授权农业部成立林务局,负责管理国家林业工作,设置专门的管理部门对森林采伐进行控制管理。联邦政府对公有林(联邦、州政府和地方政府所有的森林)的采伐制定了严格的标准和要求来控制采伐量,但私有林的营林措施多数是由州和地方一级政府制定的,各州的私有林经营条例内容并不相同。

就森林采伐检查而言,美国政府设有专门的检查员,一方面负责对林主和森林采伐员实行采伐计划情况进行监督查看;另一方面按照批准实施的采伐计划和有关图件进行现场检测验收。

3. 生物多样性的法律保护

为了保护生物多样性,保护珍稀物种,美国政府积极建立国家公园、自然保护区和自然保护地。1872 年,美国建立了世界上第一个国家公园——黄石国家公园,这也是目前美国规模最大的国家公园。美国对国家公园的法律法规分为两类:一类是关于国家公园系统政策和管理的一般性法律;另一类是关于国家公园系统单位的专门立法。例如美国的《自然保护区法》,在建立保护区系统目的、自然保护区管辖权、保护区系统的构成、自然保护区的管理等几个方面对自然保护区的保护和管理作了原则性的规定。此外,在《水土保持基金法》《候鸟捕猎和保护邮票法》《基金湿地资源法》等环境法中也大量涉及了自然保护区的内容。

在对濒危物种保护方面,美国于 1973 年颁布的《濒危物种法》中宣布:所有联邦政府部门和机关都必须努力保护濒危物种,并运用其权力促进《濒危物种法》立法宗旨的实现;所有联邦行政机关必须同州和地方政府合作,以与保存濒危物种相一致的方式解决水资源问题,从而使濒危物种的生境得以保护。

在外来物种入侵防止方面,美国采取了一系列立法措施和行动,制定了《外来有害水生生物预防与控制法》《植物检疫法》《动物损害控制法》《联邦植物害虫法》《国家环境政策法》等法律,而且加入了一些国际公约,如《美国与加拿大五大湖渔业公约》《国际植物保护公约》等。目前,美国已经成为外来物种入侵防治法律体系最完善的国家。

4. 生态公益林补偿制度

森林具有明显的外部性,公益林是一种典型的公共资源,其产生的生态效益对人类社会具有重要的作用。世界各国都建立了相应的生态公益林补偿机制。在美国,政府购买生态效益,提供资金补偿,并充分利用市场机制、竞争机制和激励机制确定补偿标准,其中退耕还林是生态林保护的重要举措。

美国的保护性退耕计划共涵盖五大工程,每个工程按照合同制方式分段实施,各个阶段的保护目标有所差异。合同期限一般长达 10～15 年,合同期满时农户有权选择是否继续参与下一阶段的退耕项目,当时农作物的市场价格是农户考虑继续参加退耕项目的主要因素。另外,美国政府还制订了法定蓄积量的可交易权计划,通过行政调节能力组织私人机构进行森林采伐权的交易,利用竞标机制和交易自愿原则来确定合适的租金率(即补偿标准),竞标者自己衡量是否加入退耕项目,这里的租金率要与当地自然情况和经济条件相适应。

二、德国林业政策体系

德国是一个林业高度发达的国家,目前现有森林面积 1 100 万公顷,森林覆盖率达30.7%,森林蓄积达 34 亿多立方米,而且林木生长立地条件良好,森林分布均匀,林分质量高,森林资源在欧洲排名靠前。德国在欧洲的东部,森林属温带林,主要树种有云杉、冷杉、山毛榉、橡树、落叶松、栎类等,针叶树与阔叶树的比例约为 6∶4。森林按类型主要分为人工纯林和经改造的人工混交林;按权属分为私有森林(48%)、国有森林(33%)、团体组织的森林(19%)。

(一)德国林业管理体系

德国为了高效管理、合理营林,建立了以州为主体自上而下的垂直管理体系。通过分级管理,提高林业部门管理水平和效率,更好地为林业生产与经营服务。联邦政府农林粮食部(林业司)是联邦林业主管部门;各州分层设立农林粮食部、林业管理局、林业局、林场,属于四级管理;少数州未设立林业管理局,属于三级管理。各层级的管理职能分别如下:

1. 农林粮食部

联邦政府农林粮食部,也称林业司。主要职能是:制定全国林业政策、法律、总方针、总计划,负责一系列监督检查工作;统计林业工作执行情况,提供经济支持;协调各州林业与相关部门的工作,进行国际上的合作与交流。

2. 农林粮食部

农林粮食部即各州林业管理机构。主要职能是:监督检查州的森林经营管理工作,对国有林进行经营监督,对州内社区林和私有林进行指导管理;制定州林业政策,执行实施林业的发展计划;协调林管机构与联邦政府、其他州和其他部门的关系,促进彼此的交流沟通。

3. 林业管理局

主要职能是:负责执行州的林业政策,落实州的各种林业计划,组织制定森林经营方案;审批下属林业局和私有林主的经营计划,管理1万~2万公顷森林,监督区域内各生产单位的森林经营;帮助私有林主制订林业经营、采伐、销售等一系列计划并提供免费咨询和有偿技术服务。

4. 基层林业局

主要职能是:负责林业年度生产计划的制订和组织实施;经营管理林区内的国有林;对私有林和公有林提供相关的咨询、指导等行政性业务。

此外,德国的国有林管理体制与其他国家相比具有不同的特征,典型的就是德国林务官制度。

德国早在18世纪就已经建立林务官制度,德国的林务官不仅肩负林业管理职责,也承担林业执法责任,是一种终身制的公务员,专门负责林业机构各层次的林业管理工作、制定林业发展规划以及实施监督各项林业法规。但是林务官的人选要求十分苛刻,对录用条件和考核制度作出了明确的要求。林务官录用条件有:35岁以下、身体健康的德国人;大学以上学历且经过实践培训;对本职工作有良好的胜任力。录用人数仅是报考人数的三分之一,竞争特别激烈。林务官任职后,每年都要进行定期考核和培训。在德国,林务官的地位特别高,纳入国家军队、警察、消防、林务4种特种行业管理,配备统一制服并佩戴标志。作为终身制的公务员,林务官享受政府的终身福利待遇,免交退休养老保险金和失业保险金。在经营管理国有林的过程中,林务官接受上级林业机构的垂直领导,地方政府无权干预,这种结构合理、权责分明、管理有序的林务官制度,在一定程度上加强了森林工作的监督管理,实现森林经营管理效率的最大化,对德国林业的稳定发展具有不可替代的促进作用。

(二)德国林业政策体系

德国成为世界林业最发达的国家之一,离不开林业法律法规体系的大力扶持。德国主要的林业法律法规有:《德国联邦森林法》《联邦种苗法》《联邦狩猎法》《林业合作法》《自然保护和景观改造法》《野生动物和野生植物重点保护条例》《采伐更新条例》等,这些法律的制定为德国的林业发展提供了重要的指导和坚实的保障。其中,《德国联邦森林法》是最具代表性、最具成效、最基本的一部法律,对立法的目的,对森林、保护林、休闲林及林业经营管理组织的性质、任务、组织形式、批准程序等作出了详细规定,成为各州法律制定的纲领性文件,对后续的州法律起着重要的引导作用。更为重要的是,这部法律不仅体现了保持森林的经济效益、社会效益、生态效益必要增长的立法目的,还包含可持续经营的价值理念。德国典型的林业政策有以下几种:

1. 德国林地物权制度

在德国,地上附着物与土地资源被认为是一体的,对森林与林地的概念并不进行严格的区分。《德国联邦森林法》第二条规定"森林是每块有林业植物的地产",认为森林的拥有者也是林地的拥有者,林地物权由此产生。林地物权属于特别法的物权,可以取得、灭失、转移。经行政许可林地物权人可以取得以下权利:种植权、采伐权、采集权、景观利用权、狩猎权、生态补偿权、税收和信贷等林业扶持权。随着林地征占现象的产生,大量林地流失,林地物权逐渐灭失。为了稳定森林总量,保证林地面积,德国明确规定对非林业用地以林业利用为优先,并且只有经州主管批准才能开垦林地和将林地改作他用。林地物权的转移也有严格的范围限制,国有林和社团、教会林不能自由移转,私有林及乡、镇林可移转,但林业主管要审查受让方是否拥有持续经营森林的能力,否则取消购买资格。另外规定乡镇所有林可以进行抵押或者用林产品偿还债务,但需要听取林业部门的意见。

2. 德国的森林分类经营制度

德国森林所有制包括国家所有、集体所有和私人所有,国家所有占比较小,主要用于军事方面,集体和私人所有占比较大。由于林权的归属不同,其经营管理也不同。德国的森林大部分都是私有林,私有林主近百万人。为了提高私有林主的经营水平,政府大力发展私有林项目,加大资金投入,并制定法律法规来保护私有林所有者的利益。德国法律规定私有林主在不改变林地用途和保证及时更新的前提下,有自主经营森林资源的权利,国家无权干预。同时,国家为私有林主提供无偿的技术指导、良好的经营管理服务和适当的经济补助,避免私有林主经营森林时出现资金不足、管理不善和技术匮乏的问题。

3. 德国的森林采伐制度

对于森林的采伐量,德国计划年采伐量约为 4 000 万立方米,对各营林单位也有指导性的计划采伐量要求,采伐的重要原则就是采伐量小于生长量。在采伐原则基础上,对采伐的树种基本不作限制,一般根据市场需要,采伐相应的树种、材种。德国森林在采伐时主要以择伐为主,择伐强度不得超过 50%,采伐的树木必须达到主伐年龄,林主有义务对被采伐的林地进行更新造林。如果要采取皆伐方式,皆伐面积不得超过 5 公顷,对于成片皆伐林木 5公顷以上的,必须得到州政府林业部门的特别批准才能进行。

4. 德国国家公园资源法律规定

在德国,国家公园和大部分面积较大的自然保护区的土地归地区或州政府所有,一些面积较小的自然保护区的土地归社区或私人所有。因为国家公园建在地区或州政府的土地上,所以联邦政府只可以制定自然保护法规,不具备自然保护权,地区或州政府才是德国拥有自然保护权的最高权威部门。由于没有制定统一的法律准则,德国的国家公园法律制度各不相同,公园的管理目标、自然保护的程度和能力也各不相同。1973 年,德国制定《巴伐利亚州自然保护区法》,这是史上最严格的一部国家公园法,它重新定义了国家公园,提出国家公园具有景观、教育、游憩等多重功能。

5. 违法制裁

《德国联邦森林法》只规定对违反法律的行为进行行政制裁,《联邦自然保护法》《刑法》及各州《森林法实施细则》中才提出具体的制裁手段来惩罚违法者,惩罚手段较多、力度较大,对违法者的违法行为有着很强的威慑力。

(1)刑事制裁。德国对破坏森林及野生动物的行为作出严重处罚。德国《刑法》规定盗伐林木属于盗窃行为。偷猎动物的处以 5 年以下有期徒刑,猎杀、倒卖《国际濒危物种贸易公约》目录 2、3 中保护动物的处以 3 年以下有期徒刑或罚款。在林中故意纵火可处以 10 年有期徒刑。《刑法》还规定在林中吸烟及用火导致火灾可处以 3 年以下有期徒刑,在林中倾倒垃圾对森林、土壤造成严重损害的可处以 3 年以下有期徒刑。

(2)行政处罚。德国对行政处罚的规定特别广泛,惩罚也十分严厉,各州森林法规定对以下违反规定的行为处以罚款:改变林地用途或在森林中实施其他作业如搬动、破坏各种林业标志和林业设施等;在林中采集林产品或花卉植物;在防火期或林中用火;在森林中放牧或设置蜂箱;随意在林中搭设帐篷或宿营地;在森林的骑马道以外骑马、公路外驾驶机动车或三人行道上骑马行车;在森林及在林中抛弃垃圾;未按批准进行复植;未按批准进行采伐;等等。

三、日本林业政策体系

日本位于亚洲东部、太平洋西北部,领土由北海道、本州、四国、九州四个大岛及附近的3 900 多个岛屿组成。国土的四分之三是山地丘陵,沿海平原狭窄,是一个南北狭长、气温差异明显的岛国。国内分布着亚寒带针叶林、寒温带落叶阔叶林和暖温带常绿阔叶林,主要树种有杉木和柏木。日本的森林资源丰富,森林面积为 2 515 万公顷,约占国土面积的三分之二,森林蓄积量为 35 亿立方米,但是人均森林面积低。二战期间,日本森林面积大幅度骤减,森林资源急剧减少,日本林业的生产经营遭受极大的挫折。经过这一巨变,日本开始制定法律法规鼓励造林,以此扩大森林面积,提高森林覆盖率,并逐步形成了一套相对完善的林业政策体系,在森林生产与经营过程中都有法可依、有章可循。

(一)日本林业管理体系

日本的森林按所有制分为国有林、公有林和私有林,这三种形式的森林面积占比分别为31%、11%和58%。国有林归国家所有,由中央政府建立垂直的机构,林野厅直接经营管理;公有林包括县、市、町、村所有的森林,由地方政府管辖;私有林包括公司、神社、组合所有、个人所有以及多方共有的森林,由森林所有者自主经营。

在国有林的管理中,日本实行自上而下的垂直管理体制。农林水产省林野厅既是日本整个林业的主管部门,又是直接经营管理国有林的机关。林野厅下设林野部,专门负责国有林管理的具体工作和事务。再设立 7 个森林管理局和 98 个森林管理署,森林管理署是森林管理局的下属机构,主要职能是对所辖林区的森林进行清查、经营、保护,对森林的生产与经营计划实施执行,对林业资金进行管理等。设立森林管理所,这是最基层的林业单位,主要负责具体的森林经营和管理基础性工作。

在私有林管理中,日本主要实行森林组合制度,这是日本私有林管理中最具代表性的组织形式,是林主自愿参加的民间性质的合作组织。1907 年日本就创立了森林组合制度,经过七十多年的发展、规范、完善,1978 年颁布了独立的《森林组合法》。森林组合系统由三级组成,分别是全国森林组合联合会(全森联)、都道府县森林组合联合会(县森联)和市町村森林组合。森林组合的管理是自成体系的,但它不是孤立存在的,林野厅林政部设有森林组合课,专门负责森林组合事务,同时地方政府林务部门也有相应的设置,管理森林组合事务。

(二)日本林业政策体系

目前日本已经形成较为完备的林业政策法规体系,颁布实施的林业政策法规多达 30 多部,其中最基本的政策法规是《森林法》和《森林·林业基本法》。《森林法》明确规定了森林保护与管理的基本性内容,具有资源管理法的性质,由农林水产省、林野厅管理。《森林·林业基本法》提出了日本在森林保护及林业发展过程中的政策方针、基本理念、政策意义等,具有产业管理法的性质。资源法与产业法并行的林业法律体系是日本林业的重要特色之一。此外,日本还制定了《森林组合法》等 20 多种关于森林资源保护和发展的法律和法令。日本典型的林业政策有:

1. 日本的林权制度

日本按照所有制将森林资源分为国有林和民有林两种形式。其中,国有林归国家所有,由国家直接经营管理;民有林中的公有林归县、市、町、村所有,由地方政府管辖;私有林归个人、单位或其他组织所有,由森林所有者自主经营。日本保护民有林的私有权,对于被划分为保安林的公有林或私有林,政府将给予适当的经济补贴。

2. 日本防护林(保安林)制度

防护林(保安林)是由国家通过法律形式来确定某一处森林作为防护林,其主要目的是涵养水源,防止自然灾害和水土流失,改善人类生活环境以及发挥景观效应。日本的《森林法》中关于防护林作了详细的规定:农林水大臣为达到涵养水源、保持水土、护坡、防沙、防风(含防水、潮、干、雪、雾)、防雪崩、防滚石、防火、护位、保存航行目标、维护公众保健、保存古迹和风景等 11 种目的,有权指定某处森林为防护林,也可以先由利害相关人(或团体)提出申请,再由政府指定。

在防护林行为限制方面,一方面,对于被确定为防护林的森林,未经都道府县知事的许可,原则上不允许进行砍伐和放牧,也不允许进行采集枯草、落叶、落枝,采土采石、开垦等变更土地形状性质的行为;另一方面,对立木采伐的方式和强度、迹地造林方法和时限以及造林时所采用的树种、林种等方面也作出了具体的规定。

在生态效益补偿方面,日本《森林法》明确提出对于被划为防护林的森林所有者,国家应当给予适当补偿,以保证其原有的经济收益。国家也要求防护林的受益群体(团体或者个人)承担部分甚至全部的补偿额度。同时,日本政府还积极实行一些新的补偿机制来促进生态林的发展,例如征收水源税、建立水源林基金等,这些都为森林的生态建设提供了必要的资金来源。

3. 野生动物保护制度

为了保护野生动物的多样性,杜绝野生鸟兽被乱捕滥猎而遭灭绝的情况,日本于 1919 年制定了《日本鸟类狩猎法》,以法律形式强制禁止和限制捕获野生鸟兽的行为。随后,在野生动物保护方面制定了如《关于鸟兽保护及狩猎的法律》《关于控制特殊鸟类转让的法律》等政策法规,对野生鸟兽的狩猎、转让、输入及输出实行控制;在野生动物栖息地保护方面制定了如《森林法》《自然公园法》《自然环境保全法》等政策法规,要求保护野生动物的重要栖息地,恢复和改善野生动物生存环境;在濒危灭绝的野生动植物种保护方面,日本制定了《濒危野生动植物种保存法》,对保存对象种类、内容、保护区的指定和保证增殖等事项提出了具体的要求。

4. 防治外来物种入侵的法律规定

日本防治外来物种入侵的法制建设过程大致可以分为两个阶段:第一阶段是 2004 年以前,当时日本以进出境检验检疫为主,制定了检验检疫方面的法律,如《植物保护法》《进口植物检疫条例》《家畜传染病预防法》以及其他相关政策法规,如《自然公园法》《保护和饲养动物法》等;第二阶段是 2004 年之后,日本制定了《外来入侵物种法》,这标志着日本开始对外来入侵物种进行专项管理。至此,日本进一步完善了应对外来物种入侵的相关法律,建立了以《外来入侵物种法》为核心，以其他相关法律为补充的政策体系。

日本对外来物种实行分类管理，将全部外来物种分为三类：

（1）入侵性外来物种（IAS），即已经确定有入侵威胁性的物种，会对生态系统造成已知或潜在的威胁。除非获得主管大臣的许可，否则严格禁止一切可能导致该物种入侵日本的行为，包括饲养、种植、储存、运输、进口货转出口该类物种的行为。一旦发现违反者，法律必定严惩，轻则处罚重则监禁。

（2）未归类的外来物种（UAS），即尚未确定有入侵威胁性的物种，可能会对生态系统造成威胁。对于这类外来物种，日本政府部门需要对其进行一次详细的调查研究，然后才能确定是否允许它们的进口，这个过程必须在日本国内的进口或国外的出口提出申请后6个月内完成。经过调查，如果认为没有风险，则将它们归入第三类即非限制类，予以放行；相反，如果认为有风险，则归入第一类即IAS，禁止进入。

（3）非限制类的外来物种，即除上述两类以外的外来物种。这类物种可以进口，但需要注意的是，这类物种的地位并不稳定，如果在以后的调查中或以其他形式发现它们可能有害，则随时都可以被归入UAS，如果经调查确认其有害，则被归入IAS。

此外，日本《外来入侵物种法》对一些特殊情况也进行了详细的列举。例如，根据《预防外来入侵物种对生态系统造成不利影响的基本政策草案》规定，任何个人出于科研或其他任何目的想饲养外来入侵物种的，必须向主管大臣提交批准申请书，并得到主管大臣的批准。

5. 国家公园资源的政策规定

日本对国家公园实施管理的政策依据是《自然公园法》，该政策认为在保护的前提下，可以对国家公园资源进行适当开发、合理利用。另外，与国家公园资源管理相关的政策法规还有《自然保护法》《文化财保护法》《鸟兽保护及狩猎合理化法》等。日本国家公园分为国立公园和国定公园两类。其中，国立公园由国家直接管理；国定公园委托给地方的都道府县进行管理。到2006年为止，日本已经建立了83个国家公园。

在管理机构方面，按照《自然公园法》规定，环境大臣负责监督管理国家公园事务。环境省自然环境局国立公园课以及环境省在北海道东部、北海道西部、东北地区、近畿地区、中部地区、山阴地区、山阳四国地区等10个地方设置的自然保护事务所，负责执行《自然公园法》的实施细则和落实该法律的具体事项。

在经营方式方面，日本实行分区管理。按照资源的价值登记和生态系统完整性可以将国家公园分为特别地域和普通地域2大类，其中特别地域又可以分为特别保护地区、一级特别区、二级特别区、三级特别区这4类。日本对不同区域、不同级别的公园资源采取的是不同的管控方式，特别保护地区是国家公园最核心的区域，明令禁止一切可能对自然环境造成影响的活动，严格规定未经允许不得变更地形地貌、新建或改建建筑物。例如，在特别保护地区必须经过严格的审批程序才能被许可进行种植树林、竹林的活动，但在其他地域则不需要相关的许可证明。

第四节　国内林业政策体系

一、国内林业发展及政策制定

（一）国内森林资源基本状况

根据我国第八次全国森林资源清查（2009—2013年）结果显示：全国森林面积2.08亿公顷，森林覆盖率21.63%，活立木总蓄积164.33亿立方米，森林蓄积量151.37亿立方米。森林资源面积位居世界第五位，但人均森林面积仅为世界人均水平的四分之一，人均占有森林面积的比重非常低。我国森林资源集中分布在东北林区和西南林区，内蒙古、黑龙江、吉林三省区的有林地占全国的28%，南方十省区集体林的有林地占全国的36%。我国已经成为世界上土地荒漠化和沙化问题最严重的国家之一。根据第五次全国荒漠化和沙化监测结果显示：到2014年，全国荒漠化土地面积261.16万平方公里，占国土面积的27.20%；沙化土地面积172.12万平方公里，占国土面积的17.93%，整个荒漠化和沙化面积已经占到国土面积的一半。面对这样严峻的土地形势，党和政府也一直在积极地采取措施解决土地荒漠化和沙化问题，以实现对森林资源的保护和林业的可持续发展。

（二）国内林业发展方向

21世纪以来，随着生态文明建设的逐步加强与落实，我国林业发展正在将林业经济生产转向生态文明建设。由于现阶段我国林业采伐的主体是人工林，所以天然林得到了很好的保护。森林的使用由原先的无偿逐渐转化为现在的有偿，生态效益得到了很好的实现。林业政策的变换与发展被我国林业发展方向的转变所间接影响。目前，我国一共启动了六大林业工程，分别是：三北防护林工程、天然林资源保护工程、退耕还林工程、野生动植物保护及自然保护区建设工程、京津风沙源治理工程、重点地区速生丰产用材林基地建设工程。需要说明的是，作为国家启动的六个林业工程的主要目标是以生态建设为主，满足市场需求为辅。以生态建设为目标，以保护环境为中心的林业工程有五个，此类工程的实行主体与投资对象主要是政府。而重点地区速生丰产用材林基地建设工程则是为了弥补实施其他五项工程所造成的木材产量的缺口，满足市场对木材及林产品的需求，其主要的运作主体是企业。六大林业工程是我国具有重大意义的林业政策，我国林业发展与未来的取向在六大林业工程中得到了很好的体现。

（三）林业政策的制定

自改革开放以来，随着"依法治国"战略的有效实行，我国对林业政策的制定与完善日趋成熟。我国在1979年颁布与落实了《中华人民共和国森林法（试行）》（简称《森林法》），在1981年颁布与落实了《关于开展全民义务植树运动的决议》等相关林业政策，这标志着林业建设与生态建设在我国逐步进入法制建设的进程。

随着林业现代化的推进,有8部法律的执法主体是林业部门,分别是:《防沙治沙法》《野生动物保护法》《森林法》《中华人民共和国农业法》(简称《农业法》)、《农村土地承包法》《中华人民共和国农业技术推广法》(简称《农业技术推广法》)和《五届全国人大四次会议关于开展全民义务植树运动的决议》。除此之外,还有《中华人民共和国自然保护区条例》(简称《自然保护区条例》)、《中华人民共和国森林法实施条例》(简称《森林法实施条例》)、《植物检疫条例》《森林病虫害防治条例》等。而且我国与林业政策相关的地方性法规和规章有200多件,与林业政策相关的其他国家级和省级规范性文件达1 000多件。现有与林业相关的部门规章大约有80多部,包括《中华人民共和国植物新品种保护名录》(简称《植物新品种保护名录》)、《林业行政处罚程序规定》《林木和林地权属登记管理办法》等。

我国的林业政策众多且寓意深远,保护与发展林业的各项规范既在林业行业政策中得到落实体现,也在《中华人民共和国宪法》(简称《宪法》)(第9条)、《中华人民共和国民法通则》(简称《民法通则》)(第80、81条)、《中华人民共和国行政法》(简称《行政法》)、《林业行政处罚程序规定》《中华人民共和国刑法》(简称《刑法》)(第341、345条)以及经济法等不同的法律部门中发挥着它重要的作用,林业经济运作过程的所有环节中都有明确具体且覆盖广泛的法律法规作为支撑。

二、我国林业管理体制

改革开放之前,我国林业实行四权合一的管理体制,即国有森林资源的资产所有权、行政管理权以及森林资源资产的经营权与实体经营权都收归国家政府所有。国家政府直接对森林资源进行管理经营,并统一支配。国家设立林垦部,主要是负责全国林业的生产经营和林政管理工作,并在林垦部内设立林政司、森林经理司、造林司、森林利用司和办公厅,对不同方面的林业建设工作和林业行政事务进行管理经营。

随着社会和时代的发展,我国林业管理体制也在不断的变革与发展。1956年,国家从林业部分出森林工业部,将营林管理和森林工业的工作分开,加强各自的管理职能,但是分管产生了诸多问题,导致两者之间的矛盾愈发尖锐。1958年,国家将两部重新合并为一个部,即林业部,扩大地方对林业的管理权限。1970年,国家把林业部与农业、农垦、水产等5个单位合并为农林部,下设林业组,营林与森工统一由地方领导,加强地方对林业的管理工作,对营林事业的发展起到了较大的促进作用。

改革开放以后,我国的森林资源管理体制发生了巨大变化,开始实行两权分离的管理体制,即森林资源的所有权与经营权分开管理。国家把森林资源委托给森工企业进行经营管理,政府设立相对独立的森林资源管理机构,负责对企业进行监督等。

三、林业政策制定的渊源

林业政策制定的渊源是指林业政策、法律、法规、规章规范效力在形式上的来源。当今，我国林业政策的渊源是以宪法为核心，以不同层级和范畴的法律为主的规范体系，主要有：宪法、林业基本法律与法律性决议决定、林业行政法规、林业部门规章、林业军事法规和军事规章，而与林业相关的林业地方性法规和林业地方性政府规章、民族自治地方的林业自治条例和单行条例、经济特区法规和规章、国际条约和国际惯例等也构成了我国林业政策制定的渊源。

1. 宪法

宪法是我国的根本大法，具有最高的法律权威、法律地位、法律效力，由国家最高权力机关即全国人民代表大会制定或修改，对我国的社会制度、国家制度、国家机关、公民的权利义务等都作了具体的规定。宪法是其他法律的立法基础和立法依据，任何法律、行政法规和地方性法规都不得与宪法相违背。新中国成立以来，曾先后颁布过四部宪法，分别是在 1954年、1975 年、1978 年和 1982 年。我国现行宪法是 1982 年在第五届全国人民代表大会上通过的，但随着改革开放和社会的发展，又分别在 1988 年、1993 年、1999 年、2004 年和 2018 年对现行宪法进行了五次修订，使我国宪法在保持稳定性和权威性的基础上适应经济和时代的要求。

宪法是林业政策制定的基本渊源，为整个林业行业提供了基本的制度基础。例如，我国《宪法》第九条规定："矿藏、水流、森林、山岭、草原、荒地、滩涂等自然资源，都属于国家所有，即全民所有；由法律规定属于集体所有的森林和山岭、草原、荒地、滩涂除外。国家保障自然资源的合理利用，保护珍贵的动物和植物。禁止任何组织或者个人用任何手段侵占或者破坏自然资源。"宪法也对国家建设方针、改善生态环境、自然资源权属划分等方面进行了规定，为各种单行法的制定提供了基本的法律依据。例如，第八条第一款规定："农村集体经济组织实行家庭承包经营为基础、统分结合的双层经营体制。农村中的生产、供销、信用、消费等各种形式的合作经济，是社会主义劳动群众集体所有制经济。参加农村集体经济组织的劳动者，有权在法律规定的范围内经营自留地、自留山、家庭副业和饲养自留畜。"

2. 林业基本法律与法律性决议决定

林业基本法律与法律性决议决定是由全国人民代表大会及其常委会颁布制定的规范性文件，法律效力仅次于宪法。根据适用范围的不同，可将其分为：一般的基本法律、单行的林业法律、法律性决议决定。

（1）一般的基本法律是调整国家和社会生活中某一方面的社会关系的法律。例如，《刑法》中对林业犯罪及其负刑事责任的条件作了明确的规定；《民法通则》《物权法》中也涉及了关于森林资源、林木、林地所有权与使用权等方面的基本法律制度；《中华人民共和国行政处罚法》（简称《行政处罚法》)、《中华人民共和国行政复议法》（简称《行政复议法》)也规定了林政管理中的林业行政处罚、林业行政复议的具体内容,这些都成为林业政策制定的重要渊源,对林业管理起到了法律约束作用。

（2）单行的林业法律是专门调整在林业生产与建设中关于培育、采伐、更新、保护、合理利用森林资源的社会关系、人与自然关系的法律,是对一般法中的特别事项进行特别规定和说明。目前,我国主要的单行林业法律有《森林法》《野生动物保护法》《防沙治沙法》《种子法》《农业技术推广法》等,这些法律法规是林业政策的重要基础。

（3）法律性决议决定是全国人民代表大会及其常委会根据社会实际需要,对确需规范的重大问题、重要事项作出的明确规定,并提出具体要求的指导性文件,它同样具有法律效力,如 1988 年全国人大颁布的《全国人民代表大会常务委员会关于惩治捕杀国家重点保护的珍贵、濒危野生动物犯罪的补充规定》,对国家珍贵、濒危野生动物的保护方面作出严厉规定,禁止非法捕杀国家重点保护的珍贵、濒危野生动物的行为。

3. 林业行政法规

林业行政法规是由国务院在法定职权范围内根据宪法和林业法律制定,由国务院总理签署,以国务院令发布实施的,有关国家林业行政管理活动的规范性法律文件,法律效力低于宪法和林业法律。目前,我国林业行政法规共有:《森林法实施条例》《自然保护区条例》《森林病虫害防治条例》《植物检疫条例》《中华人民共和国野生植物保护条例》（简称《野生植物保护条例》）、《中华人民共和国森林防火条例》（简称《森林防火条例》）等。

4. 林业部门规章

林业部门规章是国务院林业主管部门或者国务院林业主管部门联合其他国务院部委在本部门的权限范围内根据林业法律、林业行政法规等所发布的调整林业法律关系的规范性文件,其法律效力低于法律、行政法规和地方性法规。林业部门规章大概有 80 多件,文件形式多样,包含实施细则、办法、暂行办法和规定等,如《森林和野生动物类型自然保护区管理办法》《林业行政处罚程序规定》《占用征用林地审核审批管理办法》等。

5. 林业军事法规和军事规章

《中华人民共和国立法法》（简称《立法法》）"附则"里规定:"中央军事委员会根据宪法和法律,制定军事法规。中央军事委员会各总部、军兵种、军区、中国人民武装警察部队,可以根据法律和中央军事委员会的军事法规、决定、命令,在其权限范围内,制定军事规章。"在我国,军事法规和军事规章也涉及林业方面的立法实践。如《中国人民解放军绿化条例》（中央军委 2005 年 8 月颁布）、《军队营区植树造林与林木管理办法》（1982 年 12 月 20 日,国务院、中央军委发布）。

6. 地方性法规和地方政府规章

根据《立法法》规定,在与宪法、法律、行政法规不抵触的前提下,省、自治区、直辖市、国务院批准的较大的市人民代表大会及其常务委员会,可以根据宪法和法律的规定,制定地方性林业法规;省、自治区、直辖市以及省、自治区人民政府所在地的市和较大的市人民政府,可以根据行政区域的具体情况和实际需要制定本行政区域内的林业地方政府规章。如《江苏省〈森林防火条例〉实施办法》《江苏省林业项目管理办法》等。

7. 林业自治条例和单行条例

林业自治条例和单行条例主要是针对少数民族地区而制定的条例。我国民族自治地方的人民代表大会有权依照当地民族的政治、经济和文化的特点,制定自治条例和单行条例。《森林法》第四十八条规定:"民族自治地方不能全部适用本法规定的,自治机关可以根据本法的原则,结合民族自治地方的特点,制定变通或者补充规定,依照法定程序报省、自治区或者全国人民代表大会常务委员会批准施行。"如《云南省怒江傈僳族自治州林业管理条例》《云南省景东彝族自治县林业管理条例》等。

8. 经济特区法规和规章

根据《立法法》明确规定,经济特区所在地的省、市人民代表大会及其常委会根据全国人大的授权决定制定法规,在经济特区范围内实施。如《海南省森林保护管理条例》《海南省林地管理条例》《厦门市森林防火管理办法》等。

9. 国际条约

国际条约是指我国与国外缔结的双边和多边条约、协定和其他具有条约、协定性质的文件。凡是经我国最高权力机关批准,或由我国政府声明承认参加后的国际条约,其在国内具有法律效力,属于我国应当适用的法律。目前我国在森林保护、野生动植物保护等方面已经与国外签订了很多的国际条约,如《濒危野生动植物种国际贸易公约》《中日保护候鸟及其栖息环境协定》《中澳候鸟保护协定》等。

四、我国林业政策的具体内容

我国林业政策具有涵盖内容杂、涉及范围广、保护对象多的特点,因此为了更好地了解我国林业政策的具体内容,将从森林保护、野生动植物保护、特殊生态区域法律保护这三个方面进行阐述:

(一)森林保护(含森林防火、病虫害防治、检疫等)和林地管理的政策法规

目前,我国已形成以《森林法》为核心,以其他法律法规为补充的森林保护和林地法律体系,颁布了一系列的政策法律来保护与发展森林资源,如《森林防火条例》《森林病虫害防治条例》《植物检疫条例》《中华人民共和国土地管理法》(简称《土地管理法》)等。

1. 森林保护"基本法"——《森林法》

《森林法》第一条明确规定:"为了保护、培育和合理利用森林资源,加快国土绿化,发挥森林蓄水保土、调节气候、改善环境和提供林产品的作用,适应社会主义建设和人民生活的需要,特制定本法。"由此可以看出,《森林法》的制定主要是为了保护发展森林资源、发挥森

林的生态效益、保障林产品的稳定供给。

《森林法》的基本内容是坚持以营林为基础,普遍护林,大力造林,采育结合,永续利用的方针;鼓励林业科学研究,提高林业科技水平;依法保护林农和承包造林者的合法权益;在森林开发、木材分配方面给予民族自治区自主权和优先权;在林业保护、经营、管理、科研中成绩显著的单位和个人,政府给予奖励;对森林资源实施特殊保护。

2. 森林、林木和林地的权属政策规定

森林、林木和林地的权属即林权,是指森林、林木和林地的所有权和使用权。我国林权分为三种形式,一是国家所有权,二是集体所有权,三是个人所有权。

《森林法》第三条对森林、林木和林地的所有权作出了明确的规定:"森林资源属于国家所有,由法律规定属于集体所有的除外。"而个人所有的林木,主要是由农村居民在房前屋后、自留地、自留山和农村集体经济组织指定的其他地方种植的树木;在以承包或其他方式取得的有使用权的林地上和在承包的荒山、荒地、荒滩上种植的树木,按合同约定归个人所有的部分以及城镇居民在自有房屋庭院内种植的树木。

根据我国《宪法》《民法通则》《土地管理法》和《森林法》的规定,森林、林木和林地的使用权形式多样,主要有以下四种情况:一是国有森林、林木、林地由国有单位享有使用权;二是国有森林、林木、林地通过联营、承包、租赁等合法形式由集体取得使用权;三是集体的林地由国有林业单位享有使用权;四是公民、法人或其他组织通过承包、租赁等方式享有国家或集体的林地使用权。

3. 林地开发利用中的政策法规

在我国林地的开发利用中,必须坚持"合理利用、因地制宜、有偿使用"的原则,提高森林资源的利用效益,推动林业事业的持续发展。

我国对林地用途作了严格的规定,林地必须用于林业发展和生态建设,不得擅自改变用途,严格限制林地转为建设用地,严格控制林地转为其他农用地。若确需改变林地用途的,必须经过省级林业主管部门的审批才能允许改变林地用途;若因勘测、修筑设施、采石、采矿、取沙、取土、乡村建设需要使用林地的,也需要县级林业主管部门的审批,才能在土地部门办理征用、占用林地手续。我国的林地林木可以依法通过转让、转包、出租、互易、抵押、入股等方式进行流转,但是流转之后,还是不得改变林地的用途。

我国《森林法》对占用和征收、征用林地作了具体的规定。占用林地在占有前归国家所有,是指因进行勘察设计、修筑工程设施、开采矿藏等,国有林地被全民所有制单位、集体所有制单位或个人占有使用。征收、征用林地在征用前归集体所有,是指集体所有由集体或个人使用的林地被全民所有制单位依法征收或征用。不论是占用还是征收、征用林地,都必须按照国家和省有关规定办理审批手续。经过批准,征用、占用林地的单位或者个人应当依法缴纳森林植被恢复费,并向被占用、被征收和征用林地的单位或个人支付林木及其他地上附着物补偿费和安置补助费。

4. 植树造林与森林分类

国家在植树造林方面开展大规模的造林活动,以此扩大森林资源的面积,提高森林的覆盖率。1981 年 12 月 13 日,第五届全国人民代表大会第四次会议通过了《关于开展全民义务植树运动的决议》,第一次以法律形式规定了义务植树的具体事项和要求。决议中明确规定:凡是我国公民,男 11~60 岁、女 11~55 岁,除丧失劳动能力者外,均应承担义务植树任务。在《中共中央国务院关于加快林业发展的决定》中还强调,要深入开展全民义务植树活动,利用各种形式发展社会造林,坚持"谁造谁有"的造林原则,鼓励社会团体、外商和群众积极造林,投入造林行动,形成多主体、多层次、多形式的造林绿化格局。此外,《森林法》中对造林范围和造林责任提出了明确的内容:宜林荒山荒地,属于国家所有的,由林业主管部门或其他主管部门组织造林;属于集体所有的,由集体经济组织组织造林;铁路公路两旁、江河两侧、湖泊水库四周,由各有关主管单位因地制宜组织造林;工矿区、机关、学校用地、部队营区以及农场、牧场、渔场经营地区,由各单位负责造林;国家所有和集体所有的宜林荒山荒地可以由集体或个人承包造林。

我国《森林法》将森林分为五大类:防护林、用材林、经济林、薪炭林、特种用途林。森林的分类是由省级林业主管部门负责组织实施,根据国家关于林种划分的规定划定林种,林种一经划定,不得任意改变。其中,防护林和特种用途林属于生态公益林,主要功能是发挥林业的生态和社会效益,其对改善生态环境、抵御自然灾害、促进经济社会持续发展等方面起着重要的积极作用。我国已经建立了森林生态效益补偿基金制度,对公益林经营管护人提供一定的补偿费用。

5. 林木采伐与利用的政策规定

《森林法》明确规定:对森林实行限额采伐,鼓励植树造林、封山育林,扩大森林覆盖面积;根据用材林的消耗量低于生长量的原则,严格控制森林年采伐量。因此,我国实行严格的采伐限额管理制度与凭证采伐制度,以此保护与发展森林资源,增加森林的面积和蓄积量。

为了严格控制森林年采伐量,我国实行统一的年度木材生产计划管理制度,要求年度木材生产计划控制在批准的年采伐限额之内,主要目的是管理监督森林资源消耗数量,保证年采伐量不超过相应的采伐限额。《森林法》第三十条规定:"国家制定统一的年度木材生产计划。年度木材生产计划不得超过批准的年采伐限额。"我国还具体规定了木材生产计划的实施对象:除了农村居民采伐自留山上个人所有的薪炭林和自留地、房前屋后个人所有的零星林木之外,采伐森林、林木作为商品销售的,必须纳入国家年度木材生产计划。此外,1981年国家颁布了《中共中央、国务院关于保护森林发展林业若干问题的规定》,明确提出在全国实行凭证采伐制度。凭证采伐制度是落实限额采伐制度的具体措施,是实施限额采伐制度的有效保证。限额采伐制度和凭证采伐制度的贯彻实施,不仅从根本上扭转了我国森林资源逐渐减少的不利局面,而且对促进我国森林资源增长、实现森林资源持续利用起到了至关重要的作用。

6. 森林灾害防治制度

森林灾害防治制度是国家针对各种森林灾害而制定的有关防灾、减灾、救灾、灾后重建等法律规范和制度原则的总称。森林灾害防治主要包括三个方面:防虫、防火、防乱砍滥伐。目前我国关于森林灾害防治方面的政策法规主要有:《森林病虫害防治条例》《植物检疫条例》《国家突发公共事件总体应急预案》《森林防火条例》等。

在森林病虫害的防治方面,我国实行"预防为主、综合治理"的方针和"谁经营、谁防治"的责任制度。1983 年,国家颁布《植物检疫条例》,目的是防止有害生物及危险病、虫、杂草的传播蔓延,保护林业生产的安全。植物检疫主要是利用法律、行政和技术等手段,对生产和流通中的某些感染特定病虫害的森林植物进行检疫,禁止和限制这些感染植物传播。1989 年颁布了《森林病虫害防治条例》,明确指出:发生森林病虫害时,当地人民政府及林业主管部门、森林经营者有关单位和个人都应依法履行除治义务。

在森林、木材火灾的防治方面,我国《森林防火条例》主要作出如下规定:第一,森林防火方针。森林防火工作实行"预防为主,积极消灭"的方针和各级人民政府行政领导负责制的责任制度。第二,森林防火组织。国家在国务院林业主管部门设立中央森林防火总指挥部;地方各级人民政府要根据实际情况设立森林防火指挥部,负责本地区的森林防火工作;县级以上森林防火指挥部设立办公室,配备专职干部人员,负责森林日常工作。第三,森林火灾预防。县级以上地方人民政府应根据本地区的自然条件和火灾发生规律,规定森林防火期。在森林防火期内出现高温、干旱、大风等高火险天气时,可以划定森林防火戒严区,确立森林防火戒严期,在这期间内禁止野外用火;各级人民政府应当组织有关单位有组织有计划地在林区设置森林防火设施。第四,森林火灾扑救。凡我国公民,均有义务预防和扑救森林火灾。当发生火灾时,由当地人民政府或者森林防火指挥部统一组织和指挥扑救火灾任务。接到扑火命令的单位和个人,必须迅速赶赴指定地点,投入扑救。第五,灾后奖励与处罚。比如对火灾扑救中表现突出的单位或个人给予奖励;对扑火任务中受伤、致残或牺牲的人员给予医疗救助、抚恤金等;对违反森林防火管理的人员,处以行政处罚,如罚款、警告、拘留,严重者甚至追究其刑事责任。

在乱砍滥伐的防治方面,国家对各类乱砍滥伐的违法犯罪行为,进行严厉的打击和制裁。我国《森林法》中对滥伐森林、林木的行为作了具体的处罚规定:滥伐森林或者其他林木,由林业主管部门责令补种滥伐株数五倍的树木,并处以滥伐林木价值二倍以上五倍以下的罚款。另外,《刑法》中也涉及滥伐森林、林木的处罚行为的规定:滥伐森林或者其他林木,数量较大的,处三年以下有期徒刑、拘役或者管制,并处或者单处罚金;数量巨大的,处三年以上七年以下有期徒刑,并处罚金;数量特别巨大的,处七年以上有期徒刑,并处罚金。

7. 林木种苗的政策规定

1989 年国务院颁布实施了《中华人民共和国种子管理条例实施细则》(简称《种子管理

条例》),这一条例的发布标志着我国林木种苗事业正式进入法制化管理阶段。根据该条例规定,国家林业部门负责组织林木种质资源的搜集、整理、鉴定、保存和利用工作,进出口的种质资源必须依法办理法定的登记手续,国家还建立了种子储备制度,对贮备的种子进行分类入库,并定期检验。

林木育种选育工作由县级以上林业主管部门同财政、科技等有关部门,组织有关科研教育和生产单位进行;林业主管部门及林木种子管理机构应当加强林木种子生产的计划管理,根据育苗任务,制定林木种子生产计划并实施执行;具备生产商品林木种子条件的单位和个人,应取得县级以上林木种子管理机构核发的《种子生产许可证》,方可从事林木种子商品生产活动;具备经营林木种子商品条件的单位和个人,应取得县级以上林木种子管理机构核发的《种子经营许可证》,并凭证到当地工商行政管理机关登记并领取营业执照后,方可从事林木种子商品经营活动;所有生产、经营、储备、使用的林木种子,由县级以上林业主管部门负责对林木种子的质量进行仔细的检验和检疫。

(二)野生动植物保护的政策法规

野生动植物是自然资源的重要组成部分,在国民经济发展中占有不可替代的重要地位,在生态、经济、科研、文化等方面具有多重价值。保护野生动植物是维护生态安全、促进经济发展、传承传统文化的必然要求,也是全人类的共同责任和义务。我国政府十分重视野生动植物保护,先后发布了一系列保护野生动植物的政策法规,建立了以自然保护区为主体的野外保护体系。

1. 野生动物保护的政策法规

我国制定了以《野生动物保护法》(1988年)为核心,其他相关政策法规共同补充的一套政策体系,以此保护野生动物以及它们的生存环境。涉及野生动物保护的相关法律有:《野生动物保护法》《陆生野生动物保护实施条例》《水生野生动物保护实施条例》《国家重点保护野生动物驯养繁殖许可证管理办法》等。此外,我国还积极参加相关的国际条约和公约,如《濒危野生动植物种国际贸易公约》(1980年加入)、《生物多样性公约》(1992年加入)、《关于特别是作为水禽栖息地的国际重要湿地公约》(1992年加入)、《南极海洋生物资源养护公约》(2006年加入)。

(1)野生动物保护法的保护对象

《野生动物保护法》对保护的野生动物范围作出了具体的规定:珍贵濒危的陆生和水生野生动物,如大熊猫、白鳍豚、朱鹮、金丝猴等;有益的或者有重要经济、科研价值的陆生野生动物,如豹猫、旱獭、蛇、鸟类等;我国参加的国际公约、条约中规定保护的动物,如我国加入的《濒危野生动植物种国际贸易公约》中规定的犀牛、鸵鸟、非洲象、斑马等;有益的或有重要经济价值和科研价值的一般水生动物和从外国引进的一般野生动物;等等。

(2)野生动物的分级保护制度

我国将保护的野生动物分为四类,并且实行分类分级保护。第一类是国家重点保护的动物,此类又分为国家一级保护野生动物和国家二级保护野生动物,这一类的名录由国务院野生动物行政主管部门制定,报国务院批准公布。第二类是地方重点保护野生动物,即省重点保护野生动物,这一类的动物名录由各省、自治区、直辖市人民政府制定并公布,报国务院备案。第三类是有益的或者有重要经济科研价值的陆生野生动物。第四类是我国参加的有关国际公约和国际协定中规定保护的野生动物。

（3）野生动物造成人身财产损害赔偿制度

《野生动物保护法》中明确规定:因保护国家和地方重点保护野生动物,造成农作物或其他损伤的,由当地人民政府给予补偿。这一规定表明因保护国家和地方重点野生动物而造成的人身财产损失,依法享有取得补偿的权利,可以向当地人民政府野生动物行政主管部门提出补偿要求。

（4）野生动物的猎捕和驯养管理

我国对猎枪实施严格的管制,猎枪必须定点生产、定点销售和凭证持有。根据相关法律规定,任何单位和个人需要购买猎枪和弹具,须经县级以上林业主管部门批准,经县级以上公安部门审核同意后,由公安机关发放购买证,凭证向国家指定的销售单位购买;狩猎非国家重点保护野生动物,必须到县级以上林业主管部门申请核发狩猎许可证,并按照狩猎证规定的对象、数量、场所、期限、工具和方法进行猎捕。另外,狩猎证每年需要验证1次。

国家鼓励驯养繁殖野生动物,但对驯养的场所、资金、技术和人员都有严格的要求和规定。驯养繁殖国家重点保护野生动物的,必须向野生动物主管部门申请驯养繁殖许可证,经批准同意后方可持证进行驯养繁殖活动。

2. 野生植物保护的政策法规

野生植物既是重要的自然资源,也是重要的环境因素,在维持生态平衡中起着重要的作用。我国在野生植物保护方面的政策法规主要有《野生植物保护条例》《森林法》等。

（1）野生植物保护法的保护对象

《野生植物保护条例》规定:野生植物指原生地天然生长的珍贵植物和原生地天然生长并具有重要经济、科研、文化价值的濒危、稀有植物。药用野生植物和城市园林、自然保护区、风景名胜区内的野生植物的保护,同时适用有关法律、行政法规。国家对野生植物资源实行加强保护、积极发展、合理利用的方针。

（2）野生植物分级保护的政策规定

与野生动物保护相类似,我国对野生植物也实行分级分类重点保护政策。受保护的野生植物分为国家重点保护植物与地方重点保护植物,其中国家重点保护植物又分为国家一级保护植物和国家二级保护植物,如银杏、银杉、红豆杉、珙桐等。采集国家一级保护野生植物的,必须经采集地的省、自治区、直辖市人民政府野生植物行政主管部门签署意见后,向国务院野生植物行政主管部门或者其授权的机构申请采集证;采集国家二级保护野生植物的,必须经采集地的县级人民政府野生植物行政主管部门签署意见后,向省、自治区、直辖市人民政府野生植物行政主管部门或者其授权的机构申请采集证。

（3）野生植物分区域保护的政策规定

《野生植物保护条例》对野生植物的生长区域实行保护，以此保障野生植物的生存环境。如在天然集中分布区域建立自然保护区、在其他区域建立保护点或设立保护标志，对野生植物的生态生存环境进行监视检测等。

（4）野生植物出售的政策规定

根据《野生植物保护条例》规定，禁止出售或限制出售我国野生植物。若要出口，则须经过省、自治区、直辖市人民政府野生植物行政主管部门或者其授权的机构审批；外国人不得在我国境内采集或者收购国家重点保护野生植物；除非向国家重点保护野生植物所在地的省、自治区、直辖市人民政府野生植物行政主管部门提出申请，经审核后报国务院野生植物行政主管部门或者其授权的机构批准，否则外国人不得在我国境内对国家重点保护野生植物进行野外考察。

（5）野生药材资源保护的政策规定

野生药材资源指具有医用、药用价值的野生动植物资源，如人参、虎骨等。我国的野生药材资源实行双部门管理体制，即由国家医药管理部门与国家野生动植物管理部门共同管理、共同监督。国家对野生药材资源实行保护与采猎相结合的方针，并开创条件进行人工种养。国家重点保护的野生药材物种分为三个层次：第一层次是一级保护野生药材物种，主要是濒临灭绝状态的稀有珍贵野生药材物种；第二层次是二级保护野生药材物种，主要是分布区域缩小、资源处于衰竭状态的重要野生药材物种；第三层次是三级保护野生药材物种，主要是资源严重减少的常用野生药材物种。我国对于一级保护野生药材物种是禁止采猎的。对于二、三级保护野生药材物种，必须持有采药证和采伐证或狩猎证，方可进行采伐或狩猎。

（三）特殊生态区域法律保护制度

特殊生态区域主要指自然保护区和森林公园，相对于森林保护、野生动植物保护而言，特殊生态区域具有更高的生态价值、文化价值和科学价值。

1. 关于自然保护区的相关政策规定

（1）自然保护区的法律保护对象

自然保护区指对有代表性的自然生态系统、珍稀濒危野生动植物物种的天然集中分布区以及有特殊意义的自然遗迹等保护对象所在的陆地、陆地水域或者海域，依法划出一定面积予以特殊保护和管理的区域。按照保护对象不同划分自然保护区，可以分为6种：以保护完整的综合自然生态系统为目的的自然保护区、以保护某些珍贵动植物为目的的保护区、以保护珍稀孑遗植物及特有植被类型为目的的自然保护区、以保护自然景观为主的保护区、以保护特有地质地貌为主的保护区、以保护沿海自然环境及自然资源为主的保护区。

（2）自然保护区的分级管理政策

根据《自然保护区条例》，我国自然保护区分为两级：国家级自然保护区和地方级自然保护区。根据《森林和野生动物类型自然保护区管理办法》规定:国家级自然保护区是指在国外有典型意义、在科学上有重大国际影响或者有特殊科研价值的自然保护区。该级自然保护区的建立由所在地省级人民政府或国务院林业主管部门提出申请,国务院批准。地方级自然保护区是指除列为国家级自然保护区之外的,其他具有典型意义、科研价值的自然保护区。该级保护区由所在地自治州、县市政府或省级人民政府林业主管部门提出申请,省级人民政府批准。截至 2015 年,我国已有 28 处国家级自然保护区被纳入联合国教科文组织世界生物圈保护区网络。

（3）自然保护区的管理体制

我国自然保护区管理实行综合管理与分部门管理相结合的管理体制。国务院环境保护主管部门负责全国自然保护区的综合管理;国务院林业、农业、地质矿产、水利、海洋等主管部门在各自的职责范围内,主管有关的自然保护区。经批准建立的自然保护区,其土地使用权受到法律保护,未经批准一律不得擅自改变自然保护区土地的性质、用途和范围。自然保护区是一种"自然禁区",禁止在区内进行砍伐、放牧、狩猎等行为,违反者处以行政处罚、没收违法所得、责令停止违法行为,限期恢复原状。若对自然保护区造成破坏的,处以 300 元以上 1 万元以下的罚款。

（4）自然保护区的分区域管理政策

我国自然保护区一般分为核心区、缓冲区和实验区三个部分。核心区的划分原则是自然保护区内保存完好的天然状态的生态系统以及集中分布珍贵、濒危动植物的区域。除非开展科学研究调查,并得到林业主管部门的准许,否则任何人一律不得入内。核心区所占面积不得少于该自然保护区总面积的1/3。核心区外围可划出一定区域作为缓冲区,只允许进行科学研究观测活动。缓冲区外围是实验区,用于科学研究、教学实习、参观考察、旅游以及驯化、繁殖濒危野生动植物等活动。实验区所占面积不得超过该自然保护区总面积的1/3。另外,外国人进入自然保护区,接待单位应该事先经过省级或国务院林业主管部门批准。

2. 森林公园的政策法规

森林公园是以自然环境为依托,以自然景观和人文景观为特点,具备良好的生态环境和较大的面积与规模,为人们提供观赏、文化、科教价值的场所。森林公园是一个综合体,它集生态、社会和经济功能为一体,具有建筑、疗养、林木经营等多重功能。我国森林公园建设起步于 20 世纪后期,1994 年我国林业部发布部门规章《森林公园管理办法》,对森林公园的管理、保护进行了详细的规范。随后,又发布了地方级的森林公园管理法规,形成了以《森林公园管理办法》为核心,以地方性森林公园法规、规范、标准为重要补充的政策法规体系。

第五节　林业政策制定的理论基础

一、外部性理论

（一）外部性相关定义

19世纪末，外部性问题逐渐被人们重视并研究，在一百多年的发展中，人们对于外部性的研究逐步地扩大了范围，例如生产与消费外部性、公共与私人外部性、产权和交易费用等。外部性理论已经成为经济学中最重要、最基本的理论之一。

不同时代的人们对于外部性的界定也是多种多样的。马歇尔在《经济学原理》中最先提出了外部性的概念。马歇尔认为，组织变化对产量的影响是建立在"内部经济"和"外部经济"的基础上的。与马歇尔不同的是，庇古从福利经济学的角度着手研究，以"社会边际净生产"和"私人边际净生产"的研究为基础，通过对外部性的探究，得出有关正负外部性的重要结论。

萨缪尔森与诺德豪斯将外部性定义为："外部性的产生是有条件的，外部性产生于生产或消费对其他人产生了不可补偿成本或无需补偿的收益的情况下；准确地说，外部性是一种经济效果，该种经济效果是一个经济人的行为对另一个人福利所产生的没有从货币或交易市场中所反映的。"

布坎南和斯塔布尔宾认识到，一个精确的函数关系也可以阐明对外部性的理解。他们定义外部性为："当某个人的效用函数或某个厂商的生产函数所包含的某些变量被另一个人或另一个厂商控制时，外部性便会产生。"用 $U_A = U_A(X_1, X_2, \cdots, X_n; U_B)$ 表示在消费者 A 的效用函数中所包含的受控于另一个市场主体 B 的自变量；相应地，用 $F_A = F_A(L_A; F_B)$ 表示在厂商 A 的生产函数中所包含的受控于厂商 B 的变量。观察布坎南和斯塔布尔宾的函数关系式，我们可以得出结论：一个主体 B 可以引起与之直接联系的主体 A 的收益或损失，即正外部性或负外部性，一个主体施加的外部影响是外部性发生的驱动力。

在《政府与非盈利部门的外部性》中，迈金和布朗尼提出了自己对于外部性的理解，在阐明政府行为外部性概念的同时，对外部性进行了准确界定，即潜在的相关外部性，提出"市场失灵同时存在于市场部门或者非市场部门中"。

美国经济学家斯密德对外部性进行了详细的政治性讨论。他将外部性分为技术性外部性、金钱性外部性和政治性外部性三类。政府对于政治性外部性起到了巨大的管理性作用。政治性外部性产生于政府改变游戏规则或进行管理型交易时。斯密德也认为，对于利用公共选择来改变游戏规则或产权控制进行改变所有参与者的成本或收益也是政治性外部性的一大特点。

（二）外部性的主要分类形式

1. 从外部性的作用效果来看，可以将外部性分为正外部性和负外部性

林业的正外部性具有正效应，市场外其他人的福利随着林业的正外部性也产生着相应的正效应，导致福利增加。例如，森林资源具有在生长成熟的过程中为人类乃至整个社会提供大量的生态和经济效用的自然属性与作用。一方面，森林具有重要的生态作用，例如：涵养水源、保持水土、净化空气、调节气候、防风固沙等；另一方面，林业发展的基础与前提是森林，它既为人类提供了木材与林产品，也为人类带来了巨大的经济效用。人类的经济福利因林业的正外部性而增加，传统的交易不能完全依靠市场进行有效的解决，市场失灵或交易失败的现象会不可避免地产生。

存在负外部性时，经济行为人的私人成本小于社会成本，从而使市场外的人的福利减少。林业在满足人类的社会需要时，负外部性的问题也逐步显现，这主要体现在生态方面，例如：温室效应、全球气候变暖、物种减少或灭绝等问题。因为人类为了获得更多的木材而乱砍滥伐，使原生林面积逐渐变小，森林涵养水源、防风固沙等能力受到影响，负外部性的存在导致资源得不到最优配置。

2. 从外部性的可控程度来看，可以将外部性分为不可减少外部性和可减少外部性

不可减少外部性的典型代表就是具有非竞争性和非排他性的公共物品。使用的排他性或者消费的竞争性是衡量私人物品和公共物品的重要因素。这两种特性可以同时存在，也可以单一存在。纯粹公共物品完全满足这两个特性，非纯公共物品只需满足两种特性中的一种即可。公共物品的不可减少性来自非排他性的使用。如果一个区域的森林被乱砍滥伐，植被遭到严重破坏，区域整体环境水平严重下降，那么受其影响的是这一区域中的所有人，这是一种公共损害。相反地，如果这个区域森林覆盖率提高，环境状况明显改善，那么，受益的是这一区域内的所有居民，这是一种公共福利。

与不可减少外部性相对应的是可减少外部性。例如，森林的涵养水源功能的外部性是可以减少的。森林资源的所有者可以把林区的水源集中储存起来不让它外流。但是，外部性可以减少不等于外部性可以排除。

（三）外部性校正政策手段的基础理论

政府是外部性研究的一个重要变量，也是一种与市场相对的、重要的治理手段。学者们普遍达成了一个共识：认为政府行为具有外部性，且有正外部性和负外部性之分。作为最重要的表现形式的公共政策在诸多环节中都融入了外部性。

1. 庇古税

政府在资源配置难以实现帕累托最优时需要发挥相应的作用。一方面，对负外部性产生者进行征税，促使负外部性产生者将社会成本纳入私人成本。在这种情况下，不仅增加了政府收入，而且在一定程度上减少了负外部性行为。另一方面，对正外部性产生者提供相应

的补贴,增进社会福利,从而对社会利益与私人利益、社会成本与私人成本进行合理的平衡,促使市场机制正常运行,从而优化资源的配置。

2014年,我国印发了《中央财政林业补助资金管理办法》,该管理办法总则第二条规定:"中央财政林业补助资金(以下简称林业补助资金)是指中央财政预算安排的用于森林生态效益补偿、林业补贴、森林公安、国有林场改革等方面的补助资金。"森林生态效益补偿包括管护补助支出和公共管护支出两部分,该补偿根据国家级公益林权属实行不同的补偿标准;林业补贴主要包括林木良种培育补贴、造林补贴和森林抚育补贴等几部分;森林公安补助主要包括森林公安机关办案(业务)经费和业务装备经费两部分;国有林场改革补助是指用于支持国有林场改革的一次性补助支出。政府在林业方面的资金补助,一定程度上体现了政府对林业的重视。政府通过对正外部性行为进行补贴,将外部效应内部化,使私人收益与社会收益相一致,私人成本与社会成本相一致,从而实现资源的合理配置与市场的有效运行,并扩大其正外部性影响,进而增加社会福利。

2. 公共管制

公共管制是政府对市场进行干预的重要手段,目的是维护社会的公平与效率。公共管制分为直接干预和间接干预两方面。直接干预是指政府直接制定并执行市场配置机制来干预市场;而间接干预是指政府通过改变企业和消费者的供需决策的一般规则或特殊行为来干预市场。公共管制是一种普遍并且运用较为广泛的治理外部性的措施。

目前,我国有明确的森林采伐限额管理制度,该制度规定了对森林、林木限额消耗的控制指标,这样既考虑了林业经济效益,又考虑了林业生态效益。该项政策的目的是有效地保护森林,合理地利用森林资源,控制森林资源消耗,从而充分发挥森林的多种效益。根据该项林业政策,相关的经济行为人将采伐量控制在生长量的范围内,虽然在短期内他们承担了经济上的不利后果,但从长远的角度而言,整个社会都从中获得了收益,此时就出现了正外部性的效用。而对正外部性的受益者而言,由于该利益是免费享受的,所以他们往往不会予以珍惜,此时就会出现过度使用或滥用该利益的情况,这在一定程度上会影响政府政策的执行效果。外部性由于存在着信息不对称以及交易成本过高等问题,通过私人力量解决是不可能的,因此需要政府的介入,运用公共力量来解决。

3. 科斯定理与产权理论

科斯对庇古的观点持批判的态度,他认为,政府征收庇古税的做法并不能有效地解决外部性问题,因为外部性效应是相对的,并不是一方侵害另一方的单方面问题。科斯定理的核心是产权明晰。在交易费用存在的情况下,不同的权利界定和分配会带来不同效益的资源配置。因此,在产权界定明晰的基础上,并且在交易成本为零的情况下,经济双方当事人可以通过协商的手段对市场运转进行自我修正,这种经济行为依旧可以达到与征收庇古税相同的效果。而当交易成本不为零时,将外部性内部化的手段需要通过衡量成本与收益才能确定。

校正外部性的公共政策手段包括：(1)对负外部性征收庇古税,对正外部性实行补贴,将外部效应内部化。如我国出台了相关的管理办法,规定了财政预算对林业的补助资金。(2)公共管制。由于外部性具有信息不对称和交易成本过高等问题,政府必须通过公力解决。(3)科斯定理。在某些条件下,经济的外部性或非效率可以通过当事人的谈判解决。

理论上,产权途径是解决外部性问题的有效方法,"明晰的产权"和"交易成本为零"是使林业生产资源配置达到帕累托最优的两个关键因素。但产权途径这一方法的实施受到很多因素的限制,这在林业中尤为明显。在林业中做到产权明晰,是一件十分艰巨的任务。森林资源的产权界定是一项相当复杂的系统工程。《森林法实施条例》第二条规定:"森林资源,包括森林、林木、林地以及依托森林、林木、林地生存的野生动物、植物和微生物。"可见,森林资源的范围是相当广泛的。从《森林法实施条例》中我们可以看出,要对森林资源进行量化与界定产权,这一任务是十分艰巨的。可是,只有当森林资源的产权能够清晰明了地划分后,我们才能够高效解决林业生产的外部性问题。

4. 法律措施

法律作为一种强制性措施,它对产权的保护主要体现在对侵权行为的惩罚及其产生的威慑力量上。在当今法治社会中,即便法律并不是保护产权最有效的方法,也不是降低成本费用至最低的路径,但法律依然是必不可少的。

一方面,法律可以接受某些产权形式的存在。要想能够合法地参与市场交易,只有通过产权形式才能达到目的。另一方面,法律也会禁止某些产权形式的出现或者对其中的某一部分加以限制,例如对木材采伐、林地使用权等作出限定性规定。也正是由于法律具有的这种特定地位,使得法律既可以保护和促进一些产权关系的发生,也可以抑制增加交易成本的产权关系的发展。所以从法律解决外部性的地位来看,法律在外部性问题中扮演着两种角色,一个是限制某些产权关系的发展,另一个是推进和保护产权关系的发展。

二、公共产品理论

(一)公共产品的内涵界定

美国经济学家萨缪尔森较早地对公共产品的概念进行了界定与阐述,他在公共产品的理论研究中做出了巨大的贡献,有着创新性的研究。他于1954年和1955年相续发表了《公共支出的纯理论》和《公共支出理论图解》,在文中给出了公共产品的经典定义:所谓的公共产品就是,每个人对某种产品的消费,都不会导致其他人对该产品消费减少的产品。为了更清楚地说明公共产品的内涵,萨缪尔森通过数学工具提出了几种不同的两分概念:私人消费产品与集体消费产品、私人消费产品与公共消费产品、纯私人产品与纯公共产品等。从萨缪尔森的定义中,我们可以知道非排他性和非竞争性是公共产品的两个本质特征。非排他性的含义是不需要支付任何成本也能从某产品的消费中得到效用。非竞争性的含义是消费某种产品或服务时与他人对该产品或者服务的消费不冲突。因为很难找到有效合理的价格体制去控制完全满足这两个特质的纯公共产品,这个时候就需要政府来担当市场的主要配置者。

1965 年,布坎南在萨缪尔森等人研究的基础上进一步讨论了公共产品的不纯粹性和复杂性。布坎南认为:纯私人产品与纯公共产品之间不存在泾渭分明的界限,而是基于某些特征的连续的变化过程。在他发表的《俱乐部经济理论》中指出,萨缪尔森提出的公共产品属于"纯公共产品",这属于极端现象,而在现实生活中,更多的是"准公共产品",即一种介于纯公共产品与纯私人产品之间的产品。与"纯公共产品"不同的是这类产品一般具有"拥挤性",即当消费者的数目增加到某一个值后,就会出现边际成本为正的情况,由此布坎南创造性地提出了"俱乐部产品"。可以把俱乐部产品定义为对某种产品(服务)的消费包含着某种"有限的公共性",分享或共担的不是所有人,而是一个人或一个群体。布坎南采用了成本与收益的分析框架,建立了包括成员数与产品数的俱乐部均衡,从而得出了俱乐部成员的最优规模。显然,布坎南的"俱乐部产品"是纯公共产品和纯私人产品之间的一个桥梁。

(二)公共产品的主要分类

将产品从有无竞争性和排他性的角度分类,可分为四类。第一类是萨缪尔森提出的"纯公共产品",即同时具备非竞争性和非排他性的产品。第二类是布坎南所说的"俱乐部产品",即包含某种"有限公共性"的产品。"俱乐部产品"一方面在消费上具有非竞争性,另一方面也具有对外排他性,此类产品只能由为其支付费用的全体成员共同消费,如电影院、图书馆、收费公路、公共桥梁等。第三类是由奥斯特罗姆提出的"公共池塘资源理论"。它在消费上具有竞争性的同时具有非排他性,这与"俱乐部产品"完全相反。典型产品如地下石油、公共草场资源、公共渔场、牧场等。第四类是纯粹私人产品,即同时具备竞争性和排他性的产品,如汽车、衣服、鞋子等。

将公共产品从供应主体的角度分类,可分为三类,即政府供应的公共产品、市场供应的公共产品以及非营利组织供应的公共产品。

将公共产品从产生的效用范围的角度分类,可分为三类:第一类是地方性的公共产品,它的影响范围仅仅是一个国家中的某一部分或某个区域,如大坝、公园等。第二类是全国性公共产品,最典型的就是国防。国防所产生的效用范围覆盖整个国家,是全民受益的活动。第三类是全球性的公共物品,它的效用范围超过了国家的边界,产生了全球性的效益,如全球温室效应的治理等。

(三)公共产品的典型供应方式

1. 政府供给

由于公共产品自身的属性以及由此存在的一些诸如隐藏信息、缔约困难、"搭便车"等问题,单纯地依靠市场机制常常使得集体的需要量远远超过公共产品的生产量,因此造成供不应求的状况。此外,如果与此相关的交易成本过高,那更加抑制了个人通过市场机制来提供足够多的公共产品的积极性。而市场和政府具有可替代性,市场在资源配置方面的不足有时可以通过政府进行弥补,即市场有时需要依靠政府来提供产品,并且政府的此种供给具有不可替代性。

布坎南认为:纯私人产品与纯公共产品之间不存在泾渭分明的界限,而是某些特征的连续的变化过程。因此他提出"俱乐部产品"是一种介于纯公共产品与纯私人产品之间的"准公共产品"。此外对公共产品从三个角度(有无竞争性和排他性、供应主体、所产生的效用范围)进行分类,重点阐述了公共产品典型供应方式中的一种,即"政府供给"的必要性和某种不可替代性。

我国的国有森林资源占据了林业发展的半壁江山,在社会发展的进程中,国有林业发挥了重要的生态效益与社会效益。从我国林业政策的演变进程看,国有林在其发展过程中将愈来愈偏向于体现生态服务价值,国有林在我国的生态文明建设中将会发挥越来越重要的作用。国有林的生态服务是一种典型的公共产品,所有成员即使没有支付成本也能够从某产品的消费中免费得到好处,某个主体在消费某种产品或服务时,其他人也可以对该产品进行消费。正是由于这种特殊的性质,很难找到有效的价格机制来自发地进行国有森林资源的有效配置,市场会出现失灵或失效的现象,所以需要政府出面来担当市场的主要配置者,以保证国有林业的稳定健康发展。

此外,林业生产所涉及的林业基础设施、林业技术与科研以及其他公共设施等同样属于公共产品,需要政府来掌控管理。对于此类特殊的公共产品,即使考虑到未来科学技术的发展,可以预测并控制林业生产在未来所能获得的收益最大化,但由于"搭便车"问题的存在,也很难确定个人的收益,无法将个人的收益具体化并将个人收益细化分割,按照个人收益的竞争性举行拍卖活动出售给不同的购买者。可以这样解释,社会上存在的免费搭便车现象并不是无法排除的,只是投入的排除费用会很高,并且在某种程度上无法根治这种现象。由于林业投资大、周期长、风险大等特点,私人组织有可能没有能力提供或者提供量不足,所以私人组织很难单独支持林业综合效益的发挥,这就需要政府进行必要的干预,对林业发展给予一定的支持和补贴。

2. 市场供给

该类公共产品主要是通过市场机制来完成相应的交易,主要形式有:私人完全供给、特许经营、社区和使用者提供。由市场供给的公共产品一般是准公共产品。准公共产品具有排他性和非竞争性的特点,排他性的存在导致这类准公共产品与公共产品相比所涉及的群体数量减少、规模缩小,这使得群体更容易通过某种集体决策规则就其共享的产品数量达成一致性的意见,签订契约,自主地通过市场方式来提供。消费者数量的减少降低了达成契约的交易成本,从而促进了该类公共产品的市场供应。此外,由于该类产品具有排他性,之前不支付成本"搭便车"的社会成员再也不能从产品的消费中免费得到好处,如果他们对此类产品或服务有需求,那么就需要对私人经营者缴纳获得产品所要缴纳的成本费用。社会成员对私人经营者缴纳的费用使得私人经营者可以收回之前生产经营过程中产生的成本费用,所得费用与成本相抵扣,并能获得相应收益。正是由于这种"选择性进入"方式的存在,即具有排他性,才有效避免了"搭便车"问题,私人经营者从中能收回成本并获得相应的收益,从而提高了私人提供该类产品的积极性。

虽然该类产品的供给权利交给了市场,但并不代表完全脱离政府。政府依旧在公共产品市场供给中扮演重要的角色,主要体现在:一方面,政府对私人供给公共产品的行为给予制度上的激励,例如政府对某些公共产品产权的界定、对某些弱质性的产业给予扶持和帮助。我国最早在1961年颁布了《农村人民公社工作条例》和《关于确定林权、保护山林和发展林业的若干政策规定》,划分了林木产权主体,规定了在荒山、荒坡等林地谁造谁有,林木的产品就归谁支配。1990年逐步出现了四荒拍卖、承包、租赁等制度。按照"谁造谁有"的政策,退耕土地还林后的承包经营权可以延长到70年,承包经营权到期后,土地承包经营人可以依照相关法律法规继续承包。虽然现实的政策对林木权利主体的林权有一定程度上的限制,但是我国法律对林木产权的主体还是具有明确的规范。另一方面,政府在一定程度上对某些提供公共产品的企业进行管制,主要是为了防止私营者利用其垄断地位,抬高物价,损坏社会公共利益。

市场供给作为政府供给的一种补充形式,是通过市场来完成公共产品的供给的,不仅缓解了政府在监管以及财政方面的压力,而且提高了公共部门在经营和经济方面的效益,满足了消费者对于公共产品的需求。

3. 非营利组织供给

非营利组织即不以营利为目的的组织,是在政府部门和以营利为目的的企业之外的一切志愿团体、社会组织或民间协会的总称,是在政府与营利企业之间的"第三部门"。

从需求方来说,个体的需求数量具有异质性。每个人在收入水平、社会背景、受教育水平、性格等方面都有所不同,这直接导致了他们在对公共产品的需求方面存在差异。政府不是万能的,政府在向社会提供一定数量和质量的公共产品时,并不能满足每个消费者尤其是那些异质性较强的消费者的需求。这就为某些其他组织机制的介入提供了前提条件。从供给方来说,一方面,非营利组织弥补了政府部门在供给某些公共产品上的不足;另一方面,非营利组织还为一些消费群体供给了区别于政府的、更为多样性的公共产品。

(四)林业公共产品供给问题

无论是国内还是国外,学术界好像都达成了这样一个共识,那就是森林资源的生态以及社会效益都是具有公共产品特征的。无论是哪个国家,都可以享受到来自森林的福利。一般来说,如果将林业的公共产品进一步划分,那么就可以划分为以公益林为代表的纯林业公共产品和以商品林为代表的准林业公共产品。除此以外,从不同的生产阶段来说,林业产品具有不同的属性。例如,林业生产可以分为种苗生产阶段、营林造林生产阶段、抚育管护阶段、木材生产和木制品加工阶段。在种苗生产阶段中,林业的主要产出是种子和苗木,具有准公共产品的特性。而在营林造林生产阶段，尤其是公益林，单纯提供的是生态效益，改善了生态环境，属于纯公共产品。同样，在林木抚育管护阶段，在森林防火防虫、保证林木品质等方面，也具有公共产品的性质。

政府成为林业各类产品和服务的主要供应者是由林业的公共产品属性决定的。不同程度的政府监管、国有化都可以是政府介入的方式，然而政府并不是唯一的供给者。对于政府来说，可能会为了减少财政压力、提高公共服务的质量、为社会提供更多的商业机会等目的，让市场掌握林业生产的某些使用权和林产品的消费权，从而实现林业各类产品和服务的有效供给与林业经营成本的公平分摊。

本章小结

本章以了解林业政策制定的内容为主要目的，阐述了林业政策制定的原则与程序，并重点介绍了美国、德国、日本这些林业发达国家的林业政策体系。对于我国现行的林业政策体系，主要介绍了森林保护（含森林防火、病虫害防治、检疫等）、林地管理的政策法规、野生动植物保护的政策法规、特殊生态区域保护的政策法规。通过认识和学习世界林业发展强国的政策法规，为我国林业建设的健康快速发展提供合适有用的建议和值得学习的经验。同时本章结合林业发展的特殊性，探究了林业政策制定的理论依据，具体包括外部性理论和公共产品理论。在对林业领域外部性问题的分析方面，主要包含了外部性的分类形式以及外部性校正的政策手段等内容。此外，因为林业提供的各类产品与服务具有公共产品的性质，所以在林业政策制定的理论基础这部分还运用了公共产品理论，从公共产品的分类、供给方式等方面进行了探索性的研究。

【案例分析及讨论】

德国植物新品种侵权案

（1）案件背景

这是发生在 2006 年 2 月 14 日，由德国联邦最高法院处理的，一起彩萼石楠新品种权侵权纠纷案例。原告拥有两个彩萼石楠的新品种权，被告未经原告许可，就以商业为目的直接生产和销售原告拥有新品种权的彩萼石楠。另外，原告提出目前德国一些家庭式农场和零售商的商业贸易也侵犯了其新品种权。原告在不同的花卉销售点分别收集了被侵权的 8 株彩萼石楠。

（2）审理经过

原告提供的证据是一个品种中的 7 株和另外一个品种中的 1 株彩萼石楠，根据这一证据，德国联邦最高法院可以判断彩萼石楠新品种权是否被侵权。被告曾邀请专家根据 UPOV（国际植物新品种保护联盟,International Union for the Protection of New Varieties of Plants)测试标准对两个品种各 30 株植物进行测试,结果表明不存在侵权行为。但是,法院认为UPOV 测试标准并不适用于判定被控品种是否属于品种权的保护范围之内。法院强调如果对此有疑问的话,可以利用单株植物进行无性繁殖来获得大量植株,然后检验被繁殖植株的形态和生理特征与授权品种是否存在差异。另外,法院认为必要时可对被控侵权物进行表现型基因测试或遗传分析。

家庭式农场和零售商认为他们的货源来自经验丰富的供货商,除非有明显的可疑情况,一般不会采取措施去检查是否对新品种权造成侵权。但是法院认为企业,尤其是从国外购买产品的经销商,有责任有义务把现有植物新品种权的保护情况调查清楚,并对近期新品种权保护情况进行至少一次的检查,以保证所销售的产品不会侵犯第三方的合法权利。

法院还强调被起诉的生产企业必须提供其涉及此次侵权行为的相关信息,以便原告计算出相应的经济损失,向企业寻求合理的赔偿要求。但是在欧盟理事会规则中,并未明文规定这一内容,因此被告认为法院无权要求这项内容。法院认为被起诉的企业提供其侵权信息并不是保护新品种权的附加义务,虽然欧盟理事会规则中没有作出明确规定,但这是执行欧盟理事会规则中索赔处理规定的基础内容和前提条件。

(3)审理结果

最终德国联邦最高法院判定被告侵犯了原告的彩萼石楠新品种权,维护了育种者的权益。另外法院还解决了新品种侵权案中一些常见的棘手问题,对各国具有非常好的借鉴意义。

谈谈你对德国的植物新品种权的理解。

【本章复习思考题】

1. 我国林业政策的制定原则有哪些?

2. 美国私有林法律管理制度主要有哪些?

3. 简述德国林业政策体系。

4. 日本典型的林业政策法规有哪些?

5. 我国林业政策具体包括哪些内容?

6. 简述我国特殊生态区域保护制度。

7. 林业政策制定有哪些理论基础?

8. 外部性的主要分类形式是什么?

9. 简述外部性校正的政策手段。

10. 简述公共产品的内涵及分类。

11. 公共产品的供给方式有哪些?

12. 以公共产品理论为基础,谈谈如何对林业进行定位。

【相关阅读材料】

全国人民代表大会常务委员会.中华人民共和国种子法(修订版).2015.

全国人民代表大会常务委员会.中华人民共和国森林法(修订版).2009-8-27.

全国人民代表大会.中华人民共和国宪法(修订版).2018-3-11.

全国人民代表大会.中华人民共和国民法通则(修订版).2009-8-27.

全国人民代表大会.中华人民共和国刑法(修订版).2017-11-4.

国务院.中华人民共和国森林法实施条例(修订版).2018-3-19.

财政部、国家林业局.中央财政林业补助资金管理办法.2014-4-30.

国务院.中华人民共和国野生植物保护条例(修订版).2017-10-7.

国务院.中华人民共和国自然保护区条例(修订版).2017-10-7.

国务院.中华人民共和国植物新品种保护条例(修订版).2014-7-29.

国务院.植物检疫条例(修订版).2017-10-7.

国务院.森林病虫害防治条例(修订版).1989-12-18.

林业部.森林采伐更新管理办法(修订版).2011-1-8.

林业部.森林和野生动物类型自然保护区管理办法.1985-7-6.

林业部.林业行政处罚程序规定.1996-9-27.

【主要参考文献】

[1] Alvarez M. The State of America's Forest[R]. Bethesda：Society of American Foresters,2007.

[2] USDA. Forest Inventory and Analysis Fiscal Year 2002 Business Report[R]. 2003.

[3] USDA. Forest Service. Forest Inventory and Analysis Strategic Plan[R]. Washington DC：USDA Forest Service,2007.

[4] USDA. National Report on Sustainable Forests[R]. 2010.

[5] 联合国粮农组织(FAO).世界森林状况(2009)[M].北京:中国农业出版社,2009.

[6] 中国可持续发展林业战略研究项目组.中国可持续发展林业战略研究总论[M].北京:中国林业出版社,2002.

[7] 国家林业局.中国林业统计年鉴[M].北京:中国林业出版社.2003.

[8] 国家林业局.中国林业统计年鉴[M].北京:中国林业出版社.2008.

[9] 国家林业局.中国林业统计年鉴[M].北京:中国林业出版社.2009.

[10] 樊宝敏.中国林业思想与政策史:1644—2008年[M].北京:科学出版社,2009.

[11] 张煜星,胡培兴,何时珍.美国的林业政策和制度[J].世界林业研究,2005(1):65-67.

[12] 赵铁珍,柯水发,韩菲.美国林业管理及林业资源保护政策演进分析和启示[J].林业资源管理,2011(3):115-120.

[13] 金正道. 美国林业的历史和管理[J]. 国土绿化,2004(8):43.

[14] 王志新. 美国森林管理的特点与启示[J]. 吉林林业科技,2006(6):43-47.

[15] 李卫东. 美国的森林资源及其利用现状[J]. 世界林业研究,2006(4):61-64.

[16] 向青,尹润生. 美国加拿大林地产权制度及森林经营管理[J]. 林业经济,2006(7):70-77.

[17] 蔡登谷. 德国林业考察[J]. 世界林业研究,2008(3):79-80.

[18] 赵荣,陈绍志,胡延杰. 美国林业管理体系借鉴与启示[J]. 林业经济,2013(2):117-120.

[19] 司志超. 德国林业、环境保护和林业管理体制[J]. 林业调查规划,2003(3):28-32.

[20] 钟少伟,杨逸廷,何贤勤. 德国林业概况及其可借鉴的经验[J]. 湖南林业科技,2014(2):69-73.

[21] 李茗,陈绍志,叶兵. 德国林业管理体制和成效借鉴[J]. 世界林业研究,2013(3):83-86.

[22] 吕伟兰. 德国林务官制度及其经验借鉴研究[D]. 北京:北京林业大学,2009.

[23] 周立江,先开炳. 德国林业体系及森林经营技术与管理[J]. 四川林业科技,2005(2):38-42,49.

[24] 国家林业局信息化管理办公室. 德国国情概述[EB/OL]. (2013-9). http://www.forestry.gov.cn/xxb/2529/index_63.html.

[25] 国家林业局政策法规司. 林业法律法规规章汇编[M]. 北京:法律出版社,2008.

[26] 俄罗斯联邦自然资源部章程[J]. 刘燕平,译. 国土资源情报,2006(1):45-47,53.

[27] 刘俊昌. 世界国有林管理研究[M]. 北京:中国林业出版社,2010.

[28] 贾雪池. 俄罗斯森林法典的修订及启示[J]. 林业经济,2007(6):78-80.

[29] 贾雪池,黄清. 俄罗斯森林资源法律制度的特点[J]. 绿色中国,2004(22):56-59.

[30] 李新,金晓鹏. 浅析日本森林经营管理政策[J]. 江西林业科技,2010(2):61-64.

[31] 韩冠男,杨建英,赵廷宁. 日本国有林的经营管理方法[J]. 林业勘察设计,2009(2):42-45.

[32] 郑小贤,刘东兰. 战后日本林业政策分析[J]. 林业经济,2007(5):73-76.

[33] 邹国辉. 日本林业史研究[D]. 北京:北京林业大学,2005.

[34] 张蕾,谢晨. 日本的主要林业政策与改革[J]. 世界林业研究,1999(6):48-54.

[35] 胡元聪,胡丹. 林业正外部性的经济法激励探讨[J]. 林业经济,2013(11):96-104.

[36] 彭晓英,岳上植. 森林认证对林业外部性的影响及价值效应[J]. 林业经济,2013(5):74-77.

[37] 毕乐强. 区域经济外部效应及对策研究[D]. 大连:东北财经大学,2011.

[38] 李永宁. 生态利益国家补偿法律机制研究[D]. 西安:长安大学,2011.

[39] 庄莉. 中国林业企业可持续发展问题研究[D]. 哈尔滨:东北农业大学,2013.

[40] 胡仪元. 生态补偿的理论基础再探——生态效应的外部性视角[J]. 理论导刊,2010(1):87-89.

[41] 刘玮,狄志玲.试述林业外部性的经济效应及解决对策[J].中小企业管理与科技(下旬刊),2010(12):265-266.

[42] 许文立.中国林业投入产出的效率与政策研究[D].合肥:安徽大学,2013.

[43] 王昱,丁四保,卢艳丽.基于外部性视角的区域生态补偿理论问题研究[J].资源开发与市场,2012(8):714-718,754.

[44] 胡运宏,贺俊杰.1949年以来我国林业政策演变初探[J].北京林业大学学报(社会科学版),2012,11(3):21-27.

[45] 徐廷会.我国林业政策绩效评价体系的思考与分析[J].现代园艺,2016(15):160-161.

[46] 王昆.我国林业政策体系问题与对策方针[J].青海农林科技,2015(1):53-54.

[47] 罗士俐.外部性理论的困境及其出路[J].当代经济研究,2009(10):26-31.

[48] 段伟杰.外部性理论探讨[J].经济师,2011(12):23-24.

[49] 杨建州,周慧蓉,张春霞,等.外部性理论在森林环境资源定价中的应用[J].生态经济,2006(2):32-34.

[50] 张一群.云南保护地旅游生态补偿研究[D].昆明:云南大学,2015.

[51] 李月梅.中国林业可持续发展的公共财政政策研究[D].北京:北京林业大学,2012.

[52] 肖亮.我国农村公共产品供给的投融资问题研究[D].武汉:华中农业大学,2012.

[53] 刘卫东.当代中国公共产品供需选择制度研究[D].长春:吉林大学,2013.

[54] 何继新.吉林省国有林区公共产品政府供给研究[D].北京:北京林业大学,2009.

[55] 曹文,陈建成.实现林业可持续发展的财政政策取向[J].中国人口·资源与环境,2006(6):194-197.

[56] 陈其林,韩晓婷.准公共产品的性质:定义、分类依据及其类别[J].经济学家,2010(7):13-21.

[57] 贾晓璇.简论公共产品理论的演变[J].山西师大学报(社会科学版),2011(S2):31-33.

[58] 鄢奋.现代西方公共产品理论的借鉴与批判[J].当代经济研究,2012(10):54-57.

[59] 刘佳丽,谢地.西方公共产品理论回顾、反思与前瞻——兼论我国公共产品民营化与政府监管改革[J].河北经贸大学学报,2015(5):17-23.

第三章

我国林业政策目标与建设方针

【本章学习目标】

1. 了解林业建设方针的内容和目标。
2. 了解我国林业建设的发展历程。
3. 了解我国林业建设方针以营林为基础。
4. 了解国家对林业实行经济扶持的政策。

【本章要点】

我国林业建设实行"以营林为基础、普遍护林、大力造林、采育结合,永续利用"的方针,这个方针涵盖了培育、保护和利用三个方面的内容。营林为基础是前提;普遍护林、大力造林是手段;采育结合是原则;建立高效林业,实现森林资源永续利用,保证林业持续发展是目标。在林业生产实践过程中,应该使培育、保护、利用三者相互并重,眼前利益和长远利益相互统一,开发利用现有资源和培育发展后备资源相互结合。它客观反映了林业生产的自然规律,对林业经济建设朝着正确、快速、健康的方向发展有着不可忽略的重要指导作用。

第一节 林业建设方针的内容和目标要求

林业建设方针是党和国家制定的重要林业政策之一,极大地推进了林业建设的进步,我们必须深刻领会方针的精神实质,全面了解方针的目标要求,依此指导我们的实际工作,从而使方针发挥其应有的作用。

一、确定林业建设方针的依据

我国林业建设方针是马克思的经济理论,尤其是关于再生产的理论,与我国的社会主义性质及林业生产发展的规律结合的产物。

马克思认为:生产过程作为社会的基础,不论其社会形式如何表现,它必须是连续不断或重复循环地经过同样一些阶段。一个社会是连续不断地更新转化的,它不能停止消费,也不能停止生产。因此每一个社会生产过程,从经常的联系和它不断更新来看,同时就是再生产过程,物质资料的生产规模不断扩大是伴随着人们的消费规模不断扩大的。换句话说,再生产和扩大再生产是人类社会生存和社会发展的必然要求。林业作为国民经济的重要组成部分,林业的再生产也必须处于不断扩大的规模中,也就是林业发展必须不断地增加和提高森林面积和质量。

我国作为实施社会主义制度的国家,林业生产的实质是为了满足社会日益增长的物质和文化生活的需要。林业与全人类的生存和国民经济的发展有着密切的关系,制定林业方针势必离不开社会主义性质决定的林业生产目的。

长期以来,我国森林经营工作基础薄弱、严重滞后,中华人民共和国成立前,全国森林覆盖率只有8％,现在也不到世界平均水平的2/3,是一个典型的少林国家,因此制定林业建设方针时必须考虑现实的林业发展规律。另外,我国林业建设方针的制定与林业生产发展的关系也要求我们考虑实际情况,从实际出发,客观面对。

二、林业建设方针的内容

《森林法》第五条明确规定了我国林业建设的方针是"以营林为基础,普遍护林,大力造林,采育结合,永续利用"。这一方针涵盖了培育、保护和利用三个方面的内容,也体现了造、管、用三者相互并重的地位和作用。这得益于我国林业生产建设发展过程中对林业政策的不断充实、逐步完善。

以营林为基础,是指把造林工作看作林业建设的基础和核心,将培育森林资源、增加森林面积、提高森林质量作为林业工作的首要目标和首要任务,对以往在林业生产经营上出现的重采轻造的错误思想进行纠偏,避免错误思想的延续。林业生产的全过程分为两个阶段:一是营林阶段,即从采种、育苗、植苗、造林、抚育、管护直至成为成熟林的全部活动。二是森工阶段,即指森林采运过程和林产品加工利用过程,这两个阶段相互联系、相互作用。培育是利用的基础,是林业进行再生产和扩大再生产的前提,只有真正做到、做好"以营林为基础",培育出高质量的森林资源,才能有效地为森林采伐开发提供基本的保障,为森林加工利用奠定丰富的物质基础。同时,我国是一个典型的少林国家,森林覆盖率低下,森林资源匮乏,这些都已阻碍了我国人民的生存需求,也减缓了国民经济的发展。为了有效解决这一现实问题,以满足国家、人民对森林资源的巨大需求,就必须坚持"以营林为基础"的林业建设方针。

普遍护林,就是呼吁全社会对现有的森林资源进行保护,并树立护林意识,不能只造不管。普遍护林的管护对象有两类:一是已成林,主要任务是对森林火灾的预防和扑救、森林病虫害的预防和治理、乱砍滥伐及加强营林措施等;二是新营造的幼林,主要任务是防止人为破坏及加强经营措施,促使其尽快成林。普遍护林的参与对象不只是专业人员,还要呼吁群众一起参与,共同护林。所谓护林防火,人人有责,在林业建设方针中将护林放在营林之后,这也反映了护林的必要性和在林业生产中重要的地位。中华人民共和国成立以来,林业建设有了较大进展,人工造林面积不断扩大,但造林成活率很低,林分生长缓慢,成林年限延长。有的地方历年绿化面积的累计量已达到当地土地总面积的好几倍,实践证明,只造不管纯粹是浪费资源,是对人力、物力、地力、时力的滥用。因此,普遍护林要求各级政府提高全社会的护林意识,加大爱林护林的宣传教育,动员全社会各界共同护林,形成良好的社会风尚。

大力造林,是指大规模地培育森林资源、增加森林面积。依靠全民的力量,采取各种形式,大力开展植树造林,绿化祖国。1979年2月,第五届全国人民代表大会常务委员会第六次会议决定3月12日为我国的植树节,1981年第五届全国人民代表大会常务委员会第四次会议作出了《关于开展全民义务植树运动的决议》,1982年国务院颁布了《关于开展全民义务植树运动的实施办法》,《森林法》也规定"植树造林、保护森林,是公民应尽的义务",通过这些政策法规的实施,加快了造林绿化的步伐,实现了森林资源总量的大幅度增加。为了进一步促进造林工作,国家还颁发了许多政策,如谁造谁有,经济扶持,鼓励承包造林,封山育林,飞播造林等,激发和调动了人民群众植树造林的积极性,在全国掀起了大力造林的热潮。

采育结合,顾名思义,采即采伐,育即培育,就是指把森林采伐利用和培育管护有机结合,既保障采又考虑育,采育兼顾、边采边育。在这个过程中,要做到采伐时注意抚育、采伐后及时更新。采伐并不是盲目的,而是有计划的,采伐量不能超过林木的生长量,否则会导致森林资源枯竭。同时,要因林制宜,选择合适的采伐方式,控制好采伐面积、强度、工艺设计,伐去"霸王树"及遭严重病虫害的、无培育前途的残树,保护好母树、幼树。森林采伐后,必须进行及时的更新,即当年采伐当年或次年内进行更新造林。对于国有、集体或者个人承包的林场,都需要按照国家规定的限额进行采伐,并以更新造林的情况为采伐前提,真正做到采育兼顾,越采越多,越采越好,不断提高森林覆盖率,培育出高质量高产出的森林资源,改善森林结构,实现青山常在、永续利用的目的。

永续利用,是指通过坚持"以营林为基础,普遍护林,大力造林,采育结合"的林业建设方针,从而增加森林蓄积量,提高森林质量,促进林业生产与永续利用的良性循环。从资源的循环再生角度来看,森林资源与其他矿物资源的最大区别就在于它的可再生性,在正确合理经营森林资源的条件下,森林资源可以持续再生、永续利用。

综上所述,我国林业建设实施的方针是相互联系、相互依存的统一整体,彼此不能分割对立,否则就会犯形而上学的错误。只有深刻认识理解和切实贯彻执行林业建设方针,才能保障政策的有效性和目标性。

三、林业建设方针的目标要求

林业建设方针的目标,就是贯彻执行林业建设方针所希望达到的目的和预期完成的任务。换言之,就是要正确处理培育、保护和利用三者之间的关系,充分发挥它们在林业生产建设中的重要作用,从而建立完整高效的林业产业体系和严密健全的护林网络,呼吁全社会积极主动参与森林建设,创造一个全民造林、护林、参林的良好环境,实现林业的持续发展和资源的永续利用。具体要求:

1. 我国林业建设方针几经波折,多次调整,但不变的是"以营林为基础"的中心思想,这反映了林业生产的客观规律。林业的持续发展,环境的逐步改善,都必须以营林工作为基础。现在,我国已制定了《中国 21 世纪议程》,在林业行动计划中明确提出到 21 世纪要建立比较完备发达的林业生态和产业体系,实现林业可持续发展。这就必须坚持以营林为基础,从政策引导、经济扶持、宣传教育等方面强调营林工作的重要性和绝对地位性,尽可能投入人力、物力、财力来支持营林工作。

2. 我国森林资源一直存在着总量不足、质量不高、分布不均、结构不合理的问题,加之遭受过多次严重的破坏。因此,实行林业建设方针则要求把扩大面积、提高质量、合理布局、改善结构作为直接目标。

3. 我国是一个发展中国家,不可能把所有资金都用于解决林业问题,因此林业发展必须立足自身,以林养林。近年来国家制定的林业政策,都是以林为主,多种经营,充分利用林区资源,为林业发展积累更多的资金。只有建立完备发达的林业产业,才能为林业持续发展提供雄厚的物资保障,实现森林资源的永续利用。

第二节　我国林业建设方针

一、我国林业建设方针发展历程:新中国成立后的国民经济恢复与社会主义建设时期

森林不仅是生物圈中最重要的生态系统,也是陆地生态中面积最大的生态系统,人们的生活与生存及人类社会的可持续发展都必须依赖这个生态系统。了解我国林业建设方针的发展过程有利于增加对林业建设的了解和提高对此的认知,制定出符合社会经济发展、林业自然规律的林业建设方针。

（一）奠定我国林业建设基础阶段（1949—1955 年）

1. 1949 年,《中国人民政治协商会议共同纲领》(简称《共同纲领》)中提出"保护森林,并有计划地发展林业",为林业的恢复和发展确定了基本方向。

2. 1950 年 5 月,政务院关于《全国林业工作的指示》中第一次提出了全国性的林业建设总方针,即"普遍护林,重点造林,合理采伐,合理利用",为林业工作和发展林业提供了重要的指导作用。

3. 1953 年,政务院发布了《关于发动群众开展造林、育林、护林工作的指示》,激发群众参与林业生产的积极性,林业建设取得巨大进展。

（二）全面建设社会主义时期的林业发展与挫折（1956—1966 年）

1. 第一个五年计划时期方针

1956—1960 年即第一个五年计划期间,中央政府提出"普遍护林护山,大力造林育林,

合理采伐利用木材"的方针。

2. 20 世纪 60 年代的国民经济调整时期方针

由于这期间实行以木材采伐利用为主的单一林业发展战略,林业生产和利用的矛盾比较突出,所以中央吸取过去失败的经验提出"以营林为基础,采育结合、造管并举、综合利用、全面发展"的林业建设方针。

(三)"十年动乱"时期方针(1966—1976 年)

这一时期,林业遭受巨大创伤,林业管理机构被撤销,林业工作出现停滞局面,林业技术人员大量流失,林业教育事业受挫,林业政策偏离,林业制度被废弃。这些都使得森林资源遭到非常惨重的破坏,严重阻碍了林业生产的发展。

(四)改革开放时期林业建设进入发展新阶段(1977—1992 年)

1979 年,第五届全国人大常委会第六次会议通过《森林法(试行)》,这是中华人民共和国成立以来颁布的第一部林业法律。它规定了"林业建设实行以营林为基础、造管并举、造多于伐、采育结合、综合利用"的方针,开始以法律形式确定政策方针。

1984 年,全国人大正式把"实行以营林为基础、普遍护林、大力造林、采育结合、永续利用"的方针写入修改后的《森林法》,至此,林业建设方针具备法律效力,所有人必须严格自觉遵行。

(五)社会主义市场经济条件下林业建设的新发展与新方针(1993—2000 年)

1993 年 11 月,中共十四届三中全会讨论并通过《关于建立社会主义市场经济体制若干问题的决定》,此次决定确定了在市场经济条件下林业建设的发展及在生态环境建设中的主体地位,根据形势需要修改了《森林法》,实施了分类经营的改革措施,开展了林地(指宜林荒山荒地)使用权的有偿转让。

(六)新世纪的我国林业建设方针(2001 年以后)

中国林业可持续发展战略研究成果报告提出"确立以生态建设为主的林业可持续发展道路,建立以森林植被为主体的国土生态安全体系,建设山川秀美的生态文明社会"的总体战略思想,这明确构筑了 21 世纪中国林业政策的总体框架,标志着我国由木材生产为重转为生态建设为重。

根据这一新的指导思想,党中央国务院制定了促进林业发展的七项基本方针:一是坚持全国动员,全民动手,全社会办林业;二是坚持生态效益、经济效益和社会效益相统一,生态效益优先;三是坚持严格保护、积极发展、科学经营、持续利用森林资源;四是坚持政府主导和市场调节相结合,实行林业分类经营;五是坚持尊重自然规律和经济规律,因地制宜,乔灌草合理配置,城乡林业协调发展;六是坚持科教兴林;七是坚持依法治林。

二、我国林业建设基本方针的内涵

（一）营林为基础

1. 对经营与管理的认识

营即经营、管理，但两者并不等同，既有联系又有区别，经营与管理之间类似目标与手段的关系。经营是确立目标的一种活动，管理则为实现目标的一种手段；管理的出现是为了实现经营的需要，经营通过管理进行调节控制。经营强调效果，而管理强调效率。经营侧重于从外部环境获取资源；而管理侧重对内部资源进行整合利用。经营偏向战略的制定，管理偏向战术的运用，两者是战略与战术的关系。经营比管理更重要，因为经营优先于管理，决定着全局的发展方向。

2. 营林的基础地位

（1）管护现有的成林和幼林，保证资源的持续利用

林业生产有一个显著的特点，即周期长，常言道："毁林容易成林难。"所以为了达到森林永续利用的目标，就必须对森林进行认真严谨的经营管理，使之得到积极的培育，获得良好的森林资源。

（2）造林、采伐、利用都应以营林为基础

营是林业生产的根本，是一切林业活动的基础。只有经营好，才有后续的采伐、利用，不善的经营会导致森林资源逐渐减少，严重时会使林业遭受重创，给经济发展和生态环境都带来影响。

（二）普遍护林

在大力开展植树造林的基础上，也要保护好现有的森林资源，不能放置不管。护林的群体不应该局限于林业专业人员，还要扩展至人民群众，提倡全民护林、共同参与，进一步加强对林业重要性的认识，树立"护林光荣毁林可耻"的良好风尚。因此，认真贯彻落实《森林法》，增强群众的法制意识，学会知法、懂法、守法，做到有法必依、执法必严、违法必究，对任何破坏森林的行为进行严厉打击；加强森林火灾及病虫害的预防和扑救工作，森林采伐利用必须严格按照规定合理采伐，及时更新，综合利用。另外，各级政府应当奖惩分明，对以上工作中表现突出、贡献显著者进行奖励与表彰，以资鼓励。

（三）大力造林

《森林法》总则第十一条规定："植树造林、保护森林，是公民应尽的义务。各级人民政府应当组织全民义务植树，开展植树造林活动。"要实现绿化全国十亿亩荒山荒滩的伟大目标，就必须全民参与，大规模进行植树造林，扩大森林覆盖面积。《森林法》进一步放宽造林政策，建立多层次、多形式的林业生产责任制，坚持个人、集体、国家共同兴办林业的方针，极大地调动全民的积极性，在全国掀起声势浩大的大力造林高潮。

（四）采育结合

"采"指森林的采伐；"育"指森林的培育、管护。采育结合即要求采育兼顾、边采边育。采伐时注意抚育，采伐后及时更新。对于不同的林地条件，要因地、因林制宜，选定合适的采伐方式，或皆伐，或渐伐，或择伐。森林采伐的当年或次年内要进行人工更新。任何林地都要按照育林计划，进行合理采伐，为留存的森林生长发育创造条件。这样才能越采越多，越采越好，不断扩大森林覆盖面积，增加木材蓄积量。这也是实现青山常在、永续利用的根本手段。

（五）永续利用

永续利用，其一是大力造林，增加森林资源总量；其二是充分发挥森林资源的多种效益，达到持续利用的目的。林业较发达的日本，早就确定永续利用的指导思想。20世纪30年代，日本的林业生产确定"以永续生产为宗旨，力图增加收益，并力争发挥国土保安及其他公益性能"的方针。他们根据林地的自然条件不同和发挥的主要作用不同进行分类，不同类别采用不同的政策方针，并建立了科学的森林计划体系，对单位面积达到的蓄积量和采伐量等都设计了严格的规定。

永续利用也是我国林业建设的方针之一。要实现林业资源的永续利用，不仅要以营林为基础、采育结合、植树造林，还要提高木材的利用率。根据资料显示，一棵活立木伐倒，造材后的原木只利用了立木蓄积的65%，加工成板方材的过程中，只利用了原木的70%，板方材加工成成品，去掉边角料，可利用部分就更少了。在林业采伐利用阶段，如何提高木材加工的利用率是活立木利用的一个重要议题。

三、制定林业建设基本方针的实质

林业建设方针涵盖了培育、保护和利用三方面的内容。以营林为基础是前提，普遍护林、大力造林是手段，采育结合是原则，永续利用是目的。在实际的林业生产经营中，要注意把培育、保护、利用并重对待；把眼前利益和长远利益结合考虑；把开发现有资源和培育后备资源综合利用。这个方针构建了完整的林业建设框架，体现了林业生产的客观自然规律。

要求以营林为基础，大力造林，主要基于两个角度考虑。从经济学角度，是为了恢复和发展林业，提高森林蓄积总量，满足国家对木材和林特产品的巨大需求。这样不仅保证了林业的再生产，还能为扩大再生产提供物质基础，产生多种效益，不断推动社会主义物质文明建设的发展。从生物生态学角度，是为了增加森林覆盖面积，构建丰富的森林植物群落，改善温度、湿度、土壤、水分等生态因子和各类生物成分，完善森林生态系统，保持自然生态平衡。要求采育结合，是为了确保森林资源的永续利用，有计划、有组织地控制采伐量，使采伐量低于林木生长量，从而实现合理经营、永续利用的目的。从马克思主义政治经济学角度来看，社会再生产分为生产资料和消费资料两大部类，这些都在林业上有所体现，即采育兼顾、统筹发展。这标志着林业以木材生产为中心的经营思想已经开始转变。

四、林业建设基本方针的指导意义

历史的现实告诉我们:实施正确的林业方针政策才能有效促进林业建设的发展。自新中国成立以来,林业开始步入恢复并曲折发展的道路。根据历史经验得出以下几点重要的启示:第一,林业的快速健康持续发展,必定以一个正确的林业建设方针为前提,这个方针的确定必须符合自然规律、经济规律,并能促进人类社会的协调发展。第二,必须制定一套专业服务于林业建设方针且完整稳定的法律法规体系。第三,林业的发展不能只靠自身单枪匹马、孤军作战,而是要借助全社会的力量,形成全民参与、全社会办林业的良好风气。第四,林业是为社会发展服务的,需求决定目标,从社会发展的需求出发,制定林业的阶段性发展目标及与之配套的政策措施。第五,林业工作者要树立"以人为本,为人民服务"的人生观和职业操守,增强责任意识,提高服务效率和水平。

生态规律是不可逆的,这意味着一旦打破生物与环境之间的动态平衡,就很难恢复原状,整个生态系统都会受到牵连,人类也会受到影响。因此,我们必须自觉守法,严格执行政策方针的要求,认真贯彻林业基本政策。

自中华人民共和国成立以来,林业建设的发展也证明了这一政策方针的正确性。以营林为基础的中心思想既遵循了林业建设的客观规律,又在一定程度上满足了人民群众对林业的发展诉求。贯彻以营林为基础的方针,必须通过普遍护林、大力造林、采育结合,这样才能保障森林资源的永续利用。由于当前林木供需矛盾突出,森林资源越采越少,就更需要大力造林、培育管护,达到"青山常在、永续利用"的目标。

贯彻落实林业建设的方针,必须要毫不动摇、坚定不移地推进林业改革,促进林业发展,以保障森林的持续循环利用;要按计划执行任务,坚决反对主观主义、瞎指挥的领导作风;要兼顾眼前利益和局部利益,考虑长远利益和全局利益,不能以偏概全;要对广大群众进行宣传教育,加深他们对林业知识和生态知识的认识,明确林业对社会的重要性;要解决林业内部采伐与造林、木材生产和综合利用、科技教育与生产建设的比例失调问题;要解决林业生产关系与生产力、上层建筑与经济基础、投入与产出方面的问题;要去除与此方针相矛盾的规章条例,避免指导思想分歧等。

第三节　以营林为基础方针的科学依据

我国林业建设方针以营林为基础的思想是经过多年林业建设的发展历史和总结正反两方面的经验教训,并遵循林业生产的客观自然规律,以及我国林业的实际情况提出来的,即使提出的时间在 20 世纪 60 年代初,距今已有 50 多年,但在社会主义市场经济条件下,仍然具有重要的地位,对我国林业的发展具有重要的指导意义,这说明它的提出是有其科学依据的。

一、以营林为基础提出的客观必然性

我国历史比较久远,很早的时候由于缺乏对林业的重视,导致林业发展滞缓,破坏严重。1949年新中国成立,林业才慢慢被重视,进入恢复和发展阶段。纵观中华人民共和国成立以来的林业政策发展历程,可以分为四个阶段:一是奠基时期,从1949—1957年。新中国成立初期,恢复生产、发展经济成了当时的首要任务,国民经济恢复与建设对木材的需求量非常迫切,但是当时贫林现象比较严重,森林破坏程度较高。因此,1950年第一次全国林业会议确定了"普遍护林,重点造林,合理采伐和合理利用"的林业建设方针。在第一个五年计划期间,又提出"普遍护林护山,大力造林育林,合理采伐利用木材"。二是发展时期,从1958—1965年。1958年中共中央、国务院发布《关于在全国开展大规模造林的指示》,全国人民共同行动,积极造林,使得林业蓬勃发展。但1958年以后出现"大跃进",由于思想错误引导,成片森林遭到严重毁坏。为纠正错误带来的严重后果,于1961—1964年对林业政策进行及时调整,提出了以营林为基础的林业建设方针,对造林育林护林、木材生产加工利用都有了一定的促进作用,林业建设也有了进一步的发展。三是挫折时期,从1966—1976年。"十年动乱"使整个林业受到严重挫折,管理机构被撤、林业政策偏离、制度废弃、人员流失等问题都极大地影响了林业生产活动,导致林业发展时退时进,发展滞缓。四是振兴时期,从1977年到现在。林业发展出现新的转机,林政管理得到全面恢复,政策重新调整修订,成效显著,主要措施有:加强林业法制建设,开展植树造林,恢复、重建林政管理机构,进行林业"三定"改革,实行限额采伐,提出发展高效林,促进林业持续发展的新方向。事实证明,以营林为基础符合我们的国情、林情。

以营林为基础的方针的理论依据是马克思关于再生产的理论。林业的再生产和扩大再生产既是林业生产过程的条件,也是整个社会存在和发展的重要基础。随着社会经济建设的高度发展,人们生活水平也越来越高,对林木产品的需求量亦越来越大,并体现出质量与数量的双重要求。因此,林业生产必须增加森林蓄积量,实现森林规模不断扩大的再生产。而培育和发展森林资源需要进行林业再生产和扩大再生产,它为生产提供了丰富的物质基础,没有森林资源就无法进行木材生产、加工、利用,也就无法生产出满足人类社会生存发展的林产品。营林是提高森林数量与质量的重要手段,也是整个林业生产和再生产的基本条件,如果不重视营林培育,森林资源只会越采越少,最终会资源枯竭,生产停滞,甚至造成人类社会系统瘫痪。因此,林业建设方针只有坚持以营林为基础,保证森林资源再生产力的不断扩大,才能促进林业生产的持续健康快速发展。

二、以营林为基础是林业生产特点的要求

我国的林业建设中以营林为基础的方针,是由林业规律要求的,也是由林业生产特点决

定的。

　　林业自身的自然规律决定了森林的生产经营与其他的种植业不同,这就要求制定林业建设方针时更为严格,更要慎重。林业生产的特殊性主要有:森林属于可再生资源,与其他矿藏资源不同,矿藏是不可再生资源,持续的开发利用会导致资源越采越少,而森林只要实行科学营林、合理采伐、积极培育,森林资源就可以循环利用。森林的采伐一定要注重培育更新,森林的生长周期长,成林见效慢,一旦破坏就很难恢复,自中华人民共和国成立以来我国森林就遭到三次严重的破坏,损失巨大,恢复成本尤其高。因此营林工作十分重要,采伐时要加强经营管理,促使森林恢复,不善的经营会毁坏大量森林资源,造成灾难性的后果,如水土流失、土地沙化、岩石裸露、水资源短缺、物种减少、生态环境恶化等。据考证,黄土高原在西周时期林草丰茂,约有森林4.8亿亩,森林覆盖率高达53%,由于长期南征北战,大量森林变成童山秃岭,1949年森林覆盖率只有3%,水土流失严重,土壤瘠薄干旱,生态环境恶化。中华人民共和国成立后,即使投入很多人力、财力、物力,但是森林资源恢复艰难,生态环境成效甚微。森林资源具有很强的公益性和社会性,森林具有净化空气、美化环境、维持生态平衡的功能,所有社会成员从中受益,而森林破坏会使生态平衡失调,危害整个社会,森林的培育管护、采伐利用等关系着整个社会的得失,必须考虑社会利益、全局利益。因此,国家制定林业建设方针时提出以营林为基础,同时要求采育兼顾,有机结合,不能只采不育。

　　整个林业生产活动基本上是包括森林培育和森林采伐利用两个方面,前者即所谓营林(造林、育林、护林),其产品是成熟林;后者即所谓森林工业(采运、加工、利用),其产品是木材及其他各种林产品。

　　森林培育和森林采伐利用,这两个不同的生产过程组成了林业再生产的全过程,两者有着一定的联系。林业再生产过程是从培育开始,培育是林业再生产的重要环节。由此可见林业生产有以下显著特点:第一,营林生产是经济再生产和自然再生产相互交错的过程,具有长期性和连续性。培育森林是一个周期较长的过程,一个完整的营林生产需要经历采种、育苗、植苗、抚育、成林这几个阶段,这往往需要十几年甚至上百年。因此,营林生产必须具备合理的林种结构、树种结构与林龄结构,这样才能实现森林资源的永续利用。在这十几年甚至数百年的生产过程中,需要大量的人力、财力、物力,劳力。这也表明营林生产是一项长期的、艰巨的、复杂的生产活动。林业生产建设必须预先制订长期计划,规范好每一个阶段的发展过程和计划目标,从幼林培育就要计划如何使其成材,从森林采伐就要想到下一代林子如何培育,以确保资源永续利用的实现。第二,采伐利用是培育的目的,将活立木伐倒去根,变成原木,再加工成人们所需要的各种林产品,这本身具有采掘工业的性质,但是,一般采掘工业不考虑对采掘对象进行培育,而森林工业则必须考虑,培育的目的是为了实现森林的可再生性。这个培育需要对采伐后的林区进行抚育更新,增加森林蓄积量,保障林产品的供给。

　　要使林业再生产过程顺利进行和不断扩大,就必须根据林业生产的特点,坚持以营林为基础的指导思想,积极培育管护和合理采伐利用,始终把造林、育林、护林、更新和扩大森林资源放在林业建设的首位,绝不能只顾眼前利益而忽略营林的重要性,在任何情况下都要毫不动摇、坚定不移地把营林作为林业工作的重心。

三、以营林为基础是改变我国林业落后现状的根本途径

对于我国这样一个地域辽阔、人口众多的社会主义国家,也存在森林资源缺乏、林业水平落后的问题,尽管党和政府在林业上投入较大,把植树造林、绿化祖国、改善生态环境作为一项国策,也取得了一定的成效,但迄今为止,这种林业落后的现状并未从根本上得到改善。森林覆盖率远低于全球 31% 的平均水平,人均森林面积仅为世界人均水平的 1/4,人均森林蓄积量只有世界人均水平的 1/7,森林资源总量不足、分布不均、质量不高、生态系统比较脆弱的状况仍未得到妥善解决。

森林资源不足,分布不均,一方面许多地区失去森林保护层而长年遭受洪、涝、旱、风沙等自然灾害的侵袭,生态环境恶劣,直接威胁造林成果;另一方面林业生产受限,发展滞缓,无法很好地满足工农业生产和国民经济建设的巨大需求,对整个国民经济的发展进程造成了严重的影响。因此,在今后的发展中,林业仍处于重要发展地位,是国民经济发展的重点对象,而营林工作又是改变这一现实问题的唯一途径。

回顾我国林业发展的历史过程并进行总结思考,证实了营林工作在林业建设中的重要地位和作用,在这一方针的指示引导下,林业建设有了一定的成果,森林覆盖面积不断扩大,森林质量不断提高,不合理的林种、树种、林龄结构得到了调整改善。许多林业企业和林区县大力造林,坚持采育兼顾、有机结合,采伐过程进行积极的抚育更新,不仅绿化了大片荒山荒地,提高了森林覆盖面积,而且培育出充分的高质量森林资源,消灭了森林"赤字"。以营林为基础的方针是实现林业建设目标的正确方针,对这一方针的贯彻执行是保障林业发展的基础条件,也是稳定林产品供给的前提条件,关系着整个林业生产经营的好坏。因此,我们必须坚定不移地坚持这一方针,为改变我国林业现状、实现现代林业而奋斗。

四、以营林为基础是社会主义市场经济条件下林业发展的客观要求

社会主义市场经济是一种竞争经济,也是一种效益经济,它以提高经济效益特别是宏观经济效益为核心,在这一经济条件下,各个经济组织作出正确决策,组织生产要素进行生产,将人、财、物达到最佳分配,发挥最大化作用,实现人尽其才、财尽其力、物尽其用的最大经济效益。林业生产经营单位也是如此,但在实际林业生产的过程中,营林阶段的经济效益是最差的。因为营林是一个周期长、见效慢的长期过程,这就需要经营单位在经营中不断增加各类资源的投入,但几乎没有经济产出,经济效益特别差。因此,营林生产缺乏竞争力,又易被经营单位忽视,故必须通过林业建设方针,进行大力宣传教育,改变人们对营林的忽视和偏见,让整个社会,特别是森林经营单位,充分认识到营林工作在整个林业建设中的重要地位

及重要意义,对本单位长期发展,对整个社会生态环境,对国民经济发展都具有重要的正向促进作用。在进行经营决策时要考虑当前利益与长远利益结合、局部利益与整体利益结合,以营林工作为各经营单位的工作焦点和中心,彻底纠正重采轻造的错误思想。

实行社会主义市场经济的重要目标是促进经济的健康、快速、蓬勃发展,而林业在国民经济发展中发挥着不可替代的重要作用。其一,林业为国民经济的发展提供了充足的林木产品,林业扩大再生产也不断增加了林木产品的供给量,大大满足了国民经济发展中对木材和林产品的巨大需求,推动了国民经济的高速发展。其二,林业发展使得森林资源增加,分布合理,质量提高,加强了森林的防护效益,为农业的发展建立良好的生态环境,抑制旱、涝、风、沙和水土流失等对农业的危害,这一点森林发展对农业发展起到了独一无二的保护作用。其三,林业的发展还净化空气、美化环境,保证了人们的正常生活和生存需要。综上,国民经济高速发展离不开林业的大力发展与支持,林业快速持续发展就必须坚持以营林为基础的方针。

实行社会主义市场经济的本质是由市场进行资源配置,而不是政府行政机关。所以在计划经济条件下政府发布指令要求重视加强营林工作的做法已经不适用了,这就要求我们在营林方面加强政策倾斜,充分体现营林工作在整个林业生产经营中的重要性,强化以营林为基础的方针,提高市场经济条件下的营林工作的积极性。

第四节　全面落实以营林为基础的方针

以营林为基础是指导我国实现林业建设总目标的重要方针。它既反映了林业生产客观规律的要求,又反映了社会主义市场经济条件下社会主义建设的要求。全面贯彻有效落实这一方针,促进我国林业高效持续地发展,以满足国民经济发展需求,是当前以至今后我国林业建设的一项根本性任务。目前,林业建设方针尚未贯彻到底、落实到位,主要表现在:森林资源管理体制存在严重问题,长期坚持以木材生产为重,轻视森林资源经营管理,造成森林资源存量不足、发展后劲不强。尽管近年来调整政策,建立以营林为中心的工作任务,但是力度不够、资金不足,滞缓了营林工作的进程,造成林业建设内部比例关系严重失调。为了加快林业的发展,必须从思想上、政策上、制度上彻底消灭上述错误思想,改变错误做法,把整个林业建设工作中心转移到以营林为基础的轨道上来。

以我国林业发展的经验教训为例,针对社会主义市场经济下发展林业应注意的问题和林业建设中存在的问题,要全面贯彻落实以营林为基础的方针,就必须做好以下几方面的工作。

一、建立高效的现代林业管理体制

以营林为基础的方针不能全面落实主要是因为林业管理体制存在问题。中华人民共和国成立初期,国有林场建立以满足经济建设对森林资源的需求,主要分布在东北、内蒙古等地。由于人们当时对林业生产的特点认识不够又缺乏林业方面的实践管理经验,对苏联营林与森工分治的管理模式进行照搬照抄、盲目推行,以采掘工业的方法进行森林经营管理,导致森林资源质量逐步下降,出现"两危",即"资源危机"和"经济危机"。在当时的计划经济体制管理下,追求木材生产为中心、采伐木材为主的做法。对林业企业的投资主要根据其增加木材生产的能力来核定,计划、物资、劳动力等所有安排都以木材生产任务进行核算,林业企业经营状况以木材生产的完成情况作为考核指标,而营林只由林业企业下设的一个"经营所"负责管理,这个"经营所"一般不进行考核,也不注重经济效益,唯一的工作就是对采伐后的林区进行更新造林。营林与采伐利用相互分离,出现重采伐轻经营、重产出轻投入的行为,导致森林资源严重不足。因此,这种管理体制必须进行改革,否则,林业建设坚持以营林为基础就必然落空。

改革开放以来,林业管理体制发生了很大的变革,营林逐渐纳入国家林业政策方针,营林工作得到了进一步的加强和重视。森林资源保护发展实行领导任期目标考核责任制,对资源保护、森林培育、林业产业开发负总责。对森工企业加强营林管理,坚持采造、采护、采育挂钩原则,采伐指标取决于造林、护林、更新完成情况,且由资源管理部门发放采伐许可证,保证营林与采伐利用之间有机结合。另外,在森林资源保护方面,进行了三个方面改革:一是森林火灾的预防扑救,二是森林病虫害的防治,三是人为破坏的管理,森林资源保护工作的管理体制得到了合理的调整与改善。但是我们还应注意,森林具有巨大的经济效益,人们易受这一效益的驱动,进行大面积采伐,这导致了森林资源的保护发展存在非常大的难度,在一定程度上阻碍了营林工作的发展。这些潜在的困难与危险,要求我们必须建立符合市场经济的林业管理体制,才能更好地贯彻落实以营林为基础的林业建设方针。

二、提高认识,端正经营方针

林业经营的最终目标是实现森林资源的永续利用和林业经济的持续发展。坚持以营林为基础,普遍护林、大力造林、采育结合、永续利用的方针,使森林资源越采越多,越采越好,青山常在,永续利用,这是关系到林业发展的方向性问题,对林业未来的走向具有重要的指导作用。

中华人民共和国成立以来,我国林业有蓬勃发展的时候,也有走弯路的时候,例如在森林资源经营上曾坚持以木材生产为中心的错误方针,注重木材生产,轻视营林生产,造成只用林不养林、重砍轻造、采育比例严重失调的后果,导致森林资源质量降低,蓄积量减少,对生态平衡和林业再生产造成了严重的影响。据有关研究报告分析,全国用材林蓄积量在1962—1976年共减少了5亿立方米,按这个速度发展,如果不采取行动增加森林资源,扩大森林覆盖面积,我国林业将很难承载沉重的木材生产负担,临近崩溃。导致这样严重后果的原因主要是实施的经营方针不当。自改革开放以后,情况有了好转,我国林业建设实现了资源经济的双增长,林业资源和经济发展都有了稳步的提高,但还应看到我国林业生产仍存在诸多问题,如森林总量不足、森林结构不合理、分布不均衡等,均对林业发展起到了一定的约束作用。因此我们必须遵循林业生产建设客观规律的要求,端正对林业营林方面的认识,制定符合国民经济发展需求的林业政策方针,为实现森林资源永续利用的目标努力奋斗、合理规划。

实际上,各国的林业发展都经历从以木材生产为主转为生态建设为主,从破坏利用森林转为保护发展森林的过渡阶段。面对森林资源被破坏的局面,主要通过控制采伐量,加强综合利用,发展人工林,进行集约经营,提高林木生长量,并积极培育森林,实行保护和扶持政策等手段恢复、保护和发展森林资源,保障国家对森林数量和质量的双重要求。因而,林业快速发展的关键就是要认真贯彻正确的经营方针。尤其要做好以下五方面的工作:

(一)加强森林资源清查工作

及时掌握森林资源的动态变化情况,了解森林的发展变化和资源状况,根据森林的数量、质量、结构、分布等特征制定相应的政策,组织林业生产。

(二)加强营林工作

积极培育新的森林资源,提高林木生长量,扩大森林覆盖面积,加强综合利用,在稳定森林资源供给量的基础上逐步增加木材生产和林产品生产。

(三)加大经济扶持

林业对国家和地方经济发展具有重要的正向激励作用,国家和地方应该深刻认识到这一点,并对林业给予充分的经济扶持,可以在资金投入、物资供应、劳动力安排等方面对营林工作给予优先考虑,从而保证营林这个基础工作的正常发展。

(四)彻底纠正重砍轻造的思想

采伐与造林是林业生产的重要环节,两者的关系必须妥善处理、公平对待,做到采育兼顾、有机结合。由于之前对采育关系的错误认识,导致我国林业发展停滞不前甚至倒退,我们必须吸取教训,万万不可掉以轻心,产生轻重之分。

(五)切实加强护林工作

我们应该深刻了解保护发展森林资源的重要性,认识到它在林业生产过程中处于至关重要的地位,并对林业生产有着巨大的作用。要建立健全护林组织,呼吁全社会共同参与爱林护林行动,协同作战,保护森林资源。

三、确保林业"三定"成果,稳定山林权属

林权指森林的所有权与使用权,是保护森林所有者和经营者合法权益的依据,也是林业发展的重要基础。一般规定,林权归谁所有或森林归谁经营,其森林的所有收益就归谁所有,以此调动森林所有者与经营者林业生产的积极性,推动林业发展。我国林业生产实践也

证明,林权的稳定对贯彻林业建设方针有很大的促进作用。林权不稳定,权益归属不确定,就容易产生资源问题,出现林权纠纷,难以维持和控制森林采伐量,导致森林资源遭受破坏,建设方针无法全面贯彻,反之,林权稳定,对森林资源的所有权与使用权作出长期稳定的规定,那么保护发展森林资源就会更容易,方针也就能落实到位。我国林业曾出现发展缓慢、森林资源减少、质量下降的趋势,其中一个重要原因就是林权不稳或林权的频繁变动,造成林权所有者与森林经营者的不安全感,打击了他们发展林业的积极性。特别是我国历史上森林资源的几次大破坏,如"大跃进"时期、"文化大革命"时期对森林资源的严重破坏,实质都是林权不稳或变动所引起的。

十一届三中全会以后,党和政府清除和纠正"左"倾的错误思想,进行全面的"拨乱反正",并放宽农村经济政策。1981年3月《中共中央、国务院关于保护森林发展林业若干问题的决定》颁布后,全国性地开展林业"三定"工作即稳定山权林权、划定自留山、确定林业生产责任制。到1984年年底,全国有77.5%的县和88.2%的生产队完成了林业"三定"的任务。各地通过林业"三定",进一步明确了山林权属问题,改变了过去山林权属不稳、行政界限不清、权利责任不明的混乱局面,减少了山林权纠纷问题,为林业建设创造了一个良好稳定的秩序。同时,有效地激发了各族人民、各行各业兴办林业、共同发展的积极性,为林业的发展奠定了良好的基础。在社会主义市场经济条件下,要贯彻以营林为基础的林业建设方针,必须继续保持林权的稳定性,积极解决山林权属纠纷,确保林业"三定"工作健康开展。林权纠纷是一项具有复杂性、艰巨性、漫长性的社会工程,调解工作的难度非常大。一旦处理不当,会衍生出林权产权模糊、产权不稳、产权残缺、产权分散等诸多方面的问题。因此,必须要对林业工作认真负责,各方面都不能随意忽视。稳定林权,贯彻林业方针,必须切实抓好以下几方面的工作。

(一)做好宣传工作

林权是林木的所有者与经营者依法获得权益的依据,是通过林权证来确认所有权与使用权的。所以,应该让森林所有者与经营者完全清楚林权具有法律效力,权益受法律保障。它是森林、林木、林地唯一的合法权属,是由县级以上地方人民政府登记造册、颁发证书确认的。

(二)认真处理林权争议

林权不稳会阻碍林业发展,所以要及时处理林权争议,解决纠纷。解决林权争议应以事实为依据,以法律法规和林业政策为准绳,秉持公开公正公平的原则及时调解各类林权争议,依法维护林权权利人的合法权益,保障国家和社会的和谐稳定。林权争议必须及时予以处理,决不能久拖不决,否则轻则影响林业生产,挫伤群众的积极性,重则破坏森林资源,不利于社会稳定和民族团结。

(三)继续处理好历史遗留问题

随着林权改革的深入,"三定"工作中的失误和遗漏逐渐显现,所以一定要规范管理林业制度,妥善处理好历史遗留问题,从而尽量避免林权争议的发生。

四、动员社会各界大力造林

植树造林是改变我国森林资源匮乏、分布不均的根本措施,也是改善自然生态环境,促进生态系统良性循环,满足社会和人民生活日益增长的对木材和林产品需求的主要途径,更是贯彻落实以营林为基础方针的主要目标和重要内容。由于历史的原因,我国的森林面临着一系列问题,如面积减少、生态恶化、水土流失、土壤沙化、地力下降、空气水体污染严重等,这些已经直接影响到社会的进步、经济的发展和人民的日常生活。因此,动员社会各界大力造林是今后的常态,也是贯彻以营林为基础方针的首要任务。植树并不难,难的是如何更好地造林,这是一个值得我们思考、进步的重要问题。为了能够更好地完成植树造林任务,我们必须注意做好以下几项工作:

(一)科学造林,保证造林质量

植树造林是百年大计,一定要好好地搞。为了保证森林生长质量,必须运用科学的手段,进行严格的造林设计,按照造林技术要求进行植树造林,要根据当地的实际情况,因地制宜,合理安排整地、育苗、栽植、验收、管护等各项工作,保证人工造林的质量和数量。

(二)树立"全社会办林业、全民搞绿化"的思想

植树造林是全社会的共同责任,只有充分发动各行各业,动员一切力量开展大规模的植树造林,才能充分调动社会对植树造林的积极性,形成"全党动员、全民动手、全社会办林业"的良好局面,实现绿化祖国的伟大目标。植树造林既是国家法律规定的义务,又是社会各界的自觉行动,对扩大森林面积,提高森林质量有着深远的意义。

(三)发展高效林业

植树造林在培育扩大森林资源的同时,也为今后的林业发展指明了方向,根据《中国21世纪议程林业行动计划》,我国要发展高效林业,大力营造速生丰产用材林和高效经济林,追求经济效益的最大化,推动林业向又快又好方向发展。

(四)加强森林的抚育管理

抚育是培育森林的一项重要手段,不仅能促进林木速生丰产,增加后备森林资源,也能提高森林质量,实现木材、林产品供给量的不断扩大。通过加强抚育,积极管理,能有效改善森林资源现状,促进林业建设方针的贯彻落实。

五、积极保护森林

营林造林的根本目的是利用森林,实现对森林资源的永续利用,但是,在林业生产建设中,积极保护森林也是十分必要的。森林保护得好,才有后续的采伐利用。没有森林保护,何谈采伐利用?通过对森林实行限额采伐,合理利用,严防火灾、病虫害、人为破坏等不利因

素,提高森林资源的再生性,才能实现越采越多,越采越好,青山常在、永续利用的目标,这一真理在我国林业发展历史中已得到了实践证明。"文革"期间,林业管理机构被撤销,有关林业法律、法规被废弃,林业工作陷入停滞,人们大面积毁林开荒,抢砍国家集体山林等,严重阻滞了林业的发展和国民经济的发展。因此,我们必须认识到保护森林的重要性,它不仅关系到人民生活保障问题,也关系到国家民族兴衰大事,同时也是贯彻以营林为基础方针的重要环节。党和政府必须立足国家和人民的根本利益,将当前利益与长远利益结合起来,顺应林业发展的客观规律,加强森林保护工作,严格执行贯彻林业建设方针。为此,必须做好以下几方面工作:

(一)形成全民护林、人人有责的良好风气

发展林业是一项群众性、社会性很强的工作,关系到林业经济的整体发展。必须广泛发动群众,促进错误观念的转变,让全社会都懂得保护森林的重要性和国家政策法规的正确性,动员所有力量,一起参林护林,把保护森林作为自己的责任和义务,形成全民护林的良好风气。

(二)完善有关法律法规,健全有关机构

社会主义市场经济是一种法治经济,因此在保护森林的活动中,我们也要依法办事,对破坏森林的行为给予严厉的惩罚,运用法律手段作出明确的行文规定,根治乱砍滥伐行为,确保森林的持续发展。

(三)完善森林防火、病虫害防治的预警体系

加大资金投入,引进和应用先进的科学技术,及时掌握林火信息,做好森林防火措施,健全森林防火预测预报体系;加强病虫害的预防及防治工作,及时监测预报重大病虫害问题,将森林病虫危害减少到最低限度。

(四)建立健全森林资源监测体系

森林资源监测是对森林资源的数量、质量、结构、分布及利用情况进行分析、观测和评价。它为森林资源管理和监督奠定了重要的基础。通过建立健全森林资源监测体系,及时掌握森林资源的消长变化,对森林资源的发展趋势做出进一步的预测和判断,为护林工作科学决策提供依据。

六、利用林区资源优势发展多种经营

扩大森林面积,充分利用森林资源,是以营林为基础方针的最终目的。在林区大力发展多种经营,体现了对林木单一生产结构的巨大调整和改变,这种经营模式充分利用了林区资源优势和资源特点,在时空上最大限度地利用林区丰富的资源,减轻林区经济压力,为林业生产积累资金,促进营林生产和林业基本建设。改革开放以来,我国大部分林业企业都大力发展多种经营,使得林业有了快速的发展,这充分证明了合理的产业结构和产品结构对于林

业发展是多么重要。我国是一个典型的少林缺材国家,木材供需与经济发展的矛盾日益突出,如何有效解决这个问题一直是大家研究的热点。除了植树造林增加森林资源之外,还要节约森林资源,加强综合利用,提高对森林资源的利用率,真正做到开源节流。我国幅员辽阔,资源丰富,这也为林区开展多种经营、加强综合利用提供了基本的资源保证。做好多种经营,必须注意以下几个方面:

(一)发展多种经营,必须以资源优势为依托

这就要求森林经营者充分利用当地的自然环境、资源条件进行合理开发、有效利用,发挥林区的资源优势,合理地将其转化为经济优势,促进林业企业的快速发展。

(二)提高管理水平和技术水平

发展林业应实行集约化经营,加强管理水平,注重规模经济效益,改变传统"小而全"的经营模式。同时,加强技术研发,积极引进科技含量高、经济效益好、发展潜力大的项目,使多种经营真正成为企业经济发展的重要支柱。

(三)大力开展综合利用

据资料统计,我国的木材综合利用率只有65%,而发达国家的利用率一般达到80%以上。这差距还是非常明显的,如果我国能提高一个百分点,那么每年将节约木材75万立方米。要想实现森林资源的可持续发展,必须提高木材的综合利用率,这对缓解我国木材供需矛盾和促进绿色可持续发展具有重要的现实意义。

七、执行林业建设方针应注意的几个问题

(一)明确林业建设方针具有法律效力

国家制定的林业建设方针,最终要以法律条文的形式将其固定下来,以国家强制力确保政策的全面贯彻正确实施,其强制性对社会所有成员和社会所有组织都具有普遍性,任何人不得违反。因为林业建设方针具有法律效力,所以违者即违法,必须对其进行法律制裁。通过法律效力的国家强制力来引导人们遵循这一方针从事林业生产,彻底改变重采轻育的错误做法,我国林业工作沿着正确方向健康发展、快速前进。

(二)正确理解、全面贯彻林业建设方针

我国林业建设方针的理论依据是马克思主义再生产理论,它是一个互相联系、互相制约、互为条件、互相促进的整体,因此在贯彻执行时一定要正确理解,全面落实,切勿犯形而上学的错误,重蹈覆辙。

(三)切实按照林业建设方针安排工作

各级人民政府、林业主管部门都要紧紧围绕林业建设方针的指导思想,进行严密详细的工作部署,并对自己所属单位的工作进行定期检查监督。人民政府和林业企业事业单位的领导都要实行森林资源消长目标责任制,及时掌握森林资源现状及其消长动态,确保林业建

设方针落实到位、高效执行。

（四）必须广泛深入地宣传教育群众，依靠群众实现林业建设方针

贯彻林业建设方针是一项群众性、社会性很强的工作，必须坚持走群众路线，密切联系群众。深入群众越广泛，政策的贯彻执行就越顺利。只有广大群众与林业工作者做到思想上同心同德、目标上同心同向、行动上同心同行，才能确保林业发展朝着又快又好的正确方向前进。

第五节　国家对林业实行经济扶持政策

改革开放以来，我国的经济建设取得了巨大的成就，但是林业基础薄弱、资源匮乏，远远不能满足国民经济与人民生活不断增长的需要。究其原因，有诸多方面，既有体制上的又有指导思想上的，但最重要的还是国家对林业的扶持力度不够。在社会主义市场经济条件下，国民经济要想保持稳步增长，国家必须加强对林业的经济扶持。

一、国家对林业进行经济扶持的必要性

林业是国民经济的基础产业，它在国民经济中的地位至关重要，再加上它自身的特殊性、周期性等特点，使得国家必须对林业给予政策倾斜，进行大力扶持。

（一）森林是人类生存发展的重要物质条件

森林作为人类生存发展的重要物质基础，与国计民生息息相关，人们的生产生活都离不开森林和它提供的林木产品。森林不仅具有巨大的经济效益，还具有广泛的社会效益和生态效益，如涵养水源、保持水土、防风固沙、调节气候、改良土壤、净化空气、抵御自然灾害等，森林也在保障农牧业生产和人类生活安全方面发挥着重要的作用。一旦林业发展受阻，那么人类整个的生产生活都会受到严重的影响，这一点在我国历史中已经得到了佐证。黄土高原在西周时森林覆盖率达到53％，但由于朝代更迭、常年交战，大量森林资源被焚烧毁坏，造成生态环境恶化，人们的生存受到严重的威胁。这段历史启示我们，国家必须重视林业的发展，对林业给予扶持。

（二）林木生长周期长

林木的生产特点决定了它无法单纯依靠自身发展，必须得到国家的大力扶持。林木生长周期较长，可能十几年、几十年甚至上百年的时间才能成林成材，在这个过程中需要不断投入人力、物力、财力，促进林木生长。同时，森林生产活动容易受自然因素影响，这属于不可控因素，因而经营风险较大，一旦发生较大的自然灾害，森林资源将会受到严重破坏，人类所有的劳动成果也会毁于一旦。总体而言，林业的发展是一项关系到人类生活与生存的重要活动，人们应该自觉行动，提高林业生产力，另外国家也应该在经济方面给予足够的扶持。

再加上我国仍有约数千亿平方米的宜林荒山荒地急需绿化,需要大量资金投入,单靠地方力量是不行的,还必须靠国家经济扶持才能有效发展。

（三）林业企业具有很强的特殊性

大部分森工企业都是建在交通不便、地理位置偏远的山区林区,一般不与外界联系,尤其对于新开发的林区,联系几乎没有,所以依靠社会来保障基本的生产生活需求是完全不可行的,因此企业只能依靠自己,自行筹建各种设施,承担职工生活、福利、社会保障等社会职能。在西北、西南林区由于山大沟深、生产力低下、生活条件艰苦,连最基础的社会配套设施都没有,企业只能自己建立和兴办配套设施和基础机构,如医疗、教育、林区商业、文化娱乐等设施。经过多轮改革,部分企业仍存在这样的经营模式,并未有所改变,这是林业企业的第一个特殊性即森工企业办社会。企业的另一个特殊性是承担巨大的社会负担,主要有以下几个表现形式:

1. 企业办社会的货币支出不断增加。陕西省直属森工企业 1993 年用于这方面的营业外支出占企业营业利润的 45%,1994 年在全系统亏损的情况下,其营业外支出比 1993 年增加 10% 左右。

2. 提供外部性"共用品",形成投入多报酬少的明显反差。森工企业投入大量资金用于营林生产、森林保护、扩大森林资源,但是其产生的社会效益和生态效益得不到回报。据测算,陕西省直属森工企业每年提供的社会效益计 9 400 万元,森工企业的这些特殊性决定了国家必须对林业给予经济扶持。

3. 对林业实行经济扶持是世界许多林业发达国家普遍采取的政策。这些政策包括国家财政投入、造林补贴、长期低息贷款、林业税收优惠及建立国民林业基金制度等,如法国的《私人造林免税法》,英国的《林地补助金计划》,美国的《可更新资源推广法》,日本的《林业特别会计法》等。芬兰、瑞典是森林资源富饶的国家,在他们的《森林法》中还规定了林业采伐必须经过批准,并且采伐后必须及时更新。

以上论述都充分证明了林业既是国民经济中的基础产业,与人们的生活紧密相关,又是一项公益事业,具有生态、经济、社会和文化等多种功能和多重使命,国家必须大力扶持,给予经济支持,推进林业发展进程。

二、我国林业扶持政策

国家对林业实行经济扶持是我国长期以来一贯坚持的政策之一,在《森林法》第八条中也作了明确规定。实践中采取以下 6 项具体措施。

（一）对造林、育林给予经济扶持

按照有关法规规定,社会组织个人营造 100 亩以上商品林、林化产品原料基地林时,营林生产费用(包括规划设计、苗木生产、更新造林、抚育管理、森林保护、简易林道、简易建筑等直接间接费用),可以申请林业贴息贷款。贷款期限分情况而定,按照借款人营造林种、树种、立地条件的不同,贴息贷款的期限可以分为10～25年,国家贴息时间一般为10年,10年之后的利息由贷款者承付。但要求贷款者必须保证造林成活率达到90％以上,抚育符合技术规程要求,否则要进行补植或返工。

(二)调整木材价格

木材价格的确定是一项很重要的经济政策。它不仅与生产者和消费者的利益直接挂钩,还与森林的保护和发展有着密不可分的联系。过去的木材价格定价较低,没有充分体现木材的全部价值,严重与价值规律违背,获取的木材收益无法弥补成本的支出,导致林业生产无利可图,大大挫伤了林业企业和群众的积极性,使得林业生产各环节出现大量问题。1981年《中共中央、国务院关于保护森林发展林业若干问题的决定》指出:"有计划有步骤地调整集体林区和国有林区的木材价格。"并规定从1981年1月25日开始,对南方集体林区每立方米木材销售价格提高20％,东北、内蒙古林区每立方米木材调拨价格提高10％,几年后南方木材价格全部放开。在中央政策指导下,各地木材价格逐步调整趋于合理,价值规律也得到了更好的发挥,重新调动了林业企业和群众参林的自主性和积极性,对林业发展起到了扶持和促进作用。

(三)建立林业基金制度

林业基金制度是党中央、国务院1981年在《中共中央、国务院关于保护森林发展林业若干问题的决定》中决定建立的。国务院于1988年6月批准建立中央和省级两级林业基金,林业部还制定了《林业基金管理条例》。根据规定,林业资金的来源大体有以下几种渠道:

1. 国家对营林、森工的基本建设投资;

2. 国家对营林、森工的财政拨款;

3. 国家对林业的中长期银行贷款;

4. 按法律规定提取和征收的森工更新改造资金及育林资金;

5. 地方各级财政扶持林业的资金;

6. 捐赠的资金,如地方政府从支援乡镇的投资,以及支援老区、少数民族地区、边疆地区、不发达地区的基金中规定适用于林业的资金;

7. 经过国家批准作为林业基金的其他资金;

8. 按规定提取征收的各项林业收入等。

随着国民经济的发展,国家将进一步扩大基金来源,拓宽资金渠道。国家规定林业基金由各级林业部门按规定权限分级管理,专款专用,年终结余,允许跨年度使用。同时,还规定基金使用受同级审计和财政部门监督,保证用于林业建设。

(四)征收育林费,强化育林基金制度

育林费是从木材、竹材和一部分林产品的销售收入中征收一定的资金用于造林育林的

费用,也叫育林基金。我国育林基金制度是 1953 年建立的。我国目前实行两种育林基金,即国有林育林基金和集体林育林基金。国有林育林基金的使用对象主要是国有林区采伐迹地更新,林间空地、荒山荒地造林和护林、育林;集体林育林基金的使用对象主要是集体林区采伐迹地更新,竹林垦复以及集体造林、育林、护林。育林基金和更新改造资金的提取标准:东北、内蒙古国有林区按木材销售收入的 26％提取,其他国有林区按木材销售收入的 21％提取,个别困难地区最低不得低于 15％,南方集体林区按产区木材经营单位收购后的第一次销售价格的 20％计征(育林基金为 12％,更新改造资金为 8％),个别困难地区最低不得低于15％。育林基金专款专用,用于以林养林,确保森林采伐迹地得到及时更新,有计划、有步骤地培育发展新林。

（五）增加更新改造资金

更新改造资金是 1962 年开始实行的,当时叫"维持再生产基金"。1967 年规定将"三项费用"(技术组织措施费、劳动安全保护措施费、零星固定资产购置费)、固定资产更新资金和基本建设中属于简单再生产性质的投资合并为"更新改造资金"。更新改造资金由国有木材生产或收购单位、集体林区木材经营单位,按木材、竹材产量或收购量提取,摊入成本。

（六）其他扶持政策

如《中共中央、国务院关于保护森林发展林业若干问题的决定》中规定"国营林场在抚育期间,收入不上缴,以林养林",以及对煤炭、造纸等部门按煤炭、纸浆产品的产量提取一定数额资金专门用于营造坑木、造纸等用材林。这些政策都对促进林木生长、缓和需求矛盾具有重要积极作用。另外,国家近几年在财政预算、税收政策等方面对林业给予优待。

三、社会主义市场经济条件下应加强经济扶持政策的实施

市场经济是一种市场竞争条件下追求经济效益的经济形式,在资源配置过程中,需要充分发挥市场的调节作用,使资源配置达到最优。林业是一项基础产业,又是一项公益事业,根据林业自身的生产特点,如生产周期长、投资回收期长、资金周转慢、耗资多、风险大、见效慢等。因此,要使林业在市场经济下保持持续发展,国家就必须做好经济扶持工作。中华人民共和国成立以来,党和国家以林业为重,实施了许多扶持政策,随着我国社会主义市场经济的建立与发展,国家还必须继续加强对林业的扶持力度,具体应抓好以下几个方面:

（一）加强对林业的投资

逐步建立以政府为导向、全社会为主体、信贷为驱动、外资为补充的投资结构,形成多渠道、多层次、多元化的投资体制。另外,进一步提高林业在国民经济中的地位,增加林业投资在国民经济中的占比,对集体、个体森林经营者实施动态补助政策,多角度、多方面地保证林业资金的稳定和筹集渠道的顺畅。

（二）建立税收政策

建立并完善符合市场经济发展的林业税收政策,对林业企业实行减税或低税率政策,并

鼓励企业进行科技创新,提高林木生长量,给予免税优惠。

(三)建立经济补偿制度

尽快研究和建立森林环境资源的经济补偿制度,提供经济、政策、行政等多种补偿方式。以此激发林业经营者参林的原动力,使得他们积极投入林业生产与经营,有效提高森林的生产力和林业的竞争力,促进林业的发展。还有,利用电视、广播、网络等多渠道广泛开展森林保险业务,提高森林经营者的保险意识,减少森林经营风险。同时,进一步拓宽保险业服务领域、优化业务结构、培育新的业务增长点,实现保险业务发展与林业产业发展的"双赢"。

总之,随着社会的进步与经济的发展,人们对林业的重要性认识越来越深,其地位与作用也越来越重要,国家必须大力扶持林业,在财政、税收、资金投入等方面给予政策倾斜,从而保证林业的健康快速发展和国民经济的稳定持续发展。

本章小结

在我国林业发展历史中森林遭到好几次大破坏,林业呈现波浪式破坏现象,其主要原因是因为林业管理的激励约束机制不健全。究其根本,就是林业管理体制的不完善。在构建社会主义新农村、生态文明的政策背景之下,林业建设面临着前所未有的机遇和挑战,被赋予了新的使命。所以林业的发展必须以林业的实际为出发点,以改革为促进手段。推进各项林业改革,以改革推动林业发展,这个过程需要党和政府提出符合林业自身自然规律和国情、林情的办法和措施,并配套一支强有力的人才队伍去实施执行,实现林业建设的伟大目标。

【案例分析及讨论】

英国林业政策的演进

英国林业政策具有自己独特的模式。英国林业政策自2002年下放后,英格兰、苏格兰、威尔士和北爱尔兰分别制定了自己的林业战略,对社会、环境和经济发展等方面作出相应的政策安排。英国林业政策发展主要可划分为森林资源恢复阶段、森林资源保护和多功能经营阶段、走向森林可持续发展及实践阶段。

(1)森林资源恢复阶段(20世纪初—20世纪80年代)

1919年前,英国是一个世界贸易大国,统治了世界上四分之一的人口和土地,英国木材资源供给主要来自统治的殖民地,直到1914年第一次世界大战爆发,英国木材供应渠道被阻断,木材的需求得不到稳定供给,再加上战争大肆砍伐森林,资源屈指可数。这才促使英国政府真正意识到木材是一种不可缺少的重要资源。随后1919年通过《森林法》并成立了英国林业委员会,提出木材储备战略,十年间英国政府一直努力奋斗,以期实现林业目标。

这也标志着英国林业进入了真正发展阶段,并开始大规模营造人工林。1919—1939年,英国本来想在土壤贫瘠的山区荒地宜林地进行人工造林,但当时林业和农牧业正面临争地矛盾,因此这个阶段的森林面积没有显著增加。直到"二战"爆发,林业委员会在1942—1943年提出建立200万公顷高生产力林来满足50年后国内35%的木材需要和战时4年的紧急需要等林业指导思想,并引进速生和外来的针叶树种,种植了20万公顷的人工林,但由于林龄小,木材紧缺问题没有得到显著改善。20世纪50年代,英国人工林进入繁荣时代,因为当时土地大面积贫瘠,不适合进行农业生产,所以直到1980年,英国一直开展以单一针叶树为主的造林方式,实施以高生产力为目的的集约经营,极大地促进了英国公有森林资产的发展。该阶段的特点是以人工造林为主,木材生产目标主要是为应急和战争需要。英国林业在战争时期严重受挫,因而吸取经验教训,二战后,调整林业管理理念,学习其他国家林业发展经验,开始由单一树种的造林政策向森林保护政策转移。

（2）森林资源保护和多功能经营阶段（20世纪70年代—20世纪90年代）

自1950年,英国林业界内产生了许多不同意见,认为单一针叶树种造林及相关的清林运动对历史遗留的森林景观和生态环境造成了严重的破坏。20世纪60年代,英国景观已经成为森林设计的主要因素,在环境非政府组织（NGO）出现后,反对以木材生产为目标的造林运动迭起,20世纪后期,人们逐渐认识到森林在景观游憩、生物多样性及自然环境方面的作用。1985年起,英国政府以法律形式寻求林业和环境之间平衡发展的道路,多功能林业概念应运而生,成为林业政策的主体。1980—1990年间,英国林业委员会先后颁布《野生动物和乡村法》《森林与野生动物修正法案》《阔叶树种政策》《水体与自然保护的指导原则》等一系列法规法则,传统林业面临严重挑战。此外,1988年林业免去了税收预算,取代林业税收政策的是林地补偿基金（Woodland Grant Scheme）。同期,林业在调解农业发展中的地位和作用被识别,农场林业激励政策相继出台（UK Agriculture Departments,1988）。

（3）森林可持续发展与实践阶段（20世纪90年代—至今）

1992年里约热内卢召开世界环境与发展大会,提出的森林原则以及随后的一系列国际会议,对欧洲和英国林业都产生了深刻的影响。可持续森林经营成为林业发展的目标,生物多样性是可持续经营的关键要素。英国是世界上最早颁布森林可持续经营标准的国家之一,是森林可持续理论的积极实践者,颁布了《英国林业标准》（UKFS）、《英国森林保护计划》（UKWAS）等标准,成为推动英国林地政策的基本指导纲领性文件。《英国林业标准》（UKFS）是森林可持续经营的标准体系,针对各类森林经营提出了具体的明确要求,对实现英国林业可持续发展具有重要的保证和指导作用。《英国森林保护计划》（UKWAS）是英国森林认证的重要依据,并得到森林管理委员会（FSC）的认证成为可持续发展的森林,总认证面积占森林总面积的45%,使英国成功进入全球最早开展森林认证的国家之一。21世纪,英国林业政策的模式最特别的就是权利的移交及授权英格兰、苏格兰、威尔士和北爱尔兰制定自己的林业发展战略,各自对森林进行管理。但一些与国际协调、科研政策与森林健康等有关的政策由英国林业委员会制定和统筹。由于各个国家和地区的森林资源现状和特点有所差异,因此林业政策基本上是总体相同,重点不同。如苏格兰将木材生产和应对气候变化放到林业政策的首要位置,并力争在 2050 年森林覆盖率达到 25%（Scottish Executive,2006b）。英格兰在政府的白皮书发布后（HM Government,2009b）,鼓励大力造林以应对气候变化,同时也明确了现有林地供应木材存在着巨大潜力。随后,英格兰、苏格兰和威尔士的一些政策明确了林业在减缓和适应气候变化中具有重要作用,包括开放式动物栖息地的恢复以及加大恒被林的力度。为了实现每个国家的林业发展目标,英国林业委员会责成各联合国议会必须要求不断发展林地和森林,以促进社会经济环境等各个方面的发展。对于英国林业政策中的一系列文件,如支持科学研究、提供咨询服务、补偿金、减税优惠以及一些法定的森林管理文件,Moxey（2009）划分为三类:提供信息、提供激励机制与课税法定管理。关于一系列的补偿金支付、管理以及税收等激励机制在各联合国的林业战略中都有所体现,随着时代发展和环境变化,林业生态环境服务及非市场产品的市场化潜力将越来越大,如碳信用和水管理。截至目前,英国认为森林国际碳信用市场存在不规范的弊端,因而没有加入国际碳信用市场。2010 年英国出台《森林碳标准》,对森林碳管理实行资源式标准,来提高私人和企业减排积极性,为森林减排作出积极贡献。在补偿金方面,政府的补偿金政策顺应时势,作出及时调整,补偿范围由原来的环境可持续发展扩展至应对气候变化,比如森林可持续经营减税优惠及在碳扣押中运用木材作为可持续材料等。下一步的工作重点是评估森林潜力,更好地实现低碳经济。目前已发现树木和木材可以作为其他用途使用,如从红豆杉树皮和枝叶中提取的紫杉醇可以制成防癌抗癌的药剂;木材纤维被运用到衣服上;在旧工业用地上栽种树木,帮助清理土地,使这些地区能被重新利用。目前,英国政府的长远目标就是实现森林的可持续发展,确保一个持续、可再生的、天然多功能的森林能够与他们永存。

1. 我国林业政策演进与英国林业政策演进有什么异同点?

2. 纵观英国林业政策的发展对我国有何启示?

【本章复习思考题】

1. 我国林业建设方针经历了哪些阶段?

2. 为什么我国林业建设方针要以营林为基础?

3. 目前我国林业生产存在哪些问题?

4. 如何全面落实以营林为基础的方针?

5. 林业对国民经济有什么影响?

6. 应该如何加强对我国林业的扶持?

【相关阅读材料】

全国人民代表大会常务委员会. 中华人民共和国森林法(修订版). 2009-8-27.

全国人民代表大会常务委员会. 关于开展全民义务植树运动的决议. 1981-12-13.

中国共产党第十四届中央委员会.中共中央关于建立社会主义市场经济体制若干问题的决定.1993-11-14.

国务院.国务院关于开展全民义务植树运动的实施办法.1982-2-27.

国务院.中国21世纪议程.1994-3-25.

国务院.中共中央、国务院关于保护森林发展林业若干问题的决定.1981-3-8.

财政部、国家林业局.中央财政林业补助资金管理办法.2014-4-30.

【主要参考文献】

[1] 孙石.保护为主是指导云南林业建设的正确方针[J].云南林业,1992(6):3.

[2] 何俊,何丕坤.中国林业建设方针回顾[J].中国造纸学报,2004:563-566.

[3] 孙月晨,王连喜,等.坚定林业建设方针促进林业可持续发展[J].经济技术协作信息,2000(12):16.

[4] 周生贤.关于我国林业建设情况的汇报[J].中国林业,2002(9):6-12.

[5] 丁梦林,谢大发.关于我国林业建设的情况和建议[J].农业经济丛刊,1981(3):13-18.

[6] 张美华.中国林业管理体制研究[D].重庆:西南农业大学,2002.

[7] 官秀玲.英国林业政策评估与分析研究及借鉴[D].北京:中国林业科学研究院,2011.

第四章

林业行政执法与诉讼

【本章学习目标】

1. 掌握林业行政执法的概念、发展阶段与主要内容。
2. 熟悉林业行政许可的具体内容。
3. 熟悉林业行政处罚的具体内容,并能用所学知识分析林业行政案件。
4. 熟悉林业行政复议的具体内容。
5. 了解其他林业行政执法的主要内容。
6. 了解林业行政诉讼制度。

【本章要点】

本章重点介绍了林业行政执法的概念、发展阶段与主要内容,全面阐述了林业行政许可、林业行政处罚以及林业行政复议的具体内容。同时介绍了其他林业行政执法的主要内容与林业行政诉讼制度。

第一节 林业行政执法的概述

一、林业行政执法的概念

林业行政执法作为行政执法的下位词,具有广义和狭义之分。广义的林业行政执法是指林业行政主管机关及执法人员为了维护林业秩序、发展社会经济、实现林业行政管理目的,按照法定职权和程序执行林业法律、法规和规章,针对特定的行政相对人和行政事务实施的能对其权利义务产生直接影响的具体行政行为。它包括林业行政许可、林业行政确认、林业行政检查、林业行政处罚、林业行政复议等多种行为方式。狭义的林业行政执法仅指林业行政处罚。本章提到的林业行政执法,均指广义的林业行政执法,林业行政执法具有以下4个特点:

(一)法定性

林业行政执法的法定性来源于林业行政执法的法定规定。首先,《林业行政处罚程序规定》明确规定了林业行政执法的程序、方式和手段,执法人员必须严格按照林业法律规定的内容实施执行,不得超越法律规定的职权范围或者自己任意编造欺瞒;其次,林业行政执法的法律依据和执法权限只能按照《森林法》《野生动物保护法》等法律、法规、规章的内容进行规定;最后,实施林业行政执法的机关一般是县级以上林业行政主管部门或明确规定的组织,即法律、法规授权的组织和林业行政主管部门依法委托的组织,这些执法机关包括林业系统内的公安、林政管理、野生动植物管理、森林病虫害防治和检疫、种苗管理等机构。

(二) 长期性

林业本身具有周期长、见效慢的特点,一般成林需要十几年、几十年甚至上百年的时间。这就要求林业行政机关在执法工作中持之以恒、坚持不懈。林业行政管理活动需要行政机关经常性地、不间断地处理林业事务,解决林业问题,在管理活动中发挥不可替代作用。这不仅是一项长期性的活动,也是一项必须坚持的事业。

(三) 单方性

行政执法是行政主体与社会组织、个人公民之间发生的一种法律关系,虽是双方关系,但一般以行政主体单方意思表示为特点。行政主体依照职权自觉主动地进行行政执法,因而执法行为具有主动性。一般而言,行政执法活动是一种引起行政机关与行政相对人之间发生法律关系的单方法律行为,林业行政执法就是一种引起林业主管部门与行政相对人之间发生法律关系的单方法律行为。林业行政执法是林业主管部门根据单方意识表示就可以确定的行为,几乎不受相对人意志影响,也不受社会其他机关意志影响。

(四) 强制性

强制性是指林业行政执法行为被有效确定后,林业执法机关有权依法采取措施强制要求行政执法行为的内容得以全部执行。当林业行政执法行为要求相对人履行一定义务,相对人拒不履行时,林业执法机关就可以主动采取或者通过人民法院采取措施,强制要求其全面履行应该履行的义务。行政执法是以国家强制力作为后盾得以保障实施的行为,对于任何妨碍或违反者,法律有权对其进行严厉制裁。

二、我国林业行政执法的发展阶段

我国的林业行政执法建设过程大致经历了三个不同的发展阶段,即起步阶段、恢复阶段、成熟与发展阶段。

(一) 起步阶段

第一阶段是新中国成立后至 1979 年 2 月出台《森林法(试行)》。这段时期林业立法几乎空白,林业行政执法没有真正意义上的林业法律可以依照,林业行政管理主要依靠行政手段而不是法律手段。当时国家尚未建立林业行政执法体系,再加上林业行政管理机构职能不稳定、执法力量薄弱、配套设施不足,导致法制环境恶劣,执法效果甚微。尽管党中央、国务院十分关心和重视林业发展,制定了一系列政策,发布了许多规定来促进林业发展,推进林业建设。如 1949 年在《中国人民政治协商会议共同纲领》中通过了"保护森林,并有计划地发展林业"的政策规定；1950 年第一次全国林业会议确定了"普遍护林，重点造林，合理采伐和合理利用"的林业建设方针；1964 年中央提出"林业建设要以营林为基础，采育结合"的指导思想；1971 年 1 月国务院颁发《关于保护森林制止乱砍滥伐的布告》（现已失效），对严禁乱砍滥伐、严禁毁林开荒、开展爱林护林教育、加强林业工作领导等方面作出了具体规定，在一定程度上保护森林资源的合理利用和开发。但这时期的司法和执法力量严重不足，社会爱林护林的思想意识非常淡薄，在频繁的政治运动冲击下，森林遭到严重破坏，森林资源急剧缩减。

（二）恢复阶段

第二个阶段是 1979 年 2 月出台《森林法（试行）》至 1996 年 10 月实施《行政处罚法》。这时期我国的林业法律体系初步建立，为林业行政执法提供了重要的法律依据。林业行政执法在此条件下不断发展，尤其是在机构队伍建设、提高执法人员素质、执法程序规定和执法管理制度建设等方面取得了重要进展。1980 年 12 月林业部、公安部、司法部和最高人民检察院联合发出《关于在重点林区建立与健全林业公安、检察、法院机构的通知》后，全国各省（区、市）逐步建立和健全林业公检法机构。1985 年年底，各级林业行政主管部门开始成立林政保护执法机构，随后野生动植物保护、森林防火、森林病虫害防治、自然保护区等林业行政执法机构相继确立。为了进一步规范林业行政执法行为，1996 年 3 月全国人大常委会通过了《中华人民共和国行政处罚法》，与此同时，林业部发布了与《行政处罚法》相配套的《林业行政处罚程序规定》《林业行政执法监督办法》和《林业行政执法证件管理办法》三个规章，成为最先制定行政执法程序的部委之一。我国林业行政执法发展史上迎来一次巨大的飞跃，标志着林业行政执法逐渐完善至成熟。

（三）成熟与发展阶段

第三个阶段是 1996 年 10 月实施《行政处罚法》到现在。该阶段提高了行政执法水平和效率，降低了行政执法成本，建立了精简效能、适应社会主义市场经济条件的执法体制，并维护了行政执法权威和保护了当事人合法权益。同时，加强了执法管理和监督，有效地推动林业行政执法工作朝着法制化、规范化、公开化、服务化的方向不断迈进。

三、林业行政执法的主要内容

林业行政执法的内容根据实施行政管理对象不同可以概括为以下几个方面：

（一）森林资源管理

根据《宪法》《民法通则》《森林法》和《森林法实施条例》等法律、法规、规章的有关规定，依法确认森林、林木和林地的所有权或者使用权，并办理登记手续，核发林权证；依法参与调解林权纠纷；依法审核办理林地征用、占用手续；依法规范森林、林木、林地的流转行为；依法计划组织实施森林资源清查活动和建立健全森林资源档案；组织实施森林防火工作，加强森林防火队伍建设和设施建设,建立森林防火责任制度,确定森林防火期和森林防火戒严期,规范森林防火各项具体内容和基本制度,及时组织人员扑救森林火灾活动;组织实施森林病虫害防治工作,规定林木种苗的检疫对象,划定疫区和保护区,确立实施检疫的森林植物及林产品名单并进行产地检疫和调运检疫,负责实施重大森林病虫害的除治工作;制定落实植树造林规划,实行植树造林部门负责制和单位负责制;组织实施森林限额采伐制度和木材生产计划管理,依法核发林木采伐许可证,规定采伐更新制度;依法核发木材运输证,加强木材运输的监督管理活动;依法审批林区内木材经营(含加工)活动并进行监督管理;依法审核珍贵树木及其制品、衍生物的进出口手续;依法对违反《森林法》的行为实施行政处罚。

(二)野生动物资源管理

根据《野生动物保护法》《陆生野生动物保护实施条例》《森林和野生动物类型自然保护区管理办法》《国家重点保护野生动物名录》《国家保护的有益的或者有重要经济、科学研究价值的陆生野生动物名录》和地方重点保护野生动物名录的规定,对国家和地方重点保护的野生动物的生存环境进行保护,主要内容是设立自然保护区、划定狩猎区、提供环境监测和环境影响报告、依法审批湿地保护和野生动物保护工作中的涉外活动,采取措施拯救受到自然灾害威胁的野生动物;对猎捕国家重点保护野生动物核发《特许猎捕证》,实行特许猎捕;对猎捕非国家重点保护野生动物核发《狩猎证》,实行狩猎许可证和限额管理;对驯养繁殖国家重点保护野生动物的单位和个人核发《驯养繁殖许可证》,实行驯养繁殖许可制度;对出售、收购、经营、利用野生动物及其产品的活动实行严格禁止和特殊情况下的依法审批制度;依法对国家重点保护野生动物的运输、进出口实行审批;依法对违反《野生动物保护法》的行为实施行政处罚。

(三)防沙治沙管理

根据《防沙治沙法》的有关规定,依法对土地沙化情况进行监测公布并报告有关人民政府;对从事营利性治沙活动的单位和个人,必须按照治理方案进行治理,政府对治理过程进行监督指导;按照同级人民政府的有关规定,受理治理单位和个人完成治理任务后提出验收申请,并进行检查验收、核发治理合格证明文件;建立政府行政领导防沙治沙任期目标责任考核奖惩制度;依法对违反《防沙治沙法》的行为实施行政处罚。

(四)林木种子管理

根据《种子法》等法律、法规和规章的规定,依法保护和合理利用种质资源;组织实施林木种子审定制度;依法核发林木种子生产许可证、经营许可证,规范种子生产、经营、使用活动;开展林木种子质量监督管理工作;审批种质资源跨境携带、运输、引用等活动;依法对违反《种子法》的行为实施行政处罚。

(五)林业植物新品种保护管理

根据《植物新品种保护条例》《植物新品种保护条例实施细则(林业部分)》等法规、规章的规定,确定和公布林业植物新品种保护名录;开展打击侵犯林业植物新品种权专项行动;组织实施品种权复审工作;依法查处植物新品种权侵权案件和假冒授权品种案件。

(六)野生植物资源管理

根据《森林法》《野生植物保护条例》《自然保护区条例》《森林公园管理办法》以及《国家重点保护野生植物名录(第一批)》和地方重点保护野生植物名录的规定,依法监测国家和地方重点保护野生植物的生长环境;核发采集证并依法对采集活动实施监督检查;依法对经营利用和进出口国家重点保护野生植物进行监督检查和履行审核批准手续;对违反《野生植物保护条例》的行为实施行政处罚。

第二节 林业行政许可

一、林业行政许可的概述

(一)林业行政许可的概念

《中华人民共和国行政许可法》(简称《行政许可法》)对行政许可作了明确的规定:行政许可是行政机关根据公民、法人或者其他组织的申请,经依法审查,准予其从事特定活动的行为。林业行政许可是行政许可中的一种,是指在林业法律法规一般禁止并设定条件的情况下,林业行政管理机关(或者其委托的部门和法律授权的其他组织)根据公民、法人或其他组织的申请,依法对申请人进行审查,准许符合法定条件的申请人从事某种活动的法律资格或者实施某种行为的法律权利的具体行政行为。

林业行政许可的概念包括5层含义:一是许可事项存在法律一般禁止,即一般情况下法律明确禁止、不准许此类行为发生;二是当事人为获得某种许可权利而提出解除一般禁止的申请,无申请则无许可,申请是许可的前提条件;三是行政主体的许可是一种单方性的行为;四是行政相对人获得许可的资格或权利后,需要承担相应的责任并履行义务;五是许可执行结束后禁止的再次恢复,即该项许可的资格或权利完成后,再次获取许可需要重新办理许可手续。

(二)林业行政许可的基本原则

林业行政许可的基本原则可分为2类:一是一般原则,即我国《行政许可法》规定的原则;二是特殊原则,体现在林业行政许可与其他行政许可之间的差别上。

1. 林业行政许可的一般原则

我国林业行政许可较好地贯彻落实了《行政许可法》规定的基本原则,主要有以下几项:

(1)许可法定原则

林业行政许可的设定都是有法可依、有理可据的,其以《行政许可法》的规定为基本内容。林业法在确定许可项目的同时,也明确了法定的权限、范围、条件、主体和程序。设定和实施行政许可都必须严格依照法定规定执行。如外国人对国家和省重点保护野生动物进行野外考察、采集标本或者在野外拍摄电影录像必须先获得政府许可,《野生动物保护法》在确立许可项目的同时,也规定了必须经过省级林业主管部门受理申请并进行审核,再转报国家林业局批准的许可程序。

（2）公平、公正、公开原则

林业行政许可事项,不论如何确立、划分、归类,各级林业主管部门都必须明确公布,未经公布的,不得作为实施行政许可的依据。行政许可的实施和结果,除非涉及国家秘密、商业秘密或者个人隐私,否则也要进行公开。对林木限额采伐的许可,实行申请优先原则,审核时按申请先后顺序办理许可程序。

（3）便民原则

便民指的是方便群众,即行政机关在实施行政许可的过程中,要减少环节、降低成本、提高效率、提升服务。当前全国各地普遍设立办证大厅,专门负责行政许可事项的业务受理、咨询、发证等工作。群众办理许可只要去办证大厅将有关申请递交给相应部门,就能及时得到结果。同时,通过设立签证点等措施下放行政许可权限,真正做到便民利民,为人民群众服务。

（4）效能原则

现在很多地区的许多项林业行政许可采用数字化信息手段,实行微机化管理,通过统一软件签发相关证件,大大提高了办证效率和节约了等待时间。

（5）合理性原则

既遵守法律法定的许可规定,又遵循林业客观的生长规律,行政许可的内容客观、公正、适度、符合情理,同时坚持资源可持续利用的原则和行政管理原则,合理确定许可审批权限和审批程序。

2. 林业行政许可的特殊原则

（1）遵循生态基本规律原则

森林作为陆地上最大的生态系统,对人类以及数以万计的陆地生物、微生物生活与生存具有重要的不可替代的作用。从生态学角度来看,森林生态系统中存在临界阈限的现象,如物种数量与消亡之间的关系、生物多样性的衰减与生境破碎化之间的变化等。它符合生态学的基本规律,即"物物相关律""相生相克律"等。在森林资源管理过程中,必须遵照自然生态规律的要求,科学确立林业行政许可的许可事项,对许可行为进行全面监管检测,避免产生生态悲剧。

（2）以可持续发展为导向原则

以可持续发展为导向原则就是指在林业行政许可的设定和实施过程中,将生态、社会、经济的可持续发展作为未来的发展目标。具体的可持续性体现在生态、社会、经济三个方面。一是生态可持续性,对森林资源进行合理开发利用和保护发展,保证开发强度不逾越森林的承载极限,以实现森林资源的永续利用。二是社会可持续性,这强调的是资源的公平配置,即代际公平和代内公平。代际公平是指森林资源利用在当代人和后代人之间权利均等。当代人必须为后代人保护森林资源,保证他们能从森林资源中获得收益的权利和机会。代内公平是指森林资源利用在国家之间、区域之间、社会集团之间、个人之间享有平等分配的权利。三是经济可持续性,是指森林资源的开发、利用者在收获经济效益上的持续性。

可持续发展是人类社会不断探索、不断实践得到的一个发展模式,既满足当代人的需求,又不损害后代人满足其需求的发展,是维持地球生态系统长存稳定的重要理论。它是人类对工业文明进程归纳总结并进行反思的现实结果,也是人类考虑当前形势作出的理性选择。在林业行政许可上坚持以可持续发展为导向的原则,也必然能够实现森林资源的生态、经济、社会的可持续发展。

(3)强度行政干预原则

从经济制度的角度来看,自由经济制度对森林资源造成了严重的后果。当时为了实现自由经济制度的自由买卖、自由竞争、自由贸易、自由经营,政府保障、鼓励甚至放纵私人自由、无限制地从事各种获取经济利益的活动。这些经济活动绝大多数是通过牺牲自然资源和生态环境为代价来获取经济利益。在这种制度下,个人过分贪图利益,严重破坏大自然资源,造成"公地"的悲剧。

在我国市场化经济制度下,在一般行政管理领域应该缩减政府权力,以宏观调控为主,实行适度干预原则。但是,林业行政许可是关于森林资源的开发利用与保护发展的具体行政事务,事关林业建设目标和生态持续发展。为了保护现有森林资源、维持森林生态平衡,林业行政许可应当实行较为严格的强度干预原则,以防止在利润驱使下出现森林资源被掠夺和个人权利被滥用的局面。

(三)林业行政许可的分类

《行政许可法》实施后,中央、地方各级人民政府及其林业主管部门对林业行政许可进行了全面清理,确保所有的林业行政许可设立和实施均符合《行政许可法》的规定,做到林业行政许可项目都有法可依、有理可据。地方性法规和政府规章都根据国家法律、法规的规定设定林业行政许可项目,并对林业行政许可程序等方面进行了细化,以增强其可操作性和可行性。经过60多年的林业法制建设,我国目前基本形成了一套以《森林法》为核心,以法律、行政法规、部门规章和地方性法规、政府规章为补充的完整的林业法规体系,所涉及的林业行政许可事项有60多项。根据许可的性质,可将我国现行的主要林业行政许可(许可事项)分为以下两大类:

1. 开发利用森林资源的行为许可

开发利用森林资源的行为许可,是指当事人被许可从事某种开发利用森林资源的行为或从事某种可能威胁森林资源安全的其他行为。一般而言,被许可的行为具有短暂性和期限性。我国的林业行政许可大多就是这种许可类型。这种许可又可分为以下两种：① 资源利用许可。主要包括：林地征用、占用许可，森林公园、苗圃、自然保护区等的设立和规划许可，野生动物捕猎许可，林木采伐许可，野生植物（含野生药材、天然种质资源）采摘许可，森林资源（包括木材、松香产品、野生动物及其制品）运输许可，森林资源销售许可，濒危物种进出口许可等。② 资源保护许可。主要包括：动植物检疫许可，林区用火（含可能引起森林火灾的其他活动如实弹演习等）许可，购买猎枪、弹具许可，外国人进入自然保护区许可等。

2. 经营、开发森林资源的资格许可

经营、开发森林资源的资格许可，是指当事人的申请经审查同意后可以在法律法规的许可下，较长时期地从事某种经营或开发利用森林资源的行为。目前，我国经营、开发森林资源的资格许可主要包括：木材经营（加工）许可，收购野生动物及其产品许可，野生动物驯养繁殖许可，林木种子生产许可和经营许可，自然保护区、林场开展旅游等活动的许可。

（四）林业行政许可的形式

林业行政许可的形式就是指林业行政许可结果的表现形式。由于林业行政许可管理的对象即森林资源具有多样性、复杂性、多重性的特点，同时林业行政许可项目数量较多，导致林业行政许可的形式也各种各样。总的来说，大体可分为格式证书、许可文件和其他形式三大类，格式证书又可分为许可证书、合格证书和证明书三种形式。

1. 许可证书类

许可证是林业行政许可的主要形式，是我国使用数量最多、范围最广并最为常见的一种许可形式，主要有采伐许可证、木材运输许可证、木材经营加工许可证、使用林地许可证、林木种苗生产许可证、林区野外生产用火许可证等。

2. 合格证书类

合格证书主要适用于森林植物检疫方面的许可，包括国外引种检疫、调运检疫、产地检疫。经检疫合格后，签发森林植物检疫证书，证明应施检疫的森林植物不携带检疫对象。

3. 证明书类

这类许可形式一般使用情况较少，近年来随着行政管理力度的加强，许可数量虽然有所增加，但总量仍然较少。主要有两类许可适用这种方式：一类是进出口证明书，由国家濒危物种进出口管理机构核发，主要针对我国参加国际公约中限制进出口的濒危物种的树木或者其制品、衍生物的进出口；另一类是森林防火期内进入林区证明，由县级以上林业主管部门或其授权单位核发，主要针对在森林防火期内需要进入林区的人员。

4. 许可文件

许可文件是林业行政许可的重要形式，其使用数量虽然不多，但涉及的林业行政许可种类繁多，约是各种林业行政许可总量的一半。比较常用的有：出口国家重点保护陆生野生动物或其产品以及进出口中国参加的国际公约所限制进出口的陆生野生动物或其产品许可，进出口中国参加的国际公约限制进出口野生植物许可,进入自然保护区进行科学考察、拍摄等活动许可,外国人进入自然保护区许可,外国人对国家重点保护野生植物进行野外考察许可,因科学研究进入自然保护区核心区从事科学研究观测和调查活动许可,在林区进行实弹演习、爆破、勘察和施工许可等,主要适用于自然保护区、野生动植物保护和进出口管理方面的许可。

5. 其他形式

除上述四种许可形式外,我国《防沙治沙法》对从事经营性防沙治沙活动规定了一种特殊形式的许可。在沙区从事经营性治沙活动的,必须向当地县级以上林业主管部门提出申请,林业主管部门受理申请后才可进行治沙活动。经营性治沙许可本质上是一种备案制,其许可形式为"受理"。在实际操作中,许可机关通常以书面通知的形式给予许可。

二、我国林业行政许可的主要制度

(一) 林业行政许可的主体

目前,我国林业行政许可的主体主要根据法律、行政法规的规定加以确立,主体名称约有十几种,如县级以上人民政府林业主管部门、县级以上林业主管部门、县级以上林业行政主管部门、林业行政部门、植物检疫机构、野生动物行政主管部门、国家濒危物种进出口管理机构等。这些林业行政许可主体名称大体可划分为三类:一是县级以上林业主管部门,是由县级以上人民政府设立的职能部门或政府直属机构,即人们常说的林业局(包含自然保护区管理局);二是法律、法规明确授权的单位或组织,如森林植物检疫机构、种子质量检验机构等,这些单位或组织是林业部门内设的直属法人事业单位;三是依法授权的单位或组织,如中华人民共和国濒危物种进出口管理办公室驻济南办事处等。

(二) 林业行政许可的程序

我国尚未专门对林业行政许可程序进行明确规定,林业行政许可程序大多根据行政许可相关的林业部门规章和规范性文件加以规定,如《林木种子生产经营许可证管理办法》规定林木种子苗木生产经营许可的程序,《占用征用林地审核审批管理办法》规定了征占用林地许可的程序等;有些林业行政许可程序由各省(区、市)结合《行政许可法》的原则、特点、要求加以规定,少数由行政许可机关自行规定。如湖北省人大出台了《木材流通管理条例》,规定了木材运输许可、经营加工许可方面的程序;山东省林业局出台了《木材经营加工暂行办法》,对木材经营加工许可程序作了规定。

根据林业行政许可程序的烦琐程度、办结时限及《行政许可法》的相关规定,林业行政许可程序大致分为三种,即简易许可程序、一般许可程序和特别许可程序。

1. 简易许可程序

流程主要是相对人申请,承办人进行形式审查、批准,是一种即时审查、及时办结的程序,不需要行政负责人签发。一般申请材料符合要求者都会予以批准,限制性规定较少。简易许可程序比较简单,效率较高,是林业部门使用率最高的许可程序形式。例如签发木材运输证,相对人提出申请后,即时予以审查,符合条件当即予以签发。

2. 一般许可程序

流程主要是相对人申请,承办人进行形式和实质审查,负责人签发批准。一般许可的时限要求较短,如云南省政府明确规定办理时限在 5 个工作日之内;许可事项为核发经营性或生产性许可,如批准从事木材经营加工、林木良种的生产和经营等活动,一般数量的林木采伐许可、林地征占用许可、野生动物猎捕许可等生产活动。一般许可程序相对简便,实质审查的材料不多,耗时较短,主要用于许可比较重大的管理事项。

3. 特别许可程序

流程主要是相对人申请、承办人进行形式审查和实质审查、召开专家论证或听证会、行政负责人会议论证并作出是否批准的决定、负责人签发以及必要的对外发布许可信息、备案等。目前林业部门的行政许可很少采用这种特别许可程序形式,其原因主要是过于烦琐。在现实工作中,直接严重影响到当地生态环境和居民生活的林业许可事项及大面积伐林、批准征占国有林地等导致森林资源大量缩减的许可事项,应当采用特别许可程序。特别许可程序耗时较长,尤其在审查阶段,对材料的审查要求特别严格、程度比较繁杂,但最终作出的行政许可决定更满足社会各个利益者的需要。

(三)林业行政许可效力的消失

林业行政许可的法律效力消失主要分以下三种情况:

1. 许可证的失效

许可证的失效是指基于某些法定事实致使许可证自然失去法律效力。引起许可证失效的法定事实包括两类:一是相对人已经完成了被许可的行为;二是许可证有效期届满。例如相对人将木材运到终点站后,其持有的木材运输证便自然失效,不能再次使用,若需要再次使用,必须重新申请获得运输许可证。同样的,当木材运输证上标注的有效时间到期后,即运输证计入"过期作废",不再具有法律效力。即使木材没有全部运输完或者还未开始运输,都不能再使用这张过期运输证运输木材。

2. 许可证的无效

许可证的无效是指基于某些法定事实致使许可证自始就没有法律效力。引起许可证无效的法定事实包括两类:一是办理核发许可证的机关或个人超越职权或滥用职权而办理的许可证,因构成违法而失效;二是相对人以欺骗或贿赂等违法手段获得的许可证,也构成违法而失效。

3. 许可证的撤销

许可证的撤销是指基于某些法定事实由林业行政主体决定撤回许可致使许可证失去效

力。由此可见许可证撤销有两个特点：一是撤销非自行发生，是由林业行政主体决定的，对其进行撤销许可的行为；二是撤销许可证不溯及既往，即只向前看，不向后看。引起许可证撤销的事实主要是持证的相对人不合法、不正当地使用许可证，或者不履行法定义务时，林业行政主体可以撤销许可，吊销其许可证。

（四）林业行政许可的监督

林业行政许可监督按照监督对象的不同可以分为两类，即对行政许可主体、许可人员的监督和对被许可人的监督。对许可主体、许可人员的监督方面，主要表现在违法实施许可时承担的法律责任。近年来，国家修订、出台的一系列法律、法规和部门规章，明确规定林业行政许可主体、具体许可人员一旦违法实施行政许可，必须承担相应的经济、行政、刑事责任。对于一些违法许可的案件，也依法进行了处理，并对相关责任人员进行法律制裁。对被许可人的监督方面，目前尚未确定相应的立法措施。"重许可收费、轻许可后监督管理"是普遍存在的问题，林业部门必须通过加强监督工作来保证被许可人的有效监督，实现林业行政许可的根本目的。

（五）林业行政许可的收费

依附于林业行政许可的收费项目主要有六种，即森林植被恢复费、育林基金、森林植物检疫费、野生动物进出口管理费、野生动物资源保护管理费、证件工本费，这些都属中央管理的收费项目，都是根据相关的法律、法规明确规定的，皆有法可依、有理可据。

第三节 林业行政处罚

一、林业行政处罚的概念和特点

林业行政处罚是指县级以上林业主管部门及其依法委托的组织或法律法规授权的组织，对违反林业行政管理秩序尚未构成犯罪的公民、法人或者其他组织依法实施的一种行政制裁。林业行政处罚具有以下基本特点：

（一）实施主体是特定的组织

实施林业行政处罚的主体主要是县级以上林业主管部门、县级以上林业主管部门依法委托的组织、法律法规授权的组织。除此以外，其他任何单位和个人均不能作为林业行政处罚的主体，也无权实施行政制裁。

（二）处罚对象是特定的对象

特定的对象是指那些违反了林业行政管理秩序，尚未构成犯罪的公民、法人或者其他组织，依法对其实施处罚。其中也包括在我国境内违反我国林业行政管理秩序的外国人、无国籍人、外国企业及其他组织。如果没有涉及违反林业法律、法规、规章的行为，则不得给予其林业行政处罚。

（三）一种惩戒制裁性的具体行政行为

惩戒制裁性的具体行政行为是指实施主体对于特定对象依法应作为而不作为作出惩罚并直接对行政管理相对人权利和义务产生影响的行为。惩罚行为主要体现在对行政管理相对人的权益进行限制、剥夺或对其重新设定义务，比如暂扣采伐许可证、吊销许可证、没收财物、罚款等。这一特质使林业行政处罚不同于行政奖励行为和行政许可行为。

（四）一种规范的行政法律行为

实施林业行政处罚必须按照法律要求的特定形式并执行一定的法定程序才能成立。例如，对违反林业行政管理秩序的相对人作出处罚决定时，必须编制统一格式的行政处罚决定书，处以罚款和没收财物时必须使用法定部门制发的罚没收据等。否则，该处罚行为被视为不成立和无效。

二、林业行政处罚的基本原则

林业行政处罚的基本原则是指对林业行政处罚的设定和实施应该遵循的具有普遍指导意义的准则。根据《行政处罚法》和《林业行政处罚程序规定》的规定，林业行政处罚应遵循以下原则：

（一）处罚法定原则

处罚法定原则是指林业行政处罚必须依法进行，这是我国依法行政在林业行政处罚中的具体体现和要求。处罚法定原则具体包括：实施主体及其职权法定，处罚种类、依据、程序法定。法定依据的范围包括：法律、行政法规、地方性法规和规章。

（二）公正、公开原则

公正原则是指实施林业行政处罚必须以事实为依据，以法律为准绳，确定的处罚应与违法行为的事实、性质、情节以及社会危害程度相当。公开原则是指实施林业行政处罚的主体及人员身份公开，作出处罚决定的事实、理由和法定依据公开，举行的听证会公开，整个处罚过程都要公开进行。

（三）教育与处罚相结合原则

教育与处罚相结合原则要求实施林业行政处罚时必须坚持处罚与教育并重，不仅要对相对人进行行政制裁，纠正其违法行为，还要教育公民、法人及其他组织自觉遵守法律，不进行违法活动。同时，要注意不得不教而罚，一罚了之。

（四）处罚救济原则

处罚救济原则又称行政管理相对人救济权利保障原则。《行政处罚法》所规定的救济属于行政救济，是指行政管理相对人由于程序上的法定权受到损害，或受到违法或者不当的林业行政处罚导致其合法权益受到损害时，有权请求国家予以补救，以保护相对人的合法权益。相对人获得法律救济的权利包括：知情权、陈述权、申辩权、要求听证权、申请行政复议权、提起行政诉讼权和获得行政赔偿权等。

三、林业行政处罚的种类和形式

根据林业主管部门、法律法规授权的组织（以下简称林业行政处罚主体）处以林业行政管理相对人的惩戒性义务为标准，林业行政处罚可分为以下几类：

（一）财产罚

财产罚是指林业行政处罚主体对违法者的财产权予以剥夺或科以财产给付义务的行政处罚。财产罚的具体形式主要有：罚款、没收（没收违法所得、没收非法财物）。它是目前运用最广泛的行政处罚类型。

1. 罚款

罚款是林业行政处罚主体强制要求违法者承担金钱给付义务，在一定期限内缴纳一定数量的货币的处罚形式。其特点就在于强制违法者对其违法行为付出一定代价，但是不影响被罚人的人身自由及其合法活动，又具有惩戒作用，因此成为行政处罚中应用最广泛的一种处罚方式。罚款只能由法律、行政法规、地方性法规和规章设定，但部门规章和地方政府规章设定的罚款限额依法应分别受到国务院和省级人大常委会规定的限制。

另外，需要注意的一点是罚款与刑罚中的罚金在法律上是两个不同的概念，它们在法律依据、作出制裁的机关、法律性质、适用对象和目的等方面均不相同。

2. 没收

没收是指林业行政处罚主体对违法者的违法所得、非法财物（违禁品、赃款、赃物、非法使用的工具等）强制收归国有的处罚方法。如《陆生野生动物保护实施条例》第三十三条规定，对非法捕杀国家重点保护野生动物尚未构成犯罪的，由野生动物行政主管部门没收猎获物、猎捕工具和违法所得。

同时，也需要注意行政处罚的没收与刑罚中的没收财产是不一样的概念，其在法律依据、法律性质、适用对象和适用范围等方面均不相同。

（二）行为罚

行为罚又称能力罚，是指林业行政处罚主体限制和剥夺违法者特定行为能力或资格的行政处罚。行为罚的主要形式有责令停产停业、暂扣或吊销许可证、执照及有关证照。

1. 责令停产停业

责令停产停业是指林业行政处罚主体依法强制违法者在一定期限内停止生产经营活动的处罚形式。它通过直接剥夺生产经营者进行生产经营活动的权利来对其违法行为进行处罚。

2. 暂扣或吊销许可证、执照及有关证照

许可证是林业行政管理主体根据行政管理相对人的申请，依法赋予其从事某种活动或实施某种行为的法定权利的凭证。如林木采伐许可证、林木种子生产许可证、林木种子经营许可证、狩猎证、驯养繁殖许可证等。

　　暂扣或吊销许可证、执照及有关证照都是禁止行政管理相对人从事某种特许权利或资格的处罚，但是暂扣许可证与吊销许可证的处罚程度是有区别的。前者是暂时中止行政管理相对人从事某种活动的资格，待其改正违法行为之后或经过一定期限后会再发还许可证；后者是直接取消相对人从事某种活动的法定资格或权利，使其失去许可权利。

　　此外，森林公安机关对在林区内违反治安管理秩序的行为人处以治安拘留（又称行政拘留），也是一种限制行为人人身自由的行政处罚，但不属于林业行政处罚。行政拘留的期限一般在 2 日以上，15 日以下。

四、实施林业行政处罚的条件

　　实施林业行政处罚的条件，是指实施林业行政处罚的主体在实施林业行政处罚时依法必须遵守的法定条件。它是衡量林业行政处罚是否合乎法律的重要标准之一。根据《行政处罚法》和《林业行政处罚程序规定》的规定，实施林业行政处罚必须同时具备以下四个条件：

（一）实施林业行政处罚的主体资格合法

　　实施林业行政处罚的主体（以下简称林业行政处罚主体），必须是县级以上林业主管部门、法律和法规授权的组织以及县级以上林业主管部门依法委托的组织。其中，"法规"包括行政法规和地方性法规。"依法委托"是指按照法律、行政法规和部门规章的要求委托有关组织实施林业行政处罚。被委托的组织必须是《行政处罚法》第十九条规定的组织，其他组织无权实施林业行政处罚，否则便是违法行为。

　　受委托的组织在实施林业行政处罚时，必须持有委托机关的书面委托书，并以委托机关的名义在委托的合理范围内实施处罚行为。受委托的组织依法不得再委托其他组织或个人实施处罚行为。

（二）被处罚对象的具体违法事实已查证属实

　　这一条件有以下两层含义：

　　1. 违法行为人明确

　　违法行为人是指实施了违反林业行政管理秩序行为的公民、法人或其他组织。违法行为人明确是指违法者是可以明白确定的个人或团体。

　　2. 证据充分确实、主要事实清楚

　　证据充分，是对证据数量的衡量标准，要求必须对违法行为人实施违法活动的主要事实都能找到相应的证据进行佐证，比如违法活动的具体时间地点、方式方法、工具和后果等。证据确实，是对证据质量的衡量标准，要求必须确保认定违法活动的单个证据都是真实可靠的,整个违法活动的所有证据都是相互印证、协调一致的,得出的结论也是唯一的和排他的。同时,没有人能提出明确的事实根据、实质的合理怀疑对其得出的结论进行质疑。

（三）实施的林业行政处罚必须有法律、法规和规章规定的依据

这一条件是处罚法定原则的具体要求。林业行政处罚主体对违法行为人实施处罚时必须具备具体明确的法律、法规和规章的法定依据,否则法律无明文具体规定的不得进行行政处罚,这也是依法行政的基本要求。根据《行政处罚法》的有关规定,对下列情形依法不予处罚:(1) 未满 14 周岁的人实施违法行为的;(2) 精神病人在不能辨认或者不能控制其行为时实施违法行为的;(3) 违法行为轻微并及时纠正,未造成危害后果的;(4) 违法行为在 2 年内未被发现的(但法律另有规定的除外)。

（四）属于查处的机关或组织管辖

林业行政处罚的管辖,是指实施林业行政处罚的主体在查处林业行政处罚案件上的分工和权限,这是衡量处罚主体是否在法定职权内处罚或超越职权处罚的重要标准。

根据《林业行政处罚程序规定》,林业行政处罚的管辖分为以下几种:

1. 级别管辖

级别管辖是根据林业行政主管部门的级别确定的管辖,是划分上下级林业行政主管部门之间实施林业行政处罚的权限。根据《林业行政处罚程序规定》第八条的规定,林业部管辖全国重大、复杂的林业行政处罚案件;地州级和省级林业行政主管部门管辖本辖区内重大、复杂的林业行政处罚案件;县级林业行政主管部门管辖本辖区内的林业行政处罚案件。

2. 地域管辖

地域管辖是划分同级林业行政主管部门之间受理林业行政处罚案件的分工。根据《林业行政处罚程序规定》第九条的规定,林业行政处罚由违法行为发生地的林业行政主管部门管辖。违法行为发生地是指违法行为人实施违法活动各个阶段所涉及过的地点,包括违法行为着手地、实施地、经过地和结果地。当违法行为人实施违法活动时涉及多个地点,并且这些地点又不在同一行政区域,则由主要违法行为地的林业行政主管部门负责管辖,实施行政处罚。

3. 共同管辖

共同管辖是指几个同级林业行政主管部门都对某一林业行政处罚案件具有管辖权,这种情况下由最初受理的林业行政主管部门管辖。

4. 指定管辖

指定管辖是指两个或两个以上行政机关对林业行政处罚案件的管辖权发生争议时,由争议双方的共同上一级林业行政主管部门指定一方管辖。

五、实施林业行政处罚的程序

林业行政处罚程序是由法律规定的主体在依法行使林业行政处罚权时必须遵循的法定

步骤。实施林业行政处罚的程序,是保障和制约处罚主体合法实施林业行政处罚的重要法定依据和方式。根据《行政处罚法》第三条的规定,违反法定程序的行政处罚被视作无效。因此,处罚程序是否正当合法,是法律评判行政处罚这一类具体行政行为是否符合法定条件、具备合法效力的重要标准之一。林业行政处罚的程序分为简易程序和一般程序,在一般程序中又有听证程序作为其特殊部分。

(一) 简易程序

简易程序又称当场处罚程序,是林业行政处罚主体对事实清楚、情节简单、后果轻微的违法行为当场作出林业行政处罚决定。简易程序相较于一般程序而言,更加简便快捷,能及时有效地处理行政违法案件,有利于减少烦琐程序,提高行政效率,节约执法成本。

1. 简易程序适用的条件

适用简易程序的行政处罚必须符合的条件有:违法事实确凿、具有法定依据、处罚程度较轻。该程序只限于警告和罚款这两种处罚形式,并且罚款程度较轻,限定对公民处 50 元以下罚款,对法人或其他组织处 1 000 元以下罚款。

2. 简易程序的具体步骤

第一,表明执法身份,即执法人员应当向当事人出示执法证件或委托书,表明其身份合法。第二,说明处罚理由和依据,即告知当事人违法行为的事实,并明确说明处罚的法定依据。第三,告知当事人享有的法定权利,如陈述权、申辩权等。第四,执法人员应填写《林业行政处罚当场处罚决定书》,当场交付当事人。第五,当场执行行政处罚,依法对当事人当场处以 50 元以下罚款;不当场收缴事后难以执行的,可以当场收缴罚款;对符合《林业行政处罚程序规定》中边远、水上、交通不便区,当事人向指定银行缴纳罚款有困难,当事人提出缴纳请求的,林业行政主管部门及其执法人员也可以当场收缴罚款,并于法定期限内缴付指定的银行。第六,当场处罚决定书须报所属行政机关备案。

(二) 一般程序

一般程序又称普通程序,是指除了符合简易程序适用条件的案件之外的、内容完整、要求严格、适用广泛的基本程序。一般程序适用于三类案件:一是处罚较重的案件。如对个人处以警告和 50 元以上罚款的行政处罚案件,以及对法人或其他组织处以警告和 1 000 元以上罚款的行政处罚案件。二是情节复杂须经过认真调查才能弄清主要违法事实的行政处罚案件。三是当事人对于执法人员给予当场处罚的事实认定产生分歧、质疑,无法进行当场处罚决定的案件。

一般程序包括以下 5 个步骤:

1. 立案

立案是指林业行政主管部门通过对各种渠道的案件信息材料进行审查,认为相对人违反了林业行政管理秩序,需要对其进行林业行政处罚,在法定期限内受理这个案件的行为。

根据《林业行政处罚程序规定》第二十四条的规定,立案必须符合下列条件:第一,有违法行为发生;第二,违法行为是应受处罚的行为;第三,属于本机关管辖;第四,属于一般程序适用范围。立案人应当填写《林业行政处罚登记表》,并报行政负责人审批。

2. 调查

调查是指案件调查人员依法全面、客观、公正地调查收集相关证据,查清案件的主要事实情况的活动。调查取证时,案件承办人员应当不少于2人,并向被调查的有关单位和个人出示执法证件。调查处理林业行政处罚案件的办案人员与当事人有直接利害关系的,应当自行申请回避;当事人认为办案人员与本案有利害关系或其他关系可能影响案件公正处理的,有权申请办案人员回避。办案人员的回避,由行政负责人批准;行政负责人的回避,由上级林业主管部门批准。在回避申请被批准之前,不得停止对案件的调查工作。

案件承办人员在查处林业行政处罚案件时,应当询问当事人或者其他知情人,并及时做好询问笔录,记录在案。询问笔录制作好后应当交给被询问人进行核对查实,对于没有阅读能力的或者不便阅读的,应当向其宣读;笔录有遗漏或错误的,应当允许被询问人提出补充或者改正;被询问人确认笔录无误后,应当在笔录上签名或盖章;被询问人拒绝签名或者盖章的,应当在笔录上进行标注说明;询问人也应当在笔录上签名或者盖章;被询问人要求自行书写的,或者要求被询问人自行书写时,自行书写应当由本人签名或者盖章。

案件调查人员可以对与违法行为有关的场所、物品进行勘验检查,但应当有当事人或者第三人在场,并需要制作勘验检查笔录。该笔录应当由参加勘验的检查人员、被邀请的见证人以及有关当事人签名或者盖章。对于案件中涉及的一些专业性问题,林业主管部门可以指派或者聘请相关专业人士进行专业解答或鉴定。鉴定人进行鉴定后,应当提交书面鉴定结论并签名或者盖章,同时需要注明本人身份。

林业行政主管部门根据调查取证的材料,如果拟对当事人作出责令停产停业、吊销许可证、较大数额罚款等行政处罚决定时,应当提前告知当事人有权要求举行听证。当事人要求听证的,林业行政主管部门应当组织听证,制发《举行听证通知》,并制作《林业行政处罚听证笔录》。林业行政处罚的听证程序是林业行政主管部门在对当事人作出处罚决定前,由林业行政主管部门指定专人主持并听取案件调查人员和当事人针对本次案件事实、处罚理由及适用的法律依据依法展开陈述、质证和辩论的法定程序。

根据法律规定,林业行政处罚的听证程序为:第一,听证提出。当事人要求听证的,应当在林业行政主管部门告知后3日内提出,这是开启听证所必须具备的必要条件。此外,如果林业行政主管部门认为确有必要举行听证时也可以主动组织大家参加听证。第二,听证通知。组织听证的林业行政主管部门应当在听证会举行的7日前制发《举行听证通知》,并将听证的时间、地点等具体事项通知当事人和案件调查人员,以便他们做好听证前的准备工作,准时到场参加听证。第三,举行听证会。听证会由林业行政主管部门指定非本案调查取证人员并与本案无利害关系的人主持。要求听证的当事人可以亲自参加,也可以委托1~2

名代理人出席或与代理人一起出席。除涉及个人隐私、商业秘密、国家机密外,听证会应当公开举行。听证会的程序一般是先由主持人宣布听证开始,核对听证参加人的身份,并宣布案由;其次由调查取证人员就当事人的违法行为提出违法事实、法律依据和处罚决定;然后由当事人就案件事实进行陈述、申辩和质证;最后由主持人宣布听证结束,作出处理决定。第四,制作《林业行政处罚听证笔录》。在听证会进行过程中应及时做好听证笔录,在听证会结束后笔录应当交当事人核对,经审核无误后当场签字或者盖章,主持人和记录人也应当在听证笔录上签名或盖章。听证笔录是依法作出行政处罚的重要裁决依据,应当与其他听证材料一并收归档案保存。另外,当事人依法不予承担组织听证会的费用。

3. 决定

决定是指林业行政主管部门在调查弄清违法行为人的主要违法事实后,依法对违法者作出处罚决定的行为。对违法者作出林业行政处罚决定时,必须符合上述实施林业行政处罚的四个条件,并制作《林业行政处罚决定书》。林业行政主管部门或其委托的组织作出的林业行政处罚,应当在《林业行政处罚决定书》上加盖林业行政主管部门的印章;法律、法规授权的组织作出的林业行政处罚,应当在《林业行政处罚决定书》上加盖本组织的印章。

林业行政处罚的办案期限从立案之日算起,应当在1个月内办理完毕;需要延长办案期限的,经行政负责人批准可延长2个月;如发生特殊情况,在3个月内仍不能结案还需要延长期限的,须报上级林业行政主管部门批准。为了保证和监督林业行政处罚的正当合法、合情合理,对情节复杂或重大违法行为需要给予较重处罚的,林业行政主管部门的负责人应当集体讨论,作出决定。被处罚人对林业行政主管部门作出的具体行政行为提出申诉和检举的,林业行政主管部门应当认真审查,经确认发现确有错误的,应当主动改正。林业行政主管部门负责人作出处罚决定后发现该决定确有错误的,有权提请集体讨论,以决定是否重新审理案件。

4. 送达

送达是林业行政处罚主体按照法定的程序和方式,将其制作的《林业行政处罚决定书》交付被处罚人的行为。《林业行政处罚决定书》是记录林业行政处罚主体依照法律规定对违法行为人实施处罚的具体内容的一种书面行政法律文书。送达的目的是促使违法行为人的处罚的内容发挥预期的处罚作用,通过法定程序和方式将处罚决定书送达被处罚人,使被处罚人及时知道处罚决定书的处罚内容和权利义务,为其履行法定义务或行使法定权利提前做好准备工作。因此,送达《林业行政处罚决定书》是林业行政主管部门、法律法规授权的组织和林业行政主管部门的一项法定责任和义务,也是依法作出林业行政处罚决定的一种裁决证明,不仅是执法实践中一个重要的法律依据,也是林业行政处罚程序中不可缺少的环节。送达主要有以下几种方式:

(1)直接送达。又称交付送达,即作出处罚决定的单位指派专人将《林业行政处罚决定书》直接交付给被处罚人。被处罚人是公民的,应由本人签收。被处罚人是法人或其他组织的,应当由法人的法定代表人,其他组织的主要负责人或者该法人、其他组织负责收件的人签收。当交付时被处罚人不在,作出处罚决定的单位可以将《林业行政处罚决定书》交付给被处罚人所在单位或者其成年家属代收后由他们转交给被处罚人。这也视同为直接送达。

（2）转交送达。即作出处罚决定的单位将处罚决定书转交给有关部门,由其再送达给受送达人。一般来说,这类受送达人比较特殊,特指军人、正在服刑的犯人等。如果受送达人是军人,则由部队的政治机关代为转交,如果受送达人是监禁的犯人,则由所在的监狱代为转交。

（3）留置送达。被处罚人或者代收人无正当理由而拒绝接收《林业行政处罚决定书》时,送达人可以邀请有关基层组织的代表到场,说明具体情况,将处罚决定书留在受送达人的住处或单位。《林业行政处罚程序规定》第三十九条规定:"被处罚人或者代收人拒绝接收或者签名、盖章的,送达人可以邀请其邻居或者其单位有关人员到场,说明情况,把《林业行政处罚决定书》留在其住处或单位,并在送达回证上记明拒绝的事由、送达的日期,由送达人签名,即视为送达。"这种送达方式与直接送达具有同等的法律效力。

（4）委托送达。被处罚人不在本地的,作出处罚决定的单位可以委托被处罚人所在地的林业行政主管部门将处罚决定书代为送达。

（5）邮寄送达。这是一种通过邮寄方式将处罚决定书送达给被处罚人的方式,适用于直接送达有困难的受送达人。作出处罚决定的单位,将处罚决定书交给邮局以挂号信方式邮寄给被处罚人。

以上五种送达方式中,除邮寄送达是以挂号回执上标注的收件日期为送达日期外,其余四种送达方式都是以送达回证上签名或者盖章的日期为送达日期。送达回证既是送达行为证明,又是受送达人接受送达的证明,也是人民法院与受送达人之间发生诉讼法律关系的重要法律凭证。除了邮寄送达外,采用其余四种送达方式送达处罚决定书时,应当附有送达回证。

《林业行政处罚决定书》是一种具有法律效力的法律书面文书,因此送达行为是能够产生法律后果的行为,其法律后果由被处罚人承担。这种法律后果表现为:一是被处罚人服从处罚决定的,自动履行法定义务;二是被处罚人不服处罚决定的,可以依法申请行政复议或者提起行政诉讼。如果被处罚人在法定期限内既没有申请行政复议或提起行政诉讼,又不履行法定义务的,林业行政处罚主体有权申请人民法院强制执行或者依法强制执行处罚决定。

5. 执行

执行又称强制执行,是指人民法院或具有法定执行权的林业行政处罚主体,根据法定条件和程序采取强制方式,迫使相对人履行义务或达到与履行义务相同状态的行为。一般情况下林业行政主管部门不具有强制执行权,只有在特殊情况下才依法享有强制执行的权利。

按照执行人是否直接代替被执行人的行为标准划分,林业行政处罚主体强制执行可以分为两种,即间接强制执行和直接强制执行。

(1)间接强制执行。间接强制执行的主要执行方法是代执行和执行罚。代执行是指义务人逾期不履行法定义务时,由林业行政处罚主体或授权的单位代为履行以实现与履行义务相同的状态,而法定义务人需要承担代为履行的所有费用。如《森林病虫害防治条例》第二十五条规定:"被责令限期除治森林病虫害者不除治的,林业主管部门或其授权的单位可以代为除治,由被责令限期除治者承担全部费用。"执行罚是指义务人拒不履行法定义务时,林业行政主管部门对义务人强制要求履行一定数量的金钱给付义务,以促使其履行法定义务。如根据《林业行政处罚程序规定》第四十五条的规定,对到期不缴纳罚款的义务人,每日罚款加收罚款数额的 3%,以促使其履行法定义务。

(2)直接强制执行。直接强制执行是指义务人拒不履行法定义务时,林业行政处罚主体对其人身或财产采取强制措施,迫使其履行义务或实现与履行义务相同状态的方法。当使用间接强制难以达到履行义务的目的、无法使用或没有必要使用间接强制时,需要使用直接强制迫使义务人履行法定义务。如根据法律规定,将查封、扣押的财物进行拍卖或者将冻结的存款进行划拨以此抵缴罚款,或者依法申请人民法院强制执行。

第四节 林业行政复议

一、林业行政复议概述

结合我国《行政复议法》和《森林法》等相关林业法律法规的规定,我们可以对林业行政复议作出解释:林业行政复议是指公民、法人或其他组织认为林业行政处罚主体对其实施的具体行政行为侵犯了其合法权益,依法向法定行政复议机关提出申请,行政复议机关依照法定程序对原具体行政行为的合法性和适当性进行审查并作出相应行政复议决定的活动。

林业行政复议具有以下特征:

(一)林业行政复议是一种依法申请行为

林业行政复议是一种申请行为,只能由林业行政管理相对人的申请而启动行政复议程序,不能由林业行政复议机关依据职权主动提出,也不得由其他任何单位和个人主动提出。

(二)林业行政复议的主体具有法定行政复议职责

林业行政复议的主体是具有法定行政复议职责的复议机关,主要工作是受理复议申请、依法对具体行政行为进行审查、作出行政复议决定。行政机关包括林业行政主管部门所隶属的本级人民政府和上一级林业行政主管部门。实际复议中由申请人选择其中一个行政机关提出申请,由其审查作出行政复议决定。

(三)林业行政复议的对象是特定范围的抽象行政行为

林业行政复议的对象是林业行政处罚主体实施的具体行政行为和作出该具体行政行为

所依据的特定范围的抽象行政行为。这里的"特定范围的抽象行政行为"是指除部门规章和地方政府规章以外的抽象行政行为：一是国务院部门的规定；二是县级以上地方各级人民政府及其工作部门的规定；三是乡镇人民政府的规定。对于这些抽象行政行为的复议内容，依法审查只包括该行为的合法性审查，而不包括适当性审查。

（四）林业行政复议具有行政监督性和行政救济性

复议机关根据行政复议程序，对下级林业行政处罚主体实施的具体行政行为及依据的有关规范性文件进行审查，或维持，或撤销，或变更。这个审查过程，实质上就是复议机关对作出原具体行政行为的行政机关实施监督的过程，这也是一种层级监督、事后监督和间接监督的方式。通过这种监督行为，纠正下级林业行政处罚主体的违法或不当行政行为，并对行政管理相对人进行一定的补偿，从而对行政失误起到补救作用，有效地保护行政管理相对人的合法权益。

二、林业行政复议的原则

（一）合法原则

合法原则是指承担复议职责的行政机关，必须严格遵循法律规定依法行使职责权限，按照法定程序对行政管理相对人申请复议的具体行政行为进行审查，根据审查结果，依法作出处理决定，来保障复议活动的合法性。这一原则主要包括以下内容：

1. 履行复议职责的主体应当合法

即复议机关必须是法律、法规授予复议权的林业行政主管部门或者人民政府，并对林业行政复议、审理的案件依法享有管辖权，有权对此进行处理决定。

2. 审理复议案件的依据应当合法

即复议机关受理和审理林业行政复议案件，必须严格依照法律、行政法规、地方性法规和上级行政机关制定的其他规范性文件；审理民族自治地方的复议案件，必须严格依据该民族自治地方的自治条例和单行条例。

3. 审理案件的程序合法

即复议机关审理复议案件的流程、顺序、形式和期限必须符合《行政复议法》和相关的法律、法规规定。

（二）公正、公开原则

公正原则是指林业行政复议机关在审理复议案件时，应当公平公正地对待双方当事人，正当行使行政复议权，不得有所偏颇。公开原则是指行政复议机关应当向行政相对人和社会公开其行政复议活动，包含对林业行政复议的依据、程序、标准、条件、决定都进行严格的公开，以此保证决定的真实合理，杜绝"暗箱操作"，避免消极腐败的产生。

（三）及时、便民原则

及时原则又称效率原则,是指林业行政复议机关在受理复议申请、依照复议程序、确定审理方式、作出复议决定和履行复议决定等方面降低行政成本、提高行政效率,在法定期限内尽可能快地解决行政争议,完成复议审查的相关工作,作出合理决定。便民原则要求复议机关应当尽可能地为复议申请人提供各种便利条件,简化复议程序,节省行政相对人的时间、费用和精力,有效保证相对人申请复议的权益。

（四）实行一级复议制的原则

一级复议制是指林业行政复议案件经过一个行政复议机关审查作出决定后,行政复议程序就到此为止,不能再次申请复议的制度。

（五）复议不适用调解原则

调解行为只发生在平等主体之间,而林业行政复议的双方当事人必有一方是国家行政机关。这一特点决定了林业行政复议是处理不平等主体之间的行政争议,原则上没有调解的基础,因此不适用调解原则。

三、林业行政复议的范围

（一）林业行政复议的范围

林业行政复议的范围既指林业行政复议机关受理行政争议案件的事项范围,又指法律允许公民、法人和其他组织申请林业行政复议的事项范围。根据《行政复议法》《森林法》及《森林法实施条例》等有关法律、法规的规定,申请林业行政复议的范围主要有对林业行政处罚主体作出的罚款、没收等行政处罚决定不服的;对林业行政处罚主体作出的查封、扣押、冻结财产等行政强制措施不服的;认为符合法定条件,申请林业行政主管部门颁发许可证或者申请林业行政主管部门审批、登记有关事项,林业行政主管部门没有依法办理的;对林业行政主管部门作出的有关林木采伐许可证、木材运输证件、批准出口文件、允许进出口证明等证书的变更、中止或者撤销的决定不服的;认为林业行政主管部门侵犯其合法承包经营权的;认为林业行政主管部门变更或者废止承包造林合同,侵犯其合法权益的;认为林业行政主管部门违法集资、征集财物、摊派费用或者违法要求履行义务的;认为林业行政主体的其他具体行政行为侵犯其合法权益的。

如果公民、法人或者其他组织对上述具体行政行为申请复议时,认为这些依据的有关规定也是不合法的,那么他们有权一并向复议机关提出对该规定的审查申请。但是需要注意的是,这些规定仅限于《行政复议法》第七条规定的抽象行政行为,并且对这些抽象行政行为申请复议时,必须与相关的具体行政行为一同提出申请,单独提出复议申请被认为是无效的。

（二）依法不能申请林业行政复议的情形

根据《行政复议法》第八条的规定,下列事项不能申请行政复议:

1. 林业行政主管部门作出的行政处分或者其他人事处理决定

行政处分是行政机关对行政机关工作人员的违法失职行为尚不构成犯罪的,依法作出的惩戒行为。行政处分分为警告、记过、记大过、降级、撤职、开除六种。对于行政机关作出的行政处分不服的,依法可以向行政监察机关提出申诉。对于辞退、职务任免、职务升降等此类人事处理决定不服的,依法可以在接到处理决定之日起 30 日内向原处理机关申请复核,或者向同级人民政府人事部门提出申诉。

2. 林业行政处罚主体对民事纠纷作出的调解和其他处理

行政机关对民事纠纷作出的调解是一种行政调解。就是在行政机关的主持下,根据自愿合法的原则,采取说服教育的方式促使双方当事人友好协商达成和解协议,从而达到解决纠纷的目的。"其他处理"指的是除调解外的其他处理,如侵权赔偿的处理等。对于这些调解和处理,是行政机关以第三方身份对双方当事人的民事纠纷问题作出的居中调解、仲裁行为。当调解不成或者当事人对行政机关的处理不服的,可以依法向仲裁机关申请仲裁或者向人民法院提起民事诉讼。此时,原先进行的调解或作出的处理失去法律效力,不具有法律性。

四、林业行政复议的管辖

林业行政复议的管辖是指不同职能或不同层级的林业主管部门受理林业行政复议案件的分工和权限。

根据行政争议的性质,行政复议的管辖可以分为一般管辖和特殊管辖。

(一)一般管辖

一般管辖是指按照行政机关的上下隶属关系确定行政复议案件的管辖权,一般由享有领导权或指导权的上一级行政机关受理复议案件。具体分为三种情形:

1. 对县级以上地方各级林业行政主管部门的具体行政行为不服的,由申请人选择向该林业行政主管部门所属的本级人民政府或者上一级林业行政主管部门申请行政复议。

2. 对地方各级人民政府的具体行政行为不服的,由申请人向其上一级人民政府申请行政复议。

3. 对国务院林业行政主管部门或省、自治区、直辖市人民政府的具体行政行为不服的,先由申请人向作出原具体行政行为的部门或机关申请行政复议,对该复议决定不服的,可以直接向人民法院提起行政诉讼,也可以向国务院申请作出裁决。如果向国务院申请裁决,国务院依法作出的裁决是不能提起行政诉讼的最终裁决。

(二)特殊管辖

特殊管辖是指不适用一般管辖原则,需要进行特殊对待的行政复议管辖。具体分为以下四种情形:

1. 对两个或两个以上行政机关以共同名义作出的具体行政行为不服申请复议的,由它们的共同上一级行政机关管辖。

2. 对县级以上地方人民政府依法设立的派出机关(行政公署、区公所、街道办事处)的具体行政行为不服申请复议的,由设立该派出机关的人民政府管辖。

3. 对法律、法规授权的组织作出的具体行政行为不服申请复议的,由直接管理该组织的地方人民政府、地方人民政府工作部门或者国务院林业行政主管部门管辖。例如,对森林公安局、森林公安分局、森林公安警察大队根据《森林法》第二十条的授权以自己的名义作出的具体行政行为不服的,由直接管辖各该组织的地方人民政府及其工作部门或者国务院林业行政主管部门分别管辖。

4. 对被撤销的行政机关在其被撤销前作出的具体行政行为不服而申请复议的,由继续行使其职权的行政机关的上一级行政机关管辖。

需要注意的一点就是,考虑到上述特殊管辖所涉及的行政主体对象广泛、内容繁多、隶属关系复杂,甚至行政管理相对人对此不甚了解或一无所知,因此为了便于行政管理相对人行使复议申请权,《行政复议法》第十八条明确作出规定,对上述提及的特殊管辖,申请人也可以向具体行政行为发生地的县级地方人民政府提出复议申请,由接受申请的该地方人民政府在 7 日内负责转送给相关行政复议机关,并有义务将转送的具体内容告知申请人。

五、林业行政复议程序

林业行政复议程序是指从林业行政复议申请人向复议机关申请复议到复议机关作出复议决定的整个过程中依法进行的各项步骤、形式、顺序和期限的总称。它不仅是林业行政复议行为的一项重要环节,也是促进行政复议合法、高效进行的一个重要保障。林业行政复议程序一般包括以下 6 个阶段。

(一)申请

复议申请包括申请复议的方式、内容、效力和条件等。

1. 申请行政复议的方式、内容和效力

申请方式有两种,即书面申请和口头申请,一般以书面申请方式为主。如果是口头申请的,复议机关应当当场记录申请人的基本信息、行政复议请求、申请行政复议的主要事实、理由和时间;如果是书面申请的,要按照复议申请书的标准形式进行书写。

2. 申请行政复议的条件

申请行政复议应当同时符合下列 5 个条件:第一,申请人是认为林业行政处罚主体作出的具体行政行为侵犯了其合法权益的公民、法人或者其他组织。第二,被申请人明确。第三,有具体的复议请求和事实根据。第四,在申请复议受案的范围之内并受复议机关管辖。第五,必须在《行政复议法》规定的申请期限内提出复议,如果行政管理相对人因为不可抗力或者其他特殊情况耽误法定申请期限的,复议机关依法应当允许续延,申请期限自障碍消除之日起继续计算。

（二）受理

受理是指复议机关对符合条件的复议申请进行立案的行为。复议机关在收到申请人的复议申请书后,应当在 5 日内进行调查并根据实际调查情况作出处理:(1)对符合申请复议条件的,复议机关应当依法受理。(2)对不符合申请复议条件的,复议机关不予受理并书面告知申请人不予受理的理由。

（三）审理

审理是指行政复议机关对受理的行政复议案件情况进行合法性和适当性审查,这是行政复议程序的核心环节,是保障林业行政复议行为正当合法的重要依据。

1. 审理前的准备工作

根据规定,行政复议机关负责法制工作的机构应当从受理行政复议申请之日起 7 日内,将行政复议申请书副本或者行政复议申请笔录复印件发送给被申请人。被申请人应当在收到申请书副本或申请笔录复印件之日起 10 日内提出书面答辩,并提交相关材料,包括原先作出该具体行政行为的证据、法律依据和其他有关材料。对于被申请人提交的上述材料,申请人和第三人依法享有阅卷知情权,但涉及国家机密、商业秘密或个人隐私的除外。

2. 审理的方式

对于符合受案范围的行政复议案件,行政复议机关受理后,应当依法进行审理。行政复议原则上实行书面审理方式,根据申请人与被申请人提供的各项书面材料,行政复议机关作出行政复议决定。如果行政复议机关认为有必要的话,也可以向当事人、证人及第三人调查情况,充分了解案情,以便作出正确的决定。

3. 审理的范围和依据

行政复议的审查制度是全面审查制,是指复议机关审理行政争议案件时,不局限于复议申请人申请书中的事项范围,既要对具体行政行为的合法性和适当性进行审查,也要对与具体行政行为相关的特定范围的抽象行政行为进行审查。审理依据是指审理行政复议案件时所遵循的各项法定制度,包括法律、行政法规、地方性法规、规章、上级行政机关依法制定和发布的具有普遍约束力的决定和命令以及民族自治地方的自治条例和单行条例。

4. 审理的期限

复议机关应当从受理复议申请之日起 60 日内作出复议决定,但法律规定行政复议期限少于 60 日的除外。如果出现案件情况复杂,无法在规定期限内作出复议决定的情况,经行政复议机关的负责人批准,可以适当延长期限但不能超过 30 日。

（四）决定

行政复议决定是指行政复议机关在对具体行政行为的合法性和适当性进行审查后所得

出的审查结果。复议决定主要有六种,即维持决定、限期履行决定、变更决定、确认决定、撤销决定、责令赔偿决定。行政复议决定主要以行政复议决定书这一法律文本形式表现,这是行政机关按《行政复议法》规定的程序,对审理终结的复议案件,依法作出处理的书面决定。行政复议决定书的内容应当包括案号、复议申请人和被申请人的身份情况、复议申请人的主要请求和理由、复议机关认定的事实和理由以及复议决定等。

（五）送达

林业行政复议决定书的送达方式与林业行政处罚决定书的送达方式一样,具体参照本章第三节林业行政处罚决定书的送达。

（六）执行

一般而言,行政复议决定书一经送达即发生法律效力,相关当事人必须严格按照行政复议决定书的规定,履行相应的法定义务。发生法律效力的行政复议决定分为终局决定和非终局决定。

终局复议决定一经送达就发生法律效力。它主要包括:国务院依照《行政复议法》所作出的最终裁决;根据国务院或者省级人民政府对行政区划的勘定、调整或征用土地的决定;省级人民政府确认的土地、矿藏、水流等自然资源的所有权或者使用权的行政复议决定。对这些终局复议决定,当事人必须服从,依法不得向人民法院提起行政诉讼。

对于非终局决定,如果申请人对复议决定不服的,可以在接到复议决定书之日起15日内,或者法律、法规规定的其他期限内向人民法院提起行政诉讼。申请人逾期对非终局决定既不履行又不起诉的,或者对终局复议决定不履行的,则依法被强制执行复议决定。强制执行分为行政机关强制执行和申请人民法院强制执行,如果行政机关被赋予强制执行权的,则可以直接依法强制执行;如果行政机关不享有强制执行权的,则可以依法申请人民法院强制执行。根据复议决定的种类不同,强制执行的行政机关也不相同:(1)对于维持决定,由最初作出具体行政行为的行政机关申请人民法院强制执行或者依法强制执行;(2)对于变更决定,由复议机关申请人民法院强制执行或者依法强制执行;(3)对于履行决定,行政复议机关或者有关上级行政机关应责令负有履行职责和义务的行政主体限期履行。

第五节　其他林业行政执法

事实上,在林业行政执法中除了比较常用的林业行政许可、林业行政处罚外,还有其他的林业行政执法,比如林业行政确认、林业行政规划、林业行政命令、林业行政征收等。这些行政行为一般发生的频次相对较少,但也是林业行政执法中不可缺少的组成部分,在林业行政执法中具有不可替代的作用。

一、林业行政确认

林业行政确认是指林业行政主管机关或者其授权的组织依据法定程序和条件对公民、法人或其他组织的法律地位、关系、事实进行甄别,对其进行确定、认可、证明、宣告的具体行政行为。林业行政确认在林业行政执法中具有重要的作用,不仅是行政管理和法院审判的重要处理依据,也是减少各种纠纷、稳定法律关系的重要解决手段。行政确认的适用范围比较广泛,主要形式有确定、认定、证明、登记、批准、鉴定、行政鉴定。在林业行政执法中需要确认的有林木、森林资源的所有权,林地的使用权,承包合同的效力等。

二、林业行政规划

林业行政规划是指林业行政机关或主管机关为了实现特定的行政目标,在实施活动之前,从实际出发对有关的行政事务和活动作出设计与规划、部署与安排,并以此作为具体的行政活动和林业事业的指导性大纲的行政行为。

林业是一项周期长、见效慢的行业,需要经过较长的时间才能获得经济效益,同时风险性较高,易受自然因素、社会因素、人为因素影响而受到毁坏,因此更需要进行行政规划,合理利用一切资源,综合协调社会力量,以此避免可能出现的问题,实现既定的林业目标。我国《森林法》中就明确提出各级人民政府应当制定林业长期规划,以及植树造林规划。《野生动物保护法》也要求各级政府应当制定保护、发展和合理利用野生动物资源的规划和措施。

三、林业行政命令

林业行政命令是指林业行政部门或授权的组织要求行政相对人作为或者不作为的意思表示,实质上是对行政相对人设定义务或者规则的一种行政行为。林业行政命令在林业行政执法中运用比较广泛,是行政主体的一种强制性行为。通过林业行政部门或授权部门的职权行为,对相对人实行林业行政处罚或林业强制执行。比如我国《森林法》第四十四条规定:如果在开垦、采石、采砂、采土、采种、采脂和其他活动,致使森林、林木被毁坏的,除了赔偿损失以外,林业主管部门责令停止违法行为,补种毁坏株数 1 倍以上 3 倍以下的树木,可以处毁坏林木价值 1 倍以上 5 倍以下的罚款。

一般而言,在《森林法》《种子法》《野生动物保护法》《自然保护区条例》等规定中用到"责令"一词进行内容表述的,都是林业行政命令的行为依据。

四、林业行政征收

林业行政征收是指林业行政主体依靠现有的法律规定,出于当前国家和社会公共利益的需要,向当事人以强制方式无偿征收相对人一定金额或实物的行政行为。

林业行政征收必须以公民、法人或者其他组织具有行政法上的缴纳义务为前提,换言之,林业行政征收必须是国家的林业主管部门按照现有的法律规定依法向当事人征收,如果超越法律规定的,当事人有权拒绝缴纳。林业行政征收本着公平、公正、即时、足额的原则进行,我国较普遍的征收形式是在矿藏的勘查开采与其他建设工程中,林业主管部门依法向占用或征用人收取一定的森林植被恢复费。

五、林业行政奖励与行政给付

林业行政奖励是指由林业行政主体依照法定程序和条件,对于某些在林业的建设、发展、保护、利用过程中作出显著贡献或起到模范作用的公民、法人或其他组织,给予其物质、精神的奖励的具体行政行为。

作为林业行政执法的一种表现形式,林业行政奖励相比其他形式具有明显的正向鼓励作用。林业行政处罚、林业行政强制、林业行政命令等都属于惩戒性执法,而林业行政奖励是一种激励性执法,通过设置奖励措施鼓励人们积极投身林业事业,主动为林业建设作出贡献、作出表率。我国的一些林业法律法规对行政奖励也作出了明确的规定,《森林法》中就提到,在森林资源的保护、发展、管理以及林业科研等方面表现突出的单位或个人,由各级政府给予奖励。

林业行政给付是指公民在从事林业事业过程中出现的疾病、丧失劳动能力等情况时,林业行政主体依法赋予其一定的物质权益或与物质有关的权益的行政行为。比如在《森林法》中就规定因扑救森林火灾受伤、致残、牺牲的,当地政府依法给予抚恤,这就是一种行政给付行为。

六、林业行政合同

林业行政合同是指林业行政主体为了行使行政职能、实施林政管理,与公民、法人或其他组织通过协商达成一致意见而签订的协议,这是行政权力和契约关系的相互结合。林业行政合同具有2个特性:一是行政性,即林业行政机关通过签订合同实现其林业行政管理的职能,维护社会的公共利益;二是协商一致性,即林业行政机关与相对人之间经过共同协商达成一致意见方可签订合同。随着我国林业行政管理方式的转变,林业行政合同的运用日益广泛,如《退耕还林条例》第二十四条规定:县级人民政府或者其委托的乡级人民政府应当与有退耕还林任务的土地承包经营权人签订退耕还林合同。另外,委托造林合同也是通过这一形式来实现植树造林目标的。

七、林业行政裁决

林业行政裁决是指行政机关根据法律规定,对当事人之间发生的,涉及森林、林木、林地以及其他森林资源的,与林业行政管理活动紧密相关的民事纠纷进行调查审理,并作出公正裁决的行政行为。我国《森林法》《土地管理法》等法律授权有关机关对侵权赔偿争议和权属争议作出裁决,如《森林法》规定单位之间的林木林地权属争议由县级以上人民政府依法处理;个人之间、个人与单位之间发生的林木林地权属争议由当地县级或乡级人民政府处理。

八、林业行政检查

林业行政检查是指林业行政主体根据法律授予的职权对相对人是否守法,是否执行相关行政决定、命令等情况,进行检查了解并影响相对人权益的行政行为。林业行政检查具有2个特性:第一,对相对人权益影响的非实体性。即林业行政检查虽然是一种行政处理行为,但是对相对人权益的影响大部分是间接性的,并不直接作用于相对人的实体权益。第二,独立性。即行政检查是一种单方面的职权行为,检查的开展不需要经过相对人的申请或同意,其自身具有独立的运行过程。在林业行政检查中,主要有三种检查方式:① 实地检查。即林业执法人员直接进入现场或设岗定点进行检查,如木材市场检查、木材检查站对木材运输途中设点检查等。② 书面检查。由相对人提供书面材料,行政执法人员查阅其书面材料进行检查,如森林公园的规划材料,由林业行政机关予以检查。③ 特别检查。由林业行政执法人员通过特别方式进行检查,如对树木砍伐情况进行的清查等。

第六节　林业行政诉讼

一、林业行政诉讼概述

林业行政诉讼是指公民、法人或者其他组织认为林业行政主管部门作出的具体行政行为侵犯了其合法权益,依照法律程序和法定要求向人民法院提起诉讼,由人民法院进行审理并作出裁决的行政活动。林业行政诉讼是我国行政诉讼的一种,是解决行政争议的重要法律制度。其诉讼活动必须根据有关法律对行政诉讼的原则、制度、条件、程序和受理范围的规定来严格执行,其中有关法律主要包括《中华人民共和国行政诉讼法》(简称《行政诉讼法》)、《关于执行〈中华人民共和国行政诉讼法〉若干问题的解释》《宪法》《中华人民共和国人民法院组织法》(简称《人民法院组织法》)、《中华人民共和国民事诉讼法》(简称《民事诉讼法》)和其他法律、行政法规以及司法解释等规范性文件。

林业行政诉讼具有以下法律特征:

1. 林业行政诉讼中的原告、被告具有特定性

林业行政诉讼中的原告,只能是对林业行政主管部门作出的具体行政行为不服,依法向人民法院提起行政诉讼的公民、法人或者其他组织。林业行政诉讼中的被告,只能是对行政管理相对人作出具体行政行为的林业行政主管部门,因此林业行政诉讼中的原告、被告具有特定性。

2. 林业行政诉讼案件只限于行政管理相对人就林业行政主管部门作出的具体行政行为的合法性和适当性所发生的争议

争议内容主要包括以下几种情况：对林业行政主管部门作出的行政处罚不服的；对林业行政主管部门作出的扣押等行政强制措施不服的；认为林业行政主管部门侵犯其法定经营自主权的；认为符合法定条件，向林业行政主管部门申请颁发许可证或者给予行政批准，林业行政主管部门拒绝颁发、批准或者不予答复的；认为林业行政主管部门违法要求履行义务的；认为林业行政主管部门的具体行政行为侵犯其人身权、财产权的等。

林业行政诉讼与林业行政复议都是林业行政执法的一部分，二者之间必然存在着一定的联系性。一方面，二者都以行政争议为处理对象，都属于行政处理行为，都是国家为了保障林业行政管理相对人的合法权益而提供的救济手段。另一方面，二者紧密联系，不可分割对立。具体表现在：第一，法律、法规规定行政复议是行政诉讼的前置程序的，公民、法人或者其他组织在提起行政诉讼前必须先经过复议程序，否则人民法院依法不予受理。但如果行政管理相对人依法提出复议申请后，复议机关不予受理或者在法定复议期限内不作出复议决定的，行政管理相对人依法向人民法院提起行政诉讼，人民法院依法应当受理。第二，法律、法规未规定行政复议是行政诉讼的前置程序的，行政管理相对人既可以先向复议机关申请复议，对复议决定不服再提起行政诉讼，也可以不经过行政复议，直接向人民法院提起诉讼。第三，法律规定复议终局的，不得再提起行政诉讼。

当然，行政诉讼与行政复议虽然都是一种保障相对人合法权益的救济手段，但是二者还是具有明显的不同之处，主要体现在以下几个方面：(1)法律依据和法律性质不同。行政诉讼属于司法活动，适用《行政诉讼法》；行政复议属于行政活动，适用《行政复议法》。(2)审理的机关不同。行政诉讼案件的审理机关是人民法院；行政复议案件的审理机关是行政复议机关。(3)审理的范围不同。行政诉讼中人民法院依法对具体行政行为、与具体行政行为相关的特定范围的抽象行政行为进行审查，审查的是该行为的合法性，而不能审查其合理性，因而实行的是不完全审查制；行政复议中行政机关对具体行政行为和特定范围的抽象行为进行审查，审查范围既包括合法性，又包括合理性，实行的是完全审查制。(4)审理方式不同。行政诉讼一般实行开庭审理方式（特别是一审程序）；行政复议一般实行书面审理方式。(5)审级不同。行政诉讼实行两审终审制；行政复议实行一级复议制。(6)法律效力不同。人民法院对行政诉讼案件作出的裁决具有最终的法律效力，而行政复议决定一般分为终局复议和非终局复议，只有终局复议具有最终的法律效力。对于非终局复议，行政管理相对人对复议决定不服的，可以依法提出行政诉讼。另外，二者在受案范围、审理的法定期限、当事人的称谓等方面也有所区别。

二、林业行政诉讼的管辖

行政诉讼的管辖是指各级人民法院之间以及同级人民法院之间受理第一审行政案件的

职权分工和权限划分。管辖主要分为以下几种：

（一）级别管辖

级别管辖是指上下级人民法院管辖第一审行政案件的分工和权限。我国人民法院分为普通人民法院和专门人民法院。普通人民法院包括：基层人民法院、中级人民法院、高级人民法院和最高人民法院。专门人民法院主要有海事法院、铁路运输法院、军事法院。其中，专门人民法院不受理行政案件，各行政案件由普通人民法院受理，根据案件复杂程度和影响力不同确定不同级别的法院对其进行管辖。

（二）地域管辖

地域管辖是指以行政区域辖区范围为标准或法律特别规定，对同级法院之间受理第一审林业行政诉讼案件的分工和权限。当出现一个具体林业行政诉讼案件的管辖问题时，应当首先确定级别管辖，然后再确定地域管辖。地域管辖分为一般地域管辖、特殊地域管辖和共同地域管辖。一般地域管辖是指林业行政诉讼案件由最初作出具体行政行为的林业行政主管部门所在地的人民法院管辖。经复议的案件，复议机关改变原具体行政行为的，也可以由复议机关所在地人民法院管辖。特殊地域管辖有两种情况：对限制人身自由的强制措施不服提起的行政诉讼，由被告所在地或原告所在地人民法院管辖；因不动产提起的行政诉讼，由不动产所在地人民法院管辖。共同地域管辖是指在两个以上法院对同一案件都有管辖权的情况下，原告可以选择其中一个法院起诉。具体包括：经过复议的案件，复议机关改变原具体行政行为的，既可以由最初作出具体行政行为的行政机关所在地人民法院管辖，也可以由复议机关所在地人民法院管辖；当事人对行政机关基于同一事实既对其人身又对其财产实施行政处罚或者采取行政强制措施不服的，既可以向被告所在地法院也可以向原告所在地法院提起诉讼。

（三）裁定管辖

裁定管辖是指在特殊情况下，由人民法院作出裁定而确定的管辖。裁定管辖主要包括三种情况：

1. 移送管辖

指人民法院决定将自己已受理但无管辖权的林业行政诉讼案件，移送给有管辖权的人民法院管辖。

2. 转移管辖

又称管辖权的转移，是经过上级人民法院的决定或同意，下级法院将享有管辖权的林业行政诉讼案件转交给上级法院受理，或者上级法院将享有管辖权的林业行政诉讼案件交给下级法院审理而确定的管辖。

3. 指定管辖

指上级法院以裁定方式，指定下级法院审理某林业行政诉讼案件时而确定的管辖。

三、林业行政诉讼参加人

林业行政诉讼参加人是指在林业行政诉讼中为保护自己或他人的合法权益而依法参加诉讼活动,承担诉讼义务的当事人和类似当事人诉讼地位的诉讼代理人。其中,诉讼当事人包括原告、被告、共同诉讼人和第三人;诉讼代理人包括法定代理人、指定代理人和委托代理人。

(一)诉讼当事人的概念和种类

诉讼当事人是指与被诉具体行政行为在法律上具有利害关系,以自己名义提出诉讼、参加诉讼,并由人民法院作出裁决、判定的公民、法人或者其他组织。诉讼当事人包括:(1)原告。原告是指对行政主体作出的具体行政行为不服的,依法向人民法院提起诉讼的公民、法人或其他组织。(2)被告。被告是指被原告以侵犯其合法权益的名义起诉的,被法院通知应诉的林业行政主管部门(含法律、法规、规章授权的组织或机构)。(3)共同诉讼人。共同诉讼人是指原告或者被告为两个以上,因同样的具体行政行为提起诉讼的诉讼当事人。(4)第三人。第三人是指与被诉具体行政行为具有利害关系,自愿参加或者由人民法院通知其参加某一诉讼活动的公民、法人或者其他组织。

(二)诉讼代理人的概念和种类

诉讼代理人是指根据法律规定,或由人民法院指定或由当事人、法定代理人委托,在法定的代理权限内以当事人名义代理进行行政诉讼活动的人。按照代理权产生的依据不同,行政诉讼代理人分为以下三种:

1. 法定代理人

法定代理人是指根据法律规定享有代理权,代替无诉讼行为能力人进行行政诉讼,直接行使代理权的人。法定代理人只适用于无诉讼行为能力的未成年人和精神病人。

未成年人的法定代理人依次为:父母、祖父母、外祖父母、兄姐、关系密切的其他亲朋、其父母所在单位或其住所地的居委会、村委会或者民政部门。

精神病人的法定代理人依次为:配偶、父母、成年子女、其他近亲属、关系密切的亲朋、精神病人所在单位或住所地的居委会、村委会或者民政部门。

法定代理人是全权代理,其法律地位相当于当事人,代理权限不受限制,其所进行的一切诉讼行为都是具有法律效力的,并且等同于当事人所进行的诉讼行为。

2. 指定代理人

指定代理人是指经过人民法院指定而享有代理权,代替无诉讼行为能力人进行行政诉讼的人。根据《行政诉讼法》的规定,当法定代理人互相推诿法定诉讼代理责任的,由人民法院指定其中一人代为诉讼。一般指定代理人时要注意以下几点:(1)人民法院或行政主管机关依法具有指定代理人的权力;(2)指定时应注意指定代理人与被代理人之间无利害关系;(3)指定代理人行为是法院强制行为,依法被指定为代理人的公民或法人无正当理由,不得拒绝。

3. 委托代理人

委托代理人是指受当事人、法定代理人的合法委托,授权代理进行行政诉讼活动的人。委托代理人包括律师、社会团体、提起诉讼的公民的近亲属、提起诉讼的公民所在单位推荐的人、经人民法院许可的其他公民。

在行政诉讼中,诉讼参与人并非只有原被告、代理人,还有证人、鉴定人、翻译人和勘验人等。这些人与案件无利害关系,参加诉讼的目的主要是协助法院查清案件事实,为当事人提供帮助。

四、林业行政诉讼程序

林业行政诉讼程序是指人民法院依法受理林业行政诉讼案件之后到作出终审裁判之前所遵循的法定步骤、条件、原则和方式。我国的行政诉讼程序包括第一审程序、第二审程序、审判监督程序和执行程序。

(一)第一审程序

第一审程序是人民法院初次审理行政诉讼案件所遵循的方式。它分为以下四个阶段:

1. 起诉

起诉是指原告对林业行政主管部门作出的具体行政行为不服,认为该具体行政行为侵犯了其合法权益,依法诉请人民法院受理此项争议案件并审查林业行政主管部门作出的具体行政行为,以保护其合法权益不受侵犯的诉讼行为。

起诉必须具备以下5个条件:第一,原告是认为该具体行政行为侵犯了自身合法权益的公民、法人和其他组织;第二,被告对象明确,是对行政管理相对人作出具体行政行为的林业行政主管部门;第三,有具体的诉讼请求和事实依据;第四,属于人民法院受案范围和受诉人民法院管辖;第五,在法定起诉期限内提出诉讼。至于起诉期限如何确定,可以依据我国的《行政诉讼法》和《关于执行〈中华人民共和国行政诉讼法〉若干问题的解释》。另外,在原告起诉方式方面,原则上要求以书面方式起诉,但法律并未强制规定不可口头起诉,当进行口头起诉时,可由法院记入笔录。

2. 受理

受理是指人民法院对原告的申请诉讼行为进行审查,并在法定期限内接受诉讼申请,进行立案的诉讼行为。人民法院通过对起诉案件进行审查,对于符合条件的起诉案件依法作出受理或者不予受理的决定。

3. 审理前的准备工作

审理前的准备工作是指为了保证开庭审理工作的顺利进行,审判人员从法院决定受理这起案件到法院正式开庭审理前的这段时间内依法从事的一系列准备工作的总称。它是开庭审理的必要条件和必经阶段,能够有效保证庭审的质量和提高庭审的效率。审理前的准备工作主要包括:组成合议庭、交换诉状(通知被告应诉和发送诉讼文书)、处理管辖异议、审查诉讼文书和调查收集证据、审查其他内容(及时变更和追加当事人、开庭3日前通知当事人及其他诉讼参与人、确定审理方式等)。

4. 开庭审理

开庭审理是指在当事人和其他诉讼参与人共同参加的情况下,审判人员依照法定方式和程序审查行政争议案件并依法作出裁判的诉讼活动。它是整个审判活动的最基本和最主要的阶段,是当事人行使诉讼权和人民法院行使审判权的集中体现,也是该案件进行审查、判决的重要步骤。正式开庭审理之前,书记员应确认当事人和其他诉讼参与人是否都已到庭,并宣布法庭纪律,告知全体诉讼参与人和旁听人员在审理过程中必须严格遵守纪律,不得扰乱法庭秩序。法庭的审判程序分为以下6个阶段:宣布开庭、法庭调查、法庭辩论、最后陈述、评议、宣判。整个审判活动主要流程:第一,开庭审理时查明被告人的有关情况,并公布参与人名单及告知案由、依法享有的权利等事项;第二,法庭对案件的主要事实和证据进行调查、核实;第三,经审判长许可,控诉方与辩护方就证据和案件情况发表意见并互相辩论;第四,被告人对自己被指控的罪行进行最后的辩护和陈述;第五,最后陈述完毕,审判长宣布休庭,合议庭对案件事实和适用法律进行分析、评判;第六,人民法院作出判决,进行公开宣布并告知。宣判分为当庭宣判和定期宣判两种形式。当庭宣判的,在宣判后立即送达判决书;定期宣判的,应当在10日内送达判决书。判决书应当告知当事人不服判决可进行上诉以及上诉期限和上诉的法院。

根据《行政诉讼法》规定,人民法院应当自立案之日起3个月内作出第一审判决。人民法院审理第一审案件出现特殊情况需延长的,由高级人民法院作出批准,高级人民法院审理第一审案件需要延长的,由最高人民法院批准。

(二)第二审程序

第二审程序又称上诉审程序,是指当事人对一审未生效判决或裁定不服,依法向上一级法院提起上诉,要求撤销或变更原审判决或裁定,并由上一级法院对案件重新进行审理和裁判的程序。第二审程序为终审程序,即经过第二审程序审判的,当事人不服也不能再次上诉。二审程序与一审程序之间既存在着紧密的联系又有所区别。一方面,它们是由不同的审级法院进行的审理程序,审判的主体、程序和产生的法律后果都是不同的。另一方面,它们是审理同一法律关系的案件,两者具有一定的联系,一审程序是二审程序的前提和基础,二审程序是一审程序的延续和发展。在行政诉讼案件中,二审程序只有在当事人不服一审判决重新上诉时才产生,它开始的原因是为了及时纠正一审的错误判决,保护当事人的合法权益,同时,实现上级法院对下级法院的有效监督和检查。

根据《行政诉讼法》的规定,二审程序除特别规定外,均适用一审程序。二审程序的特殊规定如下：

1. 上诉期限

当事人对一审人民法院的判决不服的，应在收到判决书之日起15日内向上一级人民法院上诉；当事人对一审裁定不服的，应在收到裁定书之日起10日内向上一级法院上诉。当事人提出上诉时，应当按照其他当事人或者诉讼代理人的人数提出上诉状副本。

2. 审理原则和审理形式

法院审理上诉案件，对原审人民法院的裁判和被诉具体行政行为的合法性实行全面审查。审理形式分为开庭审理和书面审理。开庭审理适用于当事人对原审人民法院认定的事实有争议或者二审法院认为原审法院认定事实不清的情形；书面审理适用于事实清楚的情形。

3. 裁判形式

经二审人民法院审理，可以依法作出三种裁判，即撤销原审裁判、依法改判或者维持原判。

4. 审理期限

二审人民法院应在收到上诉状之日起2个月内审理结束该上诉案件。如有特殊情况需要延长的，须得到高级人民法院或最高人民法院的批准。

（三）审判监督程序

审判监督程序，又称再审程序，是指人民法院对已生效的错误判决和裁定，经法定部门提出后进行再次审理的程序。根据《行政诉讼法》的规定，有权提起再审的情形包括以下几种：各级人民法院院长对本院作出的已生效的判决、裁定认为确有错误的，应当提交审判委员会决定是否再审；上级人民法院对下级人民法院作出的已生效的判决、裁定认为确有错误的，有权提审或指令下级人民法院再审；最高人民检察院对各级人民法院已生效的判决、裁定，上级人民检察院对下级人民法院已生效的判决或裁定，如果发现确有错误的，有权向同级人民法院提出抗诉。此外，当事人申请再审必须在法定期限内提出，根据法律规定，应当在判决、裁定发生法律效力后2年内，当事人有权申请再审，并需要递交书面申请书。

（四）执行程序

执行程序是指人民法院根据法律规定，依法对拒不履行生效行政法律文书、行政裁判文书的义务人采取强制措施，促使其履行生效行政法律文书、行政裁判文书规定的义务的程序。林业行政执行因执行依据不同分为两类：一类是对行政机关作出的具体行政行为的执行（又称非诉行政行为），其执行依据是行政处罚决定书、行政复议决定书或行政裁决书等林业行政法律文书；另一类是对法院生效行政裁判文书的执行，其执行依据是行政判决书、行政裁定书、行政赔偿判决书或者行政赔偿调解书等林业行政裁判文书。

执行程序主要步骤是：林业行政主管部门或者行政相对人向法院提出申请；人民法院受

理并进行审查(如果是人民法院已经生效的裁判文书,则可直接向人民法院申请);人民法院依法作出裁决;下达裁决书、裁定书,对拒不履行的义务人采取强制措施促使其执行相关规定。对于不同的被执行人,可适用的强制执行手段是不同的。如果被执行人是行政机关的,可以实施的执行措施有罚款、划拨、建议对责任人给予行政处分和建议追究责任人刑事责任等;如果被执行人是行政管理相对人的,可以实施的执行措施有扣留、提取、划拨、扣押、冻结、拍卖、变卖、强制拆除、拘留等。

本章小结

本章具体介绍了我国林业行政管理中经常会涉及的执法与司法问题。其中,林业行政执法方面重点介绍了林业行政许可、林业行政处罚和林业行政复议三类,同时为了更好地理解林业行政执法的内容,也简单介绍了其他的林业行政执法行为。而林业行政管理中的司法方面则主要介绍了林业行政诉讼和诉讼后的审判监督程序,并对其具体内容进行了详细介绍。

【案例分析及讨论】

滥伐林木罪一案的案例分析

(一)案件背景

被告人阳某,1953年4月10日出生,出生地为福建省清流县,汉族,小学文化,农民。2003年4月2日其因犯滥伐林木罪被清流县人民法院判处有期徒刑并处以罚金。现在清流监狱七大队服刑。

(二)审理经过

清流县人民检察院以清检林诉(2004)2号起诉书指控被告人阳某犯滥伐林木罪,于2004年3月26日向本院提起公诉。本院于2004年4月13日公开开庭审理了此案。清流县人民检察院指派检察员出庭支持公诉,被告人阳某到庭参加诉讼。

公诉机关认为,被告人阳某未经林业主管部门审批办理林木采伐许可证,擅自雇佣他人上山砍伐阔叶树,砍伐数量巨大,其行为已触犯《中华人民共和国刑法》第三百四十五条第二款规定,应以滥伐林木罪追究其刑事责任,提请本院依法惩处。

被告人阳某对起诉书指控其在"坝山坑"山场雇佣他人在未办理采伐许可证的情况下滥伐林木烧炭的事实供认不讳。但对于砍伐数量存在异议,他辩解该"坝山坑"山场的林木并非仅他一人砍伐,之前有人烧过木炭,老百姓也在那里砍柴,滥伐的林木胸径不超过40厘米且滥伐数量只有七八十棵,并未达到指控数量。

经审理查明:2001年5月10日,被告人阳某以3 500元的价格买下清流县东华乡下戈村集体所有的"坝山坑"山场（即 17 林班 10 小班），并与该村签订林权及山场使用转让协议书，取得该村的林权及山场使用权。同年 8 月左右，被告人阳某在未向林业主管部门申请办理林木采伐许可证的情况下，擅自雇请本村村民易金某等人在该山场砍伐阔叶树进行烧炭，到同年 11 月才彻底停止乱砍滥伐行为。经烧炭工人易金某等人现场指认勘查和林业技术人员鉴定，此次乱砍滥伐活动中被滥伐的阔叶树达 2 252 棵，计活立木材积 377. 655 2 立方米。

上述事实，有下列经庭审举证、质证的证据证明，法院予以确认：

1. 证人张俊某、易金某、易玉某的证言，证明被告人阳某雇请其砍树进行烧炭的事实。

2. 证人欧阳洪某的证言，证明其父在本村"坝山坑"山场有请宁德人和本村村民易金某等人砍伐杂树进行烧炭以及帮助其运输木炭的事实。

3. 证人阳盛某、阳圣某、阳炳某的证言，证明该"坝山坑"山场以 3 500 元的价格转让给被告人阳某的事实。

4. 林权及山场使用转让协议书，证明被告人阳某滥伐林木的山场所有权属被告人阳某所有的事实。

5. 林业刑事案件技术鉴定书、刑事照片、木材检尺记录，证明被告人阳某在"坝山坑"滥伐阔叶林，计立木材积 377. 655 2 立方米和滥伐现场等情况。

6. 现场勘查笔录、现场询问（辨认）笔录，证明被告人阳某雇请的烧炭工人带领司法工作人员，对当时被告人阳某请宁德人和本地人滥伐林木烧炭的现场进行指认和勘查的事实。

7. 清流县城关林业站出具的证明，证明被告人阳某在"坝山坑"山场滥伐林木未办理采伐许可证的事实。

8. 福建省清流县人民法院（2003）清刑初字第 14 号刑事判决书，证明被告人阳某在 2003 年 4 月 2 日因犯滥伐林木罪被判处有期徒刑五年六个月，并处罚金人民币 60 000 元（刑期从 2002 年 11 月 29 日起至 2008 年 5 月 28 日止）及被告人的出生时间等事实。

9. 被告人阳某的供述，亦对在"坝山坑"山场有雇请宁德人和本村村民易金某等人滥伐林木烧炭没有办理采伐许可证的事实供认不讳。

此外公诉机关还向法庭提供了一份匿名证言和清流县东华乡下戈村的一份书证证明材料。经法庭审理查明，该匿名证言不符合证据的形式要件，该村出具的证明材料与证人阳盛某、阳圣某所作的证言就所证实的事实而言存在矛盾，故本院对二份证据不予采纳。

对于被告人阳某提出该"坝山坑"山场的林木，前期有人烧过木炭，且老百姓也有在那里砍柴，滥伐林木的胸径未超过 40 厘米且滥伐数量只有七八十棵，不足指控数量的辩解，经查，作出如下解释：公诉机关指控被告人阳某滥伐林木的数量，是根据被告人阳某雇请的本村村民易金某、易玉某、张俊某等人的指认和当时宁德人和他们砍伐阔叶树遗留的树根进行勘查得出的结果，被告人阳某对公诉机关在庭审中宣读的易金某等人的现场辨认笔录虽未完全认可，但本村砍伐工人易玉某、张俊某的现场指认，是对他们当时砍伐树木行为的认可，属直接证据,所证实的事实,可认定被告人阳某的犯罪事实。易金某、阳盛某指认宁德人砍伐的数量虽属间接证据,但所作的指认笔录符合证据的构成要件,且与公诉机关在庭审中宣读和出示的证据形成完整的证据链带,可作为认定被告人阳某犯罪事实的证据。另外,被告人阳某对自己的辩解没有提供相关的证据来证实,故被告人阳某的辩解不能成立。

（三）审理结果

本院认为,被告人阳某在未办理相关采伐林木手续的情况下,擅自滥伐林木,违法烧炭,计立木材积 377.655 2 立方米,数量巨大,被告人的行为已构成滥伐林木罪,公诉机关指控罪名成立。2003 年 4 月 2 日被告人阳某因犯滥伐林木罪,被本院判处有期徒刑五年六个月。根据法律规定,在刑罚执行过程中,发现尚有应当受到刑法惩罚的漏罪,应予以惩处。被告人在归案后,能如实交代基本犯罪事实,认罪态度较好,有悔罪表现,可酌情从轻处罚。

据此,依照《中华人民共和国刑法》第三百四十五条第二款、第六十九条和第七十条的规定,判决如下:被告人阳某犯滥伐林木罪,判处有期徒刑四年,并处罚金人民币 20 000 元,与原判有期徒刑五年六个月,罚金人民币 60 000 元合并,决定执行有期徒刑九年,并处罚金人民币 80 000 元,罚金于判决生效后十日内付清。

通过这一案例,请简单谈谈你对我国林业行政处罚的理解。

【本章复习思考题】

1. 简述林业行政执法的主要内容及其特征。
2. 林业行政许可应遵循哪些原则?
3. 林业行政处罚的种类有哪些?
4. 简述我国林业行政复议的范围。
5. 我国有哪些其他林业行政执法?
6. 简述林业行政诉讼的程序。

【相关阅读材料】

全国人民代表大会. 中华人民共和国宪法(修订版). 2018-3-11.

全国人民代表大会. 中华人民共和国民法通则(修订版). 2009-8-27.

全国人民代表大会. 中华人民共和国行政处罚法(修订版). 2017-9-12.

全国人民代表大会. 中华人民共和国民事诉讼法(修订版). 2017-6-27.

全国人民代表大会. 中华人民共和国人民法院组织法(修订版). 1979.

全国人民代表大会常务委员会. 中华人民共和国森林法(修订版). 2009-8-27.

全国人民代表大会常务委员会. 中华人民共和国野生动物保护法(修订版). 2016-7-2.

全国人民代表大会常务委员会. 中华人民共和国防沙治沙法(修订版). 2018-10-26.

全国人民代表大会常务委员会. 中华人民共和国行政许可法. 2003-8-27.

全国人民代表大会常务委员会. 中华人民共和国行政复议法(修订版). 2017-9-1.

国务院. 中华人民共和国森林法实施条例(修订版). 2018-3-19.

国务院. 中华人民共和国野生植物保护条例(修订版). 2017-10-7.

国务院. 森林和野生动物类型自然保护区管理办法. 1985-7-6.

林业部. 林业行政处罚程序规定. 1996-9-27.

林业部. 林业行政执法监督办法. 1996-9-27.

林业部. 林业行政执法证件管理办法. 1997-1-6.

林业局. 占用征用林地审核审批管理办法. 2001-1-4.

【主要参考文献】

[1] 鹏振平.《林业行政处罚程序规定》讲座(二)——以法律为准绳以事实为依据[J]. 江苏绿化,1997(5):14-16.

[2] 罗念贞. 关于林业行政许可制度若干问题的法律思考[J]. 科技情报开发与经济,2006(3):105-107.

[3] 陈延庆. 行政处罚法的意义及其基本原则[J]. 中国法学,1996(2):40-46.

[4] 李富莹. 行政许可法的基本原则及主要制度[J]. 工商行政管理,2004(Z1):41-44.

[5] 戴小明. 行政执法的内涵及特点探析[J]. 中南民族大学学报(人文社会科学版),2003(4):69-72.

[6] 王晓莉. 林业行政处罚自由裁量权问题研究[D]. 北京:北京林业大学,2012.

[7] 李媛辉. 论对林业行政许可的监督[J]. 法制与经济(下半月),2007(12):49-51.

[8] 李雄华. 论林业行政许可[J]. 林业经济问题,2002(5):29-32.

[9] 王兆衡,展洪德. 完善林业行政执法内容的研究[J]. 中国林业经济,2011(4):42-44.

[10] 曹明海. 严格执行林业行政处罚程序规定[J]. 内蒙古林业,1991(8):16.

[11] 卢昌强. 林业行政执法责任制的理论与实践[J]. 北京林业大学学报(社会科学版),2009(4):1-4.

[12] 赵坤元. 林业行政执法问题研究[D]. 哈尔滨:东北林业大学,2005.

[13] 孙云飞. 和谐社会视野下林业行政执法的完善[J]. 国家林业局管理干部学院学报,2009(2):42-45.

[14] 戢浩飞. 行政执法方式变革研究[D]. 武汉:武汉大学,2013.

[15] 姜明安. 行政执法的功能与作用[J]. 湖南社会科学,2004(1):158-167.

[16] 屈立媛. 林业工作的特点及对策[J]. 现代农村科技,2011(10):53.

第五章

林权制度

【本章学习目标】

1. 掌握林权相关理论的内容。
2. 掌握林权管理的内容。
3. 熟悉林权确认的程序及其内容。
4. 熟悉林权流转管理的内容。
5. 熟悉林权保护的内容。
6. 了解我国林权管理政策的历史沿革。
7. 了解我国林权制度的演变过程。
8. 了解现今林权制度改革的政策目标、内容和实施反馈情况。
9. 了解当下林权制度改革的趋势和发展方向。

【本章要点】

我国的林权制度改革较为频繁,然而几十年来的林权改革,并未触动林权制度这一根基。集体林权制度仍然存在林权主体虚置、权能不清、权能主体之间缺乏制度的联系和机制的约束、经营权受到政府的干涉、林权缺乏相应的法律规范、林权改革行政化推动色彩浓重等问题。为此,新一轮集体林权制度改革于2003年启动,以福建、江西、辽宁、浙江为试点省份,并于2006年年底开始在全国推广。这是一次以林地权益为核心,对林权关系进行重大调整的改革,是从体制上、机制上和制度建设上进行的一次系统、全面地落实林业产权的综合性改革。改革从明晰产权入手,确立了林农的经营主体地位,真正实现了"明晰所有权,放活经营权,落实处置权,确保收益权"的政策目标,给予了林农真正意义上的物权。本章解释了林权的概念、内容、特点和林权的主体、客体,分析了从新中国成立至今不同时期的林权管理政策;并在介绍我国现行的林权形式的基础上系统阐述了林权管理的概念、内容和任务以及林权流转的内容。在把握我国林权制度发展历史趋势的背景下分析了当今的集体林权制度改革在实施中出现的问题,并提出我国新一轮集体林权制度改革的任务和政策措施。

第一节 林权与林权制度概述

一、林权的概念

（一）林权的含义

林权是人们对森林资产的权利,通常是指森林、林木、林地的所有权和使用权。所有权是所有人依法对自己财产所享有的占有、使用、收益和处分的权利,是对生产劳动的目的、对象、手段、方法和结果的支配力量,它是一种财产权,所以又称财产所有权,是所有制在法律上的表现。因此具体来讲,林权是指权利主体对森林、林木、林地的占有权、使用权、收益权和处置权等。

出于权利和义务的对等关系,林权也指权利主体对森林、林木、林地的占有、使用、收益、处置等方面的权、责、利关系。从纵向分析,它包括林业资产所有权及其派生的经营权、处置权和收益权等;从横向分析,它包括森林、林木的采伐利用权,林上、林中、林下资源的采集利用权、补偿权、流转权、抵押权,森林景观的开发利用权、担保权和品种权等。

对于森林、林木、林地的所有者对自己所有的森林、林木、林地的实际控制的权利,我们将这些权利分为:占有权、使用权、收益权和处分权。占有权一般由森林、林木、林地的所有者享有,但是当存在承包经营管理的情况时,承包者就代替了所有者享有占有权。其他三权也与占有权同理,其中收益是指森林、林木、林地的所有者(承包者)在森林、林木、林地的使用中获得的利益,如出售木材或者种植果树贩卖果品。最为重要的是处分权,这是所有权中的核心,指森林、林木、林地的所有者有权对森林、林木、林地决定事实上的命运(采伐)和法律上的命运(转让)。

上述的林权关系的四个具体权能一般是统一的。但是在我国,有的森林、林木、林地并不是同一个所有者。如有的森林、林木是集体所有但是林地是国家所有,相反的情况依然存在。在党的十一届三中全会后,我国的森林、林木、林地的所有权和使用权分离。但是分离不代表丧失所有权,而是行使森林、林木、林地所有权的一种形式。

实际工作中有的地方将森林、林木的所有权和使用权称作"林权",将林地的所有权和使用权称作"山权",或将二者合并称作"山林权"。也有的地方将国有林业、企事业单位所拥有的森林、林木、林地的占有权、使用权、收益权和处分权称作"经营管理权"或"经营权"。因此,在分析林权内容时要根据具体情况而定。

（二）林权的特点

产权的可分性、综合性、效益的分享性、可交换性及风险性构成了产权最主要的特征。林权,正是一种具体的产权形态。而作为林权客体的森林、林木、林地的特殊属性,也决定了林权的特殊性。

1. 林权的外部性

森林具有很强的外部性,是林权区别于其他产权最重要的经济特征。森林具有生产林木和其他产品、维护生态系统、保护环境等功能,在发挥这些功能时,会产生大量的外部经济现象。

2. 林权收益预期的不确定性

产权的一项重要功能是能够形成与其他人进行交易的合理预期。林业生产具有周期长、资金占用量大的特点,是自然再生产和经济再生产的相互交织,因此,受到自然和市场的影响大,不确定性和风险大。

3. 林权资产的流量性

林权中的林木资源既具有可损失的一面,又具有增值的一面。损失性,是指由于林木存在于广阔的大自然中,许多自然和人为的因素都可能造成林木资产的损失;增值性,是指自然力对林木生长具有独特的促进作用。

4. 林权计量的困难性

一方面,林木资产的计量存在困难,如活立木储积量的测量要求的精度难以保证,林价水平难以确定等;另一方面,林地资产的评估也存在许多困难,如要综合考虑土地的极差、地理位置的远近、立地类型、交通运输条件、气候状况以及林地上的林木长势等。

5. 林权特殊的约束性

森林肩负着为社会提供生态效益的使命,这导致林权的约束性较一般产权更为明显。如林地的经营者对林地用途的选择受到种种限制,若对林地用途作出了合适的选择,林地的种植对象就会受到限制,若对林地的种植对象作出了合适的选择,林木何时采伐、采伐多少就会受到限额采伐制度的限制。

6. 林权界定和保护的困难性

林权界定的客体包括森林、林地和林木等多种资产,种类繁多。同时,林木资产的流动性以及林地资产的可反复使用性和肥力变动性,与林业生产空间上的分散性和地域性,增加了林权界定和保护的成本。制定、监督林业财产法的执行,负责林业财产的变更及调解山林纠纷等都需要支付高额的交易费用。

二、林权制度

林权制度是对林权所包括的权能的界定、主客体的确立和保护的一系列行为规范。在我国改革开放之前,政府主管部门主要是通过相关的林业政策,即通过行政管理体制对森林资源进行管理和规范;改革开放以后才逐步建立以《森林法》为基础的林业法规体系,对林权进行较为科学化和系统化的管理和规范。

林权管理是指林业职能部门综合运用计划、组织、领导和控制等手段,实施的以森林、林木、林地的占有、使用、收益和处置的权利为对象,以明晰林权、放活经营权、落实处置权和保障收益权为主要目标的管理活动。

三、林权的主体和客体

林权主体即森林、林木、林地的所有者或使用者,是依法享有林权的权利人;林权客体即林权所指向的具体物,包括森林、林木、林地。林权主体作为职能的承担者、领属者,一方面相对于林权客体是能动的,是以林权客体为对象发生作用的本原;另一方面相对于非主体,它拥有独有的、稀缺的职能,即主体与非主体特定的关系。

林权的主体因客体的不同而不同。根据《森林法》第三条规定,在我国,森林只能归国家或集体所有,公民个人不享有森林的所有权;林木可以归国家或集体所有,也可以归公民个人所有;林地只能归国家或集体所有,林地不能归公民个人所有,因为林地属土地范畴,中华人民共和国成立后我国取消了土地私有制,所以不存在土地私有的情况,但是公民可以依法享有林地的使用权,如集体经济组织划分给林农经营管理的责任山、自留山等,对此林农依法享有使用权。

林权的客体具有以下法律特征:(1)林木、林地用于生产资料。在我国,作为林业主要生产资料的森林和林地只能归国家或者集体所有;任何人不得把国家所有的森林、林地随意划归集体或者个人所有,也不得把集体所有的森林、林地划归个人所有。国家、集体和个人所有的林木依法受到保护。但是林木并不是绝对的属于生产资料,如在房屋前后种植的林木、农民自留地上的林木等,属于生活资料范畴。(2)森林、林木、林地是可分物。森林、林木、林地可以按照有关规定进行分割。如发生林权争议时,可根据有关法律规定,把森林、林木、林地划归不同的当事人所有或者使用。(3)森林、林木、林地属于限制流转物。国家所有的和法律规定属于集体所有的林地不得买卖或者违法转让;进行各项建设工程必须占用或者征用林地的,必须按法定程序办理建设用地审批手续;森林和林地的权属如果发生改变,应当依法办理相应的变更登记手续。

四、现行林权形式

(一)森林的所有权和使用权

森林指以乔木为主体的植物群落,是集生的乔木及与其共同作用的植物、动物、微生物和土壤、气候等形成的一个生态系统的总体。根据《森林法》的规定,森林的所有权属于国家和集体,个人不享有森林的所有权。森林的使用权可以依法由国有单位、集体经济组织或个人行使,即国家森林的使用权可以由国有企业事业单位行使,也可以由农村集体经济组织或个人行使;集体森林的使用权可以由个人(承包)行使。

国家森林所有权的取得方式主要有(1)依法通过征收、没收方式取得;(2)通过立法直接取得；(3) 通过培育森林取得。其中，前两种方式是新中国成立之初国家取得森林所有权的主要方式，最后一种方式是目前国家取得森林所有权的基本方式。

集体森林所有权的取得方式主要有两种：(1) 通过集体组织成员入股取得；(2) 通过培育森林取得。

（二）林地的所有权和使用权

林地是指培育森林、林木的土地。我国《宪法》第十条规定：“城市的土地属于国家所有。农村和城市郊区的土地，除由法律规定属于国家所有的以外，属于集体所有；宅基地和自留地、自留山，也属于集体所有。”因此，与其他土地一样，林地的所有权只有两种形式，即国家所有和集体所有。

根据我国《宪法》《民法通则》《土地管理法》和《森林法》的相关规定，我国林地使用权形式多种多样，主要有以下几种：一是国有林地，由国有单位使用，该单位不拥有林地的所有权，但依法享有占有权、使用权、收益权和部分处置权，即拥有有限制的使用权；二是国有林地，由集体以合法形式取得使用权，如采取联营、承包、租赁等形式获得林地的使用权；三是集体的林地，由国有林业单位使用，经营林业的国有单位没有所有权，但依法拥有使用权；四是国有的或集体所有的林地，由公民、法人或其他经济组织依法使用发展林业的，如采取承包、租赁、转让等形式，可以依法获得林地的使用权，但不拥有所有权。随着改革开放的深入和土地利用的形式多样化，林地使用权将趋向多样化。

（三）林木的所有权和使用权

林木是指零星的、数量少的或者面积小的树木和竹子。在我国，林木的所有者有三种形式，即国家所有、集体所有和个人所有。

公民个人的林木所有权的取得方式主要有：(1) 根据《森林法》的规定取得。《森林法》规定，公民个人拥有的林木的范围包括：农村居民在房前屋后、自留地、自留山种植的林木；城镇居民和职工在自有房屋的庭院内种植的林木；个人承包国有或集体所有的荒山荒地造林所种植的林木（承包合同另有约定的按约定处理）；同时，还包括责任山上的林木、林权制度改革确权到户的林木。(2) 通过财产继承取得。(3) 通过购买方式取得。(4) 通过赠与、交换等其他合法方式取得。

公民个人依法取得的林木，是个人合法财产的一部分，受法律保护。同时，个人的林木所有权，法律允许继承、转让、买卖和利用。

五、林权分类

（一）国有林权

国有林权是国家所有（即全民所有）的森林、林木、林地在法律上的表现。在我国国家所有的森林、林木、林地在国家财产中占重要地位，是我国社会主义全民所有制的重要组成部分。

国家所有(即全民所有)的森林、林木、林地具有唯一性、统一性的特点。国有森林、林木、林地的所有者是中华人民共和国,其他单位、个人只能是经营者或使用者。国家对其所有的森林、林木、林地实行统一领导和分级管理的原则,分别由中央和地方各级林业机关、企事业单位经营管理。

(二)集体林权

集体林权是集体经济组织所有的森林、林木、林地在法律上的表现。在我国社会主义公有制经济中除国有经济以外相当大的一部分便是劳动群众集体所有制,是我国发展林业的重要组成部分。

集体林权的主体是该集体经济组织。只有集体经济组织有权依照法律及全体成员的决定行使权利,但该集体的成员并非集体所有森林、林木、林地的所有者。

(三)公民个人林权

公民个人林权是公民个人所有的林木和使用的林地在法律上的表现。公民个人所有的林木属公民个人财产的组成部分,公民个人使用的林地是国家或集体财产的内容,同时是公民个人合法使用权的一个方面。公民个人所有的林木和使用的林地,是我国森林资源的一个组成部分。

对以家庭形式承包荒山造林以及在自留山上造林的,家庭是其所有者和使用者。一般情况下公民个人林权的主体是公民个人。

第二节　林权制度的演变与发展

中华人民共和国成立以前,以私有制为基础的封建土地所有制是我国行使的山林所有制。当时并存的土地所有制形式有:封建地主所有制、个体农民所有制、教会所有制、寺院所有制、国家所有制等,其中土地所有制的主要形式是封建地主所有制。新中国成立以后,山林权属的演变情况可分为以下四个阶段。

一、第一阶段:土地改革时期(1949—1953 年)

在土地改革时期,废除了地主阶级封建剥削的山林地契。1950 年 6 月,中央人民政府委员会第八次会议通过《中华人民共和国土地改革法》(简称《土地改革法》)规定:"废除地主阶级封建剥削的土地所有制,实行农民的土地所有制。"经过国家土地改革领导后,我国农村封建社会的大地主土地私有制改革为我国农村农民土地所有制产权。各级人民政府颁发土地证,让森林所有制产权形式为农户私有制在法律上得以确认,农民拥有完整的林业产权。农民对于自己的山林产权的获得,不是通过市场上自由交换,而是依靠政府发动的改革,将封建阶级剥削的土地所有制改革为农民土地所有制。

农民在林业生产过程中缺乏必要的生产要素,例如资料和资金,无法进行有效的林业生产、林业基础设施建设。同时,山林权属改革工作比较粗放,存在普遍的权属四至比较马虎、范围大而记载面积小等问题,且由于时过境迁,山场地貌与证件四至难以吻合,给后来的权属纠纷留下了诸多隐患。

二、第二阶段:农业合作化时期(1953—1978 年)

农业合作化时期主要包括互助组、初级社、高级社和人民公社时期,农民私有的森林逐步转变为集体所有的森林。

在互助组和初级社时期,农民将山林折价入社,经营权归合作社,所有权归林农,自此开始规模经营,合作造林,谁造谁有,收益权在林地所有者和合作社之间分配。这一时期林木由国家统一管理和采伐,并实行林材的统一调拨,农民对林木的处置权受到限制。

高级社时期,大部分森林、林地和林木产权实现了由农民私有制向合作社集体所有制的转变。

人民公社时期,国家对林业资源设立了两种产权制度——全民所有和集体所有,但集体产权受到严格的限制,林地不准个人和集体出租和买卖,由国家对林材实行集中统一管理。人民公社的"一大二公"模式,使集体林权属模糊化,所有制问题逐步升级,彻底地剥夺农民山林私有权,农民自身没有任何收益权和处置权。这一时期的林权安排未能处理好国家、集体和个人三者之间的利益关系,忽视了农民的个人利益。

三、第三阶段:林业"三定"时期(1981 年—20 世纪 90 年代初期)

1981 年 3 月《中共中央、国务院关于保护森林发展林业若干问题的决定》要求各地政府做好稳定山权林权、划定自留山、确定林业生产责任制的林业"三定"工作。

一是明晰国家所有、集体所有的山林树木或个人所有的林木和使用的林地以及其他单位、部门的林木和使用的林地的权属,并加以承认。为保障所有权不变,县或县以上的人民政府需颁布林权证书。

二是根据当地情况划定社员的自留山,山权归集体,社员享有经营权,林权永远归社员所有,允许继承但是不因农户人口变更而改变。

三是认真落实林业生产责任制,贯彻按劳所得的原则,将个人利益与集体利益、责任和报酬有机结合起来,推广专业承包和联产责任制。弱化国家集中控制的农村所有制,让有效的私有产权在集体所有制中产生来调动林业从业者的积极性。但也暴露了很多问题,比如林地分割细碎、集体经济弱化、承包权缺乏法律保护和林地、林木缺乏流转等。

四、第四阶段:林业产权的市场化探索时期(20 世纪 90 年代初期至今)

20 世纪 90 年代初期,随着林业市场化道路的探索不断深入,为弥补探索中出现的种种失误,各地开始进行林业产权改革的市场化探索。1995年8月,原国家体改委和林业部联合下发的《林业经济体制改革总体纲要》中指出,要以多种方式有偿流转,对宜林"四荒地使用权",要"开辟人工活立木市场,允许通过招标、拍卖、租赁、抵押、委托经营等形式,使森林资源资产变现,实现林木商品化经营"。1998年7月实施的《中华人民共和国森林法》规定:用材林、经济林、薪炭林等森林、林木、林地使用权可以依法转让,也可以依法作价入股或作为合资、合作造林、经营林木的出资合作条件。为林权的市场化运作提供了制度基础和法律保护,林权流转由"四荒"资源的拍卖、中幼林及成熟林的转让到林地使用权转让的发展,实现了权限界定的主体性问题,确认林权细化的规定,促进了森林资源的可持续经营。但是,该时期也出现了交易行为不规范、价格确定不合理、交易信息不灵等违反市场交易规则的问题。

将森林资源作价入股或者作为合资、合作的出资条件的主要方式有:

第一,林地使用权、林木折价入股。其形式主要有两种,一是按股分配,进行股权配置改革。一些地方将集体林地以村为单位村村入股,人人持股,建立股份合作制林场,林地权属不变,统一经营,按照股份比例和盈利状况进行分红;有的国有林场为扩大经营规模,也采用这种方式与其他集体林场或农户合作经营。二是对林地使用权和林木所有权进行评估,并折为公司股本的一部分。与外商合作、合资造林时,也采取这种办法。

第二,中外合资,按投资额进行产权配置,投资造林。与外商合资、合作投资造林的主要形式是,中方以林地吸引投资,相辅相成,外商投入资金和生产、管理技术及设备,依法设立中外合作经营企业,建立速生丰产林基地,以生产水果、木片出口和为建木浆厂生产原料为经营目的。外商投资以现金、设备投入,公司收益按生产要素贡献率作为比例的分成方式分配。

第三节　林权制度的内容

一、林权的确认

著名的新制度经济学家科斯认为,界定产权才能有助于市场交易。因此,林业产权是制约交易的关键要素。林权确认后,林权客体便有了明确的林权主体。林权的清晰界定有利于减少林权主体林业经营管理过程中的不确定性和交易成本,将外部性内部化,从而调动林业生产经营者的积极性、促进林业资源的合理流动和配置,以带动林业经济的全面协调发展。

（一）林权确认的原则

确认林权的原则有:(1)以现有权属为基础的原则。确保森林、林木和林地权属的长期稳定;(2)法律保障的原则。实施依法管理,确保自己的合法权益不受侵犯;(3)"谁造谁有"

的原则。"谁造谁有"是我国林业建设中长期坚持的一项基本原则,依然是确认权利主体的归属。该原则只适用于森林和林木的所有权,同时,在实践中应结合产地,灵活使用林权的各项规定。

林权确认是对林权排他性的范围、程度的界定与认可,并通过法定程序登记造册认可,旨在提高森林资源的配置效率。林权确认主要指对林权权利人所拥有的森林、林木和林地的所有权或使用权等权属进行初始、变更和注销登记确认的林权管理活动,依照法定程序,进行所有权的转移。根据《森林法》第三条第二、三款的规定,法律确认林权,有两种形式:第一,森林、林木、林地所有权证书;第二,林地使用证书。确保林地所有权属于国家,交易的仅仅是使用权。

(二)林权证的核发

1. 发证机关

林权证书是森林、林木和林地的所有者或使用者的法律凭证。《森林法》第三条规定:"国家所有的和集体所有的森林、林木和林地,个人所有的林木和使用的林地,由县级以上地方人民政府登记造册,发放证书,确认所有权或者使用权。国务院可以授权国务院林业主管部门,对国务院确定的国家所有的重点林区的森林、林木和林地登记造册,发放证书,并通知有关地方人民政府。"因此,林权证的发证机关是县级以上地方人民政府和国务院授权的国务院林业主管部门。

2. 发证程序

(1)林权登记

由林权使用者向县级以上林业主管部门提出登记申请,并提交以下文件:林权登记申请表;个人身份证明、法人或者其他组织的资格证明、法定代表人或者负责人的身份证明、法定代理人或者委托代理人的身份证明和证明委托事项、委托权限的委托书;提交以上身份证明材料,申请登记的森林、林木和林地权属证明书;省级人民政府林业主管部门规定要求提交的其他有关文件。

(2)公告和审查

登记机关自申请受理之日起 10 日内,在森林、林木和林地所在地进行公告,公告期为 30 天。对经审查林权证明材料合法有效,无权属争议,附图中表明的界限、明显地物标志与实地相符合的登记申请,自受理申请之日起 3 个月之内进行申请的权益处理,以登记申请登记的森林、林木和林地位置、四至界线、林种、面积以及株数等数据务求准确和全面。对不符合审查条件的需要以书面形式回复权利人不予登记的理由。

(3)核发林权证

经登记机关审查予以登记的申请,应及时由发证机关登记注册,核发证书,确认森林、林木和林地的所有权和使用权。林权权利人在取得林权证以后,发生林权变更或林地被依法征用、占用以及由于其他原因造成林地损失的,应在林业资源发生损失之前办理登记或者注销手续。

二、林权的保护

产权界定保证合法财产不受侵犯,而财富积累是一个国家从落后向发达国家转变的物质基础。为此,我国制定了明确的林权保护政策和制度。

林权保护是指通过国家颁布的林业政策法规等正式与非正式制度的结合全面约束所有者的行为,使权利主体的合法权益得到保护。

《森林法》第三条规定:森林、林木、林地所有者和使用者的合法权益受法律保护,不受外界侵犯。《森林法》及《森林法实施条例》主要规定了两个方面的制度:一是规定国家保护承包合同规定的各有关方面的权利和义务,未经发包方和承包方协商一致,合同的变更和解除应该建立在发包方和承包方一致同意的基础上;二是通过登记、发证获得政府的直接保护。

对森林、林木、林地所有权的保护一般有三种方法,即从行政、民事、刑事三个角度保护权利主体不受非法侵犯。

行政保护就是在林权所有者的森林、林木、林地及其权益受到非法侵害时,国家行政机关给予行政保护。主要措施有两种形式:一是人民政府协商;二是有关行政机关实施行政处罚。协商和行政处罚都是主要保护手段。

民事保护主要采取诉讼形式,就是当林权所有者的森林、林木、林地的权益受到非法侵害时,有权向人民法院提起诉讼,请求保护。根据所受侵害性质不同,所有者可提出如下几种请求:(1) 确认所有权;(2) 返还原物;(3) 赔偿损失;(4) 排除妨害等。

刑事保护就是林权所有者的森林、林木、林地权益遭到他人严重危害时,有权请求由人民检察院进行刑事处罚,来实现对于林权所有者的刑事保护。

林权问题是影响林业发展的核心权益问题之一。只有通过立法,执法,判法才能在真正意义上从法律层面维护所有者的合法权益,才能调动其发展、兴办林业的积极性。因此,林权管理的任务是森林、林木、林地的产权界定,规范森林、林木、林地的法律范围内的权限流动,保护森林、林木、林地的所有者和使用者的合法权益,促进林业资源的合理配置和循环利用。

三、谁种谁有政策

我国《森林法》第二十七条明确规定:"国有企业事业单位、机关、团体、部队营造的林木,由营造单位经营并按照国家规定支配林木收益。集体所有制单位营造的林木,归该单位所有。农村居民在房前屋后、自留地、自留山种植的林木,归个人所有。城镇居民和职工在自有房屋的庭院内种植的林木,归个人所有。集体或者个人承包国家所有和集体所有的宜林荒山荒地造林的,承包后种植的林木归承包的集体或者个人所有;承包合同另有规定的,按照承包合同的规定执行。"在不侵犯他人合法权益的基础上,谁种植,谁经营,谁就拥有其处置权和使用权。

所有权的界定主要是通过谁种谁有政策的实施加以明确并建立合法保护体系。林业生产有着生产周期长、见效慢的特点,因此,谁种谁有政策可以通过保障造林者的权益,充分调动人们造林绿化的积极性,提升林业投资者的积极性。

我国拥有众多的宜林荒山和农村劳动力,然而林业生产要素分布不均,难以实现林业资源的最大化利用。在这样的背景下,倘若有效推行谁种谁有政策,就能够在一定程度上调整这种不相适应的生产关系,从而有助于林业生产力的提升。

在实施谁种谁有政策的过程中,以下几个问题需要注意:

1. 在推行谁种谁有政策的同时,不能忽视林地所有者的权益。在我国,林地的所有权与使用权是相分离的,林地使用权是森林、林木所有权的前提和基础,有权使用的林地上的林木所有权才归属造林者。实际生活中,通常是造林者与林地所有者或林地使用者签订协议,按照协议分配林地利益,有助于避免经济纠纷。

2. 根据《森林法》规定,无论是国有林业单位或是集体经济组织营造的森林、林木,其所有权都是归属于国家或集体的,而不是具体的某个成员。因此,不能把谁种谁有政策片面地理解为谁参与、谁就拥有。

3. 在实施谁种谁有政策的过程中,要注意落实自留山林木归个人所有和城镇居民种植归个人所有的问题。根据《森林法》规定,城镇居民、职工在自有房屋的庭院内种植林木的,归个人所有。

第四节　林权纠纷

森林、林木、林地的所有者和经营者因森林、林木、林地所有权、使用权和收益权的归属问题而产生的争议统称为林权纠纷,这是林业部门主要的经济纠纷之一。30多年来,全国共发生几百万起林权纠纷问题,但在解决过程中有很多纠纷都不能够被彻底解决,并且还有很多新的案件在随时发生。

而造成这些林权纠纷的原因有很多,其中主要有土地改革中会出现重复分配问题,政策的不稳定,20世纪林权"三定"落实过程中的做法不仔细。造成的一系列的问题主要有山林实际所有者无相关证件,林权的不明晰(包括界限不明晰和参照物不清晰等),山林的归属权当事人不能提供证明材料。

一、林权纠纷的种类

（一）依据当事人的经济性质和法人地位划分

1. 国有林业所属单位间的林权纠纷

此类纠纷的特点是争议物数量多、面积大，同时纠纷的时间较长。

2. 集体林业所属单位之间的林权纠纷

此类纠纷的特点是发生的起因繁杂，关乎林农的根本利益。

3. 国有林业所属与集体林业所属单位之间的林权纠纷

此类纠纷的特点是包含内容多且复杂多变，所以，若没有很好地处理，会影响到林农和政府的关系。

4. 个人与集体之间的纠纷

此类纠纷的产生是由于纠纷双方或一方的法律意识不强，导致所立合同有争议或是无效，大多发生在实行山林承包责任制后。

（二）依据争论的具体事物划分

1. 林木的所有权与使用权的纠纷

这类纠纷也有财产争议的部分性质，一般发生在成熟的用材林上。

2. 林地的所有权与使用权的纠纷

这类纠纷产生的原因是林地的经济利益的纠纷和争抢。

（三）依据纠纷发生所属地区划分

依据纠纷发生所属地区划分，可以划分为省与省之间的纠纷、县与县之间的纠纷、乡镇与乡镇之间的纠纷。

二、林权纠纷的处理

（一）处理林权纠纷的准则

林权纠纷从根本上来说是人民内部矛盾，是民事纠纷。所以在处理时，要首先做林农的工作，注重思想教育，更好地调动林农的生产积极性，以发展社会化生产为目标。在处理争议的过程中，依照以下基本准则：

1. 以保护森林和发展林业为首要目的的准则

在林权纠纷发生的过程中，必然会对林业的生产和发展有不好的影响，所以在处理时，要本着保护森林、发展林业的原则来处理和解决纠纷。

2. 尽快处理纠纷的准则

林权纠纷的处理，应把工作重心放在底层，即在纠纷刚发生时，就应马上上手处理，不宜把争议上报后，耽误了最佳解决时间。否则，随着时间推移，争议会酝酿到越发不可收拾的地步。

3. 兼顾争议多方的权益的准则

部分林权纠纷是人为造成的,社会的稳定会受到冲击。所以,在处理时,要以维护社会稳定、保护人民利益为出发点,兼顾争议多方的权益,公平公正地处理纠纷,尽力不产生新的争议。

4. 坚持协调解决的准则

在处理争议时,有争议的多方要相互理解,互谅互让,坚持协调解决,争取最快最好地解决问题。

(二) 解决林权纠纷的方法

根据《森林法》的相关规定,处理林权纠纷有如下几种办法:

1. 当事人之间协商解决

争议双方或多方应主动与争议对方联系商讨,在维护自身合法权益的基础上,商讨出解决问题的具体方案。但在此期间一定要注意的是,达成一份双方都同意的书面协议,方便作为以后的依据,防止新的争议产生。在实际处理中,大部分争议都是用此种方法解决的,这是最有效率的解决方式。

2. 人民政府调处解决

上述方法不能够解决的,即不能够达成统一意见的,可以依法申请人民政府介入调解双方或多方当事人。人民政府受到申请后,首先判断此事件是不是属于其管辖范围,如是则要马上着手处理并召集当事人。政府在调处纠纷的过程中,应进行必要的调查、勘察、收集证据材料,同时要召集当事人进行调解,促进当事人相互协调自愿达成协议。如果再次调解还是不能使双方或多方当事人达成和解协议,则人民政府可依据现有的调查和证据,依照法律法规作出处理决定,并制作裁决书送达所有当事人。

3. 诉讼程序解决

林权纠纷当事人对政府处理决定不服,并在接到人民政府的处理决定通知书之日起一个月以内可以向人民法院起诉的,由人民法院依法处理。人民法院受理纠纷案件后,首先仍要进行调解,人民法院调解达成的协议与判决具有同等的法律效力。若经过调解仍不能达成协议的,则要开庭审理并依法作出判决。如果再次调解还是不能使当事人们达成和解协议的,就需要人民法院开庭审理并作出最后的判决。

需要注意的是,不管通过哪种方法解决林权纠纷,在纠纷被解决前,任何方当事人都不得砍伐有争议的林木。

三、农村地区林权纠纷的解决对策

林权纠纷是新形势下不可避免的农村社会问题,对此类案件处理得好坏,直接关系到农村的稳定和农村社会的和谐与发展。对于这类问题的解决,应从以下两个角度考虑。

(一)非司法手段解决争议

首先是摸清家底,建立台账。各地对本辖区内的林权纠纷情况进行了认真调查,特别是对影响大、涉及面广、矛盾尖锐、情况复杂的个案,进行了逐一登记建档。同时对涉及林权纠纷的信访问题进行全面排查,为做好林权权属纠纷问题专项治理打下了基础。

其次是建立林权纠纷调处信息反馈机制。畅通信息反馈渠道,确保各级政府和相关部门都能及时掌握各方动态,把矛盾化解在基层。

然后是实行挂点包案负责制。对一些情况复杂、影响较大的纠纷,实行领导挂点包案负责制,确保纠纷个案调处责任落到实处。

最后是投入人力、物力开展林地林权登记换发证工作。《林权证》是林地林权的法律凭证,是山林权属纠纷确权的法定依据,做好换发证工作能减少新的纠纷发生。

(二)运用司法手段解决问题

普及农村法律宣传,提高农民的法制意识。组织以案说法,通过对典型案件的处理,达到"审理一案,教育一方"的效果。这是预防农村地区林权纠纷的必要手段。

充分发挥诉讼调解功能,切实做到定纷止争,这是解决农业承包合同的有效途径。

第五节　林权流转

一、林权流转的概念和类型

(一)林权流转的概念

我们称林权主体将森林、林地、林木所有权、使用权、收益权和处置权转移给其他自然人或者法人单位,并获取相应的收益的过程为林权的流转。并且根据流转对象的不同,我们将之分为林地流转和林木流转。林权的流转本质上是物权的变动。在我国,林权的流转只是单单的林地使用权、森林使用权以及林木所有权的流转。这是因为法律规定除了可以通过法定程序征用农村集体经济组织土地,将集体土地使用权转为国家所有之外,土地所有权不允许转移。

在我国林业实践中,林地流转只是林地的使用权、收益权、经营权的完全流转,处置权的部分流转,而林地所有权不发生变更,仍属于国家或集体所有。林地流转主要有两种形式:一是林地所有者将林地的使用权转移给农户、法人单位,并收取一定的林地使用费,即林地地租,如将属于集体的林地使用权以"均地"等方式承包给农户,但农户无须为获得林地使用权支付费用;二是林地使用权获得者将林地收益权、经营权转移给其他主体,根据林地上的林木价值,收取费用(包括地租),如农户将以"均地"等方式承包的林地使用权或林木所有权转让给其他农户、法人单位等。

林木流转是指林木产权主体将林木所有权、使用权、收益权、处置权转移给其他自然人或者法人单位，并收取相应收益的过程。林木流转既包括活立木流转，也包括原木流转。其中，活立木流转指成熟林或过成熟林龄阶段立木的所有权转让，其实质为出售立木处置权和收益权。活立木流转时间较短，通常为 1 年，即受让方所获得的林木收益权仅限于 1 年，若流转的活立木没有采伐完毕，那么受让方被视为自动放弃林木收益权，林木所有权也同时返还给转出方。

（二）林权流转的类型

林权流转按照不同的标准，可以划分成不同的类型。基于流转对象，流转可分为用材林流转及林地流转、乔木及林地流转和经济林及林地流转等；基于流转主体，流转可分为林农与木材加工企业之间的林权流转，林农之间的林权流转，林农通过中间人与木材加工企业或木材商人之间的林权流转，林农、联户和村集体（林场）与木材加工企业或木材商人之间的林权流转，林农与木材商人之间的林权流转，林农与集体（国有）林场等营林公司之间的林权流转等；基于流转的时间，流转可分为长期流转和短期流转；基于流转客体，流转可划分为林地使用权的单独流转、林木所有权的单独流转、林地使用权和林木所有权的共同流转；基于林权流转是否在林业职能相关部门登记权属变更关系，流转可分为场内流转和私下流转。目前实践中主要的流转方式有以下几种：

1. 林木（活立木）的转让

分为两种形式：一是以培育、经营为目的的林木折价转让，即林木经营者将成熟林或者中幼林转让给国有林场、其他经济组织或者个人，进行培育、经营。这种形式的转让价格根据林木数量、质量议定。转让期限由双方在合同中约定，可以是一个轮伐期，也可能是二十年或三十年。二是转让林木采伐权。经营者以招标方式将已取得采伐许可证或计划采伐的林木转让给购买者，根据许可证的规定进行采伐，并自行运输和销售，林木转让价格参照核定的出材量，按市场价格扣除采伐、运输成本议定或者标定。购买者采伐指定的林木后，有的转让方还可要求其对采伐迹地进行更新。

2. 林地、宜林地使用权和林木所有权拍卖

为了筹集经营、管理资金，发展林业，一些地方公开拍卖国有速生丰产林基地的林地使用权和林木所有权，吸引社会各界大量购买，或者将宜林荒山荒地以拍卖方式转让给个人或经济组织开发、种植和经营。拍卖的林地使用权期限较长，有 30 年、50 年、70 年。拍卖的林地使用权都规定必须继续用于造林，经营林业。

3. 林地使用权租赁经营

有的是租赁荒山、残次林的林地，对其进行开发和改造，造林种果，承租人支付租金后，约定期限，租赁经营；有的是将林地使用权出租给外商用于造林，经营林业的外商在境内设

立独资公司,与当地政府或林业部门订立租用林地合同,再由政府与农村集体经济组织办理租用林地手续后,将林地交由外商投资造林,外商按期向林地所有者或使用者支付租金。

4. 经济林(果园)收成转让

即果园经营者在果树开花期或采摘期按产量和价格预测向水果购销商转让预测的果实收成,这种方式又称为"标花""标果"。水果购销商在"标花""标果"后,参与果园的后期管理,并自行组织采摘与销售。采摘、销售后经济林交还原经营者经营。这已带有一定的期货交易性质,原经营者可以减少风险,而购销商可以得到一定的预期风险收益。

二、林权流转的意义

1. 林权流转是优化资源配置,促进林业生产力发展的必然要求

解放和发展林业生产力,明晰集体林地产权,将其承包到户是第一步;实现林权流转是第二步。林权流转有助于实现森林资源资产变现,促进林地向优秀的经营者流动,优化资源配置。林权流转运行良好能够维护相关人员合法权益,培育健康的林权交易市场。

2. 林权流转是落实处置权,实现兴林富民的客观需要

要进一步让农民获取资金从事林业生产经营活动,增加森林资源,就必须落实处置权,即森林资源资产流转、变现。要进一步促进生产要素向林区流动,做强林业,就必须规范林权流转行为,搭建森林资源流转平台。做好集体林权制度改革的三大基本要求——放活经营权、落实处置权、保障收益权——是兴林富民的必经之路。

3. 林权流转是维护森林资源安全和社会和谐稳定、巩固集体林权制度改革成果的重要举措

我国林业发展时间较短,林业制度并不完善。对林权流转的监控有限,以至于经常会有农民失山失地和森林资源流失的现象发生。要防止农民失山失地、维护相关利益人合法权益、维护林业稳定发展,就必须要加强林权流转管理工作。

三、林权流转管理

(一)依法规范林权流转行为

1. 稳定林地家庭承包经营关系

为保护农民平等享有集体林地的承包经营权、维护农民的合法权益,所有适宜家庭承包经营的集体林地应当实行家庭承包经营。稳定林地家庭承包经营关系需要引导农民自主经营,加强引导农民依法通过转包、出租、互换、入股等形式流转林权。各地根据实际情况,采取有效措施,防止炒买炒卖林权导致农民失山失地,以确保农民长期拥有可持续就业和增收的生产资料。

2. 建立规范有序的林权流转机制

转让、转包、出租、互换、入股、抵押或者以其他方式流转林地承包经营权的,应经原发包

的集体经济组织同意或备案。未划分清楚的山林和宜林荒山荒地,原则上不得流转;确实需要流转的,应当进行森林资源资产评估,流转方案须在本集体经济组织内提前公示,经村民会议三分之二以上的村民代表同意后,报乡镇人民政府批准,并采取招标、拍卖或公开协商等方式流转。

3. 加强林权流转的引导

林地的承包以及林木的流转以双方签订的书面合同为准则,需要林权变更的,当事人要及时到登记机关进行办理。对于农民林业专业合作社、家庭合作林场等林业合作组织的发展,要给予便利;鼓励和促进林权向优秀的经营者流动,活跃林权流转市场。

4. 切实维护林权流转程序

公益林的林地、林木,不进行转让;在不改变其性质的前提下可以进行转包、出租等方式流转。产权不明晰、权属不清或存在争议的林权不得流转;集体林权流转要流转给优秀的经营能力者,且流转后不得改变林地用途,流转期限受原期限限制。

5. 禁止强迫或妨碍农民流转林权

农民对自己承包的山林享有经营自主权和处置权,任何组织、个人不得以不法方式迫使其流转林权。如已承包到户的山林需要流转,具体条件需双方依法协商。任何党员干部决不允许假公济私。

(二)妥善处理林权流转的历史遗留问题

1. 全面核查林权流转的历史遗留问题

要掌握本地以往林权流转的相关问题,结合实际情况开展梳理工作。对群众反映,争议较大的林权流转活动,有关部门要依法进行排查其合理性、有效性。要切实贯彻落实《中共中央国务院关于全面推进集体林权制度改革的意见》精神,妥善解决本次改革以前因林权流转所造成的无山无林可分的问题,维护林区的社会稳定。

2. 依法妥善处理林权流转的历史遗留问题

本着"尊重历史、兼顾现实、注重协商、利益调整"的原则,依法妥善处理集体林权流转的历史遗留问题。对于集体林权制度改革前的流转行为,符合《中华人民共和国土地承包法》《中华人民共和国村民委员会组织法》等有关法律规定的、流转合同规范的,要予以维护;流转合同不规范的,要予以完善;不符合有关法律规定的,要依法予以纠正。

3. 积极探索解决历史遗留问题的有效形式

对流转面积过大、价格过低、期限过长、群众反应强烈的林地,要采取协商的方式,通过让利、缩短流转期、折资入股等办法依法进行调整,特别是要把政策性让利真正落实给农民;也可以因地制宜采取"预期均山"的办法予以解决。"预期均山"要按照集体林权制度改革的规范程序运作,既要保障农民平等享有林地承包经营权,又要依法保护林业经营者对承包林地的投资权益。

（三）加强林权流转服务平台建设

1. 加强林权流转服务

要保证林权流转活动的公平合法,就要建立健全相关运行机制和相应的规章制度。要积极培育林权流转市场,制定交易规则,提供林权流转相关联的各项服务,如森林资源资产评估,林业科技、法律咨询服务,形成规范有序的流转市场体系和管理服务体系。

林权流转服务平台建设应以流转服务中心为突破口,强化服务的同时构建林权流转信息共享平台,为林权流转双方提供高效便捷的服务,促进其健康有序发展。

2. 加强流转森林资源资产的评估工作

要加强森林资源资产评估机构队伍建设,规范流转森林资源资产的评估行为,维护交易各方合法权益。流转森林资产的评估应当以具有相应资质的森林资源调查机构核查的森林资源实物量为基础,进行价值评估。从事流转森林资源资产实物量调查和价值评估的森林资源调查机构和资产评估机构应当符合国家规定的相关资质条件,并严格按照国家有关资产调查、资产评估相关法规和技术规范的规定和要求进行森林资源实物调查和资产价值评估。

3. 加强林权流转的金融服务工作

各地林业部门要积极协助金融服务机构降低林权相关方面贷款的风险,改善林业融资环境,减轻林权抵押贷款难的状况;做好抵押林权处置的服务、登记工作,化解林权融资风险,促进林业金融服务发展。

（四）强化林权流转的管理工作

1. 依法强化林权流转登记工作

林权登记发证要严格依照程序进行,从审查林权流转登记申请文件的合法性、有效性、申请人的资格证明、流转合同到流转方式等内容,依法办理手续。对于合法规范的林权流转,需要变更林权的,应及时受理,进行林权变更登记;对不符合规定的,不予林权变更登记。

2. 加强林权纠纷调处和仲裁工作

要重视群众的来信来访,认真对待涉林纠纷。因林权流转发生纠纷的,要鼓励当事人自行和解;和解不成的,应当根据当事人的请求,由村民委员会、乡镇人民政府进行调解;当事人和解、调解不成或者不愿和解、调解的,林地承包仲裁机构应该根据当事人的申请,及时依法给予仲裁。当事人不愿意提请仲裁的,也可以直接向人民法院起诉。各级林业主管部门应积极采取有效措施,指导纠纷调解和仲裁,维护各方的合法权益。

3. 加强林权流转合同管理

为保障当事人的合法权益,林权流转应当签订书面合同,明确约定双方的权利和义务。省级林业主管部门应当统一制定本辖区内林权流转合同示范文本。县级林业主管部门或者乡镇林地承包经营部门应当及时向达成流转意向的双方提供统一文本格式的流转合同,认真指导流转双方签订流转合同,并对林权流转合同及有关文件、文本、资料等进行归档,妥善保管。

4. 加强林权流转收益管理

已承包到户的林权流转,转包费、租金、转让费等收益归转出方所有,或按照承包合同约定进行分配,任何组织和个人不得擅自截留、扣缴。集体经济组织经营的林权流转收益归本集体所有,纳入农村集体财务管理,用于本集体经济组织内部成员分配和公益事业。

5. 加强林权流转监督工作

各级林业主管部门应当加强对林权流转的监督,对弄虚作假、恶意串标、强买强卖等违法违规行为及时制止,构成犯罪的要移送司法机关依法查处。要加强对林权流转后是否改变林地用途、有无违法国家政策法律等情况进行监督,对违反规定的,要依法予以查处。

第六节 林权制度改革

一、当前集体林产权制度改革原则

(一)尊重客观现实原则

农村集体林产权变革,应在动态的过程中进行改革,在渐进的过程中进行改革。确定权属时有理有据有法可依,不搞大洗牌。在落实农民家庭承包制的过程中,要在明晰集体林产权的基础上,公平合理地进行集体经济组织承包。

(二)发挥市场在林地资源配置中的作用

林地的资源有效配置必须由市场进行激发,在市场中推行招标承包以及有偿转让等方式。在决定承包合同中收益分成比例时,要依据林地森林生长状况和林地级差的差异性;社区内每个成员的林地权益及该林地上现有资源禀赋价值都应该被考虑到。

"少山"村民和农村特困户要优先安排要承包的林地,鼓励优秀的农户对重点防护林以及条件较差的林地进行治理和保护承包责任制,并签订管护合同。但最基本的原则是要尊重村民意愿,反对平均主义,"均山、均林、均利"的分配手段与改革形势不相适宜,很难落实。

二、集体林权制度改革的主要任务

(一)明晰产权

要依法将林地的承包经营权、林木所有权通过家庭承包的方式落实到农户,确立农民作为林地承包经营权人的主体地位,并保证集体林地所有权不变这一基本前提。对一些不适宜实行家庭承包经营的林地,应以其他方式落实其产权,如均股、均利等。村集体经济组织可依法实施管理,保留少量的集体林地。

林地的承包期为 70 年。承包期届满,可以按照国家有关规定继续承包。已经承包到户或流转的集体林地,符合法律规定、承包或流转合同规范的,要予以维护;承包或流转合同不规范的,要予以完善;不符合法律规定的,要依法纠正。对权属有争议的林地、林木,要依法调处,纠纷解决后再落实经营主体。自留山由农户长期无偿使用,不得强行收回,不得随意调整。承包方案必须依法经本集体经济组织成员同意。

自然保护区、森林公园、风景名胜区、河道湖泊等管理机构和国有林(农)场、垦殖场等单位经营管理的集体林地、林木,要明晰权属关系,依法维护经营管理区的稳定和林权权利人的合法权益。

(二)勘界发证

对于承包关系已经明确的林地,依法进行勘界发证,勘界要做到林权登记内容的规范,数据的准确,图、表、册一致和人、证、地相符。各级部门应明确专门的林权管理机构,办理人民政府交办的林权相关业务。

(三)放活经营权

对不同性质的林地进行分类管理,商品林、公益林分类经营。依法划定符合规定的林地为商品林,即立地条件好、采伐和经营利用不影响生态平衡及生态多样性的森林林木;把生态区位重要或生态脆弱的林地划为公益林。将商品林交由农民依法自主经营,公益林应在不破坏其生态功能的前提下依法合理利用,开发林下种植业,发展森林旅游业等。

(四)落实处置权

在不改变林地用途的前提下,林地承包经营权人可依法对拥有的林地承包经营权和林木所有权进行转包、出租、转让、入股、抵押,或作为出资、合作条件,对其承包的林地、林木可依法开发利用。

(五)保障收益权

承包经营林地的农户在林地上所获得的收益归农户所有。依法足额支付林地补偿费、安置补助费、地上附着物和林木的补偿费等费用,安排被征林地农民的社会保障费用后才可以征用集体所有的林地。关于政府划定的公益林,由农户承包的,森林的生态效益补偿要落实到户,其余的要明细管护的主体和责任人,而森林生态补偿要落实到该集体经济组织的农户。杜绝乱收费、乱摊派的现象。

(六)落实责任

需要签订书面的承包合同才能承包集体林地,其中书面合同必须包含以下内容:明确规定并落实承包方、发包方的造林育林、保护管理、森林防火、病虫害防治等责任,促进森林资源可持续经营。尤其基层的林业主管部门更要加强承包合同的规范化管理。

三、集体林权制度改革的成效

集体林权制度改革破解了制约集体林业发展的体制性障碍,有效地调整了林权的生产关系,解放和发展了林业生产力,有效发挥了林地资源的潜力,大大激发了林业生产的活力,促进了农民增收致富,对林权社会经济发展产生了深刻影响。主要表现为:资源增长、农民增收、生态良好、林区和谐。

(一)资源增长

集体林权制度改革后,林木所有权大部分转变为农民个人所有,从法律上给予了确权发证,从而使私有林的发展有了实在的法律基础地位,在很大程度上调动了包括林农、企业等社会主体造林育林的积极性,推动了森林资源培育事业的发展,加快了森林资源增长过程,生态环境也获得了改善。从全国范围看,林权制度改革政策实施后,全国森林资源覆盖率比改革前提高了1.66%,森林面积增加了10.05%,森林蓄积面积增加了10.56%;从省域尺度上看,2003—2005年3年林权改革期间,也是福建省和江西省森林资源增长历史最快的时期,两省森林蓄积量增幅分别达4.02%和4.68%,森林覆盖率分别增长2.44%和2.49%,两省的森林面积增幅分别为4.02%和4.68%,同期浙江和辽宁省森林覆盖率分别增长了3.61%和2.02%,森林蓄积量分别增长了3.72%和8.30%。

(二)农民增收

经历了集体林权制度改革,林农的收入大幅度地增加,其表现如下:(1)林业税费改革,使得木竹税费降低,使得林农的收益权被保证。(2)改革推动林业产业飞速地发展,让林地和林木的价值大大提高,使得林农的收入大幅增加。如福建省通过降低木竹税费,2003年全省反哺林业达13.01亿元,单单是减免税费就达8.8亿元,省级财政反哺林业的转移支付为2.9亿元,补助村级运转1.3亿元。2006年,全省还利于民、反哺林业就达20.48亿元,对减轻农民负担、增加拉动农民收入起了积极作用。从2004年9月1日起,江西省全面实行了"两取消、两调整、一规范",林农税费负担全面减轻,仅仅2004年让利7.52亿元,全省农民人均直接增收23.5元。据统计,2006年全省农民人均林业纯收入达49 017元,占农民人均纯收入的13.7%,比2005年增加12 024元,增长32.5%。

(三)生态良好

森林生态系统与生态过程所形成及所维持的人类赖以生存的自然环境条件与效用,我们称之为森林生态系统服务功能。森林生态系统具有生态系统的绝大多数功能,因为它是整体生态系统的一部分。研究表明,森林生态效益远远大于其经济效益,我国森林每年可减少土壤侵蚀246亿立方米,减少土壤有机质流失3.84亿吨,年水源涵养量为3 473亿吨,折算经济价值超过5 000亿元。

(四)林区和谐

林权制度改革促进农村劳动力就业率大大提高,维护了林区稳定,山林权属纠纷减少,农村社会和谐程度显著提高。山林权属纠纷一直以来都是影响农村社会稳定的重要因素,在"三定"时期很多纠纷被搁置,这次集体林权制度改革带来了更大的物质利益,有争议的各方更有解决纠纷的强烈愿望,全国各地充分发挥民间调节机制的作用,对历史遗留的山权林属纠纷也作了全面调处,甚至一些起诉多年未果的纠纷也都得到了妥善处理,为促进农村社会的和谐奠定了基础,使农村社会矛盾得到了有效缓解,促进了林区良好社会风貌的形成。

四、集体林权制度改革中存在的问题

(一)山林权属争议较大

山林权属争议大部分是历史原因造成的。有的是由于修建国道、教育达标或村委会办公益事业等在集体林权制度改革前已出让的山林,当时在实际操作中,不同程度地存在不够完善的地方,一些人以现在的要求来衡量过去,产生争议;有的是由于村民占有量不均匀,较少山林的村民小组争山现象多,特别是少数村干部占有大量山林,弱势群体的村民则没有,就向国有或集体林业经营区争山;有的是很多地区普遍存在"插花山"的情况,由于某些原因,林权主体离开本地,即林权不归本地所有,但林地仍归本地管理,为林权的明晰与界定增加了难度;有的是"林权转债权"事例,虽然所抵押的只是山林使用权,但是由于林地使用的特殊性,这种林权在林木被砍伐之前相当长的一段时期内实际上就是林地的所有权。

(二)林权制度改革后林业社会化服务的滞后与缺失

1. 林农融资能力低

确权发证后,许多林农虽然获得了林业资源的经营权,但自身财力难以支撑其投入经营。从政策来说,虽有林权抵押贷款政策的实施,但目前获得者只是少数。因林产评估复杂,运行时间长,手续烦琐,限制条件多,小农户难以获得贷款,林权抵押贷款与林农的资金需求存在较大的距离。

2. 林业技术咨询难

林权制度改革后,集体山林分到千家万户,家庭成为经营主体。虽然农户经营有利于调动其积极性,但也由于农户自身生产经营的局限性导致许多不便,如苗木挑选、品种配置、栽植、修剪、施肥、病虫害防治等林木培植的各环节都需要技术人员指导。然而现实中乡镇林业站技术人员数量不足,高层次人才缺少,再加上林农分散、林区交通不便,客观上也给林业技术人员服务带来诸多不便,导致林农技术咨询难。

3. 森林保险发展滞后

林业是高风险的行业,在漫长的林木生长过程中,可能存在的自然风险主要有自然灾害和生物灾害,如火灾、病虫害、特大雪灾、冰雹、台风、泥石流等,还有人为的私自砍伐、偷盗,给林农造成严重经济损失,森林保险亟待建立,推进政策性森林保险,将林农的经济损失降低到最低限度。

4. 林产品流通不畅

目前农村经纪人、农产品运销专业户和农村流通合作组织等各类农村流通中介组织少,有实力的营销龙头企业更少,林产品流通不畅,导致柑橘、茶叶等林产品销售难,造成林农利益的重大损失。这不仅挫伤林农生产积极性,还导致社会对林业投入缺乏信心。

(三)政府在林业管理方面存在的问题

1.限额采伐制度不能适应村庄和农户生产的需要

限额采伐是维持整个林业体制运行的重要制度。现实中,指标控制和手续的复杂既成为滋生地方官腐败的制度因素,又是制约农民用材林经营的最大障碍。目前的限额采伐制度编制依据准确性不高、执行效果不佳、执行不力,极大影响了农民的收益和进一步投资;指标安排使用过于破碎,不利于森林资源的规模经营;林木采伐限额量明显不足,主要是林农的生产需求和限额控制反差太大,森林采伐限额管理与落实森林经营者林木处置权、收益权的矛盾日渐突出。商品林自主经营还存在法律上的障碍,如未被划入生态公益林的天然阔叶林以及铁路、公路、水路两侧,城镇周围一重山的商品林限制甚至禁止采伐,由于没有得到相应补偿,林权单位对林木进行采伐的愿望比较强烈。从农村实际来看,村级财务来自林业的多少直接取决于批准的采伐限额的高低,限额分配过程一般是不公布的。推翻现有的限额采伐制度还是重新设置一个主伐与采伐有别的采伐制度,值得深入研究。

2.政府财政投入不足,林业经费使用不规范

长期以来,林业系统挤占、挪用育林款现象时有发生,严重违背了设立、征收育林款的初衷。实行集体林权制度改革后,许多省份停征林业"两金",即育林基金和更新改造资金,如浙江省省级财政转移支付总额达 15 532 万元,其中,对市、县(市、区)转移支付 14 836 万元。但是,林改中的主管部门又面临着一些自身利益的调整问题。林改后"两金"大幅度削减,如湖北省"两金"削减近 1 亿元,而湖北省的财政转移支付目前只解决了 3 500 万元,致使越改革,基层林业部门人员的收入就越低。一些地方林业部门担心林改工作经费没有保障,因而对林改工作不积极。随着社会主义市场经济的发展,以公共财政维持正常的营林费用,显得尤为必要,林业特别是欠发达地区的林业、林区基础设施的投入与建设更需要政府公共财政的大力支持。

3.林业税费负担依然太重

近年来,国家陆续取消了森林资源补偿费、林业建设保护费,2005 年又取消了除烟叶外的所有农业特产税,林业税费负担有所减轻,这标志着我国林业税费改革迈出了新的步伐。通过集体林权制度改革,实行竹木产销直接见面,减少中间环节,消除了行业垄断,初步实现了"让利于民""还利于民",有效激发了林农从事集体林经营的热情。但是各地在减轻林农税费方面进展不一,建章立制普遍滞后,林农负担仍然存在反弹的可能。主要表现在:一方面,林业税费目前为 27% 左右,仍有减少空间;另一方面,一些税种征收不合理,如木材销售环节个人所得税的征收。从国外经验来看,林业发达国家一般采取减轻赋税的政策,有些国家甚至采取国家公共财政补贴的形式,让他们获得直接收益,刺激林业的快速发展。

4. 生态效益补偿机制不到位,森林资源质量下降

森林生态效益补偿制度是森林资源有偿使用制度的重要组成部分,体现了森林资源生态价值的客观存在。《森林法》第八条规定:"国家设立森林生态效益补偿基金,用于提供生态效益的防护林和特种用途林的森林资源、林木的营造、抚育、保护和管理。"林改后,随着经济发展的诱导,个体经营者急于收回投资,想方设法采伐林木。同时农村能源需求量不断增加,有些地方群众烧材供需矛盾已经开始凸显,森林资源的保护受到威胁,建立合理的森林生态效益补偿制度迫在眉睫。现阶段我国森林生态公益林补偿标准仅为 75 元/公顷,补偿标准过低,依据造林成本和机会成本计算的标准,新造林和现有林分别为 4 300 元/(公顷·年)和 2 350 元/(公顷·年)。同时,我国森林生态补偿制度还存在认识上的偏差、渠道单一、补偿不到位、标准低、范围小、缺乏科学性、补偿基金缺乏等问题。现有的补偿管护机制存在缺陷,如管护模式产权不清、主体虚置,使管护责任未能有效落实;补偿资金分配形式不合理,补偿资金总额远远不足;林改后商品林与生态公益林经营效益反差巨大,保护压力大;生态公益林利用机制不完善,保护与利用的矛盾日益突出;人工林的生态恶化(地力衰退、生物多样性降低、病虫危害加重)等问题。

五、我国林权制度改革过程中应处理好的关系

改革必然涉及各方利益的调整,因此也不可避免地带来一些新情况、新问题。要顺利实施林权制度改革,必须首先处理好以下几个关系。

(一)正确处理好国家、集体和林农三者之间的利益关系

林权改革实际上就是利益的再调整,其中一个重要理念就是用经济利益的杠杆来激发广大林农参与改革的积极性。在坚持把利益大头留给林农的同时,又要使相关的林业主管部门和村委会获得相应的利益,用来维持行政单位的正常运转。对于林农来说,最关键的就是获得实实在在的好处,使他们的收入能大幅增加。能否正确处理好三者的关系,是林权改革成败的关键。

(二)正确处理发挥政府领导作用和依靠群众民主决策的关系

林权改革是关系国家、集体和所有林农的大事,主体应当是所有的林农,因此,在改革中一定要尊重群众意愿,维护群众利益,依靠群众力量。政府及相关部门不能越俎代庖,把自己的意愿强加给群众。只有在广大林农的积极主动参与下,再加上各级政府和有关部门在改革中的政策引导、组织协调和技术服务的配合和支持,林权改革才能向前推进。

(三)林权制度改革与其他配套改革的关系

林权制度改革是一项政策性强、涉及面广的改革,如果没有相关的配套改革措施,林权改革难以成功。这里要强调的是,林权改革是建立在森林分类基础上的,如不落实林业分类经营改革,林权改革就无法进行。森林分类经营是我国林业为了实现"两个转变"(森林经营

体制由计划经济体制向社会主义市场经济体制转变,林业增长方式由粗放型向集约型转变)和建立"两大体系"(完备的林业生态体系和比较发达的林业产业体系)而提出的。

(四)放活经营权、落实处置权与森林资源保护的关系

放活经营权、落实处置权是新一轮林权改革的重要内容。改革之后,林农有了更大的经营自主权,如果不加强监管,很有可能会出现乱砍滥伐的现象。因此,必须妥善处理好放活经营权、落实处置权与森林资源保护之间的关系,做到既不影响非公有制林业发展的积极性,又能确保森林资源的有效保护和森林资源的不断增长。

(五)正确处理好质量和进度的关系

林权改革是一个循序渐进的过程,不能为了追求进度而忽视了质量的重要性。任何时候,质量都应当放在第一位。只有在充分保证质量的前提下,才能适当地加快进度。总之,要积极稳妥地推进此项改革,避免操之过急。

六、深化集体林权制度改革的对策措施

(一)深化集体林权制度改革的政策配套

1. 完善林木采伐管理机制

采伐林木是农民获取经济利益的主要形式。要编制森林经营方案,改革商品林采伐限额管理办法,实行林木采伐审批公示制度,简化审批程序,提供便捷高效服务,提高农民造林、抚育、护林的积极性。严格控制公益林采伐,依法进行抚育和更新性质的采伐,合理控制采伐方式和强度。

2. 规范林地、林木流转

在依法、自愿、有偿的前提下,林地承包经营权人可采取多种方式流转林地经营权和林木所有权。流转期限不得超过承包期的剩余期限,流转后不得改变林地用途。集体统一经营管理的林地经营权和林木所有权的流转,要在本集体经济组织内提前公示,依法经本集体经济组织成员同意,收益应纳入农村集体财务管理,用于本集体经济组织内部成员分配和公益事业。加快林地、林木流转制度建设,建立健全产权交易平台,加强流转管理,依法规范流转,探索限期限量流转的办法,保障公平交易,防止农民失山失地。探索限定受让方资格的办法,限制没有林业生产经营能力的工商企业和个人受让森林,抑制过度炒买炒卖森林的行为;建立集信息发布、市场交易、林权登记、中介服务、法律政策咨询于一体的资源流转的要素市场,建立森林资源流转信息库,逐步实现流转信息化、网络化;加强森林资源资产评估管理,加快建立森林资源资产评估师制度和评估制度,规范评估行为,维护交易各方合法权益。

3. 建立支持集体林业发展的公共财政制度

各级政府要建立和完善森林生态效益补偿基金制度,按照"谁开发谁保护,谁受益谁补偿"的原则,多渠道筹集公益林补偿基金,逐步提高中央和地方财政对森林生态效益的补偿

标准。建立造林、抚育、保护、管理投入补贴制度,对森林防火、病虫害防治、林木良种、沼气建设给予补贴,对森林抚育、木本粮油、生物质能源林、珍贵树种及大径材培育给予扶持。改革育林基金管理办法,逐步降低育林基金征收比例,规范用途,各级政府要将林业部门行政事业经费纳入财政预算。森林防火病虫害防治以及林业行政执法体系等方面的基础设施建设要纳入各级政府基本建设,林区的交通、供水、供电、通信等基础设施建设要依法纳入有关行业的发展规划,特别是要加大对偏远山区、沙区和少数民族地区林业基础设施的投入。

4. 推进林业投融资改革

充分发挥金融部门的职能作用,开发适合林业特点的信贷产品,拓宽林业融资渠道。加大林业信贷投放,完善林业贷款财政贴息政策,大力发展对林业的小额贷款,切实解决林业生产资金不足的问题,完善林业信贷担保方式,健全林权抵押贷款制度。加快建立政策性森林保险制度,提高农户抵御自然灾害的能力,妥善处理农村林业债务。

5. 加强林业社会化服务

积极引导培育新型的林业社会化服务组织,扶持农民组建各类专业合作社、行业协会、中介服务机构,形成多种经济成分、多层次、多形式的服务网络,为农民提供产前、产中和产后的全过程综合配套服务。扶持发展林业专业合作组织,培育一批辐射面广、带动力强的龙头企业,促进林业规模化、标准化、集约化经营。发展林业专业协会,充分发挥政策咨询、信息服务、科技推广、行业自律等作用。引导和规范森林资源资产评估、森林经营方案编制等中介服务健康发展。

(二)深化集体林权制度改革的对策措施

1. 稳定林地承包政策,巩固主体改革成果

林业生产投资周期长、风险大,政策稳定性关系农民的切身利益。在深化改革中,要坚持以家庭承包经营为基础、充分结合的双层经营体制,维护农民的林地初始承包权,农民与村集体的初始承包关系不因流转而改变。实施主体改革要按照客观规律办事,循序渐进、分步实施,要按照先确权、后发证,接着开展流转市场建设等步骤,有计划、分阶段、一环紧扣一环实施,做到积极稳妥。要因地制宜,从实际出发,在试点经验的基础上逐步铺开,根据不同资源禀赋和不同自然地理条件作出不同的时间进度安排,并充分考虑当地社情、林情、村情,合理调度技术力量,列出工作计划。按照"东扩、西治、南用、北休"的林业生产力区域发展战略,分类指导。按照《土地承包法》的规定解决"不均"问题、实现"耕者有其山"。加强林权登记工作人员培训,规范林权登记发证工作,加强林权管理。按照《中共中央国务院关于全面推进集体林权制度改革的意见》〔2008〕的规定规范林权流转,引导林农通过入股、转让和抵押等方式流转林权,防止林农失山失地。加快林权管理网络化、信息化进程,加强县、乡、村三级林业信息员制度建设,构建信息服务平台建设,完善建立评估准则和市场准入制度,强化资产评估机构和队伍建设,推进集体林权主体和配套改革。

2. 解决后续关键问题,做好三项配套改革

一是突出商品林采伐管理制度改革,重点抓好森林经营方案编制。林改后,林权主体和产权均已明晰,按照分区政策、分类经营的要求改革采伐管理制度,探索商品林和公益林两类森林资源管理的不同方法,实行不同的森林采伐管理形式,探索人工用材林主伐—皆伐按小班面积经营控制采伐的管理办法。二是突出林业经营方式改革,重点抓好林业合作经济组织建设。以共同经营和委托经营为目标,以提高互助合作水平为目标,按照"民办、民营、民受益"和"形式多样、群众自愿、循序渐进、因地制宜"原则,大力发展林业各类专业合作协会,以提高服务水平为目标,加快社会化中介组织建设。三是做好林业投融资体制改革,突破林业发展的资金"瓶颈"。积极探索"商业性信贷+政策性信贷+商业性保险"等灵活多样的有机组合模式,如林农直贷模式,农户联保贷款模式,信用授信模式,协会、中介或专业担保公司保证贷款模式和公司加基地加农户模式,推行林权证直接抵押贷款政策。

3. 转变林业管理方式,完善林业服务体系

按照"精简、统一、效能"的原则,整合机构,理顺关系,加快构建以管理、执法、服务三大职能为主的新型的林业管理体制。推进政府职能转变,完善林业立法、执法和监管工作,制定符合地方实际的林业地方性法规和规章。探索林业综合行政执法的有效模式,加强森林公安队伍建设,加强全社会的林业法制教育和生态道德教育,坚持依法治林。坚持"多补、少取、放活"方针,通过税费减免和优惠,降低起征价,对新造林实行两费返还,减轻林业税费。通过推进政府职能转变,依法治林和减免林业税费,完善林业管理体系。通过健全网络化的林业服务,扶持一批森林资源评估等中介机构,发展各类专业化的林业行业协会,完善林业服务体系。通过激发科技人员创业热情、建立科技服务网络、开展种苗科技攻关和产学研合作,完善林业科技支撑体系。

4. 建立健全生态公益林管护补偿机制,推进生态建设

生态公益林保护直接涉及广大经营单位和千家万户林农的切身利益。为此,应按照"落实主体、维护权利、强化保护、科学利用"的原则,采取股份均山、联户管护、责任承包专业管护、相对集中委托管护的模式,建立主体明晰、责权利相统一的管护机制,落实生态公益林管护主体;在限制性木质利用的基础上,拓展林木花果开发、林下经济和景观等非木质资源开发,建立严格保护、科学经营的利用机制,确保林权单位和林木所有者权益;采取财政转移支付、生态效益补偿、旅游和水电资源经营收入提取等方式,建立多渠道多形式的森林生态效益补偿机制,以利益调动林农保护和建设生态公益林的积极性;强化林业站生态公益林监督管理工作,建立严格的森林生态效益补偿资金使用和管理的监督机制,确保补偿资金规范、有效、安全运行,实现经济社会与生态环境的协调发展。

本章小结

林权是指森林、林木、林地的权属,包括林权主体对森林、林木和林地的所有权、使用权、收益权和处置权,林权具有外部性、收益预期的不确定性、资产的流动性、计量的困难性、约束性、界定和保护的困难性等特点。林权的主体是森林、林木、林地的所有者或使用者,林权的客体包括森林、林木、林地。在我国,森林的所有权属于国家和集体,林地的所有权属于国家和集体,林木的所有权属于国家、集体和个人。林权管理包括林权确认、调解林权纠纷、核发林权证、建立林权档案、林权流转和林权保护等内容。其中,林权确认是对林权排他性范围和程度的界定和认可,并通过林权登记、公告和审查、核发林权证等程序登记造册认可。

明晰产权、勘界发证、放活经营权、落实处置权、保障收益权和落实责任是我国新一轮集体林权制度改革的主要任务,但还存在山林权属争议较多、林权流转中出现林农失山失地问题和政府林业管理方面的问题,需要完善林木采伐管理机制,规范林地、林木流转,建立支持集体林业发展的公共财政制度,推进林业投融资改革,加强林业社会化服务等政策配套。同时,还要采取稳定林地承包政策、巩固主体改革成果;解决后续关键问题、做好三项配套改革;转变林业管理方式、完善林业服务体系;建立健全生态公益林管护补偿机制、推进生态建设等对策措施,深化集体林权制度改革。

【案例分析及讨论】

实际采伐量没有达到采伐许可证限定数量的案例

(1)案情简介

某村民经县级林业主管部门审核批准,获得采伐许可证,采伐自留山和个人承包的集体林,由于采伐的木材株数尚未超过批准的采伐株数,该村民又采伐了经过该村公路两旁的护路林,之后,还要到附近的国有林场去采伐林木,遭到国有林场的拒绝。他们的行为是否构成违法采伐行为?

(2)案情评析

本案关键是要判断:实际采伐量没有达到采伐许可证限定的数量,采伐其他林木进行补足是否合法?

根据《森林法》第三十二条规定,除农村居民采伐自留地和房前屋后个人所有的零星林木外,采伐林木必须申请采伐许可证,按许可证的规定进行采伐。林木采伐许可证是采伐林木的单位和个人依照法律规定办理的准许采伐林木的证明文件。林木采伐许可证的内容包括采伐地点、面积、蓄积(株数)、树种、方式、期限。不办理采伐许可证进行采伐或者虽办理了采伐许可证,但不按照采伐许可证的规定进行采伐的行为,均违反国家森林保护法律,若数量较大,则构成犯罪。因此,对于按照采伐许可证规定的地点、树种、方式、期限进行采伐,即使采伐的林木数量没有达到许可证限定的数量,也不能违背许可证的规定,采伐其他地点的林木。

本案行为人经县级林业主管部门批准,获得林木采伐许可证,按照采伐许可证的规定,采伐自留山和个人承包的集体林,并且采伐数量在采伐许可证规定的范围内,符合《森林法》的有关规定,是合法行为。但为达到许可证所规定的采伐株数,违反许可证规定的地点,擅自采伐公路两旁的属于国家所有的护路林,违反了国家保护森林资源的法律规定,应定性为盗伐林木的行为,如果数量较大,应按盗伐林木罪进行处理。

1. 你如何评价本案例中该村民的行为?

2. 现实生活中应如何避免类似情况的发生?试从不同的角度考虑。

【本章复习思考题】

1. 简述林权的概念及其特点。

2. 我国林权制度的演变经历了哪几个时期?试概括每个时期的内容。

3. 林权管理包含哪些内容?

4. 我国林权管理的政策有哪些?

5. 如何调处林权纠纷?

6. 简述林权流转的概念及其意义。

7. 林权流转管理的措施有哪些?

8. 简述我国林权制度改革的任务及其成效。林权制度改革过程中产生了哪些问题?

9. 思考如何深化集体林权制度改革。

【相关阅读材料】

全国人民代表大会. 中华人民共和国宪法(修订版). 2018-3-1.

全国人民代表大会. 中华人民共和国物权法. 2007.

全国人民代表大会. 中华人民共和国行政处罚法(修订版). 2017-9-12.

全国人民代表大会. 中华人民共和国民法通则(修订版). 2009-8-27.

全国人民代表大会常务委员会. 中华人民共和国土地管理法(修订版). 2004-8-28.

全国人民代表大会常务委员会. 中华人民共和国农村土地承包法(修订版). 2009-8-27.

全国人民代表大会常务委员会. 中华人民共和国森林法(修订版). 2009-8-27.

国务院. 中华人民共和国森林法实施条例(修订版). 2018-3-19.

国务院. 中共中央、国务院关于全面推进集体林权制度改革的意见. 2008-7-14.

国务院. 中共中央、国务院关于保护森林发展林业若干问题的决定. 1981-3-8.

林业部. 林业经济体制改革总体纲要. 1995-8-30.

【主要参考文献】

[1] 张红霄,张敏新.我国集体林产权内容的法律界定[J].林业经济,2006(11):14-17.

[2] 周春华.南方集体林区林地产权问题研究[D].长沙:中南林学院,2004.

[3] 徐秀英.南方集体林区森林可持续经营的林权制度研究[D].北京:北京林业大学,2005.

[4] 柯水发,温亚利.中国林业产权制度变迁进程、动因及利益关系分析[J].绿色中国,2005(20):29-32.

[5] 刘永丽,张艳华,郭延鹏,等.我国林权政策历史变革的探析[J].河北林果研究,2013,28(1):89-94.

[6] 孔凡斌,杜丽.新时期集体林权制度改革政策进程与综合绩效评价——基于福建、江西、浙江和辽宁四省的改革实践[J].农业技术经济,2009(6):96-105.

[7] 马春鲤.试论林权与林权争议纠纷的调处[D].杨凌:西北农林科技大学,2005.

[8] 张新光.建国以来集体林权制度变迁及政策绩效评价——以大别山区的河南省新县为例[J].甘肃联合大学学报(社会科学版),2007(6):1-9.

[9] 金银亮.我国集体林权法律制度研究:林农权益规范与实证研究[D].南京:南京林业大学,2007.

[10] 刘毅.南方集体林区森林产权研究——基于森林丰富地区的村级案例[D].南京:南京林业大学,2007.

[11] 张蕾,王宏祥.中国林业法律手册[M].北京:中国林业出版社,2000.

[12] 朱永新.管理心理学[M].北京:高等教育出版社,2002.

[13] 张力.林业政策与法规[M].北京:中国林业出版社,2001.

[14] 刘德钦.林政管理[M].上海:上海交通大学出版社,2007.

[15] 徐秀英,马天乐,刘俊昌.南方集体林区林权制度改革研究[J].林业科学,2006(8):121-129.

[16] 陈幸良.中国林业产权制度的特点、问题和改革[J].世界林业研究,2003(6):27-31.

[17] 戴广翠,徐晋涛,王月华,等.中国集体林产权现状及安全性研究[J].林业经济,2002(11):30-33.

[18] 张海鹏,徐晋涛.集体林权制度改革的动因性质与效果评价[J].林业科学,2009(7):119-126.

[19] 刘康平.林政学[M].哈尔滨:东北林业大学出版社,1989.

第六章

林地管理制度

【本章学习目标】

1. 了解林地管理制度的目标,知道林地对于森林资源及整个社会的重要意义。
2. 了解林地管理制度的内容和任务。
3. 了解我国林地权属的发展。
4. 通过对具体林地管理制度的学习,了解林地方面相关的法律、法规及处理规范。
5. 学会运用政策手段对林地管理方面的相关实际情况进行分析。

【本章要点】

林地管理是林业工作中的一个基础性、根本性和长期性的重要工作,它肩负着国土资源保护和生态环境保护的重大责任,关系着促进人与自然和谐发展和生态文明建设的长远大计。本章介绍了土地的概念及在林业生产中的作用,系统论述了林地管理制度的主要内容及任务,全面分析了林地管理制度的目标和实施情况。对林地权属的产生与变更、确认和保护,征用、占用林地的审批程序进行了详细的阐明。

第一节　土地在林业生产中的地位和作用

一、土地的概念

土地是最为基本的生产资料,也是人类赖以生存的物质基础。土地的概念有狭义、广义之分。狭义的土地指地球的表层,即地球表面坚实而干燥的部分,也包括穿越土地的小溪和封闭或半封闭的水域。广义的土地又分为两种:一种是指整个地球表面,包括陆地和海洋;另一种是指地球表层的垂直剖面,包括土壤、气候、地貌、水文和生物等自然综合体。从不同的角度可赋予土地不同的概念。一般认为,根据土地的自然状况和用途,可以把土地定义为一国领域内的平原、高原、山地、林地、草地、滩涂、耕地、荒地、内陆水域、岛屿、通道等。这是因为,土地作为自然资源,不仅与水资源、森林资源、矿产资源、水产资源和野生动植物资源构成了有机统一的自然资源体系,同时又是自我独立的资源体系,在利用和保护时需采用不同的方法。所以,首先须将各类资源分别予以规定,然后方可用法律手段保护自然资源。例如,矿产资源虽与土地资源紧密联系,但并不属于土地法的调整范畴,对矿产资源的利用和保护应由矿产资源保护法来调整。

林业生产中,土地资源是指已经开发利用和未来可开发利用的林地数量和质量的总称。从法律意义上讲,林地是国家划定用以发展森林的土地。它包括郁闭度 0.3 以上的乔木林地、疏林地、灌木林地、未成林地、造林地、采伐迹地、火烧迹地、苗圃地和国家规划的宜林地。林地作为森林资源的重要载体,在国家经济建设中意义重大。

二、土地在林业生产中的地位和作用

土地是极为重要的生产资料,同时也是蕴藏财富的经济资产。人类的任何生产活动都依附于土地之上,随着土地的日益稀缺,土地的价值不容小觑。

土地是林业发展的物质基础,是林业生产中最为根本的生产资料。一方面,林业生产离不开土地;另一方面,土地能够培育发展森林资源,即其自身具有的物理结构、化学和生物性质,可通过人的劳动,同林产品的质量和产量紧密联系在一起,从而参与整个林产品的生产过程。土地在林业生产中,既是劳动对象,又是劳动资料,因此,土地是最为重要的不可替代的基本生产资料。土地参与了林业的整个生产过程,是林业得以发展生存的最基本条件,纵观整个林业生产,林业生产者的造林、林木和林副产品的取得等,都离不开土地这一要素。因此,合理利用土地,一直都是林业经济最为重要的问题。

三、土地的特点

1986 年 5 月颁布的《中华人民共和国森林法实施细则》(简称《森林法实施细则》)规定,林地是森林资源的重要组成部分。森林和林地不可分割,森林不可能脱离林地而存在,林地资源和森林等有机地构成了整个森林资源体系。林业生产中的土地与其他生产资料存在显著差别,它形成了自我独立的资源体系。

(一)土地具有数量的有限性

土地不同于其他生产资料,它不是人们的劳动产物,而是自然历史过程的产物,人们只能对现有的土地进行改造,而不能创造出新土地。所以,土地是极为稀缺的生产资料。由于土地资源的稀缺,人们必须珍惜、保护、合理利用有限的土地资源,使有限的土地资源生产出更多的林木产品和林副产品。与此同时,我们要重视技术进步,不断革新技术,改造和利用土地,使土地利用更为科学、合理、高效。

(二)土地具有位置不可移动性

土地的位置是指土地的地理分布。土地的位置不可移动,并与其周围的自然条件、经济环境密切联系,不同位置的土地,因其自然条件、经济条件而千差万别。所以,不仅需要通过有效手段来改善不利的自然和经济条件,也需从实际出发,因地制宜地利用土地,以期达到最好的利用效果。

（三）土地具有肥力再生性

从林业再生产的角度讲,人们虽不能增加土地,但可以实现对土地的循环可持续利用。因此,人们必须合理利用土地,使土地成为可循环、可持续利用的生产资料。在林业生产中,与大部分生产资料不同,土地并不会在使用中发生损耗,由于森林的作用,土地在长期利用过程中具有肥力再生性特点,可长久保持一定肥力。

第二节　林地管理制度的内容和任务

一、林地管理的概念及意义

（一）林地管理的概念

林地管理是指林业行政主管部门根据国家法律、法规和政策,依法对林地的保护、利用、归属等进行组织、协调、控制和监督等职能活动。

1. 在国家层面上,林地管理是维护林地所有制的重要举措,任何统治阶级都必须维护林地所有权。在我国,林地不仅作为生产资料而存在,更是社会土地关系客体的一部分。我国的林地管理以社会主义土地公有制为基础,是国家用以维护、稳定社会主义林地利用方式的一项重要措施或手段。国家通过林地管理来维护社会主义林地公有制,并制止和约束对社会主义林地公有制的各种侵权行为,维护林地所有者、使用者的合法权益。

2. 林地管理旨在维护林地所有者和使用者的合法权益,调整林地关系,合理组织利用林地。为此,一方面必须依靠相关法律规定和尊重林地利用的客观规律,依法履行法律组织程序,另一方面还需依靠一定的技术措施,如确定林地数量、质量和地理位置,为合理利用林地建立良好的组织条件。所以林地管理不仅是一项法律措施,也是一项专业技术措施。

3. 林地管理属林业行政管理范畴,应贯彻和执行国家在林地开发、利用、改造和保护方面的林政条例法规,包括采取经济、法律、行政、技术等手段。

（二）加强林地管理的意义

林地作为森林资源的重要组成部分,是林业发展的基础。然而,我国的一个重要基本国情就是"人多地少",由于长期以来的重林木轻林地,我国林地流失现象尤为严重。据不完全统计,1988—1991 年全国因各种原因,平均每年损失林地 52 万公顷（折合 780 万亩）,大致等于造三亩丢二亩,不仅造成严重的人力财力的浪费损失,更是威胁到了林业的生存发展。现实所迫,加强林地管理刻不容缓。

所以,林地的保护管理关系着森林资源的未来发展,关系着国土的绿化进程,关系着国民经济的发展和生态环境的改善等一系列不可忽视的大事。加强林地的保护管理,需实现对林业用地的宏观调控,建立合理的用地结构,确保林地得到科学合理充分的利用,坚决禁止乱占滥用林地,要不断提高森林的覆盖率,这对于林业发展和国土安保有着重要的意义。

加强林地的保护管理,有利于提高林地的经营利用水平,尤其对于现有林地的经营方式由粗放型转变为集约型,促进林业高效可持续的发展建设具有重要意义。

二、林地管理制度的主要内容

林地管理制度的内容由与社会生产力水平相适应的生产关系以及林地的基本特征决定。在特定的社会生产条件下,林地管理有其特定的内容。我国现阶段林地管理的主要内容由我国国情和林业建设需要决定,可包括基础管理、权属管理、用地管理及法制建设等。

(一)基础管理规定

基础管理规定包括林地调查、林地登记、林地统计、林地分等定级等。

1. 林地调查

林地调查可根据其调查内容的侧重不同分为三种:林地利用现状调查、林地地籍调查和林地条件调查。

(1)林地利用现状调查

林地利用现状调查的主要内容是按林地利用现状分类来调查用地的面积、分布和利用现状。这种全国范围的林地全面调查是以县级为单位进行的。

林地利用现状调查的目的是准确掌握林地面积、空间分布及权属关系。其工作内容可根据调查工作的特点分为四个阶段:准备工作阶段、外业工作阶段、内业工作阶段以及检查验收和成果归档阶段。根据我国有关法规规定,我国土地利用现状调查是以县级为单位进行的。首先由相关部门提出申请,一般由计划开展利用现状调查的县(市)土地管理部门编写申请书,经县级人民政府同意后,报上级土地管理部门审批,审查核准后,进行组织准备工作,各级财政分别负担调查所需经费。林地利用现状调查的正确性对整个调查工作的质量影响重大,因此,林地利用调查的重要环节——外业工作,要力求准确。调查成果的直接形成阶段是内业工作。认定、考核和检查成果的阶段是检查验收。林地地籍资料的形成、地籍档案及日常林地地籍管理的基础是成果归档。

(2)林地地籍调查

林地地籍调查涉及对权属、位置、界址、用途(类别)、等级和面积等的调查,林地权属调查是其调查的核心。林地地籍调查需依照法定程序,采用科学方法,通过林地权属调查和林地地籍测量,查清林地的基本情况,如林地的位置、权属、界址、数量等。

林地地籍调查分为两种:一种是初始林地地籍调查,即为满足初始林地登记而进行的调查;另一种是变更林地地籍调查,即根据变更登记申请的变更项目而进行的调查。林地地籍调查一般分为准备工作阶段、权属调查阶段、地籍测量阶段和成果整理阶段。做好充分的准备工作,包括组织准备、行政事务准备、业务准备等,有利于保证林地地籍调查工作的顺利进行。在此基础上,还需对林地权属单位的林地资源、权属及林地界线、位置、数量等基本情况进行调查。"先整体后局部、先控制后细部、从高精度到低精度"是林地地籍测量务必遵循的原则,确定林地的权属界线、位置、形状成果是整理阶段,是林地地籍调查的最后环节。对数量等进行测量和计算林地面积。林地地籍调查的最后阶段为成果整理阶段,即对资料进行检查验收和整理归档。

（3）林地条件调查

林地条件调查可分为自然条件调查和社会经济条件调查。自然条件调查是指调查林地的土壤条件、植被覆盖、地貌特征、气象环境、水文状况、地质现象等自然条件;社会经济条件调查是指对林地的投入产出、经济收益、交通条件、区域位置等社会经济条件的调查。在林地的质量和分布状况调查清楚的前提下,林地的评级和定级由林地条件调查结果提供依据。

2. 林地登记

林地登记是指国家在专门簿册上对林地坐落位置、面积大小、等级高低、权属关系等进行登记造册的一种制度。林地登记是一项法律措施,国家用它来确认土地的所有权和使用权,确保土地权属的申请、审核、登记造册和核发林地许可证的依法实行。

林地登记工作主要有申报、调查、权属审核、注册和发证五个阶段。林地登记也可分为初始登记和变更登记。初始登记是指在土地管理部门发出公告或通知后,林地权利人按照法律规定进行登记申请、申请表填写、有关材料及权属凭据呈报,并经管理部门审查后验收。变更登记是指由林地权利人提出变更申报后,持相关文件到土地管理部门申请变更登记并按要求填写申请书。林地登记申报完成后进入调查阶段,即进行权属调查和地籍勘察。土地管理部门根据申请者的申请书、权属证明文件和地籍调查结果,对林地权利人进行权属审核确认,并根据人民政府的审批意见,对土地权利人进行注册、登记。由市（县）人民政府向土地的合法权利人颁发林地所有权和使用权的法律凭证,有利于维护林地权利人的合法权益,最大限度地维持林地的稳定。林地登记是落实林地权属管理工作的具体措施。目前,我国已基本完成林权证的核发工作。

3. 林地统计

林地统计是按照1982年林业部的技术规定,在森林资源清查的基础上,利用数字、图表资料进行的林地分类统计。林地统计是一项制度,用来及时掌控国家林地资源的数量、质量、位置分布和利用情况的动态变化。统计设计、统计调查、统计整理和统计分析是林地统计工作的四个阶段。

4. 林地分等定级

对林地分等定级是一项较为复杂的综合性的工作,其意义不仅在于合理确定征收税费和林地补偿标准,还可为林地经济政策的制定和林地有效利用的合理组织提供科学的依据。根据其工作特点,一般可将林地分等定级分为前期准备工作、选取林地鉴定指标、确定单元指标值并划分林地单元、划分等级、最终成果整理等阶段。

（二）权属管理制度

林地权属管理制度是指林地所有权与使用权的确定及管理,包括权属转移管理、调处林地权属争议或纠纷、林地用途变更管理、征占用林地管理等政策。

2003年6月25日,《中共中央国务院关于加快林业发展的决定》中提出了进一步完善和发展林业产权制度的基本思想。现如今,诸如体制不顺、机制不活、责权不清等阻碍林业快速发展的体制性问题日益突出,需要尽快解决。为加强林地保护,首先就是要分离林地的所有权与经营权,逐步建立起"产权归属清晰、经营主体落实、责权划分明确、利益保障严格、流转顺畅规范、监管服务到位"的现代林业产权制度,从而最大限度地适应我国林业在新形势下更好更快发展的客观需要。在权属明确的基础上,各种社会主体都可以利用承包、租赁、转让、拍卖、协商、划拨等方式进行林地使用权的合理流转,要坚决防止乱砍滥伐、私自改变林地用途、非法征用或占用林地等现象出现。为完善我国林地产权制度,提出如下设想:

1. 林地所有权主体的定位

（1）林地资源国家所有权职能化、权能化

其一,明晰国家所有的主体及其权能的分化界线。为强化国家所有的主体的权利,应由国务院按照基本立法宗旨代表国家行使所有者权益,明确划分各级政府之间的权限,完善包括申请审批制度、收益上缴制度、争议解决机制在内的相关制度。其二,分离国家所有主体的行政职能与经济职能。转变政府职能的根本途径是实现政企分开,政府的经济职能从直接调控为主转变为间接调控为主。政府部门可以放松对经营权的掌控,将其委托给国有企业,回归管理者的角色,对国有企业的森林资源进行宏观的调控和监督管理。这样,不仅解决了政府对经济的过度干预,减轻了政府实施经济职能的负担,还将国有企业从作为非公益主体却要承担社会职能的困境中解放出来。

（2）林地资源集体所有权主体权益法制化

林地制度包括国家所有和集体所有。为完善我国的集体所有权制度,应按照法律的基本原理,对集体这一带有意识形态的概念重新定义。简单来说,村民委员会理应是集体林地的所有权主体,乡（镇）政府必须保留集体林地的最终所有权。而为了体现最终所有权,就需要有一个机构或组织来代理行使该权利,因此可设立农民集体大会为集体林地所有权主体,再由农民集体大会选举一个较为固定的机构或组织,代表农民集体行使与所有权相关的事务,即一个类似股东大会的机构。为了更加符合集体林地的区情,乡（镇）政府可在村委对林地进行使用和产权交易时收取地租或交易费用,从而维持这种产权的权益关系。它还应包括集体成员的权利获得、转让和灭失,集体共有权利的属性,权力行使的方式,集体机关机构的设计,合理决策的作出,代表人的义务和职责,等等,以切实维护集体中的成员权益和集体的总体权益。

2. 设立新权能完善林地产权结构

目前林地产权管理存在许多问题,例如由林地产权权能的单一化以及各项权利界定的不明确性而导致的同一土地财产上不同权利之间边界模糊等,这些问题都正在甚至已经影响了林地的有效保护。因此,规范现有林地产权权利是完善林地产权制度的一个重要内容,其规范方法为合理设置、界定一些新权利,并明晰产权边界,使林地产权结构能够适应林地利用方式转变需要。为了保护林地和规范林地交易市场,根据市场经济运行需要、林地资源特点及其经济运行规律,在规范林地所有权的同时,设置、界定下列权利。

（1）经营权。指林地所有者对其林地财产的占有、使用和依法处置的权利。经营权进一步明确了原经营承包权,经营权的设置有利于保护林地,阻止林地经营者私自进行非法转让等行为。林地经营权可以转让、出租、抵押、继承。

（2）林地发展权。指对林地进行开发利用转为建设用地的权利,所有农民都可以参与获得该区域土地增值收益。林地的发展权是针对营利性项目的征地而设立的。它首先自动归国家所有,建设单位要想成为产权主体,在该林地上进行非林建设需一次性缴纳高额的林地发展权占用税（或费）,若新增建设用地则每年由建设单位向国家交地租。林地发展权的设立为经营性的建设项目征用林地的市场化提供了前提条件。林地的市场化运作导致价格的上升,会促使用地单位节约利用土地资源,有利于对林地资源的保护和森林的可持续经营。

（3）建筑权。指在所属林地上建筑房屋以供本集体组织内的成员居住使用的权利。建筑权可以继承,但不能转让、出租和抵押。

（三）用地管理制度

林业用地是指一个国家或地区能够用来发展林业的土地。林地利用管理是指对作为经营项目而被使用的林地的管理工作,包括制定规划、林地开发改造管理、林地保护与监督管理等。林业用地主要来源于林地、耕地和未利用土地这三种类型。林业用地造林前的土地来源属性不同,导致其经营方向和经营目的也不完全相同,因而林地利用的管理方式也有所区别,即分为基本林地和非基本林地两大类型,进行分类管理。

基本林地是指相对固定的林业用地。其土地来源是县级以上人民政府在总体规划中明确划分为林地区域范围中的土地。任何单位和个人不得随意改变林地的用途,林地的所有者和使用者的合法权益受法律保护,任何单位和个人不得侵犯。基本林地主要分布在丘陵山区和江、河、湖、海的堤岸、滩涂以及沙荒地等;大部分起源于荒山荒地和天然次生林地,地理位置重要,生态环境脆弱,且大部分属于不宜耕作的土地。非基本林地是指相对不太固定的林业用地。其中大部分是在改革开放以来,农民利用承包田、责任田和自留地,在农村产业结构调整过程中根据市场需求不断发展起来的,其造林前土地类型是耕地。基本林地与非基本林地土地因其来源属性不同,经营目的不同,管理方式也应有所区别。

1. 基本林地的管理制度

《土地管理法》第一章第四条:"国家实行土地用途管制制度。国家编制土地利用总体规划,规定土地用途,将土地分为农用地、建设用地和未利用地……农用地是指直接用于农业生产的土地,包括耕地、林地、草地、农田水利用地、养殖水面等;建设用地是指建造建筑物、构筑物的土地,包括城乡住宅和公共设施用地、工矿用地、交通水利设施用地、旅游用地、军事设施用地等;未利用地是指农用地和建设用地以外的土地。"县级以上人民政府按照土地的基本用途并为满足国民经济发展和生态环境建设的需要依法区划基本林地。

《森林法》规定不得将林地改为非林地。杜绝开垦、采石、采砂、采土等在内的一切毁林行为。各项建设工程如实地勘察、开采矿藏,应当以不占或少占林地为出发点,若无法避免必须占用或者征用林地的,经县级以上人民政府林业主管部门审核同意后,依照有关土地管理的法律、行政法规办理建设用地审批手续,并由用地单位依照国务院有关规定缴纳森林植被恢复费。《森林法》还规定若实际需要,可在大面积林区增加护林设施以加强森林保护。当地有关部门需制止破坏森林资源的行为并对森林资源造成破坏的行为进行严肃处理。

2. 非基本林地的管理制度

非基本林地源于耕地,由于现代社会经济效益的驱动以及农村产业结构调整带来的影响,使得农民将耕地用于发展林业生产。这项举措利国利民,国家和政府不仅要在农村产业结构调整方面予以支持,更应该积极引导农民发展桑、茶、果、竹和速生丰产林等在内的商品经济林,从而帮助农民走上脱贫致富的道路。此外,农村产业结构调整的根本出发点是为了提高农业竞争力,从而让农民获得更多的实惠并增加农民收入。但由于整个过程需要对农业资源进行再分配,对农民生产经营方式实施转型,并调整农民种植品种,因此,在其发展过程中,必须尊重农民生产经营的自主权,尊重农民的意愿并自觉维护农民权益,不能强制推行统一种植和统一经营政策,更不能因为产业结构调整农民将耕地用于植树造林就将其土地性质认定为林地。非基本林地受市场经济和价值规律等因素影响而具有变动性大、逆转性强的特点,针对这一特点,相关部门可以加强指导并予以支持而非强制推行政策执行,其中,对自愿申请将其土地转型为基本林地的农民可由当地县级以上人民政府按照有关规定核发林地所有权证或使用权证并严格按照《森林法》和《森林法实施条例》的规定实施管理。对申请保留"耕地"属性的农民进行申报、调查、登记并造册备案。县级以上人民政府林业主管部门审核同意后,依照有关土地管理的法律、行政法规对因国家或地方工程建设需要必须占用、征用非基本林地的办理建设用地审批手续,并由用地单位依照国务院有关规定缴纳森林植被恢复费;可适当降低由于社会公益事业建设需要占用、征用的土地的森林植被恢复费缴纳标准;建议免收因市场经济因素作用而导致非基本林地返农的森林植被恢复费,但必须报县级以上人民政府林业主管部门审核登记备案。2002年8月,国家林业局发出通知,林业主管部门在法定采伐限额内确保因农村产业结构调整2000年后在非规划的林业用地上新造的用材林林木所有者对林木的采伐利用权。

(四) 林地法制建设

1. 我国林地保护制度现状

我国《森林法》及有关法律法规规定的关于林地保护的原则、规则、法律规范和技术标准统称为林地保护制度。林地保护制度是一项监督和管理制度,是政府以法律和行政为手段,对林地资源进行经常性的保护制度。林地保护制度是一项不仅需要理论建设,更是迫切需要针对现实情况进行宏观调控的政策。它的表现形式包括法律(最高表现形式)、政策、规章等,还包括一些在现实生活中没有明文规定约定俗成的非正式约束力,如风俗习惯、乡规民约、历史传统等。这里所称的林地保护制度是指具有正式约束力的所有有关林地使用的法律和法规,而不包括非正式约束力。林地保护法律制度即此种意义上的林地保护制度。它是我国森林资源保护和发展的一项关键性政策,并且是以林木采伐管理制度、木材凭证运输制度、木材经营加工许可制度等共同构成的,在我国森林法的有机体系中居于基础和核心地位。林地保护制度涉及面极广,从法律保护的角度看,主要有三个制度,分别是林地产权制度,林地使用权流转制度,林地征、占用制度,这在完善林地保护制度上起到了重要的作用。为实现森林可持续经营、保护人类生存环境并实现人类社会可持续发展,国家和政府相关部门必须对林地实施保护。此外,如何在社会主义经济市场条件下发挥并利用林地保护的政策效应,是一个亟待探讨的重大问题。

2. 我国林地保护制度的法律渊源

林地在国民经济和社会发展中占据极其重要的地位,但由于我国法制建设的历史较短,且在经济转型期,我国有关林地的权属、使用权流转、征占用林地等复杂情况界定的重要性并未显露,所以,我国对林地的有关法律和规章相比其他法律制度而言要少且不完善。有关林地的制度主要体现在以下法律以及主管部门的规章之中。

(1)《宪法》

森林资源被庄严地纳入于新中国在成立后的第一部宪法里。宪法是我国社会经济领域最早的一部法律,也是第一部涉及环境资源方面的法律。我国《宪法》第九条规定:"矿藏、水流、森林、山岭、草原、荒地、滩涂等自然资源,都属于国家所有。"森林资源特别是其所包含的天然林、林地以及野生动物、野生植物和微生物等最初确实表现为一种自然资源形态,即便到现在也仍然具有明显的自然资源属性。从我国现行法律来看,森林资源几乎都被定位成自然资源。这是由于从国家的基本大法——《宪法》中,对林地资源的保护建立了根本性的基础规范。《刑法》在法律条文中,规定了一系列破坏林地的罪名如非法批准征用、占用土地罪、盗窃罪、抢夺罪、抢劫罪等等。为了对林地实施更有效的保护,2001年8月31日颁布的《刑法修正案(二)》新增加了非法占用林地罪。同时,全国人大常委会在《刑法》第二百二十八条、第三百四十二条、第四百一十条的立法解释中明确规定由于非法占用林地或非法批准占用林地而构成犯罪的,可以适用于非法批准征用占用土地罪。针对破坏森林资源刑事案件司法解释和立案标准,不仅坚定阐明了立法意愿,也对是否犯罪,犯何种罪作出了明确的界定,并对定罪量刑的数量标准作出了具体的规定。

(2)《民法通则》

财产是森林资源在法律上的表现形式,它是一种社会资源,一种财富及其所有人的财物。我国《民法通则》明确把森林(含林木)、土地(含林地)纳入财产权的客体,并且其对森林、林地的所有权、使用权和承包经营权作出了原则性的规定体现在法律条文的第七十四条、第七十五条、第八十一条、第九十条,并更深层次地从宪法角度确认了森林资源的财产属性。国家行政机关对森林资源权属进行登记发证属于行政确认,对森林资源权属争议依法进行处理属于行政裁定,二者均属于行政行为。行政行为只能由行政法律——《森林法》,而非《民法通则》来规范。因此,有关森林资源财产权的规定即森林、林木、林地的所有权或使用权涉及方面不同所适用的法律也有所区别,而这两种法律,即《森林法》——行政法律,与《民法通则》——民法,在这里也得到了有机的衔接。

(3)《森林法实施条例》

在所有法律规范中,真正对"林地"概念包括林地的内涵和外延作出比较明确的界定和立法解释的并不是《森林法》,而是中华人民共和国国务院于 2000 年 1 月 29 日发布的《森林法实施条例》。其中规定"林地,包括郁闭度 0.2 以上的乔木林地以及竹林地、灌木林地、疏林地、采伐迹地、火烧迹地、未成林造林地、苗圃地和县级以上人民政府规划的宜林地"。林地是一种森林资源,除此之外森林资源还包括森林、林木以及依托森林、林木、林地生存的野生动物、植物和微生物。由此可见,林地的法律概念更侧重于生态意义或环境意义。林地不仅是生态意义上的林地,更是经济意义上的林地。对此,我国土地法作出了相关的规定。

(4)《土地管理法》

我国《土地管理法》第十一条第二款规定,依照《中华人民共和国森林法》《中华人民共和国草原法》和《中华人民共和国渔业法》的有关规定确定林地、草地的所有权或使用权,确认水面、滩涂的养殖使用权,并进行相关手续办理。《土地管理法》处于一般法的位置,而《农村土地承包法》处于特别法的地位。所以,在两种法律同样适合的场合,《土地管理法》要优于《农村土地承包法》,即后者应要服从前者的规定。故应由《森林法》来具体规范林地使用权。

(5)《森林法》

我国《森林法》第十五条规定:"下列森林、林木、林地使用权可以依法转让,也可以依法作价入股或者作为合资、合作造林、经营林木的出资、合作条件,但不得将林地改为非林地:① 用材林、经济林、薪炭林;② 用材林、经济林、薪炭林的使用权;③ 用材林、经济林、薪炭林的采伐迹地、火烧迹地的林地使用权;④ 国务院规定的其他森林、林木和其他林地使用权。"其他森林、林木和其他林地使用权不得在除此规定的情形外进行转让。该条规定明确了用材林、经济林、薪炭林,上述林的采伐迹地、火烧迹地,还有国务院明确规定的其他可以转让的林地的使用权可以转让。我国个人对林地的使用权体现在林地保护制度的历史沿革和现行制度的概述中。《森林法》还规定,对各单位和个人征用、占用林地实行限制并进行严格审批。

(6)《农村土地承包法》

依据我国《土地管理法》的有关规定,国家、集体所有的林地,都可以被单位或个人承包经营,进行种植业、林业、畜牧业的生产。对林地的承包经营的有关规定主要体现在我国的《农村土地承包法》中。其第十一条明确规定了农、林业行政主管部门各自的职责,即负责各自管辖范围内的农村土地承包以及合同管理的工作。这充分体现了林地承包经营的跨部门协同合作。由此,林地承包经营既体现了林地经济价值的利用,同时也涉及了林地开发利用过程中的生态保护,充分地兼顾了林地资源的经济与生态的双重价值。还有少量行政主管部门的规范性法律文件用以解决在经济社会生活中发生的具体问题。如,在1993年8月30日实行的《林地管理暂行办法》第二条也对林地概念作了最初的界定。为了公正、及时地协调和处理林木、林地权属争议,维护当事人的合法权益,保障社会稳定有序,促进林业发展,根据《森林法》和国家有关规定,《林木林地权属争议处理办法》自1996年10月14日颁布实施,该办法中所谓的林木、林地权属争议,是指因森林、林木所有权或者使用权的归属而产生的争议。这些规范性文件对于分析林地制度有着举足轻重的地位。此外,1998年8月国务院的8号文件《关于保护森林资源制止毁林开垦和乱占林地的通知》等政策性的法规和办法也对我国林地资源的相关方面作了具体的规定。

通过上述对于各部门法之间法律逻辑的分析,可以看出环境资源部门法之间的协调运作,对于确保经济、社会与环境协调的可持续发展起着十分重要的推动作用。因此,尽管《土地管理法》和《农村土地承包法》将林地纳入了土地的范畴,但是,考虑到林地的性质与经济或物权客体意义上的土地不同,即林地的首要任务不是为了获得经济效益,而是为了维持生态平衡、发挥生态效益以及促进经济、社会的可持续发展,只能由林业主管部门依据《森林法》进行专门管理。法律规范的此种安排,充分说明了林地作为资源的双重属性,即经济属性和生态属性。

（五）林地税费制度

林地税费是指针对木材、林材及其他衍生品征收的税费,分为林业税收和林业收费两个部分。其中,林业税收是国家为了满足一般的社会共同需要,凭借政治权力,以法规形式加以规定的强制性课征,国家在征税时不需向纳税人直接提供特殊服务或支付任何代价;林业收费相对于缴费义务人则具有有偿性。林地税费制度不仅是国家和地方收入的来源,也是促进林业经济发展、改善生态环境、维持社会可持续发展的重要手段。

1. 现行林地税费制度存在的问题

（1）以费为主的格局有悖于公共财政的原则

在公共财政中,税收是公共财政唯一的基本收入形式,收费只是补充形式。现行以费为主的林地税费格局有悖于公共财政的原则。以费为主的林地税费格局造成的结果是,还有一个林业部门的自运转系统存在于公共财政的框架之外。一方面,林业部门的收入主要源于林业费的征收;另一方面,这种本就取之于林业生产的收入,除去其中要上交给省、地林业部门的相当一部分,剩下的用于当地林业部门的内部运转上,基本没有被用在生产中。

(2) 现行林地税费制度不利于森林资源的保护,滋生了乱收费的现象,为林业部门的收费提供了机会

以费为主的林地税费制度不利于森林资源的保护。现行的税费优惠政策,例如,针对包括国有企业在内的所有企事业单位种植林木、林木种子和苗木作物以及从事林木产品初加工所获得的收益暂免征收企业所得税,以"三剩物"(采伐剩余物、造材剩余物、加工剩余物)和次小薪材为原材料进行生产加工的综合利用产品增值税"即征即退"等,是国家为了减轻"天保"工程(天然林资源保护工程)实施对林业企业的影响而出台的,对于减轻林业企业的负担起到了一定作用,但也出现了问题。以暂免征收林木产品初加工企业的企业所得税为例,根据财政部、国家税务总局《关于国有农林企事业单位征收企业所得税问题的通知》(现已废止)规定,林业产品初加工虽然是指利用林业"三剩物"和次小薪材为原料生产的综合利用产品,但其所列示的具体范围很广,木、竹刨花板,纤维板(含中密度纤维板),木、竹地板块(含复合地板)等产品都包括在内。理论上,刨花板、纤维板生产应以板糠等林业剩物为原料,但在实际生产过程中,由于没有足够的林业剩物可供生产消耗,企业往往通过大量收购原木来解决原料不足的问题,导致大量次生林、幼林被采伐,严重破坏了森林资源和生态环境。

以费为主的林地税费制度滋生了乱收费的现象。随着国家林业优惠政策的出台和"天保"工程的实施,林业企业和地方原有的"木头"经济和财政失去了支持,再加之我国财政转移支付模式的缺陷,致使林业企业和地方财政陷入困境。在此背景下,以费为主的林地税费格局滋生了乱收费的现象。各地自行制定的林业规费可谓五花八门,包括森林资源补偿费、森工企业管理费、林业养路费、迹地更新费、更新造林预留费、森林病虫害防治专项费、自然保护区管理费、护林防火费、检疫代办费、运输费、物价调节基金、检尺费、能源基金、木材销售咨询费、还贷准备金、养老统筹、国有资产占用费等。

(3) 来源多、收付散、监管难,为资金使用提供了漏洞

目前的林地税费来源繁多,体现在征收主体除了财政部门外,还有森工企业和林业主管部门,收付分散;除此以外,还有形形色色的乱收费现象。来源多、收付散,这给资金的监管造成很多困难,导致资金的使用漏洞百出。根据《森林法》的规定,育林基金等资金必须用于造林育林,不得挪作他用。但事实上,许多县市将这笔钱用作林业部门的人员工资、办公费等,不符合法律的规定。

(4) 育林基金亟待改革

长期以来,育林基金体现了国家的"以林养林"政策,有利于促进森林植被的恢复以及生态环境的改善。但是,随着社会主义市场经济的完善与发展,公共财政框架结构的建立,国家对林业的投入已发生了根本性转变,现行育林基金的征收、使用和管理已不适应林业发展的需要。其问题体现在:一是育林基金无法维持林业的简单再生产,更谈不上扩大再生产,无法达到"以林养林"的目的,据统计,1953—1992 年,我国共征收育林基金 155.9 亿元,同期营林生产费用为 376.58 亿元,远远满足不了林业再生产的需要;二是育林基金归属于预算

外资金,对其缺乏有效监管,加之长期以来营林资金的无偿使用,致使其利用效率低下;三是由于育林基金采取的是事业制管理形式,被随意占用挪用的现象非常严重,导致育林基金变成"养人"基金。

(5)现行林地税费制度造成林区地方财政困难,财政风险加大

现行林业税以低税率甚至零税率为特征,一方面有利于林业的休养生息和可持续发展,另一方面却抽离了林区地方财政收入的基石。以费为主的林业收费脱离了公共财政,导致的直接后果就是以林业为主的地区地方财政收入锐减,加上"天保"工程的实施和财政转移支付不到位,使林区地方财政陷于困境。表现在:一是财政收入减少,缺乏可靠而强有力的财政来源,财政收入风险突显;二是林业企业陷入困境,下岗失业人员迅速增加,政府财政支出规模扩大,社会保障资金缺口扩张;三是在财政收入和支出风险的双重作用下,财政债务风险及财政赤字风险也呈现累积效应。

2.林地税费制度改革的建议

(1)将林地税费制度纳入公共财政体系

目前,林区的公共基础设施、社会保障等都未纳入公共财政体系。不少地方的林区乡村公路建设支出都由森工企业承担,其他公共设施,如通讯、电力、防洪工程等也存在类似问题。森工企业承担职工的社会保障职责,仍是传统体制下的"企业办社会"模式,形成了企业负担重、政府社会保障职能缺位的局面。公共财政是为适应市场经济体制而生的,林地税费制度的改革也必须充分体现市场经济的原则,走市场化改革的道路。首先要求财政部门和林业部门分工明确。剥离林业企业的社会职能,将林业公检法、森警、子弟学校经费等从企业中划出,作为事业费和政府经费,改由政府承担预算支出。各级政府要明确财权和事权,从林业部门接手一些其难以负担的公益性项目,改变林业部门承担财政部门职责的现状。

(2)将以费为主的林地税费制度改为以税为主的林地税费制度

一是开征林地税。林地税的课征对象是商品林,计税依据为林地面积。林地税不按林产品产量征税,而按林地面积征税,税源范围相应扩大,且具有稳定性,有利于促使林业生产者采取合理利用和保护森林资源的经营措施,激励其进行长期林业投资,是我国林地税费改革的可选方案之一。

二是开征生态环境补偿税。生态环境补偿税体现了"谁保护,谁受益;谁破坏,谁补偿"的原则,通过强化纳税主体的纳税意识,引导企业与个人放弃从事破坏生态环境的生产活动和消费行为;同时筹集资金,用于林区生态环境的建设和保护,为其可持续发展提供资金支持。

三是调整所得税、增值税等税收优惠政策。对现行的众多减免项目进行全面梳理和分类,进一步改进优惠方式,强化目标管理,使执行结果最大限度地接近优惠政策的最初目标,对于既不利于体现国家大政方针又有失量能负担、公平原则的刨花板、纤维板等列入林业产品初加工品,同时筹集资金,用于林区生态环境的建设和保护,为其可持续发展提供资金

支持。

四是取消与林地税和生态环境补偿税重合及内容相近的收费,如绿化费和植物新品种保护权收费等,构筑以税为主的林地税费制度。

（3）规范林地税费制度

总的原则是取消有悖于公共财政原则、与林业经济发展不相适应的税费,杜绝乱收费,力争做到简便易行,体现规范化,维护统一性和严肃性。在事权划分的基础上,明确地方政府和各级林业部门在林业发展中的地位和作用,取消省以下各级政府和有关部门在事权职责以外越权设立或批准的对林业的各项收费,如对木材经销商按计税收购价 6% 征收的地方税,对林业企业按木材销售额的 0.06%～0.5% 征收的防洪基金,按销售收入 1% 征收的价格调节基金及县教育基金等。取消各级林业部门的自主收费,包括市场管理费、植物检疫费、工本费、木材销售咨询费等。

（4）改革育林基金

减征育林基金,按不同地区的财政收入水平区别对待。中央文件要求财政解决林业单位的经费缺口,我国沿海地区与山区的经济差异较大,山区可依靠财政转移支付弥补育林基金减征的部分,以保障该地区的林业投入。同时,应分步改革,避免因育林基金在短期内锐减对林业管理部门造成冲击。

（5）建立森林生态环境利益补偿机制,帮助林区地方财政摆脱困境

财政解决全部经费缺口是不可能的,中央文件指出:"公益林要按照公益事业管理,以政府投资为主,吸引社会力量共同建设。"

三、林地管理制度实施的机构、职责和任务

（一）林地管理制度实施的机构

国家各级土地管理部门负责本辖区内的土地（包括林地）的统一管理工作。《土地管理法》第五条规定:"国务院土地行政主管部门统一负责全国土地的管理和监督工作。县级以上地方人民政府土地行政主管部门的设置及其职责,由省、自治区、直辖市人民政府根据国务院有关规定确定。"林地属森林资源范畴,是森林资源的重要组成部分,国家各级林业主管部门应对森林资源包括林地的保护、利用、更新,实行管理和监督。《森林法》第十三条规定:"各级林业主管部门依照本法规定,对森林资源的保护、利用、更新,实行管理和监督。"

一个是土地管理部门,一个是林业主管部门,看似有矛盾,其实土地管理部门统一管理和林业主管部门专业管理是相结合的。土地管理部门是主管土地的统一管理工作,集中体现在法规、政策、规划等统一的宏观管理上;林地使用者需要转让、出租、抵押土地使用权的,必须持国有土地使用证以及林木权属证明等合法证件,向所在地市、县人民政府林地主管部门提出书面申请,根据用地类型不同,实行分类审核,经审查同意后,由县市土地管理部门与林地主管部门共同主持签订林地使用权转让合同。应细化现行的国有林地等土地管理政策

和措施,强化各级林业行政机关国有林地权属管理的职能。如农林用地争议等问题应作为重要内容,以有力推动国有林权改革实践。如对林地的征用、占用不具有审批权,而只是审核权,故不具有统一管理的职能。因此,林业主管部门的林地管理工作,应该接受土地统一管理部门的业务指导,即两个部门应相互配合、相互支持,共同管理和保护好林地。

在各级林业主管部门中,森林资源管理机构是管理森林资源包括管理林地的职能机构,它是代表政府的意志对林地进行保护和管理的监督检查机构。具体而言:各级林业主管部门的森林资源管理机构负责本辖区的林地管理,在业务上受同级人民政府土地管理部门的指导。其中,国家林业局森林资源管理司负责全国林地管理工作;省(自治区、直辖市)林业厅(局)森林资源管理处负责全省林地管理工作;地、县林业管理部门应设立森林资源管理机构管理本辖区内林地;乡林业站在乡级政府领导下,实施本行政区内的林地管理。林业企事业单位根据资源情况设立森林资源管理机构或配备专职人员依法管理本单位的林地。应完善国有林权属管理服务机构,专司重大国有林权属问题调查研究和确权中争议的调处工作,包括林地变更登记管理部门、森林资产评估事务所等机构在不同区域的配置。

(二)林地管理制度实施机构的职责

林业主管部门实施林地管理的主要职责是:

1. 宣传、贯彻、执行国家有关林地管理的法律、法规和政策,制定林地管理的规章制度。

2. 调查研究解决林地管理中的重大问题。

3. 组织林地调查、登记和统计,制定林地利用规划。

4. 实施林地地籍管理,负责林地权属转换、经营目的的改变的审查和批报;配合土地管理部门办理征占用林地有关手续;协助人民政府调处林地权属纠纷,做好林地关系协调工作。

5. 检查监督林地的开发利用和保护管理,会同有关部门查处违法占用林地案件,制止乱占、滥用林地。

6. 负责收缴森林植被恢复费并负责监督其他林地税费的征收与使用管理。严格执行林地的审核程序。落实补偿费用,包括林木补偿费、林地补偿费、安置补助费和森林植被恢复费。强化林政队伍力量,设置专管林地的机构和专职管理人员。

(三)林地管理的任务

林地管理工作除了对林地的保护、利用与变更实行管理和监督外,还应完善机构的管理,包括:

1. 以管理社会公共事务的方式对国有林地经营活动进行管理。尽量保障使用者的权利,提高生产经营的积极性。

2. 完善林地资源档案管理,形成严密科学规范的林地征占用统计报表制度,定期汇报征占用林地统计数据。

3. 合理组织林地的开发利用,应以可持续经营为目的,而非永续经营。

4. 贯彻森林法和土地法,加强林地的保护、管理、监督,完善调查方法,加大监测力度,而不是为了防止占用林地限制使用者的经营积极性,制止乱占、滥用行为。

第三节 林地管理制度的目标及实施反馈

一、林地权属管理制度

(一)制度目标

明晰产权,把农村林地承包经营权落实到农户,使林农在成为经营主体的同时,获得长期稳定的林地收益物权,改进对国有林收益物权流转限制的方法,并应就野生动植物资源的权属做出具体详尽的规定。林地资产经营的财产性收入,是广大林农财富增长的主要来源,也是挖掘广大林农森林经营潜质的重要动力。

(二)实施反馈

林地权属是林权(即森林、林木、林地权属)的重要组成部分。在我国,林地归国家或集体所有,个人只拥有林地的使用权。两权分离,将使用权引入市场机制。因此,此处所指林地权属管理是对林地使用权的管理。我国出台了一系列的相关法律法规来规范和保护林地使用权。

1998 年《森林法》第三条规定:"森林资源属于国家所有,由法律规定属于集体所有的除外。国家所有的和集体所有的森林、林木和林地,个人所有的林木和使用的林地,由县级以上地方人民政府登记造册,发放证书,确认所有权或者使用权。国务院可以授权国务院林业主管部门,对国务院确定的国家所有的重点林区的森林、林木和林地登记造册,发放证书,并通知有关地方人民政府。"较 1984 年《森林法》新增内容"森林、林木、林地的所有者和使用者的合法权益,受法律保护,任何单位和个人不得侵犯"。

2000 年《林木和林地权属登记管理办法》(2000 年 12 月 31 日国家林业局令第 1 号;2011 年 1 月 25 日国家林业局令第 26 号修改)第十一条规定:对经审查符合下列全部条件的登记申请,登记机关应当自受理申请之日起 3 个月内予以登记:申请登记的森林、林木和林地位置、四至界限、林种、面积或者株数等数据准确;林权证明材料合法有效;无权属争议;附图中标明的界桩、明显地物标志与实地相符合。以上政策明确了以下内容:

1. 林地的权属

林地的权属有三种形式。一是国家所有权;二是集体所有权(在实践中,我国农民集体所有的林地,还包括在"四固定"时期确定给农民集体所有的林地);三是个人的林地使用权,是指承包造林的林地及其他依法取得的林地使用权。

2. 林权证书

林权证书确认权属;国有的其他林地,由县级以上地方人民政府登记造册,核发证书,确认林地使用权以及由使用者所有的林木所有权。

3. 实施及反馈

(1)主要存在的问题

① 侵占国有林地问题一直没有得到妥善解决。一些地方政府特别是乡镇一级政府对农民侵占国有、集体林地等行为放任自流,对国有林业局、国有林场回收被侵占林地工作表示不支持,对于有关部门的回收工作,轻者以保持稳定、维持现状为由,拒绝上交侵占林地;重者暗地组织农民上访闹事,妨碍、破坏和阻止林地回收工作,给回收林地部门增添了很大阻力。更有甚者,有的地方政府和主管部门法治观念淡薄,给被侵占的林地颁发土地证、草原证等权属证书,使违法行为合法化。

② 林权管理工作的规范性有待提高。一些地方政府对林权登记发证工作不够重视,变更和核换发林权证工作缓慢,颁证程序不到位,档案资料不齐全,图表卡册填写不规范,发证未进行勘验和公示的情况普遍存在。少数地方还存在违法登记或者不按规定程序登记发证问题,不仅使得林权权利人的合法权益得不到保障,而且导致林业建设成果得不到巩固。在实践中,一些急需的法律尚未出台,形成法律空白,这些突出问题亟待解决。

③ 国有林管理体制不顺。如今的国有林地,政府领导与企业法人混为一体,国有林地行政管理与企业经营混为一体,始终没有实现管人、管事、管资产相统一。重点国有林区在这方面表现较突出,森工企业一面是对林地实施行政管理的林业局,另一面是经营利用林地的企业法人,与此同时还要负担政府对林区社会运转的所有支出。长期以来,森工企业具有多种身份,享有多项权利,承受多方负担,对森林资源无偿享有自管自用,行政约束相对来说过于软弱。有的森工企业以招商引资为目的,违法批准不符合国家产业政策的建设项目,违规转让林地使用权;有的甚至将虚假材料上报,变更建设项目名目,逃避缴纳植被恢复费;更有甚者越权处置国有林地,乱签承包租赁合同,甚至随意变卖。不只是森工企业,一些林业局随意变更国有林权属,低价或无偿转让国有林地使用权,借发展民有林的名义毁国有林造民有林。

(2)解决建议

加强林权登记管理。从其在林权管理的地位来看,林权登记发证工作是林权管理中一项亟待完善的基础性业务,更是整个林权管理工作的重中之重,要将其纳入经常性和法制化的工作范围。依据轻重缓急、先易后难的原则,对林地权属清楚、主体明确,林权权利人已提出申请的,要抓紧先登记;对已经登记了林地使用权并发放林权证,但尚未办理该林地所有权登记的,应当告知林地所有权人抓紧申请登记;对权属已经合理流转,且流转受让人已提出登记申请的,要及时受理,并认真审查流转合同,对符合条件的要及时办理变更登记;对流转合同虽有不规范和不完善,但没有损害集体利益,且流转受让人已实际做了大量投入,现林木生长良好的,可以采取"动钱不动山"或调减流转期限等办法进行利益调整,通过协商加以完善和规范后,办理林权登记。

二、林地流转管理制度

(一)制度目标

林地流转管理制度致力于优化森林资源、资金、技术和劳动力等生产要素以达到资源的有效配置,尽可能提高林地利用率,盘活森林资源资产,充分调动森林经营者和全社会各种力量发展林业的积极性,增加对林业及其附属产业的投入,以求增加森林资源总量,提高森林资源质量,提升林业经营水平和经济效益,推动林业规模化和产业化经营。

(二)实施反馈

林地流转可以定义为在不改变林地所有权和林地用途的前提下,将林地的使用权、收益权、决策权、让渡权以法定程序,按照约定好的方式,由一方向另一方转让的经济行为。根据我国法律的有关规定,林地所有权既可以属于国家所有,也可以属于集体所有,根据林地的所有权和使用权相分离原则,在林地所有权性质不变、林地用途不变的前提条件下,林地的流转过程不会改变林地的所有权性质,只是让渡出使用权和收益权,这一点在已经实施的《土地管理法》和《森林法》中也都以明文形式进行了规定。其中,不得改变林地所有权性质和林地用途是当前林地流转的前提条件,也是必要条件。从目前实践情况来看,林地流转形式通常以承包、转包、租赁、股份合作、拍卖等形式存在。

《森林法》第十五条规定:下列林地使用权可以依法转让,也可以依法作价入股或者作为合资、合作造林、经营林木的出资、合作条件,但不得将林地改为非林地:用材林、经济林、薪炭林;用材林、经济林、薪炭林的林地使用权;用材林、经济林、薪炭林的采伐迹地、火烧迹地的林地使用权;国务院规定的其他林地使用权。

根据以上规定符合转让、作价入股或者作为合资、合作造林、经营林木的出资、合作条件的,已经取得的林木采伐许可证允许同时转让,同时转让双方都必须遵守关于森林、林木采伐和更新造林的政策规定。

《农村土地承包法》第三条规定:国家实行农村土地承包经营制度。农村土地承包采取农村集体经济组织内部的家庭承包方式,不宜采取家庭承包方式的荒山、荒沟、荒丘、荒滩等农村土地,可以采取招标、拍卖、公开协商等方式承包。

2004年《土地管理法》第二条规定:国家依法实行国有土地有偿使用制度。

以上规定明确了以下几项内容:

1. 有偿流转的对象和范围

用材林、经济林、薪炭林;用材林、经济林、薪炭林的林地使用权;用材林、经济林、薪炭林的采伐迹地、火烧迹地的林地使用权;国务院规定的其他林地的使用权。依据有关规定,并不是所有的林地使用权都可以有偿流转。

2. 流转的形式

林地使用权有偿转让或者作为合资、合作的出资条件的，转让方或者出资方已经取得的林木采伐许可证仍具有法律效力，也可以同时转让。其形式包括：一是林地、宜林地使用权拍卖。为了筹集经营、管理资金，发展林业，一些地方公开拍卖国有速生丰产林基地的林地使用权以吸引社会各界大量购买，或者将宜林荒山荒地以拍卖方式转让给个人或经济组织开发、种植和经营。拍卖的林地使用权期限较长，有 30 年、50 年、70 年。拍卖的林地使用权都规定必须继续用于造林，经营林业。二是林地使用权租赁经营。有的是租赁荒山、残次林的林地，用来进行开发和改造，造林种果。承租人支付租金后，约定期限，租赁经营。有的是将林地使用权出租给外商用于造林，经营林业的外商在境内设立独资公司，与当地政府或林业部门订立租用林地合同，再由政府与农村集体经济组织办理租用林地手续后，将林地交由外商投资造林，外商按期向林地所有者或使用者支付租金。

3. 实施及反馈

（1）主要存在的问题

① 相关法律制度有待完善。1998 年 4 月，我国新修改出台的《森林法》明确规定林地可以依法流转，并授权国务院制定林地流转的单行法规，但有关规范林地流转行为的具体法律法规至今没有出台，许多地方领导为追求政绩，以行政命令强迫经营者流转林地，甚至借林地流转之名，随意改变林地的用途，把大面积林地流转给企业经营，使许多农民失去林地这一重要的劳动对象，严重影响了他们正常的生产和生活。

② 林地流转的操作程序需规范。目前来看，规范的林地流转机制尚未建立起来，在流转手续、流转程序等方面存在些许问题。不少农户采用"口头协议"方式，私下进行自发性流转，这种流转方式未通过流转合同来规范双方的权利和义务，林地流转一旦进入市场，就会存在纠纷隐患。

③ 流转市场不健全。全国林地流转市场仍处于起步阶段，还没有形成统一规范的流转市场，并且，流转中介组织较少，以至于流转信息传播渠道不畅。一些地方尽管建立了流转中介组织，然而真正按市场经济法则对土地流转进行运作的并不多。因此农户有转出土地意向却找不到合适的受让方，而需要土地的人又找不到中意的出让者，这样的问题时有发生，并且影响了林地合理流动和优化配置。

（2）解决建议

尽快制定相关的法律规章。市场经济从根本上讲是法制经济，如果没有相应的法律规章及制度作保障，就不可能从根本上维护林地权利人的利益。从目前情况来看，国家有关林地流转的法律规章及制度相对滞后，应尽快制定有关林地流转的法规，逐步取消对林地流转的种种限制，并从流转范围、形式、程序等方面进行合理规范，以确保林地流转工作有法可依、有章可循。对占用征用林地审核审批管理，更主要是对整个行政管辖区内林地的利用进行监督管理、对改变林地用途的行为监督管理;不仅要对经过审核的占用林地项目监督管理,更要对擅自改变林地用途的行为监督管理。建议建立针对完善占用征用林地审核审批监督制约的机制,将占用征用林地管理的职能、责任、权力分配到相应的林业主管部门;明确各级林业主管部门处理、制止、报告破坏林地行为的责任,针对部门人员确立明确、具体的责任追究制度。

三、林地保护制度

(一)制度目标

保护林地资源的可持续发展,防治地区性水土流失或沙尘气候,减少我国每年为治理水土流失付出的财力人力。

(二)实施反馈

此处的林地保护是指:制定一系列法律法规来惩治因非法侵占、进行非法生产活动而导致林地被破坏的人员,对触犯法律法规的相关责任人员予以行政或刑事处罚,及时对被毁林地采取补救措施。

在《森林法》和《森林法实施条例》中有相关规定,例如"禁止毁林开垦和毁林采石、采砂、采土以及其他毁林行为";25 度以上的坡耕地应当按照当地人民政府制定的规划,逐步退耕,植树和种草。"非法开垦、采石、采砂、采土、采种、采脂和其他活动,致使森林、林木受到毁坏的,依法赔偿损失;由林业主管部门责令停止违法行为,补种被毁坏株数一倍以上三倍以下的树木,可以处毁坏林木价值一倍以上五倍以下的罚款""未经县级以上人民政府林业主管部门审核同意,擅自改变林地用途的,由县级以上人民政府林业主管部门责令限期恢复原状,并处非法改变用途林地每平方米 10 元至 30 元的罚款"。临时占用林地,逾期不归还的,也依此处罚。

1998 年针对当时在全国的毁林开垦和乱占林地行为,《关于保护森林资源制止毁林开垦和乱占林地的通知》(国发明电 8 号文件)明令"地方各级政府要把林地放在与耕地同等重要的位置,高度重视林地保护工作,把制止毁林开垦、保护林地列入政府重要议事日程"。

2001 年 8 月 31 日第九届全国人大常委会第二十三次会议审议通过《中华人民共和国刑法修正案(二)》,将《刑法》第三百四十二条破坏耕地罪修改为破坏农用地罪。条例明确规定对违反土地管理法规,非法占用耕地、林地等农用地,改变被占用土地用途,数量较大,造成大量毁坏的相关人员,处五年以下有期徒刑或者拘役,并处或者单处罚金。

相比刑法原规定,修正案扩大了犯罪对象的范围,新增非法占用耕地以外的其他农用地,造成被占用土地毁坏的行为。

1. 实施及反馈

(1)林地流失的情况仍存在。分析全国森林资源连续清查结果可知,在第六次森林资源连续清查与第七次连续清查间隔期内以及第七次全国森林资源连续清查中,被改变用途的或征占改变为非林业用地的有 1 010.68 万公顷,全国林地转变为非林地的面积高达369.69 万公顷,平均每年 73.94 万公顷,根据统计数据可见,我国一直存在的林地流失状况依然严峻,国内仍存在大量非法占用林地行为。

(2)林地保护管理机构不健全。不论是省级林业主管部门,还是基层各级林业主管部门,基本上都没有专门的林地保护管理机构,此项工作一般由林政资源处一人专职或兼职,地(州、市)、县级林业主管部门情况类似。林地保护管理工作也只是处于一种被动状态。

2. 解决建议

(1)建立责任机制。各级政府在重视地区经济发展的同时,更要注重林地的保护工作,正确处理森林资源保护与经济发展、短期利益与长远利益的关系,加强对林地的保护与管理。在各级实行责任管理机制,保证林地保护措施的落实与执行,让林政管理的基础性工作顺利进行。

(2)建立、健全林地保护管理机构。在国家林业主管部门中已设立了专门的林地保护管理机构,负责全国的林地保护管理工作。各地应把握住省级政府进行机构改革的时机,建立起省级的林地保护管理机构,并在以后改革中,建立省以下各级的机构;已建立机构的应进一步加强,从上到下形成一个配备专职、精干的管理人员的比较完整、高效的管理网络。

第四节 林地权属管理制度

一、我国林地权属的历史沿革

1949 年以来,党和国家陆续发布了一系列政策和法令,加强对林地的管理,确保林地所有者、使用者的合法权益。1950 年中央人民政府颁发的《土地改革法》中,规定了没收和征收的山林、竹林等折合普通土地统一分配给农民,而大荒山、大森林收归国有。1951 年中央人民政府政务院制定的《关于适当处理林权明确管理保护责任的指示》中,依照我国当时土改中完成、正在进行和暂不进行土改这三种类型对山林权属也作出了明确的规定。合作化时期,根据《关于农业合作化问题的决议》《农业生产合作社示范章程草案》规定,统一经营林地、林木,林地实行国家所有和集体所有两种形式。1956 年,根据《高级农业生产合作社示范章程》,国家将初级社经营的林地转为合作社集体所有。1961 年中共中央《关于确定林权,保护山林和发展林业的若干政策规定》,明确规定了山林归属、山林的经营管理和收益分配。天然森林资源和在人民公社化以前划归国有的山林,仍然属国有;高级合作社时期,划归合作社,生产队集体的山林和社员个人所有的山权,仍然拥有其权属。党的十一届三中全会以来,党和政府为加强林地管理采取了一系列措施,作出了一系列重大决策。1981 年国务院作出了《关于保护森林发展林业若干问题的决定》,1985 年颁布并实施的《中华人民共和国森林法》,1994 年颁布的《国务院办公厅关于加强森林资源保护管理工作的通知》等一系列法规、政策,明确规定了进一步强调山林权稳定,确定林地所有权、使用权等,这些法规已成为林业立法的核心。

二、林地权属

(一) 林地所有权

林地所有权的权能包括林地的占有权、林地使用权、林地收益权和林地处分权四种。林地占有权是指林地所有人对林地实际控制的权利。一般情况下,所有人和非所有人均可占有林地。我国林地所有权的主体是国家和集体,但国家或集体并不一定亲自去经营和使用林地,因而出现了林地所有权和占有权、使用权分离。在大多数情况下,我国林地是由非所有人占有和使用。非所有人的占有可分为合法占有和非法占有。合法占有是符合法律规定、林地使用证或承包合同条件下占有所有人的林地;非法占有是指没有依据法律或合同规定而占有所有人的林地。林地使用权是指在法律规定范围内,对林地加以利用的权利。在我国,一般集体林地所有者可在法律规定范围内,依照自己的意志直接行使这项权利,而国有林地所有者一般是把这项权利转让给非所有人行使。林地收益权是指因使用林地而取得利益的权利。林地是一种基本生产资料,它的收益包括林木和林副产品等直接、具体的收益和保证林业生产所需的其他建房基地、活动场所等间接的、不具体的收益。林地的处分权是依法对林地进行处置的权利,它是林地所有权的核心,还是林地所有权和林地使用权的界线。

(二) 林地使用权

林地使用权是由林地所有权派生出来的一项权能,是指林地使用者按法律规定或承包合同规定,享有的对其林地利用和获得收益的权利。

通常所说的林地使用权是指从属于原所有权的非所有人的土地使用权。根据我国有关法律规定,它包括林地占有使用权和林地承包经营权两项权利。林地占有使用权是指林地使用者依照法律规定或行政批准而对林地所享有的占有、使用和收益的权利。全民所有制、集体所有制单位可依法使用国有林地、森林等自然资源,国家保护其使用、收益的权利,同时使用单位有管理、保护、合理利用的义务。国有林地、森林等自然资源的使用权具有相对独立性,县级以上人民政府核发的土地证和有关使用证书是其法定凭证。林地承包经营权是指在法律和合同规定的范围内公民个人或集体组织对于集体所有的、国家所有由集体使用的林地、森林等自然资源享有的占有、使用、收益的权利。

(1) 建立政府林地保护责任机制。各级政府不仅需要在地区经济的发展上加大力度,更要在林地保护上加紧投入,正确处理森林资源保护、生态效益与经济发展、短期利益与长远利益的关系,进一步加强对林地的保护与管理。各级领导实行责任管理机制,加强对林地的保护和监督,贯彻落实林政管理的具体方案。

（2）建立、健全林地保护管理机构。在我国现有管理机构中,已设有针对林地保护的专门管理机构,这些林地保护的专门管理机构主要负责全国的林地保护管理工作。当前现状,省级政府正在进行林地保护管理机构改革,各地应抓住机遇,建立起省级的林地保护管理机构,并在以后省以下各级政府机构改革中,建立相应的机构;此外,已建立机构的也需要作出相应的调整强化,使林地保护管理机构形成一个从上至下、分级管理的结构框架。当然,随着机构的建立,国家应该对此配备专职、精干的管理人员。

三、林地权属的产生与变更

（一）国有林地的产生

1. 依法取得。中华人民共和国成立后,根据党和国家的有关政策、法律、法规而取得所有权。1950 年 6 月颁布的《中华人民共和国土地改革法》第十八条规定"大森林、大水利工程、大荒地、大荒山、大盐田和矿山及湖、沼、河、港等,均归国家所有"。

2. 依法没收。依据有关政策、法律、法规的规定,没收的林地收归国有。

3. 通过有偿征用或无偿划拨取得。国家为满足某种需要,凭借其政治权利,依法有偿地将集体林地转为国有或对法律中划拨的林地无偿地取得林地所有权。

4. 集体赠予、新发现的天然林及土改未分配的林地。

（二）集体林地的产生

1. 依法归集体。

2. 农民加入高级社归集体的林地。这是集体林地在集体经济组织成立初期时产生的表现形式,且是取得所有权的主要方式。

3. 国家政策允许的可划拨归集体的国有山林。

4. 农户依法转为非农户后,其自留山为依法收归集体所有的林地。

（三）林地所有权的变更

林地所有权是法律赋予的,随着社会、政治、经济等情况的不同而发生改变。在我国,林地所有权主要为全民所有和集体所有两种。全民所有林地的所有权属于国家,国有林地一般不予变动,不允许把国有山林划给集体,国家通过各种途径,采取法律的、行政的、经济的手段实现其所有权的权能,任何破坏国有林地的行为都要受到相应的法律制裁。集体所有的林地的所有权同样也受到国家法律的保护,然而在一定条件下,集体所有的林地可以进行一定程度的流转,其中大致包括因林地所有者消失或国家需要征用等方法转为国家所有,或者在集体组织之间相互转换。

四、林地所有权和使用权的法律限制

（一）林地所有权的法律限制

在我国，对国有林地所有权的保护采用绝对的法律保护，而对集体林地所有权的保护虽然同样采用法律保护，但其行使权限受到法律的限制。根据我国有关法律规定，我国对集体林地所有权保护行使权限的法律限制主要包括以下几点。第一，集体林地的所有者在行使林地所有权时，要以满足国家和社会公共利益的需要为主要目标，并且要服从国家和社会公共利益的要求。我国《土地管理法》对此有明确规定："国家为了公共利益的需要，可以依法对土地实行征收或者征用并给予补偿"。第二，林地所有权是指所有者对林地的占有、使用、收益和处分权，而根据我国宪法和有关法律的相关规定，集体林地的所有者对林地没有绝对的处分权。如《中华人民共和国矿产资源法》（简称《矿产资源法》）规定矿产资源属于国家所有，地表或地下的矿产资源的国家所有权，不因其所依附土地的所有权或者使用权不同而改变。该规定表示集体所有林地的地表或地下的矿产资源的所有权绝对属于国家，集体组织和个人不得私自占有矿产资源，不得阻碍国家在该土地上行使矿产开采权。第三，集体所有林地的所有者在行使林地所有权时应符合国家整体规划的要求。第四，集体所有林地的所有者在行使林地所有权时，应该以不损害国家和社会公共利益为基本要求，并且不侵害相邻林地所有者的合法权益。

（二）林地使用权的法律限制

我国一般从土地使用范围、性质和年限等方面对土地使用权进行限制。《土地管理法》《土地管理法实施条例》等对此有相关法律规定，单位或个人承包经营的土地和依法确定给个人使用的自留地、自留山，应当按照规定用途使用，不得进行建房、建窑、建坟、采矿、采石、挖砂、取土等活动而擅自改变其用途。同时《土地管理法》还规定：使用国有土地未经原批准单位同意，连续两年未使用的，由土地管理部门报县级以上人民政府批准，收回用地单位的土地使用权，并注销土地使用证。

五、林地权属的确认和保护

在确认林地的所有权和使用权时，由该林地所属人民政府根据具有法律效力的有关证件，登记造册，核发林权证等相关证书，确认林地权属。《土地管理法》第十一条对此有规定，农民集体所有的土地，由县级人民政府登记造册，核发证书，确认所有权。单位和个人依法使用的国有土地，由县级以上人民政府登记造册，核发证书，确认使用权。

林地资源，用于生产和再生产森林资源的土地，是林业生产最基本的生产资料，也是林业生产建设和发展的基础。林地既是森林资源的重要组成部分，又是森林资源经济活动得以进行的基本条件，是不可缺少和不能再生的生产要素。国家应该有效地保护现有林地，禁止林地所有者擅自改变林地用途和非法转让出租林地使用权等,杜绝群众随意进入林区从事非林业生产,造成林地大量流失的现象。为加强林业用地资源的管理,原林业部于1995年发布了《关于实行使用林地许可证制度的通知》,这是保护和利用好现有林地资源、提高林地利用率、制止非法侵占盲目开发利用林地、防止林地资源流失、严格控制林地向非林地逆转的有效措施,并且林业部决定从1995年起全国范围内实行使用林地许可证制度。

关于使用林地许可证的审批发放通知中有以下规定:使用林地许可证由县级以上林业行政主管部门按审批权限审批发放,国有森工企业局按隶属关系,由上级林业行政主管部门按审批权限审批发放,东北、内蒙古国有林区森工企业局由国家林业主管部门或授权委托的单位审批发放。

使用林地许可证的适用范围:国家建设占用国有林地和征用集体林地;国有林业企事业单位内部使用林地;从事为林业生产服务的基本建设,如房屋、道路、挖砂、取土、开矿以及多种经营用地;依法出租、转让林地用于非林业生产等。

该通知还规定了核发使用林地许可证的依据。征用、占用林地的项目,按《林地管理暂行办法》第二十六条规定办理;林业企事业单位内部使用林地进行非营林生产的,须提供以下相关材料:(1)使用林地申请报告;(2)县级以上林业主管部门批准的文件及项目材料;(3)林权证;(4)使用林地的地点、面积、四至范围的说明及有关材料;(5)按照有关规定建设单位应缴纳补偿费的,需提供缴纳补偿费的证明材料或协议书。

审批使用林地许可证的权限:征用、占用林地按林业部〔1992〕1号文件《关于征用、占用林地审核程序有关问题的通知》的审批权限执行;林业企事业单位内部使用林地,30亩(含30亩)以下的由县级林业主管部门审批发放,2 000亩(含2 000亩)以下的由省级林业主管部门审批发放。地市林业主管部门的审批权限由省级林业主管部门确定。

对于使用林地的不同年限,该通知规定国家建设征用、占用林地,林业企事业单位的工程设施等建设属于长期使用林地;其他活动属于短期使用林地,应两年换发一次使用林地许可证。

通知规定林地经营单位见到使用林地许可证后,方可办理林地拨交使用手续,并同时办理森林资源档案更新或林权证变更事宜。未见到使用林地许可证的,有权拒绝办理。

通知还对不按规定使用林地许可证的行为提出处理意见。凡是改变林地用途而不按规定办理《使用林地许可证》的行为属于非法使用林地,依据有关法律、法规进行处理,对违反规定越权审批发证的单位和个人依法严肃处理,同时吊销所发使用林地许可证。

我国《宪法》《土地管理法》《森林法》等法律有明确规定,经依法确认的林地所有权、使用权受到法律保护,任何单位和个人都不得侵犯。为加强我国林地的权属管理,维护林地所有者或使用者的合法权益,有关法律、法规还规定了依法定程序办理权属变更登记手续,更换证书,有效地保护森林资源。

第五节 占用、征用林地管理制度

我国是世界上少林国家之一,林地面积仅占世界林地面积的3%,人均占有林地面积只有世界水平的 15.2%。因此加强林地的保护管理,是关系到发展森林资源、加快国土绿化、改善生态环境、促进国民经济发展的大事。此外,林地的保护管理工作一直是森林资源保护管理工作的长期核心任务和政治责任,也是全社会的共同义务。但是发展国家经济是一项复杂的经济活动,我国现有土地不能满足国家建设需要,有时还需征用和占用一定的林地资源来进行经济建设。为了控制征用和占用林地的数量,又不影响林业生产和发展,国家法律、法规对征用、占用林地作了明确的规定。

一、国家建设用地、乡(镇)村建设用地的含义

国家进行各项经济、文化、国防建设等活动以及举办社会公共事业所需要使用的土地称为国家建设用地,国家建设用地包括城镇集体所有制单位进行建设所需用地。具体用地有:厂矿、机关、学校、部队、团体、城市公共事业(包括国有农场),以及上述各单位与外国企事业联合经营所需使用的土地等。我国实行土地的社会主义公有制,即全民所有制和劳动群众集体所有制,而国家建设用地的来源主要是通过征用集体土地和划拨国有土地两个途径。

城镇以外广大农村和集镇建设用地称为乡(镇)村建设用地,我们通常认为农村非农业建设用地就是乡(镇)村建设用地,不包括农业建设用地。乡(镇)村建设用地主要有:宅基地,即农村居民住宅用地;乡镇企业用地;公共设施和公益事业用地,即乡(镇)村行政办公、文化科学、教育、医疗卫生、生产服务、公用事业等用地。

二、征用林地、占用林地的概念

(一)征用林地

根据国家建设、勘察设计、修筑工程设施、开采矿藏的需要,国家征收集体所有的林地作为国家建设用地,并对被征地单位给予适当补偿、补助和安置的制度,称为征用林地。征用林地涉及国家、集体、个人三方面利益。国家建设用地是广大人民整体利益和长远利益的需要。林地是森林资源的重要组成部分,是林农赖以生产和生活的物质基础,林地被征用以后,林地的所有权和使用权则发生了改变。原归集体所有的林地被征用后,其所有权属于国家;原归集体所有制单位或个人使用的林地被征用后,则该林地使用权依法转归征用林地的单位。没有林地,则林农就失去了生存条件,因此要二者兼顾。在进行国家建设时,不能无偿地剥夺林农使用的林地,为此我国有关法律、法规规定了被征地单位及群众应服从国家需要,不得妨碍和阻挠征地工作,又规定了对征用单位及群众实行补偿、补助和安置的具体措施。此外,为保证兼顾二者利益,法律、法规对征用林地作了严格的程序规定。

（二）占用林地

国家因建设、勘察设计、修筑工程设施、开采矿藏的需要，占有使用全民所有的林地，称为占用林地。

占用林地是将已归全民所有制单位使用的林地划拨给另一全民所有制单位使用，但是林地的所有权不变，仅仅是使用权发生了变化。如果是使用国有荒山、荒地的，国家采取无偿划拨；如果是使用其他单位已经使用的国有林地，原使用单位受到损失的，建设单位应当给予适当补偿；原使用单位需搬迁的，建设单位应负责搬迁。征用林地和占用林地主要区别在于林地所有权是否发生变化。

林地被征用和占用后，一般会出现林地的性质完全改变和部分改变的情况，如林地改变为水利用地、工矿用地等。有林地被征用或占用后，还会引起林木被采伐和林种发生改变的后果。因此，只要不使用林地就能满足生产建设需要的，采取不占林地的原则，使用少量林地就能满足生产需要的，采取少占林地的原则。林业主管部门应兼顾各方面的利益，依法公平、公正履行其职责，以避免多占或滥占林地。

三、征用和占用林地的审批程序

因建设、勘察设计、修筑工程设施，开采矿藏的需要，必须占用和征用林地的，按下列程序办理：

（一）申请用地

根据国家的规定，"按规定批准的建设项目已列入本年度固定资产投资计划或批准列入预备项目的，建设单位方可申请用地"是前提条件。

需占用、征用林地的建设单位应持已经批准的建设项目设计任务书或初步设计、年度基本建设计划等有关文件，向被占用、征用林地所在的县级以上地方人民政府土地管理部门申请建设用地。

用地单位正式申请建设用地，需向土地管理部门报送下列附件：（1）经批准的建设项目设计任务书或其他批准文件（立项批文）；（2）建设项目的初步设计批准文件及文字说明；（3）建设项目总平面布置图；（4）扩建、改建项目的原批准用地文件、平面布置图、土地利用现状及有关文字说明；（5）建设项目资金来源的证明材料及年度投资计划；（6）环保等有关部门的审查意见；（7）有资质的设计单位作出的项目使用林地可行性报告等文件。

一项工程占用或征用林地应一次性提出用地申请，不得化整为零。分期建设项目，应当分期办理占用或征用手续，不得先占或者先征待用。鉴于修建铁路、公路、输油、输水、通信等管线项目呈带（线）状可以采取分段提出申请，办理使用林地审核手续。

（二）划定用地范围，拟订征地、占地方案

县级以上地方人民政府土地管理部门应当派出专业人员到建设用地现场进行实地考

察、划定用地范围,并组织建设单位与被征地单位或被占地单位依法商定征、占用林地的补偿、安置方案。由县级地方人民政府统一制定补偿、补助方案的,要有该人民政府制定的方案。对于国家和省级重点项目等,符合条件的按国家有关规定,实行征地费用包干。

(三)审批用地

占用、征用林地的申请,由县级以上土地管理部门受理,并由其会同林业主管部门进行审核;也可在征求林业主管部门的意见,林业主管部门从受理占用、征用林地的申请之日起15个工作日内提出具体明确的审查意见,报同级人民政府审查批准。经批准后,由项目所在地土地管理部门审核批准用地文件、核发建设用地批准书并根据建设单位依国家规定和批准的征地协议,缴纳、支付森林植被恢复费及其他各项税费,并会同有关部门落实安置措施。

(四)颁发林地使用证

建设项目竣工验收后,向有关部门申请土地登记,由县级以上土地管理部门进行审查,根据《关于加强国有森林资源产权管理的通知》规定,因国家建设、勘察设计、修筑工程设施、开采矿藏占用国有林地,致使林地产权发生变更,且林地变为非林地的,经林业主管部门同意后,由土地管理部门办理土地使用权变更手续,核发《国有土地使用证》。

(五)划拨林地

占用或征用林地的申请被批准后,由县级以上人民政府土地管理部门正式将被占用或征用的林地划拨给占用或征用林地的单位使用,或者由上级人民政府林业主管部门委托下级人民政府林业主管部门对有关单位使用林地实行许可,原单位丧失了对该林地的使用权或所有权。

四、审批权限

根据林业部〔1992〕1号文件规定,凡因国家建设、乡(镇)村建设需征用集体和占用国有林地的,必须经林业主管部门审核同意。国家林业局审核同意或批准的占用征用林地项目,应将使用林地审核同意书或批准文件送省级林业主管部门,抄送国家林业局派驻的森林资源监督机构。县级以上地方林业主管部门在办理审核征用、占用林地手续时,应要求建设单位必须提供下列文件:国务院主管部门或县级以上地方人民政府按国家基本建设程序批准的设计任务书或批准文件、用地单位的申请报告、所征占林地的权属凭证、征占林地项目设计书及交纳林地林木补偿费、森林植被恢复费协议书等。若需采伐林木,还应附加采伐林木申请(采伐林木设计书)。严格规定审批权限有助于维护土地的社会主义全民所有制和保护劳动群众集体所有制不受侵犯,有助于国家节约用地,杜绝浪费、多占乱占林地现象的发生,这样森林资源可以得到更有效的保护。

根据《土地管理法》第25条和原林业部规定:凡是征用、占用10亩以下林地的,由县级人民政府批准,即县级林业主管部门在现场调查后,须以正式书面文件提出审核意见,并将该文件抄送省级林业主管部门备案;凡是征用、占用林地 2 000 亩以上的,由国务院批准,即县级林业主管部门在现场调查后以正式书面文件提出审核意见,经地(市)林业主管部门签署意见后,上报给省级林业主管部门,省级林业主管部门须在现场复核后以正式书面文件报国家林业局;凡是征用、占用林地 10 亩以上 2 000 亩以下的,由省、自治区人民代表大会常务委员会决定具体的省、直辖市、自治州人民政府的批准权限,即县级林业主管部门应对所征用、占林地进行现场调查后,提出正式的书面审核意见,上报给地(市)林业主管部门或省级林业主管部门,地(市)或省级林业主管部门复查后以正式书面文件提出审核意见,同时抄送省级林业主管部门备案。

五、占用、征用林地的补偿问题

根据《土地管理法》和《森林法实施细则》的有关规定,以及国家物价局、财政部《关于发布中央管理的林业系统行政事业性收费项目及标准的通知》的要求,凡是征用、占用林地的,用地单位应根据有关规定相应地支付林地、林木补偿费,森林植被恢复费和安置补助费;凡是临时征用、占用林地的,依据《中华人民共和国土地复垦规定》(简述《土地复垦规定》),只需支付林地损失补偿费。所有以各种名义收取的各项补偿费用,除按规定支付给有关的个人外,其余全部纳入林业主管部门和森林经营单位的造林营林资金之中,专门用于造林营林、恢复森林植被,有助于保护自然环境。

(一)征收范围

依法批准占用、征用林地进行国家建设;勘察设计;修筑工程设施(公路、铁路、机场等);建厂矿、水库、电站等水利水电工程;开采矿藏(开采黄金、煤炭、原油等);采砂采石、挖沙取土等;乡(镇)建设;开发国家级、省级自然保护区、国家级森林公园和旅游区等改变林地用途的,作以上用途的必须对此征收林地、林木补偿费,森林植被恢复费和安置补助费。对农民建房占用林地的,可以只收取森林植被恢复费。

如出现临时使用林地的情况,按《土地复垦规定》,参照征、占用林地的收费标准只需收取林地、林木补偿费。如有出现需要伐除林木的情况,应按收费标准预收森林植被恢复费,一旦使用期满,用地单位必须重新种植植被,经有关林业主管部门验收合格,归还原所有人或使用人后,退还森林植被恢复费,否则,不退还森林植被恢复费以此作为赔偿费。

(二)征收标准

关于征用、占用林地的有关补偿,根据《土地管理法》第四十七条规定,由省、自治区、直辖市参照征用、占用耕地的补偿费标准规定。通常情况下,占用国有荒山、荒地的,不用支付土地补偿费;关于征用、占用天然林(包括天然林采伐迹地、火烧迹地)的补偿费应按人工林地补偿费标准规定;关于征用、占用防护林和特种用途林地的补偿费标准,应高于一般用材林林地收费标准,而珍贵树种林地又应高于防护林地、特种用途林地收费标准;关于经济林补偿费,按邻近耕地补偿标准进行计算,一般情况下以征用、占用该林地前3年平均年产值的3~6倍或以造林培育全过程的重置价格为基数规定征收标准;苗圃应以征用、占用前3年平均年产值的3~6倍规定征收标准。

关于征用林地安置补助费标准,通常由省、自治区、直辖市参照征用耕地的安置补助费标准规定。森林植被恢复费,一般应按征用、占用林地的立地条件、类型及营造(整地、改土、造林、补植、施肥、浇水、除虫、培育、防火等)全过程的重置价格计算。天然林森林植被恢复费应按人工林重置价格标准计算,不同林龄的森林植被恢复费要有所区别。

在占用、征用林地时,涉及林木处理问题,因建设确需伐除林木时,应严格遵守采伐及有关规定,申请采伐证,在指定的地点,将采伐的木材集中交与森林经营单位。征用林地采伐的木材可由原森林经营单位根据有关规定处理。占用林地采伐的木材应纳入当年采伐限额并列入国家计划,交由有关主管部门统一调拨使用。

本章小结

林地是林业生存之本,林地管理直接关系到林业事业的前途和命运,林地作为林业生产重要的生产资料,是森林赖以生存和发展的基础。森林又是生态文明建设的主体,生态环境的好坏关系到人民的生活和生存。因此,要真正管理和利用好林地资源,使林地不遭侵占、蚕食,各级政府必须首先带头做起,齐抓共管。同时加大宣传力度,强化人们保护林地的意识,把保护林地资源的义务变为每个公民的自觉行动。

我国已经形成了较为完善的林地管理政策体系,其主要包括以下四个方面:林地权属管理制度、林地流转管理制度、征占用林地管理制度和林地保护制度。林地权属管理制度以明晰确认林地的产权及具体承包经营权,促进和提升广大农民财富增长和内需消费层次为目标,严格管控了关于林地权属的问题,限制规范了林地权属的认定和林权证的发放,通过政府部门与林业部门协作管理,提高林地权属管理效率;林地流转管理制度以合理高效配置森林资源、资金、技术和劳动力等生产要素,加强对林地的管理和利用,以林业规模化和产业化经营为目标,允许林地使用权通过承包、转包、租赁、股份合作、拍卖等方式入市流转,同时规定严禁将林用地改为住宅用地或商业用地等非林用地,既在一定程度上加强了林地的使用率,又从制度上阻止了林地资源的流失;征占用林地管理制度以促使不用或少用林地,减缓林地流失速率,对有限的森林资源实施有效的保护措施,使得林业在现有基础上得到更大发展,放开征占用林地政策。其主要包括以下几个过程:使用林地的可行性研究、签订补偿协议、提交使用林地申请表、使用林地现场查验、使用林地审核审批、监督管理、森林植被恢复规划等。林地保护制度以保护林地资源的科学可持续发展,有效防治因地区性水土流失或沙尘气候破坏带来的林地减少问题,降低我国每年因林地水土流失所造成的巨大损失为目标,对破坏林地的具体行为以及相应惩罚措施作出详细规定,对破坏林地犯罪对象范围扩大作出细致划分认定,不断完善法律法规的建设,充分体现了我国对于林地这一重要资源的重视。然而,即使随着《森林法》及《森林法实施条例》等相关法律条文的相继公布,这些年来林地管理方面仍然存在诸多有违制度本意的问题,且尚未出台具体的法律予以进一步规范。

【案例分析及讨论】

非法占用农用地的案例

（1）案例内容

被告人吴某于 2006 年 11 月末至 2007 年 5 月间,在未经林业主管部门及其他相关部门许可的情况下,雇佣被告人王某在其承租的本县清河镇万利村北沟天然林内,擅自使用挖沟机修道、剥离土层,非法侵占林地面积 1.92 公顷,合 28.8 亩;毁坏林木 837 株,合立木蓄积 90.474 3 立方米。公诉机关认为,被告人吴某、王某的行为已触犯《中华人民共和国刑法》第三百四十二条之规定,构成非法占用农用地罪,应依法追究其刑事责任。

被告人吴某的辩护人提出关于"非法占用农用地罪中'农用地'指的是耕地,而本案被告人占用的是林地,因此对被告人吴某定性错误"的辩护意见。而法院认为,《中华人民共和国刑法修正案(二)》明确规定,违反土地管理法规,非法占用林地,数量较大,造成林地大量毁坏的,构成非法占用农用地罪。由于该辩护意见于法庭辩护无据,故不予采纳。被告人吴某的辩护人还提出关于"被告人吴某承租的清河镇万利村北沟是经某县发展计划局批准的发展农业综合开发示范工程,因此不应认定被告人吴某具有犯罪故意"的辩护意见。经查,被告人吴某明知自己非法占用林地、改变被占用林地用途的行为,会造成林地大量毁坏,仍指使他人破坏林地,具备非法占用农用地的主观故意。由于该辩护意见无法律依据,故法院不予支持。

（2）案例分析

本案被告人吴某未经林业主管部门及其他相关部门批准,擅自雇佣被告人王某在其承租的天然林内使用挖沟机修道、剥离土层,非法占用林地并改变被占用林地用途,共占用、毁坏林地面积 28.8 亩,毁坏林木 837 株,立木蓄积 90.474 3 立方米,审判机关认为二被告人的行为构成非法占用农地罪,并依法作出处罚。

《森林法》明确规定,国家所有和集体所有的林地以及个人使用的林地,由县级以上地方人民政府登记造册,发放证书,确认所有权或者使用权。国家保护林地所有者和使用者的合法权益,任何单位和个人不得侵犯。同时,勘察、开采矿藏和修建工程设施应不占或少占林地;必须占用林地的,应经县级以上人民政府林业主管部门审核同意后,依照有关土地管理的法律、行政法规办理建设用地审批手续,并由用地单位依照国务院有关规定缴纳森林植被恢复费。森林经营单位在所经营的林地范围内修筑直接为林业生产服务的工程设施,需要占用林地的由县级以上人民政府林业主管部门批准;修筑其他工程设施,需要将林地转为非林业建设用地的,必须依法办理建设用地审批手续。这里说的直接为林业生产服务的工程设施包括:培育、生产种子、苗木的设施;贮存种子、苗木、木材的设施;集材道、运材道;林业科研、试验示范基地;野生动植物保护、护林、森林病虫害防治、森林防火、木材检疫的设施;供水、供电、供热、供气、通讯基础设施。

由此可见,无论是为满足社会公用事业发展或者农业生产发展的需要,还是为满足本单位或者本人生产、生活的需要,任何单位和个人需要占用林地的,都必须经县级以上人民政府林业主管部门等相关机构依法审批。凡是未取得占用林地审批证书擅自占用林地并改变其性质的都属于非法侵占林地行为。

在本案中,被告人吴某未经依法批准擅自雇佣被告人王某在其承租的林地内修道,破坏林地土层,致使数量较大的林地受到毁坏。按照最高人民法院《关于审理破坏林地资源刑事案件具体应用法律若干问题的解释》第一条规定,非法占用并毁坏防护林地、特种用途林地5亩以上或者其他林地10亩以上,属于数量较大,即构成非法占用农用地罪。就本案而言,审批机关对二被告人非法占用农用地罪进行认定和处罚,完全符合刑法、森林法和司法解释的规定。

1. 农用地包括哪些?

2. 非法侵占林地行为有哪些?

【本章复习思考题】

1. 土地有哪些特点?

2. 林地管理制度的主要内容包括哪些?

3. 林地管理制度的目标和内容是什么?

4. 什么是林地权属?

5. 征用、占用林地有哪些审批程序?

【相关阅读材料】

全国人民代表大会. 中华人民共和国宪法(修订版). 2018-3-11.

全国人民代表大会. 中华人民共和国民法通则(修订版). 2009-8-27.

全国人民代表大会常务委员会. 中华人民共和国土地管理法(修订版). 2004-8-25.

全国人民代表大会常务委员会. 中华人民共和国森林法(修订版). 2009-8-27.

全国人民代表大会常务委员会. 中华人民共和国农村土地承包法(修订版). 2009-8-27.

全国人民代表大会常务委员会. 中华人民共和国渔业法. 1986.

国务院. 中华人民共和国森林法实施条例(修订版). 2018-3-19.

国务院. 中共中央、国务院关于保护森林发展林业若干问题的决定. 1981-3-8.

国务院. 关于保护森林资源制止毁林开垦和乱占林地的通知. 1998-8-5.

国务院. 中华人民共和国土地管理法实施条例(修订版). 2014-7-29.

林业部. 林木和林地权属登记管理办法. 2000-12-31.

林业部. 占用征用林地审核审批管理办法. 2001-1-4.

林业部. 林地管理暂行办法. 1993-8-30.

【主要参考文献】

[1] 中华人民共和国森林法[M]. 北京:法律出版社,1998.

[2] 邬福肇,曹康泰. 中华人民共和国森林法释义[M]. 北京:法律出版社,1998.

[3] 中华人民共和国森林法实施条例[M]. 北京:法律出版社,2001.

[4] 中华人民共和国土地管理法[M]. 北京:法律出版社,2004.

[5] 中华人民共和国刑法修正案(二)[M]. 北京:中国法制出版社,2001.

[6] 樊喜斌. 关于林地流转问题的探讨[J]. 林业资源管理,2006(4):29-32,16.

[7] 曲春宁. 加强征占用林地管理实现林业可持续发展[J]. 中国林业,2004(9):5-6.

[8] 石效贵. 实用林业管理法[M]. 北京:中国法制出版社,2007.

[9] 陈永富,周伯煌,朱国华. 林地管理问题研究[J]. 林业经济问题,2003(2):96-98,113.

[10] 左宗贵. 占用征用林地管理中存在的问题及对策探讨[J]. 华东森林经理,2005(1):19-21.

[11] 赵红,许辉. 加强对林地保护利用工作有关问题的思考[J]. 林业资源管理,2012(3):20-23.

[12] 蒋代书,王洪波. 林地管理工作存在的问题及对策探讨[J]. 林业资源管理,1997(3):4-9.

[13] 潘泓. 征占用林地管理若干问题的探讨[J]. 中南林业调查规划,2008(2):12-14.

[14] 唐才义. 林地保护利用存在的问题及对策分析[J]. 绿色科技,2014(2):129-130.

[15] 马广仁,孙富. 林业法规与行政执法[M]. 北京:中国林业出版社,2002.

[16] 程小玲,吴满元,唐小平. 我国林地保护利用管理政策研究[J]. 中国林业经济,2013(3):16-19.

[17] 张德静,张鹏,张靖. 我国林地管理的现状及对策[J]. 林业资源管理,1999(4):13-14.

[18] 侯冰野. 我国林地保护法律制度研究[D]. 哈尔滨:东北林业大学,2006.

[19] 胡筱敏. 林业用地的分类研究[J]. 江苏林业科技,2003(3):33-35.

第七章

森林资源培育政策

【本章学习目标】

1. 了解森林资源培育政策的基本概念及意义。
2. 了解我国森林培育政策的发展历程。
3. 熟悉我国种苗生产政策。
4. 熟悉我国种苗管理措施。
5. 熟悉国家森林资源培育政策。
6. 了解建立森林资源档案的目的及原则。

【本章要点】

对森林资源的培育和管护是我国林业建设的基点,其目的是提高森林的产量和质量,及时恢复森林,扩大森林资源,保护生态环境,实现青山常在,永续利用。本章在介绍我国森林资源培育政策历史变革的基础上,分析相关政策包括林木种子管理、苗木管理等方面。此外,本章还重点探究森林资源培育政策工具。森林资源培育政策具体包括:编制规划及经营方案,进行森林资源清查,建立森林资源档案。

第一节　森林资源培育政策概述

以营林为基础是我国林业建设的基本方针,其基点是放在对森林资源的培育和管护上,其目是提高森林的产量和质量,及时恢复森林,扩大森林资源,保护生态环境,实现青山常在,永续利用。森林资源培育活动在林业事业中的重要作用,决定了森林资源培育的法律地位。

一、制定森林培育政策的意义

(1) 制定森林培育政策是宏观控制森林资源的需要。森林资源是一个动态的再生资源,随着森林经营活动的变化,森林资源始终处于采伐、造林、生产、消耗的动态之中。因此,需要对森林资源的这种动态进行宏观控制,使森林资源的增长和消耗按照人类希望的方向发展,充分发挥森林的生态、经济、社会效益的多功能作用。

(2) 制定森林培育政策是发展林业生产建设的需要。林业生产建设最根本的是森林资源建设,林业建设的战略目标和任务就是要建设一个林种结构合理、优势树种组合较为理想的森林,更好地为人类社会的文化和物质生活服务。因此,从发展林业这个角度讲,必须保护管理森林资源,反之则不能促进林业生产建设。

（3）制定森林培育政策是确保森林资源安全的需要。由于对森林资源的盲目采伐、过量采伐和乱砍滥伐以及乱滥用林地,结果使森林资源遭受严重破坏,因此加强林业生产经营、实行以法治林、对森林各种经营活动进行严格的监督和控制就显得非常重要。

二、森林培育政策的概念界定

森林培育政策的概念界定有狭义和广义两种。狭义的理解主要包括种苗生产、植树造林政策、抚育政策、林道建设政策等。广义的森林培育政策概念则丰富得多,还可包括林木种子的生产和经营、林种划分、自然保护区建设、野生动物保护、林木检疫、森林资源清查、森林经营方案编制、林权纠纷调处、林地征占用的审批等政策与规定。

基于以上理解,可以认为森林培育政策是指根据《森林法》及相关林业政策的规定,对森林资源采取的切实保护、合理利用、及时更新、科学培育,以提高森林产量和质量,充分发挥森林多种效益的各种政策的总称。

第二节 我国森林培育政策的历史沿革

森林培育是从林木种子、苗木、造林到林木成林、成熟的整个培育过程中按既定培育目标和客观规律所进行的综合培育活动。森林培育原来被称为造林,即各类森林从种苗、造林、抚育到成林的全部培育过程;中等范围的理解为人工林从种苗、造林到幼林郁闭成林的培育过程,人工林郁闭后的培育不归造林管;狭义的理解造林就是森林营造本身,不包括前期的种苗和后期的抚育,甚至还有把造林仅理解为播种或植苗这个工序。20世纪80年代末,在全国科学技术名词审定委员会的指导下,我国林学会主持了《林学名词》修订工作。为了名词的统一和确切的表达,并与国际通用名词接轨,决定把与英文"silviculture"相对应的名词定为"森林培育学",简称"育林学",而把"造林"一词用于较为狭义的范畴。

从政策的历史演变来看,1949年4月的《保护与发展林木林业暂行条例（草案）》;1950年东北人民政府《关于禁止滥伐森林与浪费国家木材资源的指示》批评了"不注意留母树与保护幼树、不爱护珍贵树种,伐根留得过高"的"推平头"式的采伐方式;1952年《中央人民政府政务院关于发动群众继续开展防旱抗旱运动并大力推行水土保持工作的指示》指出"由于过去山林长期遭到破坏和无计划地在陡坡开荒,使很多山区失去涵蓄雨水的能力,首先应在山区丘陵和高原地带有计划地封山、造林、种草",为含蓄水流打下一个良好的基础;1953年发布《中央人民政府政务院关于发动群众开展造林、育林、护林工作的指示》;1956年发布《天然森林禁伐区（自然保护区）划定草案》《关于公布国有林采伐规程的指示》《森林采伐更新管理办法》;1957 年《中华人民共和国水土保持暂行纲要》规定:"原有陡坡耕地在规定坡度以上的,若是人少地多地区,应该在平地和缓坡地增加单位面积产量的基础上,逐年停耕,进行造林种草";1959 年发布《关于积极开展狩猎事业的指示》;1962 年发布《国务院关于积极保护和合理利用野生动物资源的指示》以及 1963 年国务院批准发布的《森林保护条例》,该条例是我国森林法的最初雏形。

1979 年制定的《中华人民共和国森林法(试行)》在内容上体现了我国当时对森林资源培育的重视。1984 年的《中华人民共和国森林法》在 1979 年《中华人民共和国森林法(试行)》的基础上进行了一些修改,在 1998 年的人民代表大会常务委员会上又对《中华人民共和国森林法》进行了第二次修改,这次修改使《森林法》在新时代的林业产业下发挥了巨大作用。2009 年进行了第三次修改。1998 年 8 月国务院发布《关于保护森林资源制止毁林开垦和乱占林地的通知》;1998 年国家修订了《土地管理法》;2000 年发布《关于开展 2000 年长江上游、黄河上中游地区退耕还林(草)试点示范工作的通知》;2000 年 9 月发布《关于进一步做好退耕还林还草试点工作的若干意见》;2000 年 10 月国务院批准《长江上游、黄河上中游地区天然林资源保护工程实施方案》《东北、内蒙古等重点国有林区天然林资源保护工程实施方案》;2000 年 1 月《中华人民共和国森林法实施条例》出台;2002 年 12 月《退耕还林条例》出台;2003 年 6 月《中共中央国务院关于加快林业发展的决定》以及 2004 年《全面推进依法行政实施纲要》、2005 年 12 月《国务院关于落实科学发展观加强环境保护的决定》、2006 年 9 月《风景名胜区条例》、2007 年 8 月《国务院关于完善退耕还林政策的通知》等政策的相继制定意味着我国森林培育政策体系已逐步趋向完善。

第三节　种苗生产政策

各级人民政府制定林业发展规划、计划、方针和政策,有效组织森林资源的保护和清查,建立森林资源档案,进行合理利用与开发,制定多种经营及技术改造等方案。

为了保护种质资源,规范品种选育和种子生产、经营、使用行为,维护选育者和种子生产者、经营者、使用者的合法权益,提高种子质量水平,推动种子产业化,促进种子业和林业的发展,2000 年 7 月全国人大常务委员会审议通过了《种子法》,用来规范种子的生产和经营活动。

一、林木种子管理政策

《种子法》规定,国家依法保护林木种质资源,任何单位和个人不得侵占和破坏林木种质资源;禁止非法采集和采伐国家重点保护的天然种质资源;国家有计划地收集、整理、鉴定、登记、保存、交流和利用林木种质资源,定期公布可利用的种质资源目录;国务院林业行政主管部门应当建立国家林业种质资源库。省级林业主管部门根据需要建立种质资源库、种质资源保护区或种质资源保护地。国家对林业物质资源享有主权,任何单位和个人不得非法向境外提供种质资源或非法从境外引进种质资源。

《种子法》规定,主要林木的商品种子生产,全部林木的种子经营实行许可制度。为规范林木种子生产,经营许可证的管理,国家林业局于2002年11月制定了《林木种子生产、经营许可证管理办法》,明确林木种子生产许可证和林木种子经营许可证的审核、发放和管理工作由县级以上人民政府林业行政主管部门负责。从事主要林木商品种子生产的单位和个人应当取得林木种子生产许可证,按林业种子经营许可证的规定经营。

申请林木种子生产许可证的单位或个人应当具备:具有繁殖种子的隔离和培育条件;无检疫性病虫害;具有按照有关标准、规定建立或者确定的种子园、母树林、采穗圃或者其他采种林及苗圃地;具有必要的生产、检疫设施和资金;具有经县级以上人民政府林业行政主管部门培训合格取得资格证书的林木种子生产、加工、检验、贮藏、保管技术人员。生产籽粒、果实等有性繁殖材料的,除具备以上规定的条件外,还需具有晒场、种子加工和烘干设备、贮藏设备,包括种子库、种子风选和精选机等;具有恒温培养箱、光照培养箱、干燥箱、扦样器、天平、电冰箱等必要的种子检验仪器设备。

申请林木种子经营许可证的单位或个人应当具有与经营林木种子的种类、数量相适应的资金;具有与经营林木种子的种类、数量相适应的营业场所;具有必要的经营设施;具有经县级以上人民政府林业行政主管部门培训合格取得资格证的林木种子检验、加工、贮藏设备,包括种子库、精选库、种子包装机等;具有恒温培养箱、光照培养箱、干燥箱、扦样器、天平、电冰箱等必要的种子检验仪器设备。实行选育、生产、经营相结合的,除具备上述规定的条件外,还应具备:注册资本在2 000万元以上;有固定的种子繁殖基地;有3名以上经省级以上人民政府林业行政主管部门考核合格的种子检验人员。

二、苗木管理政策

2000年《种子法》的颁布施行标志着我国林木种苗管理步入法制化的轨道。为进一步加强林木种苗管理,国家林业局先后制定出台了《林木种子生产、经营许可证管理办法》《林木种苗包装和标签管理办法》《林木种苗工程管理办法》《关于加强林木种苗质量监督管理的规定》《林木种苗质量监督抽查暂行规定》等配套法规、规定,加强了林木种苗的生产经营管理。

1. 两证一签

凡是从事林木种苗生产、经营的单位和个人,必须持有县级以上人民政府林业行政主管部门核发的《林木种子生产许可证》和《林木种子经营许可证》,经营的苗木应当附有标签,对未按此要求从事林木种苗生产、经营的单位和个人,严格按《种子法》的相关规定查处。

2. 种苗质量检验

各级林木种苗质量检验机构负责林木种苗质量的检验和监督,坚决杜绝质量不合格林木种苗的调拨和出圃现象的发生。在种苗调拨和出圃前,要按国家或地方有关标准进行质量检验,并填写种子、苗木质量检验书。

3. 种苗订单

国家林业重点造林项目和国家投资及国家投资为主的造林项目,实行合同订购的生产供应方式,各级林木种苗机构要做好技术指导和信息等方面的工作。

4. 种苗使用责任追究

地方林业行政主管部门对国家林业重点工程造林项目和国家投资及国家投资为主的造林项目,必须调拨和使用有经营许可证、标签和检验合格单位和个人的林木种苗,并且按有关规定使用良种和种子基地生产的种子。未按规定调拨和使用的,有关部门负有直接责任的主要人员和其他直接责任人,依法给予行政处分。对以各种名义索取回扣、手续费的,依照有关规定给予党纪政纪处分;构成犯罪的,依法追究刑事责任。

5. 种苗质量案件上报跟踪

地方各级林业行政主管部门要加大对生产经营假冒伪劣种苗、发布虚假收购信息案件的查处力度,及时上报查处结果,并跟踪检查。对不如实上报检查不力的,要给予通报批评。

第四节　森林资源培育政策工具

森林资源培育政策具体包括:编制规划及经营方案,进行森林资源清查,建立森林资源档案。

一、规划编制

《森林法》第十六条:"各级人民政府应当制定林业长远规划。国有林业企业事业单位和自然保护区,应当根据林业长远规划,编制森林经营方案,报上级主管部门批准后实行。"

根据《森林法》的规定,林业长远规划的制定是各级人民政府的重要职责。林业长远规划一般包括林业发展的战略目标、战略重点、战略步骤以及林业发展战略的具体措施。其主要内容有营林生产规划、森林采运生产规划、木材加工和剩余物利用规划、多种经营规划、基本建设规划、科学研究规划、职工培训和职工福利规划等。林业长远规划的制定应坚持以改革促发展的原则,进一步理顺和调整好林业内部各方面的关系,不断提高经济效益和生态效益,繁荣林区经济,为林业振兴奠定基础。

二、森林经营方案的编制

森林经营方案一般以有一个经理期为单位,每10年编制一次。如因特殊需要,亦可提前进行森林资源复查,修订森林经营方案,根据《森林法》规定,各单位编制的森林经营方案必须报上级主管部门批准后方可实行。已经批准的森林经营方案即成为指导该经营单位进行作业的法定性文件。

森林经营方案的具体内容应根据不同对象的特点而定。按林业部1986年2月19日颁布的《国有林业局、国有林场编制森林经营方案原则规定》,森林经营方案的主要内容一般应包括:(1)森林经营方针、培育目标及主要经营措施。森林经营方针和培育目标是国有林业局、国有林场编制森林经营方案中的重要问题之一。国有林业局、国有林场的经营方针应符合《森林法》及有关林业的方针政策,特别是要符合以营林为基础、永续利用的要求。因此,国有林业局、国有林场的经营方针和培育目标应当是林业有关方针政策的具体化。(2)确定森林经营类型,并制定相应措施。(3)森林主伐规划。其主要内容有林业生产经营单位年主伐面积、蓄积量和出材量、各种林分的主伐方式、各经营区的主伐顺序、伐区的生产方式等。(4)森林经营规划设计。主要包括种苗生产、更新造林、抚育间伐、林分改造、森林保护、木材生产、木材加工、综合利用及多种经营主要产品结构、工艺流程、设备配置、劳动组织和技术措施。(5)主要技术经济指标,生产建设经费总概算及效益分析。

三、森林资源清查

森林资源清查和森林资源档案制度的建立是科学管理森林的必要手段。《森林法》第十四条规定:"各级林业主管部门负责组织森林资源清查,建立资源档案制度,掌握资源变化情况。"

1. 森林资源清查的对象

森林资源清查的主要对象是森林、林木、林地和林区内野生动植物以及其他自然环境因素等。在调查过程中,根据需要还要调查社会经济条件。

2. 森林资源清查的任务

查清森林资源(包括宜林土地)的数量、质量、分布和种类,即查清林业的家底。总结摸索和掌握森林资源消长变化规律,客观地反映森林生长的自然环境和经济状况,并在此基础上对森林的经营方向、目的、措施进行综合评价。提出全面的、准确的森林资源调查材料、图面材料、统计报表和调查报告等。

3. 森林资源清查的种类

《森林法》第十四条规定的森林资源清查泛指森林资源的各类调查,是个总概念。由于清查的对象、要求和作用不同,森林资源的清查可分为三大类。

(1)以全国(或各大区域)为对象的森林资源清查(即一类调查)

由国家林业局组织协调,以省、自治区、直辖市和大林区为单位进行,其目的是要求在保证一定质量的条件下,能够迅速及时地查清森林资源数量和质量及其消长变化情况,为分析全国森林资源状态,制定国家林业方针、政策,调整全国性永续或大区永续、控制和指导全国林业发展提供科学依据。清查的主要内容包括面积、蓄积、各林种和各类型森林的比例,以及生长量、枯损量、更新、采伐等。

（2）为编制林业生产规划设计而进行的森林资源清查（即二类调查）

由省、自治区、直辖市人民政府和林业主管部门负责组织协调，以县、国有林业局、林场或其他部门所属林场为单位进行，其目的是为林业基层单位掌握森林资源的现状及动态、分析检查经营活动效果、编制或修订经营单位的永续利用规划或总体设计提供可靠依据。这类清查的森林资源数量和质量要落实到小班。清查的主要内容包括除各地类小班的面积、蓄积量、生长量和枯损量外，还要进行立地条件和生态条件的调查，以及有关自然、历史、经济、经营等条件的专业调查。

（3）为作业设计而进行的森林资源清查（即三类调查，也称作业调查）

这是林业基层单位为满足伐区工艺设计、造林设计、抚育采伐设计、林分改造等而进行的调查，均属作业设计调查。目的是查清一个伐区内，或者一个抚育周期内，改造林分范围内的森林资源数量、出材量、生子状况、结构规律等，以便据此确定采伐或抚育、改造方式、采伐强度、预估出材量，以及更新措施、工艺设计等。作业调查是基层森林资源管理的一项基础工作，也是林业行政部门批准采伐、划拨伐区的依据。因此，应加强这项工作的管理。一般来说，该调查要满足下列要求：① 要与森林经营方案所规定的经营方针、原则、措施、作业方式和各项数量指标保持一致。② 要符合国家和上级主管机关制定的森林主伐、抚育间伐、低产林改造、更新造林等规程、办法和实施细则的要求，并能因林因地制宜地进行设计。③ 要在数量、质量和时间上满足生产和主管部门的需要。调查精度要符合要求，设计合理，图、表、文字说明齐全，各种调查和作业设计成果要按规定的时间在生产作业前提出。

森林资源清查的内容随着林业事业发展和森林经营水平的不断提高而变化。根据林业部《国有林业局、国有林场编制森林经营方案原则规定》的要求，森林资源清查除了进行常规调查外，还应加强专业调查和林区多种资源调查，包括林区枝丫和"三剩"（采伐剩余物、造材剩余物及加工剩余物）资源、土地资源、水、经济植物资源、旅游资源，以及草场、矿产、泥炭等其他资源的调查。同时，随着现代科学技术手段的发展，利用遥感、电脑技术，对林地面积、森林类型、生长量、蓄积量和病虫害等都可以作出准确的测算，由于清查手段的逐步现代化，已使森林资源清查工作进入运用遥感技术清查和管理森林资源、运用电子计算机进行遥感信息分析和计算的新阶段。

四、森林资源档案

森林资源档案是科学经营森林最基础的工作之一，也是森林资源管理的一个基本内容。建立森林资源档案制度是森林资源和林业行政管理工作的基本手段，因此，加强森林资源档案管理是各级林业主管部门的职责之一。

（一）森林资源档案的概念

森林资源档案是林业生产的科学技术档案，属于技术档案的范畴。它是各个时期森林资源材料地记录，是林业生产的技术经济文件资料，但并不是所有技术经济文件资料都是森林资源档案。森林资源档案是客观记述和反映林业单位的森林资源变化情况、森林经营利用活动以及林业科学研究等方面,具有保存价值并按有关规定归档的技术经济文件材料。具有以下基本属性:(1)森林资源档案是森林经营单位在生产、建设和自然科学研究活动中形成的,是记录和反映该单位生产经营、科学技术活动的技术经济文件材料;(2)森林资源档案是真实的历史记录,它不仅真实地记述和反映森林经营单位的生产经营和科学技术活动,而且真实地说明这些活动的历史过程;(3)森林资源档案是具有永久和一定时期保存价值的技术文件材料;(4)森林资源档案是按照一定的制度、要求、办法并经过整理归档的技术文件。

(二)建立森林资源档案的目的和任务

森林资源档案是在森林资源清查的基础上建立的,完善的森林资源档案可以有效地反映森林资源的消长变化情况,建立森林资源档案的主要目的就是通过不间断地记录、积累、整理分析和总结林业生产实践、经营管理和科学实验的历史资料,找出规律和经验,以达到控制资源消耗、促进森林资源增长和科学营林的水平,提高森林资源质量,使林业生产建设逐步走向科学化,使得森林资源实现越采越多、越采越好、青山常在、永续利用。同时,也是考查工作反馈经营效果的凭证,它不仅为当前的林业各项生产服务,而且是长远规划,为林业生产建设服务。

建立森林资源档案的主要任务有:(1)掌握森林资源的现状及其消长变化情况;(2)评定森林经营利用效果;(3)为编制林业规划、设计,确定森林经营措施和安排各项经营活动,加强森林资源和林业行政管理提供可靠依据。

(三)建立森林资源档案的原则

根据《森林法》第十四条和《林业部关于加强森林资源管理若干问题的规定》以及《森林资源档案管理办法》,我国森林资源档案分四级建立和管理,即省(自治区、直辖市)林业主管部门为第一级,一般建至县和国有林业局、国有林场;市(地、州)林业主管部门和林管局为第二级,一般建至乡和乡级林场;县(市、旗)林业主管部门、国有林业局、国有林场为第三级,一般建至村、林班;乡(镇)人民政府、乡级林场、经营所为第四级,一般建至村民小组、小班和古树名木。

建立森林资源档案应以下列资料为依据:

(1)近期规划设计调查(简称二类调查)成果(包括各种图、表及文字说明资料),没有上述资料时,可暂用森林资源清查(简称一类调查)或其他具有一定精度的资源调查资料;(2)森林更新、造林调查设计资料;(3)近期各种专业调查资料;(4)固定样地及标准地资料;(5)林业区划、规划、森林经营方案、总体设计等资料;(6)各种作业设计资料;(7)历年森林资源变化资料;(8)各种经验总结或专题调查研究资料;(9)有关处理山林权的文件和资料;(10)其他有关图面、文字、数据资料。

（四）森林资源档案的主要内容

森林资源档案的内容是根据林业生产特点和建档目的、任务决定的，一般以掌握森林资源的数量、质量和消长变化动态为主，包括森林资源档案卡片、簿册；森林资源统计表或统计簿；森林资源消长变化统计表；基本图、林相图、经营规划图及资源变化图；固定样地和标准地调查记录及其文件和资料；森林资源变化分析说明；处理境界变动及林权纠纷等有关文件和资料；森林资源各种调查、科研、经营总结等资料；其他与森林档案管理有关文件。

本章小结

对森林资源培育的理解，有狭义和广义的两种。狭义的理解主要是对育苗造林、森林抚育、林分改造、采伐更新、护林防火、病虫害防治、林副产品利用等经营活动的管理和监督。广义的森林资源培育则丰富得多，还可包括林木种子的生产和经营、林种划分、自然保护区建设、野生动物保护、林木检疫、森林资源清查、森林经营方案编制、林权纠纷调处、林地征用占用的审批等管理内容。具体的政策工具包括编制规划及森林经营方案，进行森林资源清查，建立森林资源档案。

【案例分析及讨论】

山场培育林木的归属问题

2002年11月，陈某驾驶汽车发生交通事故撞伤郑某。法院判决陈某赔偿郑某各项损失费76 090元。判决生效后，陈某未按判决履行赔偿义务。2003年2月，法院在申请执行人郑某提供财产担保下，依法裁定查封被执行人陈某与合伙人龚某共有的坐落于福建省邵武市下沙镇屯上村栋背山场林木。

同月28日，案外人邵武市山口国有林业采育场对执行标的提出执行异议，异议理由称法院所查封的林木系属案外人所有，同时案外人向法院提供相关林木取得书证4份：

书证1证明在2000年6月20日，被执行人陈某和龚某合伙与邵武市下沙镇屯上村民委员会签订的林木资源转让协议，该林木转让协议监证栏上盖有邵武市林业局下沙林业工作站公章；

书证2证明在2001年10月30日被执行人陈某、龚某二人与村民黄某签订的林木转让协议；

书证3证明在2003年7月15日由邵武市下沙镇屯上村民委员会与邵武市下沙镇洛田村民委员会签订的该林木权属协议（此协议也被邵武市林业局盖章批准转让），并证实该林木属邵武市下沙镇屯上村民委员会所有；

书证4证明法院查封的该林木已由村民黄某以转让费83 000元转让给案外人邵武市山

口国有林业采育场所有。

出现的分歧主要有以下两种意见。

第一种意见:法院查封的林木权属归邵武市下沙镇屯上村所有。

理由:2000 年间,邵武市下沙镇屯上村将该林木转让给被执行人陈某及其合伙人龚某。2001 年间,被执行人陈某及其合伙人龚某将该林木转让给村民黄某。2003 年间,村民黄某又将该林木转让给案外人邵武市山口国有林业采育场。上述该林木从陈某、龚某转让给黄某,以及黄某再转让给邵武市山口国有林业采育场几手转让交易时均未到林业主管部门登记备案。据此情况,按照我国国务院颁布的《中华人民共和国森林法实施条例》第六条规定即"改变森林、林木和林地所有权、使用权的,应当依法办理变更登记手续"的规定,该林木的当事人行为违反法律规定,当事人之间签订的林木转让合同虽然真实成立,但该林木所有权不能转移。据此,案外人异议理由不成立。查封的林木权属归邵武市下沙镇屯上村所有。

第二种意见:法院查封的林木权属归案外人所有。

理由:执行查封的林木最初权属归邵武市下沙镇屯上村,后屯上村将该林木转让给被执行人陈某及其合伙人龚某有监证,陈某与龚某后又将该林木转让给黄某,黄某又转让给案外人邵武市山口国有林业采育场,该林木后几手转让虽未登记备案,但都是林木转让人即合同协议人的真实意思的自愿表现,林木转让合同有效,况且林木转让合同已履行并支付了价款,林木最终处于案外人邵武市山口国有林业采育场管理之中,视为案外人取得该林木所有权。据此,案外人异议理由成立。查封的林木权属归案外人所有。

你倾向于哪一种意见? 并说明理由。

【本章复习思考题】

1. 简述森林资源培育政策的基本概念。
2. 简述森林经营方案的主要内容和作用。
3. 简述苗木管理政策主要内容。
4. 建立森林资源清查的目的及原则有哪些?
5. 森林资源清查的作用及种类有哪些?

【相关阅读材料】

国务院.中华人民共和国进出境动植物检疫法实施条例.1996-12-2.

林业部.木材检查站管理办法.1990-11-1.

林业局.森林资源监督工作管理办法.2007-9-28.

林业局.关于认真贯彻执行《森林资源规划设计调查主要技术规定》的通知.2003-4.

林业局.封山(沙)育林技术规程.2004-5-31.

林业局.关于进一步深化森林采伐管理改革试点工作的通知.2010-11-3.

福建省林业厅.福建省松材线虫病疫木采伐、运输和安全利用管理办法.2013-8-12.

中通木材电子交易有限公司. 中国国际木材交易市场交收细则. 2010.

欧盟木材法规 No. 995/2010(European Union Timber Regulation). 2013.

美国雷斯法案(修正版). 2008.

【主要参考文献】

[1] 宫宝禄. 中国木材商品流通与管理[M]. 北京:中国林业出版社,1988.

[2] 国家林业局. 中国林业统计年鉴- 2002[M]. 北京:中国林业出版社,2003.

[3] 张春霞. 林产品贸易学[M]. 北京:中国林业出版社,1999.

[4] 宋宗水. 木材流通[M]. 北京:经济科学出版社,1988.

[5] 国家林业局. 中国林业发展报告- 2003[M]. 北京:中国林业出版社,2003.

[6] 金永生. 中国流通产业组织创新研究[M]. 北京:首都经济贸易大学出版社,2004.

[7] 蒋祖辉,陈国梁. 中国木材流通论[M]. 北京:中国林业出版社,1994.

[8] 王忠行. 木材商品学[M]. 哈尔滨:东北林业大学出版社,1989.

[9] 侯知正. 中国木材的供应和需求[M]. 北京:中国科学技术出版社,1990.

[10] 物力节约研究组. 中国木材节约代用战略、规划和对策研究(课题报告)[A]. 1991.

[11] Kun J. Firm Performance in the E-conomerce Market: the Role of Logistics Capabilities and Logistics Outsourcing [M]. Fayetteville: University of Arkansas, 2001.

[12] Zeng Jianping, Liu Ruiyang. Virtual Enterprise: the Goal of Supply Chain Management [A]. International Conference on Management, 2002.

[13] 木材流通问题研究课题组. 中国木材流通问题研究报告[A]. 北京木材工业,1997.

[14] 俞小平. 中国林产品期货市场发展研究[A]. 中国学位论文文摘数据库,2005.

[15] 国家林业局. 中国林业统计年鉴[M]. 北京:中国林业出版社,2002.

[16] 戴凡. 新中国林业政策发展历程分析[A]. 中国学位论文文摘数据库,2010.

[17] 胡运宏,贺俊杰. 1949 年以来我国林业政策演变初探[J]. 北京林业大学学报(社会科学版),2012(3):21 - 27.

[18] 吴依阳. 我国森林资源保护立法问题研究[A]. 中国学位论文文摘数据库,2012.

[19] 唐磊. 限额采伐制度对林农经营行为的影响研究[A]. 中国学位论文文摘数据库,2012.

[20] 马天乐. 林业政策与林政管理[M]. 北京:中国林业出版社,1998.

[21] 邱俊齐. 林业经济学[M]. 北京:中国林业出版社,1998.

[22] 顾晓燕,聂影. 金融危机下中国木质林产品出口市场布局优化研究[J]. 林业经济问题,2009(6):485 - 488.

第八章

植树造林规划与政策

【本章学习目标】

1. 掌握国家对植树造林所采取的政策。

2. 熟悉植树造林的概念和内容。

3. 熟悉国家对植树造林的经济扶持政策。

4. 熟悉我国植树造林的组织形式。

5. 了解我国林业的发展状况。

6. 了解植树造林的目的与意义。

7. 了解我国植树造林的规划。

8. 了解我国植树造林中所存在的各种问题。

9. 认识以及思考相对问题的创新解决办法。

【本章要点】

植树造林是扩大森林资源的重要措施，植树造林保护森林是公民应尽的义务。本章将介绍地方各级人民政府制定的植树造林规划，努力提高森林覆盖率，因地制宜地确定本行政区域内森林覆盖率的奋斗目标。围绕奋斗目标，努力完成造林更新、城乡绿化美化、河渠湖库周边绿化、农田林网建设与矿区植被恢复、森林抚育经营、义务植树、种苗建设、草原建设等方面的建设任务。本章还对相关政策进行分析，指出其当前存在的问题，主要围绕《森林法》中植树造林的相关政策，探究国家林业局颁布的一系列有关植树造林的政策条例以及该方面的规划计划落实情况。通过分析，探寻我国目前的森林资源状况和未来的育林走向。

第一节　植树造林概述

一、我国林业发展的现状

近年来，为推动我国国民经济的全面发展，满足人们日益增长的物质文化及生活的需要，我国林业产业一直保持强劲的发展势头，产业规模亦不断扩大。经济林、木材、人造板、松香等主要林产品产量稳居世界第一，林业二、三产业比重逐年提高，森林旅游、森林食品、野生动植物繁育利用等新兴产业增长势头强劲，林产品贸易进出口总额不断增长等等，这些都给我国的国民经济及综合国力的增强带来了极大的促进、推动作用。

然而,林业产业生存与发展的原料是森林资源,虽然森林资源具有可再生性,且森林资源在我国相对来说较丰富,但经过长期的砍伐与过度利用,势必造成资源的短缺甚至是某些物种的灭绝。我国森林资源分布不均、覆盖率低,林业用地率不高,虽然近年来通过植树造林、退耕还林等措施来增加森林面积,但树种单一、结构不合理,再加上大部分森林为粗放经营,集约经营水平低,致使林木单位产量低、生长量不高、材质差、利用率低。纵观全局,我国森林生产还处于低产值、微效益的状态,这不仅进一步加剧了我国森林资源的消耗,而且也严重影响了林业产业的发展,甚至引起了我国生态环境的恶化。

造成我国林业产业发展存在瓶颈的主要因素是林木成活率低,这与植树造林技术是否科学、是否合理有着密切的关系。为保证得到高生存率、高成活率、高成林率的林木,就必须做好植树造林工作。

二、植树造林的基本概念

(一) 植树造林

1. 植树造林的定义

植树造林是新造或更新森林的生产活动,它是培育森林的一个基本环节。一般种植面积较大而且将来能形成森林和森林环境的,称为造林;如果面积很小,将来不能形成森林和森林环境的,则称为植树。

2. 造林的基本措施

适地适树,细致整地,良种壮苗,适当密植,抚育保护,工具改革以及可能的灌水、施肥。

在植被配置上,坚持适地适树,乔、灌、草相结合,宜乔则乔,宜灌则灌,宜草则草;在造林方式上,实行封山育林、飞播造林、人工造林相结合,宜封则封、宜飞则飞、宜造则造;在林中布局上,凡生态区位重要的地域,要营造各种防护林,为兼顾地区经济发展和农民增收,在那些气候、雨水条件适宜,地势较平缓,不易造成水土流失的区域,可合理发展一些经济林和速生丰产用材林;在树种选择上,以适生、抗性强的乡土树种为主,尤其是干旱地区,应主要选择耐旱树种或草种,并积极引进适宜的优良品种。

(二) 涉及的概念解释

1. 森林覆盖率

《森林法》中的森林覆盖率是指以行政区域为单位森林面积与土地面积的百分比。森林覆盖率的多少,反映一个国家或者地区森林资源的多少和实现绿化的程度。

2. 森林面积

森林面积是指郁闭度 0.3 以上的乔木林地面积、经济林面积和竹林地面积;我国特别规定的灌木林地面积,农田林网以及村旁、路旁、水旁、宅旁林木的覆盖率也列为森林面积。

3. 封山育林

封山育林是指将可以利用树木的天然繁殖能力实现林地郁闭的一些地方划分出来,实行封闭管理,加以重点防护,禁止任何人为破坏,只在适当的时候进行补植,以实现造林绿化目的的一种措施。它是森林自然再生产和经济再生产相结合的一种林业生产方式,具有投资少、见效快、生态效益显著等特点。

(三)植树造林的内容

要确保实现规划目标,必须继续推进天然林资源保护、退耕还林、京津风沙源治理、"三北"及长江流域等防护林建设、石漠化治理、重点地区速生丰产用材林基地建设等重点工程,积极营造公益林,加大沙化、荒漠化、石漠化和重点地区、重点流域的生态治理力度,构建东北森林区、西北风沙区、东部沿海区、西部高原区、长江、黄河、珠江、中小河流及库区、平原农区、城市森林等十大生态屏障,构筑维护国土生态安全保障体系;紧紧围绕林产品加工、木本油料、森林旅游等林业十大主导产业的发展,大力培育商品林,加大珍贵树种、木本油料林等特色经济林、生物质能源林、竹藤等培育力度,为保障木材及其他林产品供给夯实基础;科学配置树种结构,大力营造混交林,不断提高成林质量;加快推进城乡绿化,扎实开展身边增绿,努力改善人居环境。

我国地域辽阔,各地自然和社会条件差异极大,可造林地资源分布极不均衡,林业主导功能和发展方向不尽相同,草原类型多样,必须充分尊重各地的客观实际和资源特点,科学制定发展战略,才能确保植树造林稳步发展。按照"西治、东扩、北休、南用"的总体布局,根据各地特点,综合考虑地理环境、降水差异、植树造林难易程度、森林经营习惯和草原利用方式等因素,将全国划分为东北地区、北方干旱半干旱地区、黄土高原和太行山燕山地区、华北与长江下游丘陵平原地区、南方山地丘陵地区、东南沿海及热带地区、西南高山峡谷地区、青藏高原地区等八大区域。依据分类指导、分区施策的原则,明确各区域功能定位,分区制定植树造林发展战略,确定各地植树造林重点和主攻方向。

根据国家出台的造林相关政策,群众参与造林可享受以下优惠政策:第一,谁造谁有,谁经营谁受益。农村居民在房前屋后、自留地、自留山上种植的林木,归个人所有。城镇居民和职工在自有房屋的庭院内种植的林木,归个人所有。第二,对个人造林育林的,享受当地信用社小额贷款扶持政策,金融部门要提供小额贷款、联保贷款等金融服务。第三,被当地林业部门纳入国家"三北防护林"工程、国家退耕还林工程和国家造林补贴试点范围内的造林地块,并达到了国家工程造林技术规程要求的,可以享受国家"三北防护林"、国家退耕还林或者国家造林补贴政策,即造乔木林每亩补助200元,造灌木林每亩补助120元的造林苗木补助费政策。

三、植树造林的目的与意义

（一）植树造林的目的

我国《森林法》第十一条明确规定："植树造林、保护森林，是公民应尽的义务。各级人民政府应当组织全民义务植树，开展植树造林活动。"作为我国的一项基本国策，植树造林的目的并不只是单独地种树成林，其只是以造林的方式，最终使得农林经济产业结构得到改善调整、促进林区的经济发展。具体来说，植树造林的目的可以列为以下几点：

（1）营造薪炭林，解决农村地区的生活能源问题；

（2）营造用材林，缓解林产品的供需矛盾；

（3）营造经济林，增加林产业经济收入，提高人民生活水平；

（4）营造防护林，最大限度地提高森林覆盖率、创造出良好的生态环境；

（5）营造特种用途林，为国防建设效力，同时适当地发展旅游事业。

（二）植树造林的意义

1. 增加林业产业的物质基础

我国人均拥有的森林面积仅为世界平均水平的 1/6，与此同时，我国的森林资源消耗量巨大，尤其是用材林的成熟林和过熟林的蓄积量大量减少，林业产业可用资源濒于枯竭。

国家为了解决木材供需矛盾，连年过量采伐树木，同时还大量从国外进口相关的林产业的物质基础。这两种方法都只是隔靴搔痒，不能从根本上解决问题。因此，除了要加强对现有森林资源的保护管理、合理利用，国家更需要有效落实植树造林政策，增加森林资源，增强林产业生产实力。

2. 改善生态环境

根据我国《森林法》第二十六条规定："各级人民政府应当制定植树造林规划，因地制宜地确定本地区提高森林覆盖率的奋斗目标。"植树造林可以增加森林资源，提高森林覆盖率，为社会创造良好的生态环境。

3. 植树造林是两个文明建设的重要内容

植树造林是社会主义物质文明、精神文明建设的重要内容。植树造林实现了森林资源在数量与质量上的增长，为社会主义物质文明建设提供了物质基础。同时，在植树造林的活动中，大量的模范人物涌现出来，这有力地促进了社会主义精神文明的建设。

第二节　植树造林的相关政策

植树造林、绿化中国是我国的一项基本国策，植树造林是我国公民的基本义务。宜林荒山荒地的绿化，是提高植被覆盖率的主要途径。通过植树造林，扩充我国森林资源，为林业产业的发展提供充足的资源,改善我国现有的生态环境,达到建设绿色经济生态文明的目的。推进生态文明建设,建设美丽中国。2009年,中央林业工作会议提出建设生态文明必须把发展林业作为首要任务。美丽中国,绿色为本。山清方能水秀,林茂才能物丰。加强生态文明建设,必须坚定不移地走林业至上的道路,发展林业,依靠林业。林业肩负着森林、湿地、荒漠和生物多样性的保护与管理职责,国家和各级政府应该把发展生态林业和民生林业作为总攻方向,实现因林而绿、因林而美、因林而富。

一、《中华人民共和国森林法》中关于植树造林的相关政策

《中华人民共和国森林法》于1984年9月20日第六届全国人民代表大会常务委员会第七次会议通过实施,后来于1998年4月29日第九届全国人民代表大会常务委员会第二次会议作出关于修正《中华人民共和国森林法》的决定并实施。后根据2009年8月27日第一届全国人民代表大会常务委员会第十次会议《关于修改部分法律的决定》修改。

1. 国家保护承包造林者依法享有的林木所有权和其他合法权益。未经发包方和承包方协商一致,不得随意变更或者解除承包造林合同。

《森林法》第二十七规定:国有企业事业单位、机关、团体、部队营造的林木,由营造单位经营并按照国家规定支配林木收益。集体所有制单位营造的林木,归该单位所有。农村居民在房前屋后、自留地、自留山种植的林木,归个人所有。城镇居民和职工在自有房屋的庭院内种植的林木,归个人所有。集体或者个人承包国家所有和集体所有的宜林荒山荒地造林的,承包后种植的林木归承包的集体或个人所有;承包合同另有规定的,按照承包合同的规定执行。

为了鼓励植树造林,充分调动各单位和个人造林、育林、护林的积极性,本条根据谁造谁有的原则,从法律上明确规定了营造的林木归营造的单位和个人所有;如造林单位是国有单位,造林单位有权按照国家有关规定支配林木的收益。

本条第一款规定,国有企业事业单位、机关、团体、部队营造的林木,其林木的所有权归国家所有,但是由造林单位负责经营管理,并按照国家有关规定支配林木收益。

本条第二款规定,集体所有制单位营造的林木,归该单位所有,并有收益和处分的权利。

本条第三款规定,农村居民在房前屋后、自留地、自留山种植的林木,归个人所有。城镇居民和职工在自有房屋的庭院内种植的林木,归个人所有。这属于个人财产的一部分,个人应当享有使用、收益和处分的权利,允许继承,并受到法律的保护。

本条第四款是关于承包宜林荒山荒地造林的权属的规定。依照本条该款规定,集体或者个人承包国家所有和集体所有的宜林荒山荒地造林的,林地所有权不变,承包后种植的林木归承包的集体或者个人所有;如果承包合同对种植的林木权属和收益另有规定的,按照承包合同的规定执行。

根据国家有关法律规定,宜林荒山荒地的承包造林合同受法律保护;在承包期内,经发

包方同意,承包方可以转包,也可以将承包合同的权利和义务转让给第三者;承包期满,承包人对原承包的荒山荒地享有优先承包权;承包人在承包期内死亡的,该承包人的继承人可以继承承包。根据本法规定,林地使用权、林木所有权确认后,应当由县级以上地方人民政府登记造册,核发林权证书。

2. 根据《森林法实施条例》第四十二条的规定,有下列情形之一的,由县级以上人民政府林业主管部门责令限期完成造林任务;逾期未完成的,可以处应完成而未完成造林任务所需费用2倍以上的罚款;对直接负责的主管人员和其他直接责任人员,依法给予行政处分:

(1) 连续两年未完成更新造林任务的;

(2) 当年更新造林面积未达到应更新造林面积50%的;

(3) 除国家特别规定的干旱、半干旱地区外,更新造林当年成活率未达到85%的;

(4) 植树造林责任单位未按照所在地县级人民政府的要求按时完成造林任务的。

二、退耕还林

1. 退耕还林政策的主要内容

退耕还林是指从保护和改善生态环境出发,将水土流失严重,沙化、碱化、石漠化严重,生态区位重要、粮食产量低而不稳的耕地有计划、分步骤地停止耕种;本着宜乔则乔、宜灌则灌、宜草则草,乔灌草结合的原则,因地制宜地造林种草,恢复林草植被。

退耕还林工程主要有退耕地还林、宜林荒山荒地造林(即两荒造林)、封山育林等三项建设内容。

国家按照核定的退耕地还林面积,在一定期限内向退耕还林者提供适当的粮食补助、苗木补助和现金(生活费)补助。退耕地还林政策补助标准为每年每亩160元,其中粮食补助140元,现金补助20元;生态林连续补助8年,经济林5年;种苗补助费每亩一次性补助50元。宜林荒山荒地造林(即两荒造林)、封山育林只补助种苗费和封育费,宜林荒山荒地造林每亩一次性补助200元,封山育林每亩一次性补助70元。

2. 国家退耕还林所出台后续政策的主要内容

2007年国务院出台了《关于完善退耕还林政策的通知》,对已经到政策补助期限的退耕还林农户再延长一个补助周期。也就是说还生态林农户政策补助再延长8年,还经济林农户政策补助再延长5年,补助标准为每年每亩补助90元,其中70元为粮食补助,20元为管护经费,与退耕还林农户的管护责任挂钩。

三、造林补贴试点政策

为了解决全国各地普遍存在的造林绿化发展不平衡、造林难度越来越大、国家投入不足、同一地区国家造林补助覆盖不全、更新欠账较严重等实际问题,国家将开始实施造林补贴试点政策。

1. 试点年限

试点年限为 3 年,通过 3 年的试点运行,逐渐建立符合我国国情的国家造林补贴长效机制。

2. 试点原则

一是试点省区对造林补贴工作负总责,实行目标、任务、资金、责任四到省原则;二是造林补贴与中央林业造林基本建设投资不重复安排,即造林补贴不得与工程造林任务相重叠;三是尊重林农等造林主体自愿的原则;四是公开原则,试点省和县级林业行政主管部门要对外公布造林补贴政策、补贴对象和补助资金安排,以村为单位公示各农户造林面积、造林地点和补贴资金等情况,主动接受社会和农民群众的监督。

3. 补贴对象

指宜林荒山和荒地、宜林沙荒地和迹地更新的林农和国有林业单位。

4. 补贴标准

宜林荒山荒地、沙荒地人工造林乔木林 200 元/亩,营造灌木林 120 元/亩,油茶、核桃等木本粮油经济林 160 元/亩,其他经济林不高于 100 元/亩;迹地更新不高于 100 元/亩。

5. 资金投放方式

补贴资金分两次进行拨付,在造林第一年按任务量先一次性拨付造林补贴资金的 50%,待造林完成三年后,经省级验收保存合格,国家再拨付其余 50% 的资金。

四、谁造谁得,谁经营谁受益

国家保护林农的合法权益、减轻林农的负担,禁止向林农违法收费、罚款,禁止向林农进行摊派和强制集资。近几年来,由于一些地方和部门不顾林农的承受能力,从局部利益出发,随意向林农收费、罚款、摊派和强制集资,加重林农的负担,严重挫伤了林农造林的积极性,伤害了林农的感情,严重影响了党与群众的关系,引起广大林农的强烈不满,有的林农被逼无奈走上绝路。林农负担加重已成为制约林业发展的重要因素,因此出台该项政策对于林农来说是很有利的。

第三节　植树造林相关政策的实施与反馈

一、政策实施

《森林法》第二十六条规定:"各级人民政府应当制定植树造林规划,因地制宜地确定本地区提高森林覆盖率的奋斗目标。"这是林业法律和法规赋予人民政府应尽的职责,植树造林任重道远,任务十分艰巨,地方各级人民政府应当结合本地区的实际情况,在战略布局、发展步骤、时间安排、资金筹集等方面,统筹安排,落实措施,以便按照规划付诸实施。

(一)加强组织领导,落实目标责任

推进植树造林,保护和发展森林资源是各级党委和政府的重要职责。各级政府要将植树造林工作纳入重要议事日程,建立政府主导、部门联动、社会参与、齐抓共管的工作机制。各级政府要按照全国植树造林的总体部署,组织编制实施规划,层层分解落实任务。建立健全植树造林任期目标责任制,制定考核办法,将植树造林和森林经营面积、森林蓄积、义务植树尽责率、森林覆盖率等指标作为考核的重要内容。加大植树造林任期目标责任制执行情况检查考核力度,将考核结果作为评价领导干部政绩及政策调控的依据。

加强各级绿化委员会机构和队伍建设,强化对植树造林工作的统一组织和领导,做好宣传发动、组织协调、督促检查、评比表彰等工作。各级植树造林行政主管部门要健全机构,充实人员,提高管理能力,当好各级党委、政府的参谋助手,统筹植树造林组织实施,做好技术服务。发改、财政、税务、金融等部门要加大植树造林资金和政策支持力度。国土部门要统筹规划,合理安排植树造林用地。教育、城建、农业、铁路、交通、水利、部队等部门,经贸、石油、石化、冶金等行业,要做好本系统的绿化规划,挖掘绿化用地潜力,多方筹措绿化资金,确保完成管辖范围内植树造林任务。工会、共青团、妇联要积极组织参与植树造林。文化、广电、宣传等部门要加大植树造林宣传教育力度,提高全社会植树造林意识。

(二)完善政策机制,拓宽投资渠道

建立和完善以公共财政投入为基础、社会力量广泛参与、多渠道投资的植树造林投入机制。各级政府要逐步加大植树造林投入力度,支持重点生态工程等植树造林工作。完善林木良种补贴、造林补贴、森林抚育补贴制度。落实绿化机具补贴政策,积极支持先进适用绿化机具的推广应用。保障植树造林工作经费。

全面深化林业改革,深入推进集体林权制度改革,确立农民的林业经营主体地位。引导林业经营者在产权明晰的基础上,组建合作经济组织,促进林业规模经营。建立健全集体林权交易流转制度和森林资源资产评估制度等配套措施。稳步推进国有林场、重点国有林区改革,创新经营机制,增强发展活力。深化林木采伐管理制度改革,进一步落实林权所有者对林木的处置权。

积极引入市场竞争机制,鼓励和引导多方面参与、多元化筹资投入植树造林。鼓励以木材和其他林产品为原料的企业,与林业部门、林农、林农合作经济组织共同建设能源林、油料林、纸浆林、人造板原料林等基地,推进林工一体化进程。建立健全森林灾害保险制度。建立健全林权抵押贷款制度,创新担保机制,加大信贷投放力度。加强义务植树规范管理,完善政策措施,拓宽尽责渠道,提高义务植树质量和尽责率。鼓励企业捐资造林,建立企业捐资开展碳汇造林机制。

(三)健全规章制度,规范质量管理

建立健全植树造林质量监管制度,推进植树造林从作业设计、采种育苗、整地栽植、抚育管护、有害生物防治到采伐更新全过程的质量管理。完善植树造林工程招投标制度,建立以植树造林专家为主体的评标体系。严格规范植树造林设计管理,定期审查设计单位资质,工程造林必须由有资质的设计单位进行作业设计,按规定程序审批。逐步推进施工队伍专业化,推行施工单位资质管理制度。实行工程造林监理制,建立营造林工程监理单位、监理工程师、监理员资格准入制度。严格执行城镇绿化、部门绿化、单位绿化与基本建设"四同步",即植树造林工程与各项基本建设同步规划、同步设计、同步施工、同步验收。加强种子执法和苗木检验检疫工作,实行种源管理制度,强化林木种苗生产经营许可制度、标签制度、档案制度、检验检疫制度和主要林木品种审定制度。

(四)强化科技支撑,优化人才队伍

完善植树造林技术标准体系,按荒山荒地造林、城乡绿化等不同类型、不同区域、不同培育目标,分别制定植树造林技术标准,形成完善的标准体系。加强植树造林科学管理,推行植树造林从作业设计、采种、育苗,到整地、栽种、有害生物防治以及抚育改造等全过程的标准化、规范化、科学化。

加大植树造林科技攻关力度,重点加强困难林地造林、混交林营造、珍贵树种培育、能源林培育、名特优经济林栽培、碳汇计量监测等技术研究。积极吸纳基层林业科技人员参与国家课题研究。加大植树造林科技成果转化运用和实用技术推广力度,优先采用具有自主知识产权的先进实用技术,积极推广使用高产优质抗逆的林木植物新品种,支持和鼓励使用优良种苗造林。完善科技成果转化的激励机制,鼓励专业技术人员从事植树造林科学研究和技术推广,结合科技项目的实施,深入基层开展科技服务。

落实国家对基层和边远地区工作人员的津贴、补贴政策,改善基层林业科技人员工作和生活条件,鼓励、引导人才向林业生产一线流动,增加基层科技人员比重。出台高校毕业生到林区创业就业扶持政策,实施高校毕业生基层培养计划、大学生志愿服务林区计划。积极开展林业科技特派员活动,选派高技能专业技术人员到基层帮助工作,优化林区人才结构,壮大并稳定林区人才队伍。加强植树造林技能培训,建立植树造林技能考核制度,制定考核标准,开展技能鉴定,优化植树造林规划、设计、施工、监理队伍,提高整体技术水平。

(五)推进法制建设,强化资源保护

推进植树造林法制建设。修订森林法、城市绿化条例、全民义务植树实施办法、森林病虫害防治条例、植物检疫条例等法律法规。加快制定林权流转登记管理办法,保障营造林主体合法权益。各地要制定完善植树造林、义务植树、古树名木保护等地方性法规。

加强未成林造林地抚育管护,强化森林经营,提高林地生产力。加强林业有害生物防治能力建设,提高林业有害生物预测预报和防治水平。加强森林草原防火,深入开展防火宣教活动,提高全民防火意识,积极营造生物防火林带,提高森林火情预警预报和火灾扑救能力,切实加强重点林区和关键部位林火防控工作。加强现有法律法规和规章制度的执行力度,

严格征占用林地、绿地审批管理。采取得力措施,依法惩处盗伐、滥伐林木,毁坏林木、绿地、草原,以及非法占用林地、绿地、草原的行为,巩固和发展植树造林成果。

（六）夯实基础设施,提高保障能力

全面加强基层林业工作站、林木种苗站、森防检疫站、林业科技推广站(中心)等基层林业单位基础设施建设,改善生产、办公、居住条件,提高植树造林的服务能力。各级政府要将与植树造林配套的水利设施、林区道路、供电、通讯、防灾等设施建设统筹纳入建设规划,加大投入。特别是要加大对偏远山区、重点林区、沙区和少数民族地区植树造林基础设施建设扶持力度,改善林区生产生活条件。加强林区森林防火、林业有害生物防治、森林公安和林业植物检疫技术装备和基础设施建设,生物防火林带、生物防治病虫害工程要与营造林工程建设同步进行。

开展全国主要造林树种种质资源普查,收集保存适应性、抗逆性强的种质资源。建立林木种子储备制度,保证以丰补欠、以优补劣,增强林木种苗生产供应抵御各种自然灾害的能力。加强高世代种子园和采穗圃建设,建立示范性优质种苗基地,增加保障性苗圃数量和繁育规模,确保优良林木种苗的生产,保障植树造林的种苗需求。

二、政策实施成果

在全民义务植树运动的推动和林业重点工程的带动下,我国造林绿化事业迅猛发展,林业生态建设实现了历史性跨越,森林资源增长迅速。特别是近年来通过推行集体林权制度改革,掀起了植树护绿的热潮,造林绿化步伐明显加快。

根据第八次全国森林资源清查结果显示:全国森林面积2.08亿公顷,森林覆盖率21.63%,森林蓄积151.37亿立方米。人工林面积0.69亿公顷,蓄积24.83亿立方米。

（一）林业生态建设取得重大进展

2008年、2009年全国完成造林477.13万公顷和588.47万公顷,分别比上年增长22.1%和23.3%。据统计,1979—2009年林业重点工程完成造林8 302.13万公顷。其中,三北防护林工程完成3 179.32万公顷,天保工程完成863.06万公顷,退耕还林工程完成2 192.11万公顷,京津风沙源治理工程完成577.37万公顷,速生丰产林基地工程完成181.97万公顷,长江防护林工程完成601.92万公顷,珠江防护林工程完成50.54万公顷,沿海防护林工程完成170.93万公顷,太行山绿化工程完成429.26万公顷,平原绿化工程完成55.69万公顷。我国人工林面积已达6 200万公顷,是世界上培育人工林面积最多的国家。截至2009年年底,累计有121.1亿人次参加义务植树,植树563.3亿株。

（二）城市绿化迈出新步伐,部门绿化稳步推进

采取拆房建绿、破墙透绿、垂直挂绿、屋顶植绿等措施,全面加强城市休闲公园、郊野游憩公园、城市道路和水系绿化,以及单位、小区绿化,大力扩充城市绿量,提升城市景观和生

态效果。据统计,全国城市建成区绿化覆盖面积已达 135.65 万公顷,建成区绿化覆盖率 37.37％,绿地率 33.29％,城市人均拥有公园绿地面积 9.71 平方米。

(三)草原建设成效显著

国家实施草原重大生态建设工程,集中治理生态脆弱和严重退化草原,有效遏制了全国草原生态加速恶化的势头,部分地区草原生态明显改善。工程区产草量比非工程区提高 75.1％,严重沙化草原面积减少 20％以上,岩石裸露率降低 7 个百分点。在重大生态工程的带动下,各地加大草原保护建设力度,全国草原围栏 6 200 万公顷,禁牧休牧轮牧面积 9 867 万公顷,累计种草保留面积 2 867 万公顷。

我国政府历来高度重视造林绿化工作,始终将其作为加强生态建设的一项重要战略措施来抓。从以上所述看,植树造林工作取得了很大的成果。

三、政策实施出现的问题

虽然许多政策的出台使得我国森林资源进入了数量增长、质量提升的稳步发展时期,但在政策的实施过程中依然会出现许多问题。

(一)树种选择不当

造林树种选择的恰当与否,将直接关系到造林成败,如果造林树种选择不当,不但不易造林成活,以至于白白浪费大量的人力、物力、财力和时间,而且即使成活,林木也很难正常生长、发育,也难于成材、成林,造林地的生产潜力也不能充分发挥,也起不到森林的生态作用。

(二)造林设计不合理

造林是一项系统工程,为了有计划地扩大森林资源,更好地发挥森林的生态效益、社会效应和经济效益,在造林前必须进行造林计划。但这些设计并没有什么现实意义,也不能正确地引导造林施工,甚至还为林业生产埋下诸多隐患。

(三)造林树种单一,纯林面积大

林业的发展一定要按照科学的规律办事,决不能盲目发展,更不能片面地追求面积和数量,但在实际操作中,人们往往认识不到这一点,只为了完成造林任务而造林,在造林过程中只选择杨树、落叶松等几种树种,大面积营造纯林,结果导致病虫害大发生,而无法得到有效控制。

(四)照搬硬套

古训不可墨守成规,照搬硬套。但事实上,很多领导干部为了省事,照搬别人的成功经验,把别人所种植的树种引进到自己地区,获得的收益微乎其微,甚至适得其反。

(五)乱砍滥伐

我国《森林法》规定申请林木采伐许可证,除应当提交申请采伐林木的所有权证书或者

使用权证书外,还应当按照下列规定提交其他有关证明文件:

国有林业企业事业单位还应当提交采伐区调查设计文件和上年度采伐更新验收证明;

其他单位还应当提交包括采伐林木的目的、地点、林种、林况、面积、蓄积量、方式和更新措施等内容的文件;

个人还应当提交包括采伐林木的地点、面积、树种、株数、蓄积量、更新时间等内容的文件。因扑救森林火灾、防洪抢险等紧急情况需要采伐林木的,组织抢险的单位或者部门应当自紧急情况结束之日起 30 日内,将采伐林木的情况报告当地县级以上人民政府林业主管部门。

这条条例已明确了应该采伐的强度,但依然有很多人为达到经济效益,向上虚报自己的采伐强度,或者是很多农民不知情而乱砍滥伐。

(六)整地粗放,管理不善

整地是造林前改善林地环境条件,特别是土壤条件的一道工序。正确、细致、适时地进行整地,对于提高造林成活率,促进幼苗生长,实现人工林速生、丰产具有重大的作用。但在实际的造林中,由于整地粗放,或者整地过浅,使杂草与苗木争夺大量的养分和水分,致使苗木生长不良,甚至大量死亡。

造林面积不实,造林数字难以统计,抚育管理跟不上。三分造,七分管,只造不管或是管而不善都是造成保存陆地和生长不良的主要原因。

四、采取的对策

(一)科学规划

科学合理的规划是搞好造林绿化建设的龙头,是提升造林绿化水平的前提。所谓科学规划是指规划的依据可靠,布局必须合理,遵循自然规划、经济规划,使造林、营林建立在科学可靠的基础上,使造林工程达到高质量、高效益。

(二)细致整地

整地作用的大小,与原来的立地条件有关,原来的立地条件越差,整地的作用越大,效果越显著。整地还有以下作用:(1)为林木生长创造条件,以便满足林木生长所需要的水、肥、气、热等条件,提高造林成活率;(2)整地通过翻地、松地,捡出根、枝、石头,集中地表土壤,增加肥力;(3)通过整地可以使肥沃土壤集中到根系周围,以利于幼树生长。

(三)适地适树

所谓适地适树是指根据既定的经营目的和造林地选择树种,这是造林能否成功的关键措施,也是造林的基本准则。需要调查气候、土壤、植被及水文地质等情况。树种的特性包括生物学特性和生态学特性。

(四)良种壮苗

所谓壮苗,就是地径粗、根系发达、苗干有一定高度、重量大的苗种,按不同树种、不同苗龄的标准选择。供应种苗要"适地、适树、适种源",不能有种就采,有苗就栽,防止大调大运,不合格的苗种坚决不用。

为了更好地改善我们的生活条件,维持生态平衡、减缓资源流失的速度,植树造林工作应从实际出发、因地制宜、坚持成活、成材及能覆盖的原则,严把种苗质量、抓好苗木生产、注重造林质量、巩固造林成果。

(五)全民义务植树

义务植树,是指公民为国土绿化无报酬地完成一定劳动量的整地、育苗、种树、管护等绿化任务。应当实行定地点、定任务、定质量为内容的多种形式的责任制。

积极做好广泛宣传工作,加大培养群众的绿化意识,大力推进过程造林和全民义务植树,加大鼓励群众造林,保护和改善生态环境。对依法不承担植树义务而自愿参加义务植树的,应予以鼓励及宣传。

(六)和谐发展

要做到造林绿化与经济的和谐发展,必须加强现有法律法规和规章制度的执行力度,严格征占用林地、绿地审批管理,采取得力措施,依法惩处盗伐、滥伐林木,毁坏林木、绿地、草原,以及非法占用林地、绿地、草原的行为,巩固和发展造林绿化成果。

五、对政策实施的建议

(一)鼓励种树,坚持退耕还林工作

根据《国务院关于进一步做好退耕还林还草试点工作的若干意见》《国务院关于进一步完善退耕还林政策措施的若干意见》和《退耕还林条例》的规定开展退耕还林工作。工程范围覆盖 25 个省、1 897 个县。根据因害设防的原则,按水土流失和风蚀沙化危害程度、水热条件和地形地貌特征,将工程区划分为 10 个类型区,即西南高山峡谷区、川渝鄂湘山地丘陵区、长江中下游低山丘陵区、云贵高原区、琼桂丘陵山地区、长江黄河源头高寒草原草甸区、新疆干旱荒漠区、黄土丘陵沟壑区、华北干旱半干旱区、东北山地及沙地区。

(二)实行封山育林政策

实行封山育林的地方必须是可以利用树木天然下种或萌芽而形成森林的宜林地,包括:具有培育前途的疏林地;具有天然下种能力的山场地块;具有一定采伐数量的山场地块;具有一定幼株数量的山场地块;具备其他条件的一些宜林地。组织实施封山育林的时间较长,而且经济效益相对不明显,因此进行封山育林,需要采取一些过硬的措施。各省级林业主管部门要对本地区的封山育林工作进行年度计划和长远规划,加强对封山育林的监督和检查;县级林业主管部门要对本地区的封山育林工作进行合理的区划设计。组织实施封山育林方法包括全封、半封和轮封。

(三)加强天然林保护工程力度

天然林保护工程范围涉及 17 个省、724 个县、160 个重点森林企业、14 个自然保护区。

工程建设的目标主要是解决天然林的休养生息和恢复发展问题,最终实现林业资源、经济、社会的协调发展。工程建设任务:一是控制天然林资源消耗,加大森林管护力度。为了遏制天然资源不断锐减的趋势,实行木材停伐减产,全面停止长江上游、黄河中上游地区天然林的商品性采伐,东北、内蒙古等重点国有林区的木材产量大幅调减。二是加快长江上游、黄河上中游工程区宜林荒山荒地的造林绿化。三是妥善分流安置国有林业企业富余职工。

(四)做好京津风沙源治理工程

该工程是根据首都及其周边地区土地沙化加剧、风沙危害严重、生态环境脆弱的状况设立的。工程范围涉及北京、天津、河北、山西和内蒙古5个省、自治区、直辖市的75个县(旗、区、市)。工程建设的目的是通过植被保护、植树种草、退耕还林、小流域及草地治理、生态移民等措施,优化首都生态环境,提升北京国际地位,保障该地区经济社会协调发展。

(五)完善三北及长江流域等防护林体系建设工程

三北工程于1978年经国务院批准启动建设,工程规划从1978年开始到2050年结束,历时73年,分三个阶段、八期工程进行建设。工程建设范围包括西北、华北、东北13个省(自治区、市)的551个县(旗、区、市)。工程建设的目标和任务:增加森林面积3 508.3万公顷,森林覆盖率由1977年的5.05%提高到14.95%,风沙危害和水土流失得到有效控制,生态状况根本好转,广大人民群众的生产生活条件从根本上得以改善。

(六)推进速生丰产用材林基地建设工程

重点地区速生丰产用材林基地建设工程是我国林业产业体系建设的骨干工程。这工程不仅有利于解决我国木材和林产品的供应问题,而且有利于减轻其他地区森林资源保护的压力,促进天然林保护等五项生态工程的建设。

(七)进行"绿色城市"评比评先,鼓励各城市搞好植树绿化工作

通过完善的奖惩制度,"绿色城市"评比活动成为真正能够改善我国林业现状的一项伟大举措,从根本上解决种植存活率低保存率低以及乱砍滥伐等问题。

本章小结

通过本章的学习,首先对植树造林有了相关的了解;其次对植树造林的相关政策以及解读有了更进一步的认识;再次,有助于我们增强绿化环境的强烈意识以及对全民义务植树活动起了重要的推动作用;最后,有了对政策的详细了解,认识到更多关于造林、营林、育林的相关责任,以及对森林保护有了更确切的法律责任意识。随着人们对森林重要性认识的提高,现代林业已从单纯取材发展到培育扩大森林和合理利用森林资源的综合发展阶段。《森林法》中明确规定,植树造林、保护森林是公民应尽的义务。各级人民政府应当制定植树造林规划,因地制宜地确定本地区提高森林覆盖率的奋斗目标。这说明履行植树造林义务和

完成造林任务已经不是一般的工作问题,而是执行国家法律的问题。

　　植树造林是两个文明建设的重要内容,国家对植树造林进行了经济扶持,制定了植树造林规划的指导思想和原则,确定了植树造林的多种形式。我们需要充分认识到加快植树造林的重要性和紧迫性,建立长效的管护机制,落实好苗木资金,加大植树造林绿化投入。植树造林不仅可以发展经济,更可以保护环境,解决环境问题,防风固沙,涵养水源,一举多得。

【案例分析及讨论】

山西省娄烦县植树造林对策及成效

　　(一)娄烦县生态区位明显

　　娄烦县位于太原市的西北部,是一年一季西北风侵入太原的风口。娄烦县居于吕梁山脉的腹地。全县面积1 289.85平方千米,人口11.8万人。黄河的主要支流汾河纵贯南北,地表径流面积达922.8平方千米,地表清水河沟有40多条,构成了太原水资源的主要涵养区。因此,在地势上,由于海拔较高且居于崇山峻岭之中,娄烦对太原盆地具有防洪、防风固沙的天然屏障作用。同时,又是太原城市水资源的主要涵养区和供给地。娄烦县地处暖温带向寒温带过渡的气候带上,气候寒冷少雨,温带的动植物物种繁多、物相特征明显。木本植物43科156种,草本400多种,针叶林以华北落叶松、油松、白皮松、云杉、柏树为主,阔叶林以杨、柳、榆、槐为主。

　　(二)营造林建设成效显著

　　娄烦县林业建设因地制宜,科学规划。在县城城区建园林,水库周边建林网,公路绿色通道建林带,丘陵耕地建基地,山区荒山造林成规模建林系。大力实施生态林业工程、干果经济林工程、景观林建设工程。生态建设成效显著,有效地改善了当地生态环境。全县南北两山公园、5条主要通道、8条主要河流以及汾河水库周边全部绿化,初步建立起全方位、多层次、立体化的生态林业体系。这里,清新纯净的空气、青松白杨相间的山坡、碧波荡漾的汾河水库,显示出娄烦县优良的生态环境。

　　高投入全方位实施生态建设初见成效,2006年以来,娄烦县先后实施了国家级、省级、县级3类14项植树造林工程。

　　(三)营造林技术措施

　　1. 树种选择

　　根据相关文献和近年来的造林实践,对山西省娄烦县常见的造林树种进行了大致分类,以便参考。人工造林中荒山造林以油松、刺槐、落叶松为主,华北落叶松较为适生;沟滩植树以杨树、柳树为主,退耕地适合发展经济林,树种主要为核桃、红枣、仁用杏等。从营造林树种的比例看,造林树种单一是目前存在的普遍问题。造林模式无非是松杉柏、阔叶树加经济林。用材树种仍以落叶松、油松、侧柏为主,针叶树和阔叶树比例极不平衡,调整树种结构,营造阔叶树种,规模发展经济林,增加混交类型,以提高林分的稳定性。

2. 林种配置

建立地理信息系统,通过空间分析提供森林立地类型图表、宜林地数据图表,选择适生优势树种和林种资源配置。运用坡位、坡面分析,按坡度、坡向划分的地貌类型,结合立地类型选择造林树种和规划林种。娄烦县将科学规划落实到造林实践中,山区营造防护林和水源涵养林,城区景观绿化营造风景林,水库周边营造水源涵养林,绿色通道建防护林带,退耕地建果园基地。

娄烦县在绿化美化环境的同时,把促进经济发展、提升人民群众的幸福指数作为民生林业的核心内容。在营造春夏有花、秋季有果、四季常青的生态景观的同时,把群众的经济收入作为民生林业的考量标准,通过专家论证和近年来经济林发展的实例总结出全县适合发展核桃、枣、仁用杏、文冠果等经济林,适合大面积推广。娄烦县把核桃和仁用杏作为全县兴林富农的主导产业。结合退耕还林成果巩固项目,采用合作社造林、工程造林等形式建设经济林。目前,生态林与经济林的比例约为9∶1,应适当加大营造经济林比例,同时开发沙棘等野生资源。

3. 造林技术措施

(1) 集水整地:技术要点是整地方法和集水面的处理。除了传统的鱼鳞坑、水平阶、水平沟、反坡梯田外,集水效果较好的整地方法还有单坡式、双坡式、扇形、漏斗形、V字形等。不同造林地区可根据降水特点和造林树种选择应用。集水面最简单的方法是夯实拍光集水面,特殊地段的造林还可铺设塑料薄膜,以提高集水能力。

(2) 容器育苗造林:营造林时苗木应首选容器苗,并应做好容器苗起苗前苗木灌水和苗木保护工作,采用相应苗木保水抗旱处理技术。

(3) 大苗造林:在一些重要地段,娄烦县栽植大苗子。阔叶树胸径4厘米以上,针叶树苗高0.5米以上,灌木树种苗高1米以上,以期尽快发挥作用,保护省城水源。

(4) 将"尊重自然"的理念贯穿建设施工的每一环节。不惜增加养护费用,严禁绿化中使用生根粉、保水剂,以避免对汾河水库带来任何影响。

(5) 造管结合,营造林质量与经费挂钩,造林三年后验收保存合格兑现合同。

4. 科学规划,景林融合

娄烦县应用高新科技进行规划设计,利用制作高海拔区、汾河两岸、水库周围和水土流失严重区域专题图,将这些地块作为重点规划地段,安排营林生产。用缓冲分析方法进行河岸防护林,公路林带等公益林的规划,经济林以空间地理位置和交通状况规划。近年来森林景观三维可视化技术正在蓬勃发展,建立三维景观模型需要用到多种技术,包括数字摄影测量、三维建筑设计、三维建模和数据库管理等技术。娄烦县在城区和水库周边的景观林业设计和绿化中,利用森林景观三维建模技术,制作了详细的景点施工图和绿化效果图。同时,运用GIS技术与景观生态学相结合的方法,对该县土地利用覆被景观空间格局进行分析。

娄烦县地处汾河上游,开展汾河水库环库绿化,形成了 3 条环库林带。第一圈栽植垂柳、樟河柳;第二圈栽植以油松为主的常绿树种;第三圈经济林带营造了春夏有花、秋季有果、四季常青的生态景观,基本形成了生态园、绿化带、风景线的绿化网格。

娄烦县在实施生态项目施工中,对破碎山体或建假山、雕塑,或修浮雕、壁画,既有效控制水土流失,又改善山体景观效果。

5. 造林直补新模式

积极探索集体林权制度配套改革,推进造林直补试点,极大地调动了农户植树造林的积极性。为了探索林改后"兴林富民"新模式与植树造林新办法,太原市从 2010 年开始试行造林直补试点,娄烦县就是试点县之一。在投资的基础上,太原市在重点区域给予补助,受到群众欢迎。2010—2013 年共完成造林 0.15 万公顷,投资 434 万元。

1. 上述案例中政策的实施为何会成效显著?

2. 结合本章内容,试从本案例中体会理论与实际相结合的经验。

【本章复习思考题】

1. 简述植树造林的基本概念。

2. 植树造林有哪些意义?

3. 我国对植树造林有哪些经济扶持政策?

4. 制定植树造林规划时要遵循哪些原则?

5. 我国植树造林有哪些组织形式?

6. 简述我国植树造林政策有哪些。

7. 现行政策中存在哪些问题? 思考如何有效解决这些问题。

【相关阅读材料】

全国人民代表大会常务委员会. 中华人民共和国森林法(修订版). 2009-8-27.

国务院. 关于完善退耕还林政策的通知. 2007-8-27.

国务院. 中华人民共和国森林法实施条例(修订版). 2018-3-19.

国务院. 关于进一步做好退耕还林还草试点工作的若干意见. 2000-9-10.

国务院. 退耕还林条例(修订版). 2016-2-6.

国务院. 关于进一步完善退耕还林政策措施的若干意见. 2002-4-11.

全国绿化委员会. 国家林业局关于印发《全国造林绿化规划纲要(2011—2020 年)》的通知. 2011-6-16.

【主要参考文献】

[1] 韩锦涛,李素清. 娄烦县土地利用与覆被变化的驱动力分析[J]. 山西师范大学学报(自然科学版),2013(1):87-91.

[2] 韩锦涛,朱天燕,常冬. 太原市娄烦县 LUCC 的景观格局分析[J]. 太原师范学院学报(自

然科学版),2012(2):115-118.

[3] 张秀冰,王剑峰.试析生态县建设的对策框架——以娄烦建设山西生态环保第一县为例[J].中国人口·资源与环境,2010(S2):233-237.

[4] 高桂桂,苏喜友.森林景观三维建模技术研究进展[J].世界林业研究,2008(2):22-25.

[5] 费世民,彭镇华,杨冬生,等.关于森林生态效益补偿问题的探讨[J].林业科学,2004(4):171-179.

[6] 杨建思,杜志强,彭正洪,等.数字城市三维景观模型的建模技术[J].武汉大学学报(工学版),2003(3):37-40.

[7] 何利平.娄烦人工华北落叶松林经营利用初步探讨[J].山西林业科技.2001(3):27-31.

[8] 马天乐.林业政策与林政管理[M].北京:中国林业出版社,1998.

[9] 田书忠.开发闲散荒废土地资源 实施植树造林绿化工程[J].中国林业,2003(10B):32-33.

[10] 王文良.浅析植树造林的方法及其程序[J].黑龙江科技信息,2007(12S):166.

[11] 黄鹤,陈玉龙,对植树造林方法及程序的简要研究[J].科技资讯,2006(18):131.

[12] 余潮.关于植树造林工作中存在问题的探讨[EB/OL].(2011-08-03)[2013-09-06].http://www.yueqikan.com/nongyehuanjingkexuelw/14265.html.

[13] 王付.如何正确掌握植树造林技术[J].农村实用科技信息,2010(3):35.

[14] 曹迎春.关于造林绿化系统中存在问题的思考[J].河北林业科技,2009(4):37-39,45.

[15] 柯水发.林业政策学[M].北京:中国林业出版社,2013.

[16] 吴铁雄.森林政策学[M].北京:中国林业出版社,2007.

[17] 国家林业局.中国林业统计年鉴-2012[M].北京:中国林业出版社,2013.

[18] 李文华.东北天然林研究[M].北京:气象出版社,2011.

[19] 刘俊昌,陈文汇.天然林资源保护与社会经济发展研究[M].北京:中国林业出版社,2007.

[20] 刘俊昌.现代林业生态工程管理模式研究[M].北京:中国林业出版社,2008.

[21] 李智勇,李怒云,何友均.多功能工业人工林生态环境管理技术研究[M].北京:科学出版社,2011.

[22] 肖兴威.中国森林资源与生态状况综合监测研究[M].北京:中国林业出版社,2007.

[23] 于文静.国家林业局副局长张建龙谈林业热点问题:如何防止"植树不见树、造林难成林"? [EB/OL].(2013-03-12).http://politics.people.com.cn/n/2013/0312/c70731-20765705.html.

[24] 徐怡,王洪杰.森林法概论[M].北京:中国林业出版社,1989.

[25] 关福临.植树造林[M].北京:解放军出版社,1983.

[26] 刘德钦.林政管理学[M].北京:经济科学出版社,2010.

第九章

森林保护管理制度

【本章学习目标】

1. 了解野生动植物资源所有权。

2. 了解野生动植物的保护级别的划分。

3. 熟悉野生动植物资源保护管理制度。

4. 了解自然保护区的概念和分类。

5. 了解自然保护区的发展沿革。

6. 了解森林防火的管理制度。

7. 了解森林病虫害的预防。

8. 熟悉森林植物检疫的内容。

9. 熟悉森林保险的内容。

【本章要点】

开荒毁林、乱砍滥伐的现象屡见不鲜,人类自私的需求欲,破坏的不仅是宝贵的森林资源,更是人类自己赖以生存的家园。过度掠夺森林资源,会给地球带来全球性气候的威胁、土地沙漠化问题、洪涝灾害,而且珍稀的野生动植物也会失去它们仅有的家园。所以,森林资源问题不容小视,保护森林资源已成为无论国籍、无论地区的每一个人所要承担的责任与义务。本章重点介绍了野生动植物管理制度、自然保护区的概念,划分了自然保护区的类型,阐述了森林防火管理制度及做好森林防火的各项工作。全面概述了森林病虫害防治管理的各项制度,阐明了森林病虫害的防治对象及奖惩措施。同时详细介绍了森林植物检疫的主要内容、我国森林保险的内容及我国森林保险模式的划分。

第一节　野生动植物保护管理制度

一、野生动植物资源保护管理概述

野生动植物是人类生产、生活所需自然资源的组成部分,是自然界中可供人类采收的物质来源,也是森林资源的重要组成部分。野生动植物及其栖息环境是大自然赋予人类最为宝贵的可持续利用资源。保护好野生动植物资源,对于维护国家粮食与生态安全、促进国民经济可持续发展、实现人与自然和谐相处具有十分重要的战略意义。

构成野生动植物资源,应具备下列两个条件:一是属于自然界物质的、未经人工驯养或种植影响的动物和植物;二是可供人类采收经营循环利用并能满足某种需要的物资来源。

(一)野生动植物资源的特征

野生动植物资源是森林资源的一部分,其基本特征概括如下:

1. 野生动植物资源是一种再生性资源

野生动植物作为一种物质存在的形态,具有出生、生长、发育、繁殖(复制)的新陈代谢能力,是一种具有生命运动的再生性资源。同时,野生动植物资源是天然林的有机组成部分,在人工林中,由于森林生产力的作用,野生动植物也会从无到有,从少到多,构成森林资源的一部分。野生动植物资源在被利用后,可以通过自我的繁殖和增长来得到恢复,从而被人类反复利用。

2. 野生动植物资源是一种可被利用的经济性资源

野生动植物不仅能为人类创造物质用品和优美的生活环境,而且能直接提供人类所需要的动物和植物产品,为人类衣、食、住、行以及医药、工业等提供物质来源,保障人们生活的同时也带动了经济的发展。

3. 野生动植物资源是一种生态性资源

不同生态特征的动植物群落,按照生态环境的梯度变化呈现规律性分布,构成自然界的植物生态系统和动物生态系统。森林生态系统中的森林植物与森林动物是森林资源的重要组成部分。

4. 野生动植物资源是一种易受外界条件影响的社会性资源

靠自然条件维持生存繁衍的野生动植物,不仅受到自然环境的自然因素,如光照、热量、大气、降水等气候条件,土壤理化性状、土壤营养元素、土壤微生物等土壤条件以及地形、地势、坡位、地质等地理条件的影响,而且受到人类的活动,如开垦、采伐、引种、栽培、猎捕、驯化等直接或间接的有意识干预,即受到自然和人为两方面因素的影响,具有社会性资源的特征。

5. 野生动植物资源会对环境产生依赖性

由于动植物长期地生存于一种环境,对周遭的环境产生了一种强烈的依赖性,因此一旦环境发生变换,就会对它们的生存造成威胁,严重的会导致物种的灭绝,生物多样性失衡。

6. 野生动植物资源具有分布的地域性

不同的野生动植物具有不同的环境适应能力,这也使它们对环境产生了依赖性。种群根据自身的环境生存能力,分布在不同的环境里,繁衍生息,不断地进化演变,造成了生物种群的多样性。

7. 野生动植物资源具有进化生存的限制性

随着野生动植物长期生存在一种环境里,让它们产生了依赖性,每个物种的生存环境都是不同的,提高了自身的生存能力的同时,也使它们分布的环境具有一定的局限性。

(二)野生动植物保护管理工作的特点

野生动植物是大自然的产物,自然界是由许多复杂的生态系统所构成的。野生动植物是珍贵、濒危的,根据习性,分陆生和水生,且具有重要的经济的、科学的研究价值,因此,对野生动植物的保护管理具有重要的意义。野生动植物保护管理工作作为一项事业有以下基本特点:

1. 野生动植物保护管理的长期性

野生动植物是再生性资源,如果保护和利用得当,不仅可以维护和改善人们的生存环境,还可以永续更新以供人类猎采和利用。但是,由于历史和社会的种种原因,我国野生动植物资源曾遭受到很大破坏,一些珍禽异兽濒临灭绝,一些野生稀有植物也处于濒临灭绝的危机之中。因此,野生动植物保护管理事业是一种长期事业,在短期内根本不能达到既定、预期的目标。这种时间上的长期性主要是由以下几点所决定的:首先,野生动植物资源的形成、采收、恢复等过程需要较长的再生产周期;其次,野生动植物资源为人类提供各种效益的时间是长期的;最后,人类对野生动植物资源的需求是永续不断、长久不衰的。因此,为了长久利用野生动植物资源,满足生活所需和推动经济的发展,我们就要长期维护野生动植物资源,合理地开发利用。

2. 野生动植物保护管理的艰巨性

野生动植物具有与家养动植物根本不同的生物学特性和生态学特性。野生动植物的适应性强,分布范围广,决定了它所处环境条件的开放性和脆弱性,这就大大地增加了监管的难度和成本。同时,野生动植物的利用价值高、范围广以及其低耗高利和易得性,使其容易受到人为或自然的干扰与破坏,损失的机会多,风险大。种种这些方面就使得其保护和管理工作复杂而又艰巨。为了打击破坏野生动植物资源的违法犯罪行为,有关监管部门需要加强监督管理,严厉打击滥捕滥食野生动物、走私和非法经营的犯罪活动。更要在野生动物分布较广的山地、湖域加强巡逻管理。清查野生动物经营场所,整顿非法经营行为。最重要的是加强野生动物的宣传教育工作,提高人们的保护意识,做到人与自然和谐相处。

(三)野生动植物资源的价值研究

野生动植物资源具有很高的研究价值,它不仅为人类提供许多生产和生活资料,提供科学研究的依据和培育新品种的种源,也是维持生态平衡的重要组成部分。在经济学中认为野生动植物资源具有以下几点价值:

1. 野生动植物的经济价值

野生动植物资源是推动经济发展的重要动力。工业的发展除了不断地改良技术,更离不开如石油、矿石、天然气、木材等原材料的支持。植物因为具有可再生性,和石油这种不可再生的资源相比,经济利用的成本较低,往往被作为主要的燃料资源。我国的木材产量自

2009—2014 年期间,年产量从 6 938 万立方米增长到 8 178 万立方米。木头用来制作各种木制品,通过出口创造了可观的收入。此外,野生动植物资源也为人类的生存提供了保障,水产品、飞禽、哺乳动物为人类提供了鲜美的肉蛋奶制品,丰富了食物种类。植物果实资源和动物资源经过合理的开发利用后,作为农产品也可以拉动地方的经济发展,加快农业的现代化进程和提高农业人员的收入。野生动植物的毛皮也常常用来制衣、制裘。野生动植物自古以来在制药方面具有杰出的贡献,医学家把各种具有药用价值的动植物写入书中,比如《本草纲目》就详细记载了银杏、甘草、人参等 1 000 多种植物可以入药。还有我们熟知的鹿茸、蛇胆、麝香等珍贵的药材。合理地开发利用动植物资源,可以为人类的经济发展带来丰厚的利益。

2. 野生动物的观赏价值

野生动物具有很高的观赏价值,动物园、森林公园、自然保护区或风景名胜区都有它们的身影,它们是马戏团表演的主角,也是部分家庭养殖观赏或者许多文人墨客吟诗作画的主要对象。鸟儿欢快地鸣叫、猴子在树梢上愉快地荡秋千、松鼠嬉戏地追逐构成了大自然丰富多彩的画面,自然中若少了它们将显得没有活力与生机。另外,象牙、河马牙雕刻而成的工艺品以及孔雀、鸵鸟羽毛、蝴蝶制成的装饰品,也具有很高的艺术观赏价值,深受人们喜爱。鸟类中的褐马鸡、蓝马鸡、白马鸡等三种雉鸡的羽毛素雅,也可做高级装饰品。

3. 野生动物的研究价值

野生动物是科学研究的试验材料,通过它们,我们得以观察自然的发展过程,了解生态系统的运转规律。而且,野生动物的标本,对科研教学、宣传教育、执法活动等具有重要作用。另外,研究野生动物在动物学、进化学、生态学、遗传学、现代医学、仿生学等学科领域均发挥着重要作用。在动物学研究领域,如稀有古老鱼类文昌鱼,体长只有四五厘米,像火柴棍大小,两头尖,体扁平,颜色肉红透明。它的身体除一条脊索贯通全身外,没有头骨和脊椎骨。它是从无脊椎动物进化到脊椎动物的过渡类型的代表动物,是世界公认的鱼类的祖先。因此对野生动物的研究具有很重要的意义。

4. 野生动物的生态价值

野生动物是自然生态系统的重要组成部分,对维持生态系统的平衡有着非常重要的作用。野生动物在自然生态系统中既是初级消费者,又是次级消费者,初级消费者如藏羚羊、鹿、大熊猫等,这类草食动物消耗生态系统的初级生产;次级消费者如虎、豹、狼等,此类肉食动物以捕食草食动物为生。另外,其中一个物种资源的变动就会通过食物链对其他物种产生影响,进而对整个生态系统产生影响。所以保护野生动物资源对维护整个生态系统平衡具有无法估量的价值。

二、野生动物资源保护管理制度

1988 年 11 月 8 日第七届全国人民代表大会常务委员会第四次会议通过了《中华人民共

和国野生动物保护法》,1989年3月1日起施行,并根据2004年8月28日第十届全国人民代表大会常务委员会第十一次会议《关于修改〈中华人民共和国野生动物保护法〉的决定》修正了《中华人民共和国野生动物保护法》(参见本章相关阅读材料)。根据《野生动物保护法》的规定,经国务院批准,《中华人民共和国陆生野生动物保护实施条例》(简称《陆生野生动物保护条例》)于1992年3月1日林业部发布施行;《中华人民共和国水生野生动物保护实施条例》(简称《水生野生动物保护条例》)于1993年10月5日农业部发布施行。这些法律法规的施行,对保护、拯救珍贵、濒危野生动物,保护、发展和合理利用野生动物资源,维护生态平衡起到了非常重要的作用。

（一）野生动物资源的所有权

《野生动物保护法》对野生动物资源的所有权作出了明确的规定:野生动物资源的所有权分为国家所有权制度和私人所有权制度。二者在学术界的争论不休,并且在实践中存在着矛盾,法律上还存在着漏洞,比如《野生动物保护法》中提出"珍贵、濒危的陆生、水生野生动物和有重要生态、科学、社会价值的陆生野生动物"属于保护的范畴。仅仅指的是稀有珍贵的物种,而不是指所有野生动物,这就缩小了保护的范围。此外,我们专注于保护稀有物种的同时而忽略了对人工饲养野生动物所有权、人工养殖野生动物子二代的所有权的规定,以及改善人工饲养领养野生动物程序的必要性。保护野生动物应该从种群的多样性角度出发,明确定义,而不是太过于广泛,让违法者钻法律空子。当野生动物可以继续生存繁衍生息,我们才能继续探讨野生动物的所有权。所有权专属国家所有一直存在争议,没有明确的界定。所有权的建立应以国家为主,有限度地先占为辅,建立多元化的所有权制度。因此,所有权归属的确定对其研究开发具有重要的意义。

（二）野生动物保护级别的划分

为了明确国家规定保护的各种野生动物的保护地位,《野生动物保护法》对我国的野生动物资源作了实行分级保护的规定,将我国野生动物分为以下四类:

1. 国家重点保护野生动物

国家重点保护的野生动物有两个特点:一是数量较少,甚至濒危;二是珍贵程度高。《野生动物保护法》规定:"国家对珍贵、濒危的野生动物实行重点保护。"由于这类动物物种较少,同时考虑到其珍贵程度、数量以及保护价值上都存在着一定的差别,为了有利于管理,将其分为两级,即国家一级保护野生动物和国家二级保护野生动物。前者为我国特产的稀有或濒于灭绝的野生动物;后者为数量较少或者有濒于灭绝危险的野生动物。1989年1月14日《国家重点保护野生动物名录》经国务院批准,由林业部和农业部正式发布,2003年2月21日经国务院批准调整。名录中列为国家重点保护的陆生野生动物共335种。其中国家一级保护的陆生野生动物有97种,包括如大熊猫、金丝猴、长臂猿的所有种,各种虎、豹以及羚羊、野马、野驴、野骆驼、梅花鹿、白唇鹿、藏羚羊等;国家二级保护的陆生野生动物有238种,如小熊猫、穿山甲、黑熊、棕熊、天鹅、各种猛禽以及除一级保护以外的所有灵长类、鹤类、羚羊类等。国家重点保护的水生野生动物49种,其中国家一级保护的水生野生动物有15种,包括白鳍豚、儒艮、扬子鳄、中华鲟、红珊瑚等,国家二级保护的水生野生动物有34种,包括海龟、玳瑁、虎纹蛙、大头鲤、大珠母贝等。另外,根据有关规定,从国外引进的珍贵、濒危野生动物,经国务院林业主管部门核准,可以视为国家重点保护野生动物,并依法进行管理。

2. 地方重点保护野生动物

《野生动物保护法》规定:"地方重点保护野生动物,是指国家重点保护野生动物以外,由省、自治区、直辖市重点保护的野生动物。"地方重点保护野生动物名录由省、自治区、直辖市人民政府制定并公布,报国务院备案。地方重点保护野生动物的管理,除应当执行《野生动物保护法》以外,主要按照省、自治区、直辖市人民代表大会常务委员会制定的有关法规进行管理。

另外,从国外引进的野生动物,除经国务院林业主管部门核准,被视为国家重点保护野生动物的外,经省、自治区、直辖市人民政府林业主管部门核准,可以视为地方重点保护野生动物,并依法进行管理。

3. 有重要生态、科学、社会价值的陆生野生动物

即指在国家和地方重点保护野生动物以外,需要保护的野生动物。其特点是数量相对较多,并且有一定的经济、科学研究价值,或者在保持良好的生态环境方面有显著作用。

根据《野生动物保护法》的规定,国家保护有重要生态、科学、社会价值的陆生野生动物名录,由国务院主管部门制定并公布。2000年8月1日国家林业局发布实施了《国家保护的有益的或者有重要经济、科学研究价值的陆生野生动物名录》,列出的受国家保护的有益的或者有重要经济、科学研究价值的陆生野生动物涉及兽类、鸟类、两栖类、爬行类和昆虫类共计1 591种,另有昆虫120属的所有种和另外110种。

4. 有关国际公约和国际协定中规定保护的野生动物

目前,我国参加的有关国际公约或国际协定主要是《濒危野生动植物种国际贸易公约》《中日保护候鸟及其栖息环境协定》《中澳候鸟保护协定》。其中,《濒危野生动植物种国际贸易公约》(简称《公约》)附录中,涉及在我国分布的野生动物120余种,这些种类基本上已经列入国家重点保护野生动物名录,但同一种动物在两个名录中的地位不一定相同。例如黑熊、猕猴在《公约》中被列为国家一级保护动物,而在我国国家重点保护野生动物名录中则被列为国家二级保护野生动物。在这类野生动物的管理上,涉及国内的,按《野生动物保护法》执行;涉及出口时,除依照《野生动物保护法》的有关规定外,还必须符合《公约》的规定。

《中日保护候鸟及其栖息环境协定》规定保护的鸟类有227种,《中澳候鸟保护协定》规定保护的鸟类有92种。这些鸟类是属于迁徙于中日、中澳两国的候鸟,根据双方签署的协定,应当共同予以保护。在管理上,依照《野生动物保护法》和野生动物主管部门的规定进行。

（三）野生动物管理机构

根据《野生动物保护法》"国家保护野生动物及其栖息地。县级以上人民政府应当制定野生动物及其栖息地相关保护规划和措施"的规定，野生动物的管理机构体系如下：

1. 国务院林业行政主管部门主管全国陆生野生动物管理工作，国务院渔业行政主管部门主管全国水生野生动物管理工作。

2. 省、自治区、直辖市人民政府林业、渔业行政主管部门主管本行政区域内陆生、水生野生动物管理工作。

3. 县级以上地方政府林业、渔业行政主管部门主管本行政区域内陆生、水生野生动物管理工作。

4. 自治州、县和市人民政府陆生野生动物管理工作的行政主管部门，由省、自治区、直辖市人民政府确定。

各级主管部门共同协作保护野生动物，管理主管行业，制定发展策略并加强监督保护，指导生产和合理开发利用资源。

（四）野生动物资源保护管理制度

《野生动物保护法》的核心是保护野生动物资源，而保护的重点是那些珍贵、濒危野生动物。根据《野生动物保护法》的规定，野生动物资源的保护管理制度包括以下几个方面：

1. 自然保护区制度

自然保护区是国家为保护自然资源、拯救濒于灭绝的生物物种和进行科学研究、长期保护和恢复自然综合体及自然资源整体而划定的特定区域。按照保护的主要对象来划分，自然保护区可以分为生态系统类型保护区、生物物种保护区和自然遗迹保护区3类；按照保护区的性质来划分，自然保护区可以分为科研保护区、国家公园（即风景名胜区）、管理区和资源管理保护区4类。不管保护区的类型如何，其总体要求是以保护为主，在不影响保护的前提下，把科学研究、教育、生产和旅游等活动有机地结合起来，使其生态、社会和经济效益都得到充分展示。

《野生动物保护法》规定，国务院野生动物行政主管部门和省、自治区、直辖市政府，应当在国家和地方重点保护野生动物的主要生息繁衍的地区和水域，划定自然保护区，加强对国家和地方重点保护野生动物及其生存环境的保护管理。自然保护区的划定和管理，按照国务院有关规定办理。

2. 禁猎区制度

禁猎区就是在一定范围、一定时间内禁止猎捕野生动物的区域。其目的是保护和恢复野生动物资源，促进野生动物自然繁殖、维护生态系统的平衡。县级以上人民政府或野生动物行政主管部门可根据本地野生动物的资源状况，在明确规定需要保护的野生动物的活动区域，甚至在野生动物资源破坏严重而需要恢复的地区或适合于野生动物繁殖的区域划定禁猎区。禁猎区可以根据禁止猎捕的野生动物种类划定,即某种动物或部分动物的禁猎区,也可以根据实际需要划定禁止猎捕动物的禁猎区,即全面的禁猎区。

3. 环境监测制度

野生动物资源是自然生态系统中的重要组成部分,野生动物的生存和繁衍都离不开其赖以生存的周围环境。环境质量的好坏直接影响到野生动物的生存和人类的生存,所以对环境的监测至关重要。《野生动物保护法》规定,各级野生动物行政主管部门应当监视、监测环境对野生动物的影响,对于任何危及环境的行为野生动物行政主管部门应当采取措施维护,行为严重者考虑惩罚。

4. 环境影响报告书制度

《野生动物保护法》规定,建设项目对国家或者地方重点保护野生动物的生存环境产生不利影响的,建设单位应当提交环境影响报告书;环境保护部门在审批时,应当征求同级野生动物行政主管部门的意见。环境影响报告书制度主要是指当建设项目在野生动物的栖息繁衍场所内进行时,建设的项目首先要进行综合评估,评估该项目对周围环境的影响,在进行野生动物方面评估时,应考虑该建设项目是否对野生动物种群繁衍不利。若该项目对野生动物生存造成不利影响时,建设单位应当依法提交环境影响报告书。

5. 野生动物工作中的涉外活动管理制度

根据《野生动物保护法》《陆生野生动物保护条例》和《水生野生动物保护条例》的有关规定,外国人在我国境内对国家重点保护野生动物进行野外考察、标本采集或者在野外拍摄电影、录像前,必须向国家重点保护的野生动物所在地的省、自治区、直辖市人民政府野生动物行政主管部门提出申请,经其审核后,报国务院野生动物行政主管部门或者其授权的单位批准,批准成功,才可实行。凡是未经许可私自拍摄的,按照相关规定处理。

建立对外国人开放的猎捕场所,应当报国务院野生动物行政主管部门备案。

6. 野生动物受自然灾害威胁时的保护制度

野生动物是国家的宝贵财富。当自然灾害对野生动物的正常生息繁衍造成威胁时,野生动物的抵御能力受到一定限制,除了靠野生动物自身的习性进行抵御外,同时还必须采取相应的人为拯救措施。

《陆生野生动物保护条例》规定,任何单位和个人发现受伤、病弱、饥饿、受困、迷途等的国家和地方重点保护野生动物时,应当及时报告当地野生动物行政主管部门,由其采取救护措施;也可以就近送往具备救护条件的单位进行救护。救护单位应当立即报告野生动物行政主管部门,并按照国务院林业行政主管部门的规定办理。

《水生野生动物保护条例》规定,任何单位和个人发现受伤、搁浅或因误入港湾、河汊而被困的水生野生动物时,应当及时报告当地渔业行政主管部门或者其所属的渔政监督管理机构,由其采取紧急救护措施;也可以要求附近具备救护条件的单位采取紧急救护措施,并报告渔业行政主管部门。

7. 保护野生动物受到损失的补偿制度

《野生动物保护法》规定，因保护野生动物，造成农作物或者其他损失的，可以向当地人民政府野生动物行政主管部门提出补偿要求，由当地政府给予补偿。补偿办法由省、自治区、直辖市政府制定。

（五）野生动物猎捕管理制度

1. 国家规定的重点保护野生动物的特许猎捕证、特许捕捉证制度

猎捕或捕捉国家重点保护野生动物必须申请特许猎捕证或特许捕捉证，具体的管理制度和申请程序如下：

（1）管理制度。《野生动物保护法》《陆生野生动物保护条例》和《水生野生动物保护条例》规定，禁止猎捕、捕捉和杀害国家重点保护野生动物。因科学研究、驯养繁殖、展览或者其他特殊情况，需要捕捉、捕捞国家一级保护野生动物的，必须向国务院野生动物行政主管部门申请特许猎捕证、特许捕捉证；猎捕国家二级保护野生动物的，必须向省、自治区、直辖市政府野生动物行政主管部门申请特许猎捕证、特许捕捉证。取得特许猎捕证、特许捕捉证的单位和个人，必须按照特许猎捕证、特许捕捉证规定的种类、数量、地点、期限、工具和方法进行猎捕、捕捉，防止误伤野生动物或者破坏其生存环境。

猎捕作业完成后，应当在10日内向猎捕地的县级人民政府野生动物行政主管部门申请查验，县级人民政府野生动物行政主管部门对在本行政区域内猎捕国家重点保护野生动物的活动，应当进行监督检查，收回特许猎捕证，并及时向批准猎捕的机关报告监督检查结果，交回特许猎捕证；捕捉作业完成后，应当立即向捕捉地的县级人民政府渔业行政主管部门或者其所属的渔业监督管理机构申请查验，捕捉地县级渔业行政主管部门或渔业监督管理机构应及时对捕捉情况进行查验，收回特许捕捉证，并及时向发证机关报告查验结果，交回特许捕捉证。

（2）申请特许猎捕证、特许捕捉证的程序。申请捕捉国家一级保护野生动物的，由申请单位或个人向所在地的省级野生动物主管部门提出申请并填写"国家重点保护野生动物猎捕（捕捉）申请表"，经省级野生动物主管部门签署意见，然后报送国务院野生动物主管部门审批，经批准后，由省级野生动物主管部门按照批件发给特许猎捕证或特许捕捉证。如果申请捕捉的野生动物是在其他省（自治区、直辖市）时，由申请者所在地的省级野生动物主管部门向猎捕地区的省级野生动物主管部门征询意见并经其签署意见后，向猎捕地的省级野生动物主管部门申请审批，经批准后，由猎捕地区的省级野生动物主管部门发给特许猎捕证或特许捕捉证，在证件齐全、遵循制度的前提下才能予以捕捉或者猎捕。

申请猎捕国家二级保护野生动物的程序与申请捕捉国家一级保护野生动物的程序大体相同，即申请在本省（自治区、直辖市）猎捕时，由申请猎捕的单位或个人向所在地的县级野

生动物主管部门提出申请并填写"国家重点保护野生动物猎捕（捕捉）申请表"，经县级野生动物主管部门签署意见后，报省、自治区、直辖市野生动物主管部门审批，经批准后由省级野生动物主管部门按照批件发给特许猎捕证或特许捕捉证；需要跨省（自治区、直辖市）猎捕的，由申请猎捕的单位或个人向所在地的县级野生动物主管部门提出申请，经申请者所在地的省级野生动物主管部门签署意见后，向猎捕地的省级野生动物主管部门申请审批，经批准后，由猎捕地区的省级野生动物主管部门发给特许猎捕证或特许捕捉证。每核发一份特许猎捕证或特许捕捉证，收取工本费5元。审核期限为：法定期限为三个月，优化办事流程后承诺期限为15个工作日。申请需要提交的材料：

  ①《野生动物保护管理行政许可事项申请表》；

  ② 证明申请人身份、资格的有效文件或材料；

  ③ 实施猎捕的工作方案，包括申请猎捕的种类、数量、期限、地点、工具、方法和猎捕活动组织方式等；

  ④ 证明其猎捕目的的有效文件和说明材料；

  ⑤ 猎捕地县级林业行政主管部门关于猎捕区域资源状况的报告。

  2. 非国家重点保护野生动物的狩猎许可和限额管理制度

  非国家重点保护野生动物是指国家重点保护野生动物以外需要保护的野生动物，包括地方重点保护野生动物和有重要生态、科学、社会价值的陆生、水生野生动物，这类动物一般分布较广、数量较多。有的是传统的狩猎动物，有的是对保护农林生产、维护生态平衡有重要作用的动物，还有的是有关国际公约和国际协定中规定保护的野生动物。

  《野生动物保护法》和《陆生野生动物保护条例》规定，猎捕非国家重点保护野生动物的，必须取得狩猎证，并且服从猎捕量限额管理，按照狩猎规定的种类、数量、地点、期限、工具和方法进行猎捕。狩猎证由省、自治区、直辖市人民政府野生动物行政主管部门按照国务院野生动物行政主管部门的规定印制，县级以上地方人民政府野生动物行政主管部门或者其授权的单位核发，每核发一份狩猎证，收取工本费5元。狩猎证每年验证一次。

  3. 禁猎期的规定

  禁猎期是依法确定的不得从事狩猎活动的期间。在我国一般春夏季是多种野生动物的繁衍时期，许多地方都把这一时期规定为禁猎期。在禁猎期内应停止一切狩猎活动，并要对猎枪实行严格管理。由于我国地域辽阔，自然环境差别较大，何时划分禁猎期，必须依据具体情况来定。根据《野生动物保护法》规定，禁猎期由县级以上人民政府或者其野生动物主管部门规定。凡已确定禁猎期的，要广为宣传，做到人人皆知，严格遵守执行。

  4. 猎捕工具和方法的规定

  《野生动物保护条例》规定，取得特许猎捕证或特许捕捉证的单位和个人，必须按照特许猎捕证或特许捕捉证规定的工具和方法进行猎捕或捕捉，防止误伤野生动物或者破坏其生存环境。具体的猎捕、捕捉工具和方法，由县级以上政府或者其野生动物行政主管部门规定。

《陆生野生动物保护条例》规定,禁止使用军用武器、气枪、毒药、炸药、地枪、排铳、非人为直接操作并危害人畜安全的狩猎装置、夜间照明行猎、歼灭性围猎、火攻、烟熏以及县级以上各级人民政府或者其野生动物行政主管部门规定禁止使用的其他狩猎工具和方法狩猎。

（六）野生动物驯养繁殖管理制度

1. 驯养繁殖许可证制度管理规定

驯养繁殖许可证是由国务院野生动物行政主管部门印制,由省、自治区、直辖市人民政府野生动物主管部门核发的,凡是驯养繁殖国家重点保护野生动物的单位和个人,必须按照驯养繁殖许可证的规定进行驯养繁殖活动。只有取得国家重点保护野生动物驯养繁殖许可证(简称驯养繁殖许可证)后,才能从事国家重点保护野生动物的驯养繁殖活动。

驯养繁殖国家一级保护野生动物,由省、自治区、直辖市人民政府野生动物主管部门报国务院野生动物主管部门审批驯养繁殖国家一级保护野生动物;驯养繁殖国家二级保护野生动物,由省、自治区、直辖市人民政府野生动物主管部门审批驯养繁殖国家二级保护野生动物。驯养繁殖许可证由国务院野生动物行政主管部门印制,由省、自治区、直辖市人民政府野生动物主管部门核发。驯养繁殖野生动物的单位和个人,必须按照驯养繁殖许可证的规定进行驯养繁殖活动。需要变更驯养繁殖种类的,应当按规定的程序申请变更手续,经批准后,由审批机关在驯养繁殖许可证上作变更登记。

申请取得驯养繁殖许可证的程序:驯养繁殖野生动物的单位和个人,必须向所在地县级野生动物主管部门提出申请,并填写"国家重点保护野生动物驯养繁殖许可证申请表"。由省、自治区、直辖市人民政府野生动物主管部门报国务院野生动物主管部门审批驯养繁殖国家二级保护野生动物;由省、自治区、直辖市人民政府野生动物主管部门审批驯养繁殖国家二级保护野生动物。需要变更驯养繁殖种类的,应当按规定的程序申请变更手续,经批准后,由审批机关在驯养繁殖许可证上作变更登记。经批准驯养繁殖国家重点保护野生动物的单位或个人,其驯养繁殖许可证由省、自治区、直辖市人民政府野生动物主管部门核发。每核发一份驯养繁殖许可证,收取工本费 10 元。

2. 出售、收购和利用驯养繁殖野生动物管理规定

《陆生野生动物保护条例》规定,驯养繁殖国家重点保护野生动物的单位和个人可以凭驯养繁殖许可证,按照规定向政府指定的收购单位出售驯养繁殖的国家重点保护野生动物或者其产品。收购驯养繁殖的国家重点保护野生动物或者其产品的单位,由省、自治区、直辖市人民政府野生动物主管部门向有关部门提出,经同级人民政府或者具授权的单位批准,凭批准文件向工商行政管理部门申请登记注册。

禁止将驯养繁殖的野生动物或其产品进行捐赠、转让、交换。因特殊情况需要捐赠、转让、交换的,申请人应当向驯养繁殖许可证发证机关提出申请,由发证机关签署意见后,按规

定报相关主管部门审批。

3. 引进野生动物的驯养繁殖管理规定

应当在规定的地点对准予首次引进境外野生动物外来物种进行驯养繁殖的进行隔离引种试验。从国外或者外省、自治区、直辖市引进野生动物进行驯养繁殖的，应当采取适当措施，防止其逃至野外；需要将其放生于野外的，放生单位应当向所在省、自治区、直辖市人民政府野生动物行政主管部门提出申请，经省级以上人民政府野生动物行政主管部门指定的科研机构进行科学论证后，报国务院野生动物行政主管部门或者其授权的单位批准。擅自将引进的野生动物放生于野外或者因管理不当使其逃至野外的，由野生动物行政主管部门责令限期捕回或者采取其他补救措施。

经国务院野生动物行政主管部门核准，可以视从国外引进的珍贵、濒危野生动物为国家重点保护野生动物；经省、自治区、直辖市人民政府野生动物行政主管部门核准，可以视引进的其他野生动物为地方重点保护野生动物；引进的野生动物外来物种及其繁殖后代、产品应当依照国家有关规定进行标记。如果引进的野生动物属于我国参加的国际公约限制进出口的濒危物种，必须向国家濒危物种进出口管理机构申请办理允许进出口证明书。

（七）野生动物经营利用管理制度

经营利用野生动物直接关系到野生动物资源的保护和发展。野生动物的经营利用大体有两种类型：一种是国家重点保护野生动物的经营利用管理，如野生动物及其产品的收购、出售、加工、进出口及生产性的养殖等；另一种是非国家重点保护野生动物的经营利用管理，如展览、表演、拍摄、开办狩猎场等。

1. 国家重点保护野生动物的经营利用管理规定

（1）出售、收购管理。禁止出售、收购国家重点保护野生动物或者其产品。因科学研究、驯养繁殖，展览等特殊情况，必须经国务院野生动物行政主管部门或者其授权的单位批准，才能出售、收购、利用国家一级保护野生动物或者其产品；必须经省、自治区、直辖市政府野生动物行政主管部门或者其授权的单位批准，才能出售、收购、利用国家二级保护野生动物或者其产品。根据"禁止在集贸市场出售、收购国家重点保护野生动物或者其产品"的规定，即使依法经批准同意的出售、收购、利用的相关活动，也不得在集贸市场上进行。

（2）运输、携带管理。应当凭特许猎捕证（或特许捕捉证）、驯养繁殖许可证，向县级人民政府野生动物行政主管部门提出申请，报省、自治区、直辖市人民政府野生动物行政主管部门或者其授权的单位批准后才能运输、携带国家重点保护野生动物或者其产品出县境。动物园之间因繁殖动物，需要运输国家重点保护野生动物的，可以由省、自治区、直辖市人民政府野生动物行政主管部门授权同级建设行政主管部门审批。

（3）进出口管理。必须经进出口单位或者个人所在地的省、自治区、直辖市人民政府野生动物行政主管部门审核，报国务院野生动物行政主管部门或者国务院批准，并取得国家濒危物种进出口管理机构核发的允许进出口证明书,才能出口国家重点保护野生动物或者其产品,以及进出口我国参加的国际公约所限制进出口的野生动物或者其产品;属于贸易性进出口活动的,必须由具有有关商品进口权的单位承担。

动物园因交换动物需要进出口前款所称野生动物的,应当在国务院野生动物行政主管部门批准前或者国务院野生动物行政主管部门报请国务院批准前,经国务院建设行政主管部门审核同意。

(4) 资源保护管理的收费制度。经营利用野生动物或者其产品的,应当缴纳野生动物资源保护管理费。经批准捕捉、出售、收购、利用国家一级保护野生动物或其产品的,必须向野生动物主管部门或其授权收购单位缴纳野生动物资源保护管理费;经批准猎捕、出售、收购、利用国家二级保护野生动物或其产品的,必须向省、自治区、直辖市野生动物行政主管部门或其授权的单位缴纳野生动物资源保护管理费。其收费环节、标准和办法如下:

① 按《捕捉、猎捕国家重点保护野生动物资源管理费收费标准》向申请捕捉、猎捕国家重点保护野生动物者收费。

② 对批准出售、收购、利用的国家一级保护野生动物或其产品,按其成交额的 8％ 向供货方收费;对批准出售、收购、利用的国家二级保护野生动物或其产品,按其成交额的 6％ 向供货方收费。对收货方不予收费。

③ 对批准利用国家重点保护野生动物或其产品在国外举办的表演、展览等活动,按其纯收入的 50％ 向国内承办单位收费。

④ 外国人依法在我国对国家重点保护野生动物进行野外考察研究、拍摄电影、录像或者从事狩猎的,由野生动物主管部门参照国际惯例制定具体收费办法。

⑤ 对以保护野生动物为目的的科学研究、资源调查以及其他特殊情况,需要捕捉、猎捕国家重点保护野生动物的,按分工管理权限,分别经国家省级野生动物行政主管部门批准,可以酌情减免野生动物资源保护管理费。

非法经营利用野生动物或者其产品的,除依照野生动物保护法律、法规给予处罚外,还必须按本办法规定收费标准的 2~5 倍补收野生动物资源保护管理费。

野生动物资源保护费专用于野生动物资源的保护管理、科学研究、调查监测、宣传教育、驯养繁殖、增殖放流野生动物等的保护事业。

2. 非国家重点保护野生动物的经营利用管理规定

应当向工商行政管理部门申请登记注册,才能经营利用非国家重点保护野生动物或者产品。经核准登记经营利用非国家重点保护野生动物或者其产品的单位和个人,必须在省、自治区、直辖市人民政府野生动物行政主管部门或者其授权单位核定的年度经营利用限额指标内,从事经营利用活动。经营利用非国家重点保护野生动物或其产品的收费环节、标准和办法,由省级野生动物行政主管部门提出,经同级物价财政部门审定后执行。

持有狩猎证的单位和个人出售依法获得的非国家重点保护野生动物或者其产品,应当按照狩猎证规定的种类、数量向经核准登记的单位出售,或者在当地人民政府有关部门指定的集贸市场出售,不得以其他方式在除此之外的市场出售。

（八）违反野生动物保护法规的法律责任

根据《野生动物保护法》《陆生野生动物保护条例》《水生野生动物保护条例》等法律法规的规定,违反野生动物保护法规的行为及处罚规定主要有:

1. 非法捕杀国家重点保护野生动物的行为

非法捕杀国家重点保护野生动物行为是指行为人在禁猎区、禁猎期或者使用禁用的工具或方法,以及未取得狩猎证或者未按狩猎证的规定而猎捕国家重点保护野生动物,非法猎捕、杀害国家重点保护野生动物,情节显著危害不大的,或者犯罪情节轻微不需要判处刑罚的,由野生动物行政主管部门没收猎获物、猎捕工具和违法所得,吊销特许猎捕证,并处以相当于猎获物价值10倍以下的罚款;没有猎获物的处1万元以下的罚款。构成犯罪的,依照《刑法》第三百四十一条的规定,非法猎捕、杀害国家重点保护的珍贵、濒危野生动物的,处5年以下有期徒刑或者拘役,并处罚金;情节严重的,处5年以上10年以下有期徒刑,并处罚金;情节特别严重的,处10年以上有期徒刑,并处罚金或者没收财产。"珍贵、濒危野生动物"包括列入国家重点保护野生动物名录的国家一、二级保护野生动物,列入《濒危野生动植物种国际贸易公约》附录一、附录二的后生动物以及驯养繁殖的上述物种。

2. 非法猎捕野生动物的行为

非法猎捕野生动物是指行为人违反野生动物保护法规的规定,在禁猎区、禁猎期或者使用禁用的工具或方法,以及未取得狩猎证或者未按狩猎证的规定而猎捕国家重点保护野生动物的行为。

在禁猎区、禁猎期或者使用禁用的工具、方法,非法猎捕野生动物的,由野生动物行政主管部门没收猎获物、猎捕工具和违法所得,并处罚款,有猎获物的,处以相当于猎获物价值8倍以下的罚款;没有猎获物的,处2 000元以下的罚款。未取得狩猎证或者未按狩猎证的规定非法猎捕野生动物的,由野生动物行政主管部门没收猎获物和违法所得,处以罚款,并可以没收猎捕工具、吊销狩猎证;有猎获物的,处以相当于猎获物价值5倍以下的罚款;没有猎获物的,处1 000元以下的罚款。情节严重构成非法狩猎罪的,依照《刑法》第三百四十一条的规定,处3年以下有期徒刑、拘役、管制或者罚金。

3. 非法破坏野生动物生存繁衍场所的行为

非法破坏野生动物生存繁衍场所的,由野生动物行政主管部门责令停止其破坏行为,限期恢复原状并处以罚款。其中,在自然保护区、禁猎区破坏国家或者地方重点保护野生动物主要生存繁衍场所的,应处以相当于其恢复原状所需费用3倍以下的罚款;在自然保护区、禁猎区破坏非国家或者地方重点保护野生动物主要生存繁衍场所的,应处以相当于恢复其原状所需费用2倍以下的罚款。

非法破坏野生动物生存繁衍场所,被责令限期恢复原状而不恢复的,野生动物行政主管部门或者其授权的单位可以代为恢复原状,由被责令限期恢复原状者承担恢复原状所需的费用。

4. 非法出售、收购、运输、携带野生动物的行为

由野生动物行政主管部门或者工商行政管理部门对非法出售、收购、运输、携带国家或者地方重点保护野生动物或者其产品的行为给予处罚,没收实物和违法所得,可以并处相当于实物价值 10 倍以下的罚款。构成犯罪的,处 5 年以下有期徒刑,并处罚金;情节严重的,处 5 年以上 10 年以下有期徒刑,并处罚金;情节特别严重的,处 10 年以上有期徒刑,并处罚金或者没收财产。珍贵、濒危野生动物制品的价值,依照国家野生动物保护主管部门的规定核定;核定价值低于实际交易价格的,以实际交易价格认定。

5. 非法进出口野生动物的行为

根据《野生动物保护法》规定,应由海关依照海关法规的规定对非法进出口野生动物及其产品的行为给予处罚。海关可以没收非法进出口的野生动物或者其产品和违法所得,并处以罚款。情节严重,构成犯罪的,依照《刑法》第一百五十一条关于走私罪的规定追究刑事责任。走私国家一级保护动物未达到规定的数量标准或者走私珍贵动物制品价值 10 万元以下的,属于走私珍贵动物、珍贵动物制品罪"情节较轻",处 5 年以下有期徒刑,并处罚金。"走私国家一、二级保护动物达到规定的数量标准"或"走私珍贵动物制品价值 10 万元以上不满 20 万元的"或"走私国家一、二级保护动物虽未达到规定的数量标准,但具有造成该珍贵动物死亡或者无法追回等恶劣情节的",处 5 年以上有期徒刑,并处罚金。

走私国家一、二级保护动物达到规定的数量标准的;走私珍贵动物制品价值 20 万元以上的;走私国家一、二级保护动物达到规定的数量标准,并造成该珍贵动物死亡或者无法追回的;走私国家一、二级保护动物达到规定的数量标准,并是犯罪集团的首要分子或者有使用特种车进行走私等严重情节的,属于走私珍贵动物、珍贵动物制品罪,情节特别严重的,处无期徒刑或者死刑,并处没收财产。

6. 伪造、倒卖野生动物管理工作证书的行为

由野生动物行政主管部门或者工商行政管理部门对伪造、倒卖野生动物管理工作证书行为进行处罚,吊销证件,没收违法所得,并可处以罚款。伪造、倒卖、转让狩猎证或者驯养繁殖许可证可处以 5 000 元以下的罚款;伪造、倒卖、转让特许猎捕证或者允许进出口证明书可处以 5 万元以下的罚款,构成犯罪的,依照《刑法》第二百八十条第二款的规定以伪造、变造、买卖国家机关公文、证件罪定罪处罚。

7. 非法驯养繁殖野生动物的行为

由野生动物行政主管部门对非法驯养繁殖野生动物行为进行处罚,没收违法所得,处以 3 000 元以下的罚款,可以并处没收野生动物、吊销驯养繁殖许可证。

8. 外国人非法考察野生动物的行为

由野生动物行政主管部门对外国人非法考察野生动物行为进行处罚,没收考察、拍摄的资料及所获标本,可以并处 5 万元以下的罚款。

9. 非法放生野生动物的行为

擅自将引进的野生动物放生于野外或者因管理不善使其逃至野外的,由野生动物行政主管部门责令限期捕回或者采取其他补救措施。被责令限期捕回而不捕的,野生动物行政主管部门或者其授权的单位可以代为捕回,由被责令限期捕回者承担全部捕回所需的费用。

10. 野生动物管理工作中的渎职行为

即指野生动物行政主管部门的工作人员玩忽职守、滥用职权、徇私舞弊致使野生动物资源遭受破坏的行为。根据有关法律规定,对工作人员在野生动物管理工作中的渎职行为,由其所在单位或者上级主管部门给予行政处分;情节严重、构成犯罪的,依法追究刑事责任。

三、野生植物资源保护管理制度

我国野生植物种类非常丰富,拥有高等植物达 3 万多种,居世界第 3 位,其中特有植物种类繁多,约 17 000 余种,如银杉、珙桐、银杏、百杉祖冷杉、香果树等均为我国特有的珍稀濒危野生植物。我国高等植物中的濒危植物高达 4 000~5 000 种,有 1 000 种被列入《中国植物红皮书》,其中有 200 多种已在近几十年里基本绝迹了。我国现有野生植物物种中约有 6 000 种植物的生存正受到威胁,并且已有 104 种植物面临极危或濒危。

我国本着"加强保护、积极发展、合理利用"保护野生植物的方针,1996 年 9 月 30 日国务院发布了《中华人民共和国野生植物保护条例》,自 1997 年 1 月 1 日起施行。其中《野生植物保护条例》所保护的野生植物,是指原生地天然生长的珍贵植物和原生地天然生长并具有重要经济、科学研究、文化价值的濒危、稀有植物。野生植物保护条例旨在保护、发展和合理利用野生植物资源,保护生物多样性,维护生态平衡。

(一)野生植物保护级别的划分

野生植物分为国家重点保护野生植物和地方重点保护野生植物。

国家重点保护野生植物分为国家一级保护野生植物和国家二级保护野生植物。国家重点保护野生植物名录,由国务院林业行政主管部门、农业行政主管部门协商制定,报国务院批准公布。地方重点保护野生植物,是指国家重点保护野生植物以外,由省、自治区、直辖市保护的野生植物。地方重点保护野生植物名录,由省、自治区,直辖市人民政府制定并公布,报国务院备案。

(二)野生植物管理机构

1. 野生植物管理机构

《野生植物保护条例》规定,国务院林业行政主管部门主管全国林区内野生植物和林区外珍贵野生树木的监督管理工作;国务院农业行政主管部门主管全国其他野生植物的监督管理工作;国务院建设行政部门负责城市园林、风景名胜区野生植物的监督管理工作;国务院环境保护部门负责对全国野生植物环境保护工作的协调和监督;国务院其他有关部门依照职责分别负责有关的野生植物保护工作;县级以上地方人民政府负责野生植物管理工作的部门及其职责,由省、自治区、直辖市人民政府根据当地具体情况规定。

2. 野生植物管理机构的职责

野生植物行政主管部门应当定期组织国家重点保护野生植物和地方重点保护野生植物资源调查,建立资源档案。应当依照有关法律、行政法规的规定,在国家重点保护野生植物物种和地方重点保护野生植物物种的天然集中分布区域,建立自然保护区;县级以上地方人民政府野生植物行政主管部门和其他有关部门可以根据实际情况在其他区域建立国家重点保护野生植物和地方重点保护野生植物的保护点或者设立保护标志。

野生植物行政主管部门及其他有关部门应当监视、监测环境对国家重点保护野生植物生长和地方重点保护野生植物生长的影响,并采取措施,维护和改善国家重点保护野生植物和地方重点保护野生植物的生长条件。野生植物行政主管部门和有关单位对生长受到威胁的国家重点保护野生植物和地方重点保护野生植物必须采取拯救措施,保护或者恢复其生长环境,必要时应当建立繁育基地、种质资源库或者采取迁地保护措施。当环境影响对国家重点保护野生植物和地方重点保护野生植物的生长造成危害时,野生植物行政主管部门应当同其他有关部门调查并依法处理。

(三)野生植物管理制度

1. 野生植物采集管理规定

《野生植物保护条例》规定,禁止采集国家一级保护野生植物。因科学研究、人工培育、文化交流等特殊需要,采集国家一级保护野生植物的,必须经采集地的省、自治区、直辖市人民政府野生植物行政主管部门签署意见后,向国务院野生植物行政主管部门或者其授权的机构申请采集证。采集国家二级保护野生植物的,必须经采集地的县级人民政府野生植物行政主管部门签署意见后,向省、自治区、直辖市人民政府野生植物行政主管部门或者其授权的机构申请采集证。采集城市园林或者风景名胜区内的国家一级或者二级保护野生植物的,须先征得城市园林或者风景名胜管理机构同意,分别依照相关规定申请采集证。采集珍贵野生树木或者林区内、草原上的野生植物的,依照森林法、草原法的规定办理。野生植物行政主管部门发放采集证后,应当抄送环境保护部门备案。

县级人民政府野生植物行政主管部门对在本行政区域内采集国家重点保护野生植物的活动,应当进行监督检查,并及时报告批准采集的野生植物行政主管部门或者其授权的机构。采集国家重点保护野生植物的单位和个人,必须按采集证规定的种类、数量、地点、期限和方法进行采集。

2. 野生植物出售、收购管理规定

《野生植物保护条例》规定,禁止出售、收购国家一级保护野生植物。出售、收购国家二级保护野生植物的,必须经省、自治区、直辖市人民政府野生植物行政主管部门或者其授权的机构批准。野生植物行政主管部门应当对经营利用国家二级保护野生植物的活动进行监督检查。

3. 野生植物进出口管理规定

必须经进出口者所在地的省、自治区、直辖市人民政府野生植物行政主管部门审核,报国务院野生植物行政主管部门批准,并取得国家濒危物种进出口管理机构核发的允许进出口证明书或者标签,海关凭允许进出口证明书或者标签查验放行,才能进出口国家重点保护野生植物或者进出口我国参加的国际公约所限制进出口的野生植物。国务院野生植物行政主管部门应当将有关野生植物进出口的资料抄送国务院环境保护部门。禁止出口未定名的或者新发现并有重要价值的野生植物。

4. 野生植物涉外管理规定

外国人不得在我国境内采集或者收购国家重点保护野生植物。外国人在我国境内对国家重点保护野生植物进行野外考察的,必须向国家重点保护野生植物所在地的省、自治区、直辖市人民政府野生植物行政主管部门提出申请,经其审核后,报国务院野生植物行政主管部门或者其授权的机构批准;若直接向国务院野生植物行政主管部门提出申请,国务院野生植物行政主管部门在批准前,应当征求有关省、自治区、直辖市人民政府野生植物行政主管部门的意见。

第二节　自然保护区管理制度

一、自然保护区概述

(一)自然保护区的概念

自然保护区又称"自然禁伐禁猎区""自然保护地"等,是指对有代表性的自然生态系统、珍稀濒危野生动植物物种的天然集中分布、具有特殊意义的自然遗迹等保护对象所在的陆地、陆地水体或者海域,依法划定出一定面积予以特殊保护和管理的区域。自然保护区集中分布了一些珍贵、稀有的动、植物种,同时也集中产出了某些饲养动物和栽培植物野生近缘种,候鸟繁殖、越冬或迁徙也会在此停歇,是具有典型性或特殊性的生态系统。自然保护区常常具有特殊保护价值的地质剖面、化石产地或冰川遗迹、岩溶、瀑布、温泉、火山口以及陨石的所在地,因此也是风光绮丽的天然风景区。

(二)自然保护区的类型

自然保护区的类型很多,有森林、草原、海洋、地质、野生动物等多种类型。根据其设立目的、保护对象的不同划分为三大类别、九种类型。

1. 第一类是自然生态系统类自然保护区

它保护的是典型地带的自然生态系统,包括森林生态系统、草原与草甸生态系统、荒漠生态系统、内陆湿地和水域生态系统以及海洋和海岸生态系统五种类型自然保护区,主要保护对象是森林植被及其生存环境所形成的自然生态系统。例如广东鼎湖山自然保护区,保护对象为亚热带常绿阔叶林;甘肃连古城自然保护区,保护对象为沙生植物群落;吉林查干湖自然保护区,保护对象为湖泊生态系统等。

2. 第二类是野生生物类自然保护区

它保护的是珍稀的野生动植物,尤其是珍稀濒危物种种群及其自然生存环境。例如,黑龙江扎龙自然保护区,保护以丹顶鹤为主的珍贵水禽;福建文昌鱼自然保护区,保护对象是文昌鱼;广西上岳自然保护区,保护对象是金花茶等。

3. 第三类是自然遗迹类自然保护区

它保护的是有科研、教育或旅游价值的化石产地、火山口、岩溶地貌、地质剖面等,包括地质遗迹和古生物遗迹两种类型自然保护区,主要保护对象是有特殊意义的地质遗迹和古生物遗迹等。例如,山东的山旺自然保护区,保护对象是生物化石产地;湖南张家界森林公园,保护对象是砂岩峰林风景区;黑龙江五大连池自然保护区,保护对象是火山地质地貌等。

《森林法》第二十四条规定:"国务院林业主管部门和省、自治区、直辖市人民政府,应当在不同自然地带的典型森林生态地区、珍贵动物和植物生长繁殖的林区、天然热带雨林区和具有特殊保护价值的其他天然林区,划定自然保护区,加强保护管理。"这里所说的自然保护区,是指由国务院国家林业局主管的森林和野生动物类型的自然保护区。

二、自然保护区的发展沿革

(一)世界自然保护区的发展沿革

自然保护区是 100 多年前人类创造出来的,是人类为应对自身的环境破坏行为而采取的一种补救措施,至今已广为人知,并不断发展壮大。

在人类历史的初期,由于生产规模不大,对周围自然环境并无显著的影响。但到 21 世纪初,随着资本主义经济的发展,自然资源不断遭受破坏并造成多次灾难,于是引起世界性保护自然界的运动。世界各国纷纷划出一定的范围来保护珍贵的动植物及其栖息地。1864 年,美国将约西迈特山谷指定为保护区,用于保护红杉树;1872 年,美国建立了世界上第一个国家公园——黄石公园,这也是世界上第一个自然保护区。自然保护区事业在进入 20 世纪后迅速发展,特别是第二次世界大战后,许多从事自然保护区的宣传、协调和科研等工作的国家机构拔地而起,如国际自然与自然资源保护联盟(IUCN)、世界自然基金会(WWF)、联合国教科文组织的人与生物圈计划(MAB)和联合国环境规划署(VNEP)等。

自然保护区占国土面积的百分比已成为衡量一个国家自然保护事业发展水平、科学文化水平的重要标志。世界发达国家自然保护区的面积一般占国土面积的10%~20%。

20世纪80年代以来，在世界保护联盟的推动下，自然保护区事业获得了空前的发展。据世界保护监测中心(WCMC)统计，至1993年，全世界已建立自然保护区12 487个，总面积占全球总面积的8.58%；至2000年，全球在225个国家已建立了保护区30 361处，总面积约13.25亿公顷，占地球表面的8.84%；至2006年年底，全球已经建立自然保护区10.2万个，总面积占全球陆地面积的11.5%。随着世界经济的发展，自然保护区的面积和数量均持续增加，与此同时，其功能也发生了一些变化。保护区已成为促进人与自然协调、建设持续社会的基本单元。

（二）我国自然保护区发展的沿革

我国是世界自然资源和生物多样性最丰富的国家之一，我国生物多样性保护对世界生物多样性保护具有十分重要的意义。建立自然保护区在保护国家战略资源、维护国家生态安全、促进人与自然和谐相处、保障经济社会可持续发展等方面发挥了重要作用。我国的自然保护区涵盖了国内自然环境最洁净、自然遗产最珍贵、自然景观最优美、生物多样性最丰富、生态功能最重要的区域。其种类可谓多种多样，包括森林、草原、湿地、海洋、荒漠、野生动物、野生植物、地质遗迹、古生物遗迹等。从20世纪50年代以来，我国的自然保护区经历了数量从无到有、规模从小到大、功能从单一到综合的历程。1956年，我国建立了第一个具有现代意义的自然保护区——鼎湖山自然保护区。1960年建立第一个森林和野生动物自然保护区——长白山自然保护区。至1993年年底，全国各类自然保护区已达到763个，总面积达6 600多万公顷，约占国土总面积的6.8%；至2000年年底，全国各类自然保护区已达到1 276个，总面积达1.23亿公顷，约占国土总面积的12.44%；至2006年年底，我国已建成各种类型自然保护区2 349个，总面积约1.5亿公顷，约占国土面积的15%。我国自然保护区的发展可谓"建设时间不长，发展速度较快"。

同时，我国在自然保护区的建设发展中还存在着一些较为突出亟待解决的问题：一是国家投入与自然保护区建设需求还有较大差距，一些野生动植物资源尚未得到有效保护；二是加强自然保护区建设与促进当地经济发展方面还存在一定矛盾，保护区周边人民的生活水平亟待提高；三是保护区建设重数量轻质量、重建设轻管护的现象依然存在；四是全国性的自然保护区总体布局尚需进一步完善。

三、自然保护区建设

（一）建立自然保护区的意义

建立自然保护区的意义主要在于保护自然环境和自然资源、拯救珍稀濒危生物物种、保存有价值的自然历史遗迹。同时，对科学研究、文化教育、促进生物多样性保护、维护生态平衡、改善人类生存环境等方面也具有深远影响。

1. 保护自然本底

自然保护区为子孙后代保留了一定面积的各种类型的生态系统,是天然的"本底"。人类在今后利用改造自然时应遵循该"本底",以此评价标准为参考,预估人类活动将引起的后果。

2. 贮备物种

保护区是生物物种的贮备地,又可以称为贮备库,它也是拯救濒危生物物种的庇护所。

3. 开辟科研、教育基地

自然保护区可用于研究各类生态系统自然过程的基本规律、物种的生态特性,也可在环境保护工作中观察生态系统动态平衡、取得监测基准。同时,它可应用于教育实验。

4. 保留自然界的美学价值

自然界的美景令人心旷神怡,而且良好的情绪可使人精神焕发,燃起生活和创造的热情。所以自然界的美景是人类健康、灵感和创作的源泉。

(二)建立自然保护区的条件

根据《中华人民共和国自然保护区条例》规定,凡具有下列条件之一的,应当建立自然保护区:

1. 典型的自然地理区域、有代表性的自然生态系统区域以及已经遭受破坏但经保护能够恢复的同类自然生态系统区域;

2. 珍稀、濒危野生动植物物种的天然集中分布区域;

3. 具有特殊保护价值的海域、海岸、岛屿、湿地、内陆水域、森林、草原和荒漠;

4. 具有重大科学文化价值的地质构造、著名溶洞、化石分布区、冰川、火山、温泉等自然遗迹;

5. 经国务院或者省、自治区、直辖市人民政府批准,需要予以特殊保护的其他自然区域。

(三)建立自然保护区的审批程序

1. 国家级自然保护区的审批程序。在国内外有典型意义、在科学上有重大国际影响或者有特殊科学研究价值的自然保护区,列为国家级自然保护区。国家级自然保护区的建立,首先由自然保护区所在的省、自治区、直辖市人民政府或者国务院有关自然保护区行政主管部门提出申请,接着经国家级自然保护区评审委员会评审后,由国务院环境保护行政主管部门进行协调并提出审批建议,最后报国务院批准。

2. 地方级自然保护区的审批程序。除列为国家级自然保护区的外,其他具有典型意义或重要科学研究价值的自然保护区列为地方级自然保护区。地方级自然保护区的建立,首先由自然保护区所在的县、自治县,市、自治州人民政府或者省、自治区、直辖市人民政府有关自然保护区行政主管部门提出申请,接着经地方级自然保护区评审委员会评审后,由省、自治区、直辖市人民政府环境保护行政主管部门进行协调并提出审批建议,最后经省、自治区、直辖市人民政府批准,并报国务院环境保护行政主管部门和国务院有关自然保护区行政主管部门备案。

3. 跨两个以上行政区域的自然保护区的建立,由有关行政区域的人民政府协商一致后提出申请,并按照自然保护区的级别按规定的程序审批。

4. 建立海上自然保护区,须经国务院批准。

四、自然保护区管理制度

(一)自然保护区的行政管理规定

国家级自然保护区,由其所在地的省、自治区、直辖市人民政府有关自然保护区行政主管部门或者国务院有关自然保护区行政主管部门管理。地方级自然保护区,由其所在地的县级以上地方人民政府有关自然保护区行政主管部门管理。有关自然保护区行政主管部门在具体的管理工作中应当在自然保护区内设立专门的管理机构,配备专业的技术人员,制定相关的管理措施。

我国现有的自然保护区,主要根据资源的属性分别由林业、农业、地矿、海洋等部门主管。森林生态系统及陆栖野生动物类型自然保护区的建设与管理由林业部门负责;草原、荒漠、内陆湿地和淡水水域生态系统以及水生动物类型自然保护区的建设与管理由农业部门负责;自然遗迹类自然保护区的建设与管理由地矿部门负责;海洋与海岸生态系统类型自然保护区的建设与管理由海洋部门负责;自然保护区的综合、监督管理由环保部门负责,具体负责制定全国自然保护区的发展规划、评价标准、方针政策、法规制度和管理指南,组织国家级自然保护区的评审工作以及监督检查自然保护区的管理质量等,为方便工作,环保部门也建立了部分较为典型的自然保护区。水利、建设和我国科学院等部门也建立了一些自然保护区。

(二)自然保护区的资源管理规定

自然保护区根据其自然资源情况划分为核心区、缓冲区和实验区,实行分区管理。

1. 核心区

核心区是自然保护区内保存完好的天然状态的生态系统以及珍稀、濒危动植物的集中分布地,是自然保护区最为重要的区域,也是自然保护区内受人类干扰最少的区域。未经批准,任何人不得进入自然保护区的核心区。因科学研究的需要,必须进入核心区从事科学研究观测、调查活动的,应当事先向自然保护区管理机构提交申请和详细的活动计划,并经省级以上人民政府有关自然保护区行政主管部门批准。其中,进入国家级自然保护区核心区的,必须经国务院有关自然保护区行政主管部门批准。在自然保护区的核心区内,不得建设任何生产设施。此外,自然保护区核心区内原有居民确有必要迁出的,由自然保护区所在地的地方人民政府予以妥善安置。

2. 缓冲区

缓冲区设在核心区的外围,形状与核心区一致,面积一般比核心区大得多。缓冲区一方面可以保护核心区免遭外界的影响和破坏,起到一定的缓冲作用;另一方面可以进行某些科学研究试验,但不得破坏其生物群落及其生态环境。禁止在自然保护区的缓冲区内开展旅游和生产经营活动,且不得建设任何生产设施。若是教学科研的目的,需要进入自然保护区的缓冲区从事非破坏性的科学研究、教学实习和标本采集活动的,应当事先向自然保护区管理机构提交申请和详细的活动计划,必须经自然保护区管理机构批准,并将其活动成果的副本提交至自然保护区管理机构。

3. 实验区

实验区处于缓冲区的外围,对核心区有更大的缓冲作用并将自然保护区与周围地区相联系。在国家级自然保护区的实验区开展参观、旅游活动的,由自然保护区管理机构提出方案,经省、自治区、直辖市人民政府有关自然保护区行政主管部门审核后,报国务院有关自然保护区行政主管部门批准;在地方级自然保护区的实验区开展参观、旅游活动的,由自然保护区管理机构提出方案,经省、自治区、直辖市人民政府有关自然保护区行政主管部门批准。在自然保护区组织参观、旅游活动的,均必须按照批准的方案进行,并加强保护区的管理;进入自然保护区参观、旅游的单位和个人,应当服从自然保护区管理机构的管理。

严禁开设与自然保护区保护方向不一致的参观、旅游项目;不得建设污染环境、破坏资源或者景观的生产设施;若建设其他项目,其污染物排放不得超过国家和地方规定的污染物排放标准。若在自然保护区的实验区内已经建成的设施,其污染物排放超过国家和地方规定的排放标准,应当限期治理整改;造成损害的,必须采取补救措施并处罚相关责任单位及个人。

（三）自然保护区区内社区管理规定

由农林工会联合调查组撰写的调查报告《"生态难民":一个值得关注的问题——广西大瑶山自然保护区调查》报道了"交通难、用电难、吃水难"的问题,该问题严重困扰着我国自然保护区的林农。我国的自然保护区大多处于较为贫困的地区,由于区域交通不便,封闭性很强,所涉及的生产结构、教育、基础设施非常薄弱,导致当地居民更直接、单一地依赖自然资源,即所谓的"靠山吃山,靠水吃水"的恶性循环。自然保护区建立后,实行封闭式管理,严禁在保护区内放牧、打猎、捕捞、开矿、挖沙、采集薪材和水生物等,区内和周边社区的居民对资源的利用受到不同程度的限制和禁止。自然保护区保护第一的原则与当地居民生存和发展的需求发生了冲突,进一步加剧了已经存在的保护区与社区之间的矛盾。如何在自然保护区内协调与当地居民的关系,是做好自然保护区工作的重要方面。

为了协调自然保护与社区的关系,《森林和野生动物类型自然保护区管理办法》规定,自然保护区要注意保护对象的完整性和最适宜的保护范围,同时应当考虑当地经济建设和群众生产生活的需要,尽可能避开群众的土地、山林;确实不能避开的,应当严格控制范围,并根据国家有关规定,合理解决群众的生产生活问题。自然保护区管理机构会同所在和毗邻的县、乡人民政府及有关单位,组成自然保护区联合保护委员会,制定保护公约,共同做好保护管理工作。保护区内的居民应当遵守自然保护区的有关规定,固定生产生活的活动范围,在不破坏自然资源的前提下,从事种植、养殖业,也可以承包自然保护区组织的劳务或保护管理任务,以增加经济收入。

(四)违反自然保护区法规的法律责任

《自然保护区条例》对违反自然保护区管理规定的违法行为规定了相应的法律责任,这些违法行为及处罚规定如下:

1. 非法进入自然保护区的行为

自然保护区管理机构对下列行为采取责令改正,并可以根据情节处以100元以上5 000元以下的罚款:(1)擅自移动或者破坏自然保护区界标的;(2)未经批准进入自然保护区或者在自然保护区内不服从管理机构管理的;(3)经批准在缓冲区进行考察,但不向管理机构提交活动副本的。

2. 在自然保护区内砍伐、放牧等行为

在自然保护区内进行砍伐、放牧、狩猎、捕捞、采药、采石等行为,除依照有关法律法规处罚外,由县级以上人民政府自然保护区行政主管部门或者其授权的自然保护区管理机构没收违法所得,责令停止违法行为,限期恢复原状或者采取补救措施;对自然保护区造成破坏的,可以处300元以上1万元以下的罚款。

3. 自然保护区管理机构的违法行为

(1)自然保护区管理机构违反规定,拒绝接受环境保护行政主管部门或者有关自然保护区行政主管部门的监督检查,或者在被检查时弄虚作假的,由县级以上环境保护行政主管部门或者有关自然保护区行政主管部门给予300元以上3 000元以下的罚款。(2)自然保护区管理机构违反规定,有下列行为之一的,由县级以上人民政府有关主管部门责令限期改正;对直接责任人员,由其所在单位或者上级机关给予行政处分:①开展参观、旅游活动未编制方案或者编制的方案不符合自然保护区管理目标的;②开设与自然保护区保护方向不一致的参观、旅游项目的;③不按照编制的方案开展参观、旅游活动的;④违法批准人员进入自然保护区的核心区,或者违法批准外国人进入自然保护区的;⑤有其他滥用职权、玩忽职守、徇私舞弊行为的。

4. 其他违法行为及处罚

(1)妨碍自然保护区管理人员执行公务的,由公安机关给予治安处罚;情节严重,构成犯罪的,依法追究刑事责任。(2)违反规定,对自然保护区造成污染或者破坏事故,导致公私财产受到重大损失或者人身伤亡的严重后果,构成犯罪的,对直接负责的主管人员和其他直接责任人员依法追究刑事责任。(3)自然保护区管理人员滥用职权、玩忽职守、徇私舞弊,构成犯罪的,依法追究刑事责任;情节轻微,尚不构成犯罪的,由其所在单位或者上级机关给予行政处分。

第三节　森林防火管理制度

森林火灾会阻碍林业发展,造成当地经济损失,严重破坏生态环境。火灾扑灭要耗费大量人力、物力和财力,影响各项生产建设。因此,森林防火工作对于发展林业、繁荣林区经济和支援国家建设,具有极其重要的意义。

一、森林防火管理的概念及其指导方针

(一)森林防火管理的概念

森林防火是对森林、林木和林地火灾的预防和扑救,以保护资源和人民生命安全为主要目的。

森林防火管理是指全面贯彻执行国务院《森林防火条例》规定的方针政策,有效预防并及时扑救森林火灾、保护森林资源、促进林业发展、维护自然生态平衡;依法进行森林火灾预防、扑救,调查统计奖励和处罚等一系列管理、监督活动。

(二)森林防火的指导方针及其作用

《森林防火条例》第三条规定:森林防火工作实行“预防为主、积极消灭”的方针。该方针反映了森林火灾的预防和扑救的客观规律,对于森林经营管理行政部门有效控制火灾发生具有重要指导意义。

预防为主,即把预防放在森林防火工作的首位。把防范作为森林防火的主要任务,将森林火灾消灭在萌芽状态。积极消灭,即发生森林火灾时,立即动员组织全社会,全力以赴扑灭森林火灾。

森林防火方针有利于加强森林防火管理、保护森林资源、促进林业发展及保障人民生命财产安全。贯彻落实“预防为主、积极消灭”的森林防火方针,有助于协调社会各方面力量,调动各方积极性;可以使防火工作具有超前性,各项工作都在火灾发生之前完成;使预防和扑救置于主动并及时的状态,将火灾的发生与否及其大小都置于可控状态;在主观思想状态上,反对消极,保持警惕,坚持主动预防和扑救,使林火得到有效控制。

二、森林防火的组织及其职责

(一)森林防火组织

中央森林防火总指挥部是由国家设立的森林防火的总执行机关,隶属于国务院林业主管部门,主要负责指导各地方森林防火工作。

地方各级森林防火指挥部则是地方各级人民政府根据实际需要,组织有关部门和当地驻军设立,主要负责组织、协调本行政区域森林防火的监督和管理工作,县级以上森林防火指挥部应当设立办公室,配备专职干部,负责森林防火指挥机构的日常工作。

除了中央森林防火总指挥部与地方各级森林防火指挥部,我国还设立了其他防火组织,具体包括:

1. 林区的国营企事业单位、部队、铁路、农场、牧场、工矿企业、自然保护区和其他事业单位、村屯、集体经济组织建立的森林防火组织。

2. 在行政区分界林区建立的地方性森林联防组织。

3. 森林防火检查站。

4. 航空护林组织。

5. 林区基层单位配备的护林员。

(二)森林防火组织的职责

1. 中央森林防火总指挥部的职责

(1)负责监督各地区、各部门对于国家森林防火工作的方针、政策、法规和重大行政措施的贯彻执行,并组织、协调和指导全国森林防火工作;

(2)负责组织、协调、指导有关地区和部门的重大森林火灾扑救工作;

(3)负责协调省、自治区、直辖市之间,部门之间有关森林防火的重大问题;

(4)负责决定其他有关森林防火工作的重大事项。

2. 地方各级森林防火指挥部的职责

(1)贯彻国家森林防火工作的方针和政策、监督《森林防火条例》和其他有关法规的实施;

(2)进行森林防火宣传教育,提高广大群众对森林防火重要性的认识,增强群众森林防火自觉性;

(3)组织森林防火安全检查,确保消除所存在的火灾隐患;

(4)组织开展森林防火科学研究,支持并推广先进技术,促进科学防火;

(5)监督检查本地区森林防火设施的规划建设,对防火设施及设备组织有关单位进行专门的维护管理;

(6)及时掌握火情动态,制定扑火预备方案,对于森林火灾的扑救工作进行统一组织和指挥；

（7）配合有关机关调查森林火灾档案，查明火灾原因并依法查处肇事者；

（8）及时进行森林火灾统计，建立火灾档案。

3. 其他防火组织的职责

由当地人民政府领导，在其经营范围内承担森林防火责任。林区单位应当建立高素质的群众扑火队；国有林业局、林场应当建立专业扑火队；在行政分界地区根据所确定的联防区域建立森林防火联防组织，并制定联防制度和措施，同时检查、督促联防区域的森林防火工作；在林区建立防火检查站，以对入山车辆和人员进行防火检查；在大面积森林地区，根据实际需要，国家和省、自治区人民政府建立航空护林组织，以开展航空护林工作；林区基层单位需配备兼职或专职护林员，定期巡视森林、管理野外用火、及时报告火情、协助有关部门查处森林火灾案件。

三、森林防火的预防管理

森林防火工作的方针为"预防为主、积极消灭"，两者辩证统一，不能分割。在预防森林火灾发生的同时，充分做好森林扑火工作的准备。发生火情时做到及时消灭，将森林火灾造成的损失降至最低。做好预防工作，一方面保护森林资源，为林业生产发展奠定基础，同时是保障人民生命财产安全和各项生产建设顺利进行的重要措施，是关系国计民生的大事。

（一）地方人民政府组织划定防火责任区，确定森林防火责任单位，建立森林防火责任制度

目的是加强各级岗位责任感，调动防火责任单位的积极性和能动性。另外林区还应建立军民联防制度。

（二）组织森林防火宣传教育

通过森林防火宣传教育，提高广大干部和群众对森林防火重要性的认识，增强森林防火法制观念，以促进群众做到自觉遵守森林防火的有关规章制度，积极地配合森林防火部门做好森林防火工作，从根本上预防和减少火情、火灾的发生。

（三）严格执行森林防火期防火管理制度

县级以上地方人民政府根据本地区的自然条件和火灾发生规律，按需要划分防火期。我国的森林防火期为春季森林防火期和秋季森林防火期。根据中央森林防火总指挥部1987年转发的国家气象局所颁发的《关于加强森林防火气象服务工作的若干要求》（试行）：春季森林防火期：北方一般为3月15日—6月15日，南方一般为2—5月；秋季森林防火期：北方一般为9月5日—11月5日，南方一般为当年10月—翌年1月。

另外，除了要提前做好森林的预防管理、遵守各项规定外，在森林的防火期内还应注意以下几点：

1. 森林防火期内，林区禁止野外用火。因特殊情况需要用火的，必须严格遵守以下制度：

（1）生产用火许可证制度。以下生产用火行为必须经由县级人民政府或县级以上人民政府授权单位的批准后，领取生产用火许可证。具体生产用火行为包括烧荒、烧草场、烧灰积肥、烧田埂、烧秸秆、烧山造林和火烧防火隔离带等，经批准进行生产用火的，需要专人负责，事先准备好扑火工具，有组织地在三级以下天气用火，严防失火。

（2）进入林区证明制度。进入林区人员必须持有进入林区证明：进入林区人员持有当地县级以上林业主管部门或者其授权单位核发的进入林区证明，进入国有企业、事业单位森林经营区须持有省级林业主管部门授权的森林经营单位核发的进入林区证明。

2. 森林防火期内，机动车辆必须安放防火装置及其他有效防火措施才可在林区作业或通过林区。对于行驶在林区的旅客列车和公共汽车的乘务人员必须对旅客进行森林防火安全教育，严防旅客随意丢弃火种。在林区野外作业的机械设备人员，必须遵守防火安全操作规程。

3. 森林防火期内，林区内全面禁止使用枪械狩猎，以下活动必须经省级林业主管部门授权的森林经营单位批准：实弹演习、爆破、勘察和施工等。

4. 森林防火期内，出现高温、干旱、大风等高风险天气时，根据防火需要划分防火戒严区，规定森林防火戒严期。在戒严期内，严格管理控制机械用火和居民用火，严禁一切野外用火。

（四）完善森林防火设施建议

1. 设置火情瞭望台。以做到观察火情火势，及时预防火灾，准确确定火灾发生的地点，及时扑救森林火灾。

2. 设置防火隔离带或营造防火林带。具体开设防火隔离带或营造防火林带的地点为国界内侧、林内、林缘，以及村屯、工矿企业、仓库、学校、部队营房、重点设施、名胜古迹和革命纪念圣地等。

3. 配备防火交通运输工具、灭火器械和通信器械等。

4. 在重点林区修建防火道路，建立防火物资储备仓库。

四、森林火灾扑救管理

预防森林火灾的重要措施是积极扑救林火。有效消灭森林火灾的关键是做到"早发现，早扑灭"，在始发阶段消灭林火。以最大限度地减少森林资源损失，实现"扑早、扑小、扑了"的目的。

（一）火灾扑救的措施

1. 及时报告：一旦发现森林火灾，应立即向当地有关部门报告。当地部门接到报告后再逐级上报；对下列森林火灾，省级部门应立即报告森林防火总指挥部。

（1）国界附近的森林火灾；

（2）重大、特大森林火灾；

（3）造成一人或多人死亡或重伤的森林火灾；

（4）威胁居民和重要设施的森林火灾；

（5）一天内尚未扑灭的森林火灾；

（6）自然保护区、未开发的原始森林火灾；

（7）省、市、自治区分界地区的森林火灾；

（8）需要中央支援扑救的森林火灾。

2．统一指挥：当地人民政府或者森林防火指挥部统一组织扑救。

3．及时扑救：一旦发现森林火灾，必须立即扑救；当地人民政府或者森林防火指挥部接到报告后，必须立即组织当地军民；接到扑火命令的单位和个人，必须迅速赶赴指定地点，开展扑救工作。

4．在积极扑救森林火灾的过程中，交通部门、邮电部门、民政部门、公安部门应当积极发挥其作用和影响，为扑救火灾创造有利条件。

（二）火灾扑救的方法

1．以"扑早"为前提，积极消灭林火。扑救森林火灾"扑早"是关键，做到"扑早""扑小""扑了"。首先准备好扑火的相关工具或设备，防火部门及当地群众应做好心理准备；其次必须严密监视火灾火情，在防火重要时期，要加强巡护密度，一旦发现火情立即报告并赶赴火灾现场，尽早消灭林火。

2．抓住有利时机，迅速扑灭林火。对扑救林火有利的天气或环境，应当抓住时机迅速扑火，节省人力、物力和财力。集中兵力全力扑打火头是关键。

3．主动进攻，积极防御。必须贯彻落实"预防为主、积极消灭"的方针。如扑救邻界火灾时，坚持该攻则攻、该防则防的原则，不能只看不打。对于大面积的火场或燃烧猛烈的火灾，应当结合扑打，用防火线把火隔开，再依次消灭。

4．牺牲局部，保存全局。为了更好地保护森林，在现有资源有限而火情严峻的情况下，应当采取牺牲局部、保护全局的措施。

5．彻底清理火场。扑灭森林火灾后，全面检查火灾现场，清理余火，在火场留足够看守人员，经验收合格后，方可撤离。

五、森林火灾损失调查、统计

（一）森林火灾的分类

森林火灾按森林受害面积分类，分为森林火灾、一般森林火灾、重大森林火灾、特大森林火灾四类。

1. 受害面积不足 1 公顷或者其他林地起火的火灾是森林火灾;

2. 受害面积在 10 公顷以上不足 100 公顷的火灾是一般森林火灾;

3. 受害面积在 100 公顷以上不足 1 000 公顷的火灾是重大森林火灾;

4. 受害面积在 1 000 公顷以上的火灾是特大森林火灾。

(二)森林火灾损失调查、统计

森林火灾发生后,当地政府部门应当对森林火灾的具体情形和产生后果等进行调查。

地方各级部门应当按照森林火灾统计报告表的具体要求统计森林火灾,报上级主管部门和同级有关部门。

(三)建立档案

按年度和火灾类别整理森林火灾统计资料,编写并妥善保存资料目录。

森林火灾发生后,调查森林火灾的具体情形及造成后果,记入数据。

发生在国界附近的森林火灾,重大或特大森林火灾,造成一人或多人死亡、重伤的森林火灾,以及烧入居民区,造成重大损失的,由省级相关部门建立专门档案,报中央森林防火总指挥部。

六、森林防火的奖励与处罚

《森林防火条例》中规定的奖励与处罚,鼓励防治森林火灾的过程中做出突出成绩的单位和个人,提高群众的防火积极性,同时惩罚违反森林法规、条例的单位和个人,轻者给予罚款处罚,构成犯罪的单位和个人,由司法机关追究刑事责任。

(一)奖励

具有以下事迹的单位和个人,由县级以上机关进行奖励:

1. 在预防或扑救森林火灾的过程中发挥重要作用或在本行政区或者森林防火责任区内,连续三年以上未发生森林火灾;

2. 采取有效措施,积极组织扑救森林火灾,或在扑救森林火灾中起模范带头作用,有显著成绩;

3. 发现森林火灾及时报告,并尽力扑救,避免造成重大损失;

4. 及时阻止或者检举纵火行为的;

5. 在查处森林火灾案件中作出贡献;

6. 在森林防火科学研究中有发明创造;

7. 连续从事森林防火工作十五年以上,工作有显著成绩。

(二)处罚

违反下列森林法规行为的单位和个人,由县级以上林业主管部门或者其授权单位给予行政处罚:

1. 在森林防火期内,在野外吸烟、随意用火但未造成损失的;

2. 擅闯林区的;

3. 违反条例规定机动车辆和机械设备的;

4. 有森林火灾隐患,接到整改通知后仍不改正的;

5. 延误扑火时机或者不服从扑火指挥机构的指挥,影响扑火救灾的;

6. 过失导致森林火灾,但尚未造成重大损失的。

有上列第1~4项行为中一项的,处10元至50元的罚款或者警告;有第5项行为的,处50元至100元的罚款或者警告;有第6项行为的,责令限期更新造林,赔偿损失,可以并处50元至500元的罚款。

对处罚不服的被处罚者,可以在接到处罚通知起一个月之内,向法院提起诉讼;期满不起诉且不履行的,林业主管部门或者其授权单位可以申请法院强制执行。

违反森林防火管理条例规定的人员,由公安机关依照《中华人民共和国治安管理处罚条例》的规定决定是否处以拘留,情节严重、构成犯罪者,由司法机关依法追究刑事责任。

第四节　森林病虫害防治管理制度

我国的森林病虫害较为严重,给林业带来的损失不亚于森林火灾。在20世纪50年代末全国受病虫害影响的森林面积每年不超过2 000万亩,70年代末期上升到7 000万亩,80年代以来每年达1亿多亩,其中受到病虫害损失的面积达500万亩。根据相关调查的计量测算,每年因为病虫灾害而减少生长的林木体积多达1 000万立方米以上。全国5亿多亩松林中,平均每年受到松毛虫灾害的就有4亿多亩,生长体积损失高达370万立方米;全国1亿亩杨树每年有40%遭受病虫害危害,减少生长量560万立方米。华北、中原地区的泡桐被丛枝病和大袋蛾影响,受灾严重;山西、河北、山东、河南、天津五省市的榆树因兰金花虫害而损失的生长体积每年都在100万立方米以上。

我国森林病虫害的严重程度迫使我们不得不加强病虫害防治措施,保护我国森林资源,维持生态系统的平衡。《森林法》《森林病虫害防治条例》是我们能够利用法律预防和治理病虫害的前提与保障。《森林病虫害防治条例》是一部与《森林法》相辅相成、具有法律效力,并且较为具体的针对森林病虫害防治的重要行政法律规范。只有认真执行《森林病虫害防治条例》,强化森林保护,才能有效地预防和控制森林病虫害,减少灾害损失,巩固造林绿化成果,促进林业可持续发展。

一、森林病虫害防治管理的概述

(一)森林病虫害防治管理的概念和对象

森林病虫害防治管理,是指林业主管部门为贯彻执行国务院《森林病虫害防治条例》及其他有关法规规定的方针和任务,为了有效防止森林病虫害,保护森林资源以促进林业的发展,改善自然生态环境的平衡,而对森林病虫害实施预防和除治,有效保护森林资源进行的一系列组织领导和监督管理活动。所谓的森林病虫害防治,是指对森林、林木、林木种苗及木材、竹材的病害和虫害的预防和除治。

(二)森林病虫害防治的方针

《森林病虫害防治条例》第三条规定:森林病虫害防治实行"预防为主,综合治理"的方针。所谓预防为主,是指在森林病虫害发生、除治之前进行预先防御的应对措施,将森林病虫害扼杀在摇篮里,做到防患于未然。所谓综合治理,并不是把各种各样的预防和治理手段拼凑结合,而是根据不同的环境因素确定各自合适的治理方法,研究结合森林病虫害发生的原因和规律,把多种除治措施综合有效使用。多年来的实验经历证明,这一方针是正确而且可取的,要抑制和预防森林病虫害发生的可能性必须做好"治本"工作。从造林规划设计就开始科学化地管理采种、育苗、造林、抚育、采伐、贮运等各个环节,从根本上把森林病虫害的发生发展从生态环境间的相互制约关系中解放出来,形成一种有利于林木生长而不利于病虫害发生的优质生态环境,以达到拒绝森林病虫害发生的效果。

(三)森林病虫害防治组织

国务院林业主管部门主管全国森林病虫害防治工作,负责研究和测量森林病虫害的大体测量报告方案。其病虫害防治机构的中心测报站可以根据实际需要在不同地区建立,测量报告的区域和对象。专业并仔细分析各地测报数据;每隔一段时间发布全国森林病虫害中长期趋势预报,并提出防治方案。

行政区域内的森林病虫害的预防治理工作由本级及以上各级人民政府林业主管部门主管,其具体的防治组织工作由所属的专门防治机构负责。这些机构对从基层单位获得的测报数据进行专业的综合分析,发布当地森林病虫害中期预报,并提出防治方案;有责任经常对森林病虫害发生的地区,实施将生态营林和科学营林相结合的治理措施,一步步改变森林所在的生态环境,科学化地增强森林对自然灾害的防御能力。

二、森林病虫害的预防措施

森林病虫害的预防是通过下列措施来实现的:

(一)森林经营活动中病虫害的预防管理

对森林病虫害的预防,森林经营单位和个人在森林的经营活动中应遵守下列规定:

1. 植树造林应当在合适的地方种合适的树,合理搭配树种,提倡多种不同树种混合种植,依照国家规定选用树木中较为优良的品种;建造设计树林的方法提案,必须要提前想到森林病虫害的防治,在合适的地方种植合适的树是为了使建造树林的树种的特有性质(主要是生态学特性)能更好地适应造林地区的生态环境。在树种长期自然形成的选择中,生长在乡村土地的树种已经适应了各地区的环境条件,可在一定程度上对抗本地特有的各类病虫灾害。所以将不同树种混合种植对预防病虫害意义匪浅。

中华人民共和国成立以来的实践证明,在某一大面积的区域只种植单一的树种,对病虫害防治阻碍巨大。我们往往认为混合种植的树木林地、地表植物种类较为复杂,昆虫种类较多,并不是所有昆虫都对树木有害,但其往往是一些寄生蜂天敌的补充寄主,在主要害虫低落的年份或季节,天敌数量不会因此就变少,因此混交林可以供害虫天敌寄生的面积高于单纯林;混交林杂草灌木植被丰富,有更多的植物开花提供蜜源,有利于天敌的补充营养和栖息;混交林对害虫的觅食和繁衍都有一定的阻碍作用;一些生长较为茂密的复层林,林内温度低、湿度大,害虫发育慢,患病机会多。而单纯林由于只有单一树种,植被稀少,天敌少,害虫容易成灾。使用带有危险性病虫害的树木品种进行育苗或者造林是被禁止的,选择培育抗病虫害更强的树木品种对预防病虫害至关重要。

2. 对树龄较小和适中的应当及时进行抚育管理,这有利于保证造林的质量,从根本上预防病虫害的发生。对幼林、中龄林进行抚育也可以更好地防止病虫害的发生,如针叶幼林的林分过大,通风透光条件不好,松落针病发生的可能性更大,对幼龄林的抚育主要目的是使更多的造林的树林可以成活并且让幼苗更好地生长,增强抵抗病虫害的能力;对中龄林抚育目的是使更多的树苗可以成材并且提高抗击病虫害的能力,对已经受病虫害影响的林木要及时清理,防止病虫害传染蔓延,同时对封山育林要有详细的计划,改变林分的纯林生态系统。

3. 将采伐后的树木迅速运出并立刻清理现场,这样可以防止小蠹虫等害虫在树皮层内繁殖,并且成虫羽化飞入林内蔓延成灾。枝丫木也要迅速清理掉,以免害虫滋生扩展。对于被火烧过的林地,把被火灼烧严重的树木砍伐清理掉,防患于未然。

(二)发挥生物防治作用

生物防治是以有益的害虫天敌来对付害虫,将害虫清理消除的防治方法。生物防治拥有对人、畜、植物都很安全的特点,并且可以长期抑制害虫的生长。所以我们应该采取有效措施,保护好林内各种有益生物,并制订计划,对这些益虫进行培育和培养。

(三)加强植物检疫工作

各级森林病虫害防治机构应当依法对林木种苗和木材、竹材的产地及调运进行检疫;发现新传入的危险性病虫害,应当及时进行严格的封锁和扑灭措施,不能让病虫害传染进入山中。各级人民政府林业主管部门应当对组织和建立无检疫对象的树木种苗基地拥有具体的计划。

三、森林病虫害的防治

(一)防治责任制度和防治经费

《森林病虫害防治条例》明确规定了"谁经营,谁防治"的责任制度。这样就明确了森林经营者对于森林病虫害的权利义务相互统一的关系,这使森林经营者对保护森林、防治病虫害的积极性大大提高,使防治责任落到实处。

关于防治经费的问题,我国以前都是由国家出钱,经营者不愿投入资金,最后导致防治、检疫费用不够,技术不能革新,防治效果低下的后果。体制改革才能真正有效地改变这种情况。防治森林病虫害由森林经营者自行负责,坚持"谁经营,谁防治,谁受益"的原则,提高了各方面对于病虫害防治的积极性。依照国家有关规定,对于防治的费用,全民所有的森林和林木,分别从育林基金、木材销售收入、多种经营收入和事业费中抽取解决;集体和个人所有的森林和林木,由经营者自行负担,地方各级人民政府可以给予适当的经济帮助;对于暂时短期没有经济回报的或者长期投入没有获得收入的森林经营单位和个人,地方各级人民政府要给予适当的资金扶持,以支付所需的森林病虫害防治费用;发生大面积暴发性或者危险性病虫害时,各级人民政府必须扶持和帮助那些无力独自承担防治费用的森林经营单位和个人。

(二)进行病虫害防治的有关规定

1. 当单位和个人发现严重的森林病虫害时,应及时向有关部门报告,当地人民政府或林业主管部门接到报告后,应报告至上级人民政府林业主管部门;如果有大面积暴发性或危险性森林病虫害发生,省、自治区、直辖市人民政府林业主管部门应当迅速及时地让国务院林业主管部门知晓。

2. 控制蔓延、减少受害面积的关键在于及时准确的报告。如果报告推迟,不但防治需要付出更大的代价,林木也会受到很多不必要的损失。接到病虫害报告后,当地人民政府或其林业主管部门应当立刻研究制定出治理实施的具体计划,及时组织除治;发生暴发性或危险性的森林病虫害时,当地人民政府应根据不同实际情况的需要,组织有关部门建立森林病虫害防治临时指挥机构,负责紧急措施的计划制订和解决工作中的问题协调;及时检查重视除治情况和效果,对于各地区的界区要采取联防联治,组织实施权归当地政府或林业主管部门。

3. 发生较为严重森林病虫害时,所需的各类防治药剂、器械、油料等各部门必须积极配合,应当优先供应、承运或是优先安排航空施撒药剂。

四、森林病虫害的奖励和处罚

(一)奖励

为了鼓舞和激励那些在病虫害防治工作中作出卓越成绩的单位和个人,调动广大人民群众防治病虫害的积极性,《森林病虫害防治条例》规定:

1. 遵循并严格执行病虫害法规并防治得力取得较大效果,在本地区或者经营区域内,连续五年没有发生森林病虫害的;

2．及时准确预报病情、虫情，并提出防治森林病虫害的合理化建议，被有关部门采纳，并且防治效果明显的；

3．对森林病虫害防治科学研究工作功劳显著或者大力支持并成功应用推广科研成果的；

4．在林业基层单位连续从事森林病虫害防治工作满十年，防治成绩效果显著的；

5．其他致力于病虫害的防治工作，取得突出贡献的。

有上述成绩之一的单位和个人，由人民政府或者林业主管部门给予奖励。

（二）处罚

有奖就有罚，《森林病虫害防治条例》第二十二条对下列行为作出规定：

1．用带有危险性病虫害的林木种苗进行育苗或造林的；

2．发现森林病虫害不除治或者除治不力，造成森林病虫害蔓延成灾的；

3．隐瞒或者虚报森林病虫害情况，造成森林病虫害蔓延成灾的。

有上述行为之一的，依照命令在一定时间内进行除治，补偿一切损失，可以并处以100～2 000元的罚款。在规定时间内不进行除治的，林业主管部门或者其授权的单位可以代替进行除治，费用由本被下令除治者负责。代为除治森林病虫害的工作，不能因为被下令除治者申请复议或者起诉不服就可以停止执行。另外，本条例第二十三条规定，违法调运危险性树木种苗或者木材的，除依照植物检疫法规处罚外，并可处50～2 000元的罚款。

有上述行为的责任人或者是在森林病虫害工作中有失职违法的公务人员，由其所在单位或者上级机关给予行政处分；构成犯罪的，由司法机关追究刑事责任。县级以上人民政府林业主管部门或者授权单位将决定行政处罚。

受罚人不服行政判罚的，可以在接到处罚通知之日15日内向作出处罚决定机关的上一级机关申请复议；对复议决定不服的，可以在接到复议决定书之日起15日内向人民法院起诉。当事人也可在接到处罚通知之日起15日内直接向人民法院起诉。限定期限到没有申请复议或者起诉但是有未按规定完成除治工作的，由作出处罚决定的机关申请人民法院强制执行。

第五节　森林植物检疫管理制度

植物检疫是以法规为依据，通过法律、行政和技术的手段，对生产和流通中的某些感染特定病虫害的植物和植物产品采取禁止和限制措施，以防止这些病虫杂草和其他有害生物的人为传播，保障国家农、林业生产安全的各种措施的总称。植物检疫的由来有很长的历史。14世纪意大利威尼斯规定，外国船只抵达口岸后，必须离岸停泊40天，经40天观察检查证明船上人员无当时流行的传染病后，才允许登陆上岸。1660年法国鲁昂地区提出了铲除小檗并禁止传入，以防治小麦秆锈病的法令。19世纪中后期和20世纪初期，马铃薯晚疫病、葡萄根瘤蚜等灾难性植物病虫害猖獗流行,许多国家先后颁布了本国植物检疫法令,开展植物检疫工作。1887年,有关国家签订了世界上第一个植物检疫国际公约即"防治葡萄根瘤蚜国际公约",开始了国际间的植物检疫合作。1951年,联合国粮农组织(FAO)第六届大会上通过了一个"国际植物保护公约"(IPPC)。国际间建立了10个包括一定生物地理区域的地区性植物保护组织,以加强成员国之间的合作,保护各成员国的农业生产安全和经济利益。我国先后制定许多法律条文规定,用来防止危险性病、虫、杂草的传播蔓延,如国务院1992年修订并且颁布的《植物检疫条例》,1991年10月30日第七届全国人民代表大会常务委员会第二十二次会议通过的《中华人民共和国进出境动植物检疫法》,以及来自林业部修订的《植物检疫条例实施细则(林业部分)》。

一、森林植物检疫管理的概述

（一）检疫及森林植物检疫管理的概念

1. 检疫:指防止限制性有害生物在国内蔓延和国际间传播而采取的官方措施,包括:(1)接触者的检疫;(2)疫区检疫;(3)国际卫生检疫。

2. 森林植物检疫管理:为了保护本国或本地区林业生产和国土生态的安全,服务林业生产的发展和商品流通,由法定的专门机构,依据有关法规,应用现代科学技术,对在国内和国际间流通的应施检疫的林业植物、林业植物产品及其他应检物品,在流通前(原产地)、流通中和到达新的种植或使用地点后采取包括法制管理、行政管理和技术管理等管理措施在内的一系列旨在预防危险性林业有害生物人为传播和定殖的一切官方活动。

（二）检疫对象及应施检疫的森林植物及其产品

1. 检疫对象是所有检疫性病虫,包含国家和地方政府通过检疫法规张榜公布的。检疫性病虫系指危害严重,防治困难,能给林业生产带来巨大损失的病虫。它主要通过人为活动进行远距离传播,只在局部地区分布或者虽然分布面比较广,但还有未发生地区可以保护的病虫。

2. 应施检疫的森林植物及其产品指可能携带某一种检疫对象和应检病虫的森林植物及其产品。我国《植物检疫条例实施细则(林业部分)》第六条规定,应施检疫的森林植物及其产品包括乔木、灌木、竹类、野生珍贵花卉、干果的种子、苗木和繁殖材料,以及怀疑带有危险病虫的木材、竹材。

二、森林植物检疫及其内容

森林植物检疫的内容包括对外检疫和国内检疫两部分。

（一）对外检疫

1. 进口植物检疫

进口植物检疫是指来自国外的森林植物及其产品在运输时进入国境的车站、港口、机场经过我国植物检疫机关工作人员的检疫检验,对我国植物检疫对象,国内出现情况较少或者没有的危险性病虫、杂草及在植物检疫协定或贸易合同中有关植物检疫条款里规定的病虫、杂草都必须经过检疫检验,经检验未出现以上要素的,则签发放行单或加盖放行章,准许进入国内,如果被检测出存在以上危险要素的话,则予以进口植物检疫处理通知单,并对其实施相应的处理办法;如果要向外国索要赔偿,应拿出对外检疫证书,以便于索赔。

《植物检疫条例实施细则(林业部分)》中对引种检疫进行了着重说明。

(1)引种检疫的概念:从国外引进的森林植物种源,包括赠送或交换的林木种子、苗木和繁殖材料等,都属于引种范围。引进种子、苗木和其他繁殖材料的单位或代理进口单位(以下统称引种单位)必须在对外贸易合同或者协议中,列入《引进林木种子、苗木和其他繁殖材料检疫审批单》上所提对外植物检疫要求,并订明必须附有输出国家或者地区政府植物检疫机关出具的植物检疫证书,证明符合我国所提对外植物检疫要求。(2)引种检疫审批:农作物种质资源和科研试验材料引进,国务院和中央各部门所属在京单位、驻京部队单位、外国驻京机构等,由农业部全国植物保护总站审批;各省、自治区、直辖市有关单位和中央京外单位由种植地的省、自治区、直辖市农业厅(局)植物检疫(植保植检)站审批,热带作物种质资源交换和引进由农业部农垦司签署意见后,报农业部全国植物保护总站审批,种质资源和科研试验材料检疫审批限量。检疫审批单位自受理引进申请后 20 天内予以审批或答复。(3)引进材料的隔离试种管理:引进自国外的林木种子、苗木和其他繁殖材料,有关单位或个人应当遵循审批机关确定的地点和措施进行种植。对可能潜伏有危险性森林病、虫的,一年生植物必须与其余植物进行隔离不少于一个生长周期,多年生植物至少隔离试种二年以上,方可进行种植。经省、自治区、直辖市森林植物检疫机构检疫,证明的确未携带危险因素的,才可以对其进行分散的种植。

2. 出口植物检疫

输往与我国签订植物检疫双边协定的国家的植物、植物产品,应按协定中规定的检疫要求检验;出口贸易合同、信用证、有关供货协议中订明检疫条款的,按条款规定的检疫要求执行检验。检验合格的,对植物和植物产品签发植物检疫证书。

3. 过境植物检疫

从我国口岸入境、经我国境内运往第三国的过境植物、植物产品和其他检疫物,在货物到达我国口岸时,承运人或者押运人或受委托的代理人,持运单和输出国家或者地区政府检疫机关出具的植物检疫证书向入境口岸的出入境检验检疫机关报检,填写《动植物检疫报检单》,申报过境植物、植物产品或其他检疫物的品名、数量、产地、输出国家或地区、输往国家或地区、过境路线、出境口岸、过境物品包装类型及包装材料、铺垫或填充物材料等。对来自疫区的装有植物、植物产品或其他检疫物的过境集装箱,承运人应向出入境检验检疫机关报检。

4. 旅检

从国外进入我国的游客、受雇于外国使馆的人员、出入境人员,以及海员、列车员等交通员工携带的森林植物及其产品以及由国外委托运输的植物和植物产品,要派植物检疫人员到相应的交通工具上进行检疫检验。如果检测到危险因素,要采取杀虫消毒。对现在还没有具体方法实施处理措施的旅客携带品,应没收销毁,在现场不能得出检疫结果,要出具凭单拦截保留检疫;并根据检疫检验结果,依照以上规则,告知货物主人处理结果和原因。

5. 国际邮检

邮寄森林植物及其产品也是传播危险性林木病虫的一个通道。因此,根据我国的植物检疫法规规定,植物检疫机构派检疫人员在承接办理国际邮包业务的邮局,对从国外邮寄入境的植物及其产品的邮包进行现场检疫,经检验未发现植物检疫对象的邮包加盖"检疫放行章"放行;发现有植物检疫对象的,可在当场进行杀虫消毒处理或带回处理后,签发《检疫处理通知单》,由邮局将通知单及邮包交给收件人,对目前尚无有效方法处理的必须销毁,然后签发《检疫处理通知单》由邮局转告收件人。

（二）国内植物检疫

1. 产地检疫

指由国内调运、邮寄或出口的应施检疫的林业植物及其产品,在原产地进行的检疫调查、除害处理,并得出检疫结果过程中,所采取的一系列旨在防止检疫性有害生物传出的措施。林木种子、苗木和其他繁殖材料的繁育单位,必须制订计划建造成立无森检对象的种苗繁育基地、母树林基地。禁止使用带有危险性森林病、虫的林木种子、苗木和其他繁育材料培育幼苗或者建造树林。

2. 调运检疫

在森林植物及其产品从原产地调出之前、运输途中以及到达新的种植或使用地点之后,依据国家和地方政府颁布的检疫法规,由法定的专门机构对森林植物及其产品携带的检疫对象采取的检疫检验和除害处理措施。省际调运检疫要求:省际调运应施检疫的森林植物及其产品,调入单位必须事先经过所在省、自治区、直辖市森检机构批准;调出单位必须根据该检疫要求向所在地的省、自治区、直辖市森检机构或其委托的单位申请检疫。

调入单位所在地省、自治区、直辖市的森检机构应当查验检疫证书,必要的时候两次进行调运检疫时,森检机构通过下列程序进行检疫:森检机构应当按照《森林植物检疫技术规程》的规定接受办理报检和实施检疫,根据当地疫情普查资料、产地检疫合格证和现场检疫检验、室内检疫检验结果,确认是否携带危险因素,补充森检对象或者检疫要求中提出的危险性森林病、虫。对检疫合格的,发给《植物检疫证书》;对发现森检对象、补充森检对象或者危险性森林病、虫的,发给《检疫处理通知单》,命令托运人在规定的地点进行除虫消毒措施,合格后发给《植物检疫证书》;对无法进行彻底除害处理的,应当停止调运,责令变更用途、控制使用或者就地销毁;调运检疫时,森检机构对可能被森检对象、补充森检对象或者检疫要求中的危险性森林病、虫污染的包装物料、运载工具、场地、仓库等应进行检疫。如已被污染,托运人应按森检机构的要求进行除害处理。

3. 邮包检疫

国内邮寄森林植物及其产品,邮寄单位和个人要带着邮包到当地林木检疫机关报检。经检疫检验,未发现检疫对象的,签发国内《植物检疫证书》,邮局凭国内植物检疫证书给予办理邮寄手续;经检疫检验,发现检疫对象时,要当场给以除害处理,处理合格后再签发《植物检疫证书》;对目前还没有合适的办法采取除害措施的森林植物及其产品,停止邮寄。

三、检疫机构及职责

(一)森林植物检疫工作执行机构

依据《中华人民共和国进出境动植物检疫法》第三条规定:"国务院设立动植物检疫机关统一管理全国进出境动植物检疫工作。国家动植物检疫机关在对外开放的口岸和进出境动植物检疫业务集中的地点设立的口岸动植物检疫机关,依照本法规定实施进出境动植物检疫。"相当于森林植物进出境检疫由口岸动植物检疫机关执行。

全国森林植物检疫由国家林业局主管;县级以上的森林植物检疫工作由本地区地方林业主管部门主管;县级以上地方林业主管部门通过建立森林植物检疫机构,负责执行本地区的森林植物检疫任务;国有林业局所属的森林植物检疫机构则负责贯彻执行本单位的森林植物检疫任务,但是,须经省级以上林业主管部门确认。

(二)国内森林植物检疫机构的职责

1. 省级(包括自治区、直辖市,下同)森林植物检疫机构的主要职责

(1)贯彻《植物检疫条例》及国家森检法规和制度,制订实施计划和措施。

(2)检查并指导地、县级森检机构的工作。

(3)拟订本省《林业植物检疫实施办法》《补充的森检对象及应施检疫的林业植物及其产品的名单》和其他森检的规章制度。

(4)拟订疫区和保护区区划方案,提出森检对象普查、封锁和消灭措施。

(5)培训、管理检疫员队伍,总结、交流检疫工作经验,汇编检疫技术资料。组织开展植物检疫技术的研究和推广。

(6)承办国外引种检疫审批和开展省际调运检疫,监督检查引种单位进行除害处理和隔离、试种等。

(7)在车站、机场、港口、仓库及其他有关场所执行检疫任务。

2. 省以下各级森林植物检疫机构主要职责

(1)贯彻《植物检疫条例》及有关法规和制度,宣传普及检疫知识。

(2)拟订和实施当地森检工作计划。

(3)开展疫情普查和编制疫情分布资料,提出疫情封锁、控制和消灭措施。

（4）开展产地检疫和调运检疫。对调入的林业植物及其产品必要时进行复检。监督和指导引种单位进行消毒处理和隔离试种。

（5）监督指导有关部门建立无检疫对象种苗的繁育基地。

（6）在当地车站、机场、港口、仓库、市场及其他有关场所执行森检任务。

附件［甲］

植物检疫证书

检字第　　　号		20　年　月　日
植物或植物产品名称		包装
件数		重量（株数）
产地		起运地点
运往地点		运输工具
发货单位（人）		收获单位（人）

本证书根据

1. 产地检疫　　　　　　　　　　2. 调运检疫

证明上列植物或植物产品未发现：

签发意见：

签发机关（植物检疫专用章）检疫员

本证书有效期自　　年　月　日至　　年　月　日

附注：本证书一式三份，正本一份，副本二份。正本交发货单位（人），并随货寄运，副本一份寄调入地检疫机关，一份存签证机关。

附件［乙］

植物检疫证书

检字第　　　号		20　年　月　日
植物或植物产品名称		包装
件数		重量（株数）
产地		起运地点
运往地点		运输工具

发货单位(人)　　　　　　　　　　收获单位(人)

　本证书根据

　1.产地检疫　　　　　　　　　2.调运检疫

证明上列植物或植物产品未发现:

签发意见:

签发机关(植物检疫专用章)检疫员

本证书有效期自　　年　月　日至　　年　月　日

　附注:本证书一式三份,正本一份,副本二份。正本交发货单位(人),并随货寄运,副本一份寄调入地检疫机关,一份存签证机关。

(三)森林植物检疫员资格认可及其职权

　1.森检员的资格认可

　森检员是具有林业专业、森保专业助理工程师以上职称或者中等专业学校毕业、连续从事森保工作两年以上的技术员,经过省级以上林业主管部门举办的森检培训班培训并取得成绩合格证书,由省、自治区、直辖市林业主管部门批准,发给《森林植物检疫员证》,取得《森林植物检疫员证》方能担任检疫工作。

　2.森检员的职权

　(1)负责全局森林植物检疫的具体组织管理工作;

　(2)宣传、贯彻林业有害生物检疫方面的有关方针、政策和法规,负责指导全局调运检疫技术及检疫证书管理和检疫技术研究工作;

　(3)负责外调材的检疫审批和复检工作及检疫办证数据网络报送工作;

　(4)负责种苗产地检疫的组织与管理工作;

　(5)撰写或收集森防稿件,并负责检疫技术资料档案保管及实验室的管理。

四、森林植物检疫的奖励与处罚

(一)奖励

有下列突出表现之一的单位和个人,由人民政府或者林业主管部门给予奖励:

　1.与违反森检法规行为做斗争事迹突出的;

　2.在隔绝、消除森检对象任务中有显著成绩的;

3. 在森检技术钻研探索和推演扩大工作中获得重大成果或者显著效益的；

4. 防止危险性森林病、虫传播蔓延有突出功绩的。

（二）处罚

有下列行为之一的，森检机构应当责令纠正，可处以 50～2 000 元罚款；造成损失的，应当责令赔偿；构成犯罪的，由司法机关依法追究刑事责任：

1. 未依照规定办理植物检疫证书或者在报检过程中存在欺瞒行为的；

2. 伪造、涂改、买卖、转让植物检疫单证、印章、标志、封识的；

3. 没有按照法令的法则调运、隔离试种或者生产应施检疫的植物、植物产品的；

4. 违反规定，擅自开拆植物、植物产品的包装，调换植物、植物产品，或者擅自改变植物、植物产品的规定用途的；

5. 违反规定，引起疫情扩散的。

有以上条款第 1、2、3、4 项所列情形之一，尚不构成犯罪的，植物检疫机构可以没收非法所得。

对违反规定调运的植物、植物产品，植物检疫机构有权予以封存、没收、销毁或者责令改变用途。销毁所需费用由责任人承担。

森检人员在工作中欺公罔法、不认真不负责的，由其所在单位或者上级主管机关给予行政处分；构成犯罪的，由司法机关依法追究刑事责任。

（三）行政处罚申请复议和司法诉讼

当事人对植物检疫机构的行政处罚决定不服的，可以自接到处罚决定通知书之日起 15 日内，向作出行政处罚决定的植物检疫机构的上级机构申请复议。对复议决定不服的，可以自接到复议决定书之日起 15 日内向人民法院提起诉讼。当事人逾期不申请复议或者不起诉又不履行行政处罚决定的，植物检疫机构可以申请人民法院强制执行或者依法强制执行。

第六节　森林保险管理制度

森林保险起源于国外，瑞典、芬兰、日本等国家的森林保险发展水平较高。这些国家由于林业管理水平高，森林保险种类较多，运行机制灵活，所以有一整套系统的森林保险制度。我国由于受现有的森林资源管理水平的限制，森林保险工作才刚刚起步，所以需要进一步完善，使其成为保护森林资源的有力手段。国外较为成熟的森林保险制度，对我国处于起步阶段的森林保险具有一定的启示和借鉴意义。

一、森林保险的概念及其意义

（一）森林保险

森林保险是指森林经营者（被保险人）按照一定的标准缴纳保险费，以获得保险企业（保险人)在森林遭受灾害时提供经济补偿的行为。森林保险属于财产保险。以物质财富或者利益为标准是财产保险的基础。当被保险对象因发生意外灾害或者事故遭受损失时,由保险人按保险合同的规定负补偿责任。关于损失赔偿问题,我国目前的森林保险"以不赔不赚、收支相抵、略有积累、以防大灾"为原则。

（二）森林保险的意义

1. 增加救灾实力

保险单位有较雄厚的经济实力,一旦森林发生意外灾害或者事故而遭受损失,可以提供及时而充足的经济补偿,帮助受灾企业尽快恢复生产。

2. 提高人们经营森林的积极性

由于森林生产周期长且风险大,林农最怕几十年的心血付之一炬,血本无归。开展森林保险,有利于消除林农的顾虑,调动他们的生产积极性和投资经营林业的积极性。

3. 化"不定"为"固定"

将不可估量的风险损失转化成稳定、小额的保险费支出,使森林资源再生产顺利进行,从而达到永续经营的目的。

4. 深入完善林价管理制度

由于林价能反映森林经营中难以避免的消耗损失,为了满足显性成本和价格管理规定,完善落实林价理论,可将林木损失以森林保险费的形式计入营林生产成本,体现在营林经济核算中。做到森林保险和林价管理制度相辅相成,互相促进对方的开展。

二、我国森林保险的内容

（一）保险费率的计算

保险费率:保险人根据投保人的保险金额及一定比率征收保险费。森林保险费包括三个部分:

1. 纯费率

将一定时期的森林保险总金额与森林资源损失应赔付额相除,得到这一时期的损失率,即保险标的损失量与其总量比值即为纯费率。

2. 附加费率

计算保险公司开展业务活动时所需要的经费开支。

3. 危险稳定系数

此处主要介绍纯费率的计算方法,具体步骤如下:

首先,确定森林资源损失率。在调查研究的基础上结合经验,由保险人和交保人共同认可一个被保险物的损失率。其中,根据林分年龄不同确定标的单位:对于中龄林以上的林分,应按立木蓄积计算,对于幼龄林则按面积计算,单株树保险亦可以株为单位。

其次,对不同林种及树种,确定保险纯费率时需要采用不同标准。不同树种的受灾程度和受灾种类会因树种而异。

最后,划分保险责任的时候按照森林经营中的受灾害类别不同,进而划分等级,如火灾、病虫害、风灾以及人为偷盗、抢劫等。单因素则为单一责任,费率相应要低一些;多项因素或责任时(即综合责任),费率会高一些。如火险纯费率的计算方法如下:

火险纯费率等于一定时期内发生火灾的损失面积与同期同范围有林地总面积的比值。

例:某林业企业经营的一个林场资源以人工落叶松林为主,现有林地25万公顷。其中12年生的为10万公顷,20年生的为10万公顷,28年生的为5万公顷,主要森林灾害为火灾。该林场是森林防火先进单位,近年来火灾逐年减少。1985年成灾面积80公顷;1986年成灾面积65公顷;1987年成灾面积50公顷,1988年降为40公顷。1988年年底该林场参加了森林保险,现在需要计算火灾(为单一险种)保险纯费率及按保险纯费率计算的1989年应缴纳的保险费。

假设几年来有林地面积没有发生变化,则:

$$火险纯费率 = \frac{1}{4}\left(\frac{80}{250\,000} + \frac{65}{250\,000} + \frac{50}{250\,000} + \frac{40}{250\,000}\right) = 2.35 \times 10^{-4}$$

(二)森林保险费的计算

森林保险费是指森林经营者(被保险人)按照一定的标准缴纳保险费,以获得保险企业(保险人)在森林遭受灾害时提供经济补偿。以纯费率计算森林保险费不再进行赘述,采用综合保险费率并以此来计算保险费,在现实生活中比较实际。

森林保险费是投保金额和森林保险费率的乘积。

按上例火险纯费率0.235‰和落叶松人工林序列林价计算的单位面积(蓄积)的保险费,如表9-1所示。由表可以查得,12年生每公顷保险费为0.82元,20年生每公顷保险费为2.53元,28年生每公顷保险费为3.27元,则应缴付保险费=100 000×0.82+100 000×2.53+50 000×3.27=498 500元。

表9-1 落叶松人工林森林火灾保险费计算表

林龄	序列林价		保险费率 (‰)	保险费	
	(元/hm²)	(元/m³)		(元/hm²)	(元/m³)
1	747.89	—	0.235	0.18	—
2	1 054.68	—	0.235	0.25	—
3	1 286.25	—	0.235	0.30	—
4	1 476.84	—	0.235	0.35	—
5	1 681.04	—	0.235	0.40	—
6	1 870.27	—	0.235	0.44	—
7	2 077.46	—	0.235	0.49	—
8	2 308.81	—	0.235	0.54	—
9	2 564.75	—	0.235	0.60	—

林龄	序列林价		保险费率	保险费	
	(元/hm²)	(元/m³)	(‰)	(元/hm²)	(元/m³)
10	2 847.89	—	0.235	0.67	—
11	3 161.13	—	0.235	0.74	—
12	3 503.95	—	0.235	0.82	—
13	4 744.64	—	0.235	1.11	—
14	5 259.18	—	0.235	1.24	—
15	5 822.16	—	0.235	1.37	—
16	6 451.26	—	0.235	1.52	—
17	7 147.29	—	0.235	1.68	—
18	8 788.04	—	0.235	2.07	—
19	9 732.40	—	0.235	2.29	—
20	10 765.39	—	0.235	2.53	—
21	11 920.22	178.21	0.235	2.80	0.04
22	13 183.34	152.84	0.235	3.10	0.04
23	11 391.28	132.21	0.235	2.68	0.03
24	12 599.62	142.62	0.235	2.96	0.03
25	13 950.90	—	0.235	3.28	—
26	15 428.71	159.80	0.235	3.63	0.04
27	17 081.67	—	0.235	4.01	—
28	13 908.80	147.10	0.235	3.27	0.03
29	15 401.24	—	0.235	3.62	—
30	17 081.67	162.91	0.235	4.01	0.04
31	18 837.27	—	0.235	4.43	—
32	20 831.48	—	0.235	4.90	—
33	23 035.99	—	0.235	5.41	—
34	25 503.24	—	0.235	5.99	—
35	28 200.72	—	0.235	6.63	—
36	31 182.86	—	0.235	7.33	—
37	34 479.80	—	0.235	8.10	—
38	38 170.98	—	0.235	8.97	—
39	42 206.11	—	0.235	9.92	—
40	46 667.48	—	0.235	10.97	—

（三）森林保险当事人的权利和义务

1. 被保险人的主要义务

被保险人是指根据保险合同,其财产利益或人身受保险合同保障,在保险事故发生后或者保险期届满时,享有保险金请求权的人。投保人往往同时就是被保险人。

（1）被保险人的主要义务为按合同规定交付保险费。如不按期交付保险费,保险人根据情况不同,交付保险费及利息或者终止保险合同,并对终止合同前欠交的保险费及利息有追偿的权利。吉林省森林保险公司规定被保险人在投保的当日交清保险费,中途无故不得退保;广西壮族自治区桂林市杉树保险中,保险公司采取同样的规定。

（2）被保险人将森林资源投保以后，仍负有保护投保财产的义务。例如，吉林省保险公司规定被保险人未能遵守国家和当地人民政府对森林管理的有关法令和规定，未能贯彻落实好防火工作，不接受有关部门和保险公司对其防火工作的检查和提出的合理化检疫，那么被保险人造成损失时，则从本应领取的赔款中扣除30％或拒绝赔偿；广西壮族自治区桂林市杉树保险中规定被保险的杉树的种植要求和护理必须严格按照林业部门的技术规范办理，被保险人如果不履行上述义务或者履行义务不符合要求的，保险人有权终止保险责任或拒绝赔偿。

（3）避免扩大损失的义务：保险事故发生后，被保险人应及时通知保险人并且采取一切必要措施，避免扩大灾害造成的损失。因未能采取措施减少损失，而任其扩大损失，保险人对扩大损失的部分有权拒绝补偿或是减少补偿额度。吉林省保险公司规定保险森林发生火灾时，被保险人应当采取必要的救护措施，避免或减少损失并应立即向当地政府有关部门和保险公司报案。如由于被保险人严重疏忽而不尽责抢救致使保险林木损失扩大时，保险公司可以从应当支付的赔偿中扣除20％直至拒绝赔偿。

（4）被保险合同中规定的其他义务。如吉林省保险公司规定森林面积增加或所有权转让时，应向保险公司申请批改手续，否则保险公司不负责任。尽量避免双方的损失和因保险范围界限的理解不同而造成的不必要的麻烦。

2. 保险人的主要义务

保险人的主要义务是在保险事故发生或者保险期限届满后，按规定负责补偿或支付保险金。其主要义务：

（1）仅对保险合同规定的责任范围内的保险事故进行补偿。即使被保险人造成财产损失，只要不是责任范围内的保险事故，保险人不负补偿责任。例如，吉林省保险公司规定凡属于自然灾害或意外事故引起的森林火灾造成保险林木损失的；已采伐堆放在保险林区内的保险林木，因责任范围的火灾造成损失的，保险公司不支付赔偿。广西壮族自治区桂林市杉树保险规定保险林场种植的杉树在保险期限内因火灾、雪灾造成的损失，保险人负赔偿责任。

（2）除另有协议外，只对保险事故发生时造成的直接损失负责补偿，不包括间接损失和其他损失。特殊情况：当被保险人发生保险事故时，为了避免或减少损失而支付的必要且合理的费用，保险人按规定偿还。例如，吉林省保险公司规定发生火灾时，被保险人为了控制火灾的蔓延组织人力打出有效的防火线的费用及因此造成保险幼林的损失，由保险公司补偿。

（3）支付保险补偿费以保险金额为限。保险金是保险人根据保险合同的约定，对被保险人或者受益人进行给付的金额；或者当保险事故发生时，对物质损失进行赔偿的金额。保险金额是保险人负责补偿或支付保险金最高限度。如有分项保险金额的，最高以各该分项保险标的保险金额为限。

（4）对保险标的发生保险责任范围内的损失，应当由第三者赔偿的，如果被保险人向保险人提出补偿要求时，保险人可以先予补偿，但保险人有对第三人追偿的权利，且被保险人不能插手。

（四）保险赔付

森林资源的灾害频发且情况复杂，当保险范围内的森林资源遭受损失时，保险人收到被保险人的保单以及公证或者代理部门的损失证明（或在有保险人参加的情况下共同调查），双方核实认可后予以损失赔偿。赔偿额因灾情的程度和种类以及保险种类的不同而不同。全损全赔，部分损失按比例赔付，残值按有关条款处理。被保险人如有假报损失等欺骗行为，保险人有权拒绝赔偿或追回赔款。当产生异议时，按实事求是的态度协商解决。协商不成时可按司法程序提交仲裁机关或法院判决。例如广西壮族自治区桂林市保险公司关于保险杉树的赔偿规定：

1. 保险杉树因火灾造成的损失，按当年承保的金额赔偿进行赔付。

2. 保险杉树因遭受雪灾而造成的损失，属第一档次的按当年承保金额的50％赔偿，属其他档次的按各该档次承保金额的30％赔偿。

3. 保险杉树因为一次性抢劫而造成的损失，以株折亩按保险金额赔偿。8～10年生每亩按200株、11～14年生每亩按150株、15～20年生每亩按100株计算。

4. 每次损失赔偿在损失的总额中扣除5％的免赔额。

5. 保险杉树遭受保险责任范围内的损失，保险人需收到被保险人的保险单、乡政府或公安部门证明及核实损失的计算依据，经保险人核实审定后给予赔付。

6. 被保险人如有虚报损失等欺骗行为，保险人有权拒绝赔偿、减少赔偿额或追回赔款。同一林场保险杉树损失的赔偿金额，累计不超过保险金额是规则。

7. 被保险人和保险人在处理赔款中发生争议时，本着实事求是的态度协商解决。当双方不能达成协议时，可以提交仲裁机构仲裁或向法院起诉，求得司法解决。

三、开展森林保险应遵循的原则

（一）采取积极的扶持、优惠政策

由于缺乏统一理论指导和相关科学政策，我国在林业发展上的经营管理水平低下、财力水平差。在开展森林保险收取保险费时，应根据林业的实际情况采取相应的优惠政策，如采用低费率的办法。

（二）因地制宜制定出不同的保险条款、保险费率，不能强求统一

根据不同地区、森林资源和管理水平，制定出不同的保险条款、保险费率，不能强求统一的保险制度。我国幅员辽阔，各地区由于气候、土壤、降雨等情况不同，形成了不同的林种和不同树种的森林群落，如用材林、防护林、经济林、特用林等。

从树种看,有针叶材、阔叶材等。由于国有林业企业、乡村集体林场和个体林业的管理水平不同,所以要根据不同情况,制定相应的保险条款,如吉林省保险公司规定,县以上国有、集体的天然林每公顷 3 元,人工林每公顷 4 元;县以下和个人的天然林每公顷 5 元,人工林每公顷 6 元。

(三)确定序列林价,制定保险费率

序列林价是指在林木的不同生长阶段和整个生长周期中,林木的价值也不同。序列林价是开展森林保险工作的计算基础。

(四)充分体现互利的原则

森林保险是一项新的业务,还未深入人心,也没能普及。对森林保险的特点、规律、计算方法及制定条款需要一个新的了解、认识、研究和实践的过程。为此,我国目前正在进行试点、总结经验。另外,对于森林自然灾害损失的统计工作不够健全,统计资料不全面。投保人和保险人都应做好调查研究,提供科学资料和依据,计算保险费率和赔付比率时都应当把提高森林的社会效益放在第一位。将保险企业经营稳定、逐步建立森林保险基金和照顾林业企业的现实经济状况相结合,实现互利共赢。

四、我国森林保险模式的划分

(一)按所有权划分

1. 国有林区森林保险:如吉林、辽宁、黑龙江等省;

2. 集体林区森林保险:如广西、湖南、广东、贵州、福建等省(区);

3. 个体所有林森林保险。

(二)按保险体制划分

1. 保险公司收取全部主办保险费并且承担全部赔偿责任;林业部门代理业务,保险公司支付代理费。如广西壮族自治区桂林市,湖南省等地就是采取这种方式。

2. 林业部门和保险公司共同收取保费、承担赔偿责任。如福建省邵武市的森林火灾保险,按保险公司 60％、林业部门 40％的比例收取保险费和承担赔偿责任。对外开展业务以保险公司名义,具体承包手续由各林业站办理,在林业站设立森林火灾保险代理处。乡、镇指定代办员承担各村的保险业务,签发保险单,收取保险费。

3. 森林灾害共同救济会:如辽宁省本溪市森林火灾共济会,组织一定范围内的森林所有单位共担风险,即按一定比例筹集资金,作为森林灾害风险储备资金,一旦发生森林灾害导致资源损失时,用筹集的资金支付以赔偿损失,帮助受灾企业尽快恢复生产。

4. 农村森林合作保险:如四川、山东等省的部分农村,组织林农共担风险,做法类似第三种,都属于共负盈亏的合作组织。

本章小结

　　本章在介绍我国现行林业法律制度时主要介绍了森林保护(含森林防火、病虫害防治、检疫等)和林地法律制度、野生动植物保护的法律制度、特殊生态区域法律保护制度。主要目的是加强我国的森林资源保护管理,使森林资源可持续经营,加快国土绿化,改善生态环境,进一步提高全民的生态环境保护意识,提高保护森林资源的自觉性。所以完善相关的法律、法规,建立一套较合理又可行的森林保护管理体制是至关重要的,这不仅有利于森林资源的良性发展,而且还能够推动我国社会经济的发展与生态文明的建设进程。

【案例分析及讨论】

野象横穿高速公路伤人案

　　2007年10月12日,张映红乘坐朋友驾驶的福特牌客车由昆明至西双版纳旅游。当晚20时30分车辆行驶至同道213线思小高速公路K494＋960M处时,与一头踏坏公路边隔离栅栏横穿高速公路的野象相撞,致使张映红重伤。

　　张映红伤愈出院后,因索赔协商未果,将云南省公路开发投资有限责任公司(简称"公投公司")、西双版纳傣族自治州国家级自然保护区管理局(简称"管理局")、西双版纳傣族自治州国家级自然保护区励养管理所(简称"励养管理所")等五被告诉至官渡区人民法院。

　　一审法院审理此案后,判令被告公投公司向原告张映红赔偿损失158 058.70元,该公司不服,向昆明中院提起上诉。该案属昆明中院受理的第一起野生动物致人损害赔偿案,系新类型案件,对于本案应当如何适用法律发生争议,经昆明中院审判委员会讨论,形成两种意见,一种意见认为本案受害人的救济应当通过行政补偿的途径解决,依法不属于民事诉讼案件的受案范畴;另一种意见认为公投公司在本案中因其过错应当承担赔偿责任。因本案的处理对于今后类似案的解决具有指导意义,昆明中院审委会决定就本案的法律适用向云南省高级人民法院请示。

　　在此过程中,为了尽快化解纠纷、使伤者尽快获得赔偿,在各方当事人均表示愿意调解的前提下,经过合议庭法官细致工作,与当事人达成调解协议:由上诉人公投公司赔偿张映红99 500元;由被上诉人励养管理所补偿张映红4万元。

　　1. 野象的所有权人是谁?

　　2. 根据这个案例,谈谈法律应如何处理人与野生动物保护的关系。

【本章复习思考题】

　　1. 野生动物级别划分为哪几类?

　　2. 自然保护区类型有哪些?

　　3. 如何做好森林防火预防?

4. 森林病虫害防治对象是什么？

5. 森林植物检疫有哪些内容？

6. 我国森林保险模式有哪些？

【相关阅读材料】

全国人民代表大会常务委员会. 中华人民共和国森林法(修订版). 2009-8-27.

全国人民代表大会常务委员会. 中华人民共和国野生动物保护法(修订版). 2018-10-26.

全国人民代表大会常务委员会. 中华人民共和国刑法(修订版). 1997.

国务院. 中华人民共和国自然保护区条例(修订版). 2017-10-7.

国务院. 森林防火条例(修订版). 2008-12-1.

国务院. 森林病虫害防治条例. 1989-12-8.

林业部. 中华人民共和国陆生野生动物保护实施条例(修订版). 2016-2-6.

农业部. 国家重点保护野生动物名录(修订版). 2003-2-21.

农业部. 中华人民共和国水生野生动物保护实施条例(修订版). 2013-12-7.

【主要参考文献】

[1] 樊金拴,葛文官,邢跃进. 我国野生动植物资源现状与保护管理对策[J]. 林业调查规划, 2008(4):78-82.

[2] 朱云贵,俞长好. 加强基层野生动植物保护管理队伍建设的探讨[J]. 江西林业科技,2008 (2):40-42.

[3] 权佳,欧阳志云,徐卫华,等. 中国自然保护区管理有效性的现状评价与对策[J]. 应用生态学报,2009(7):1739-1746.

[4] 陈红梅. 我国自然保护区管理法律制度研究[D]. 南京:河海大学,2006.

[5] 姜立军,苗鸿,欧阳志云. 自然保护区管理效果影响因素[J]. 生态学报,2006(11):253-259.

[6] 王春芳. 当代森林火灾防控对策研究[D]. 杨凌:西北农林科技大学,2012.

[7] 张炳宇. 对森林防火管理体制探析[J]. 福建农业,2015(6):223.

[8] 郭光智. 我国森林病虫害防治法律制度实施的障碍因素及对策分析[D]. 泰安:山东农业大学,2005.

[9] 李志兴. 我国森林病虫害风险管理机制研究[D]. 北京:中国政法大学,2011.

[10] 王瑞红,沈艳霞,陶嗣麟. 试论我国森林植物检疫工作的组织与管理[J]. 中国森林病虫, 2001(5):32-35.

[11] 屈年华. 浅谈辽宁省森林植物检疫管理现状及对策[J]. 中国林副特产,2005(4):77.

[12] 沈杰. 浙江省森林植物检疫的管理与实践[J]. 中国林业,2000(12):13.

[13] 周莹莹. 我国森林保险立法问题研究[D]. 杭州:浙江农林大学,2012.

第十章

森林资源采伐利用政策

【本章学习目标】

1. 了解森林采伐限额管理制度的概念及相关规定。

2. 了解林木采伐许可证的概念,熟悉林木采伐许可证的特征。

3. 了解森林资源采伐利用政策的发展阶段。

4. 了解林木采伐许可证制度的概念及政策条例,熟悉林木采伐许可证制度的基本特点。

5. 了解我国森林采伐限额管理制度发展过程中存在的问题。

【本章要点】

本章通过对森林采伐利用相关政策的介绍,包括对森林采伐管理政策的目的、相关限额采伐管理制度、林木采伐许可证制度及对《森林法》中关于森林采伐相关条例的探讨,全面分析了我国森林采伐利用政策的执行情况,系统总结了森林资源采伐限额政策在实施过程中存在的失效问题。

第一节 森林资源采伐利用政策相关概念的界定

一、森林采伐利用政策概述

森林采伐是森林资源管理利用的重要环节和关键措施,是连接森林资源管理和市场需求的一座桥梁,是根据合理经营、永续利用的原则而进行的一项制度设计,是国家一项重要的法律制度。制定并实施林业采伐利用政策旨在控制森林采伐,有效保护森林资源,改善森林资源的结构,合理地利用森林资源,从而最终实现森林永续利用,充分发挥森林的多种效益。

目前,我国林业森林采伐利用所依据的法律法规有《森林法》《森林法实施条例》《森林采伐更新管理办法》《森林资源规划设计调查主要技术规定》《森林采伐作业规程》《全国森林资源经营管理分区施策导则(试行)》《生态公益林建设技术规程》等。

二、森林采伐利用方式

森林采伐是林业生产的环节之一,是从伐区中获取木材的生产作业,主要包括伐区调查、伐区工艺设计、采伐作业、采伐迹地清理等环节。森林采伐利用方式主要有主伐和抚育采伐两种。

主伐是森林经营中的主要环节,主要是针对成熟林或部分成熟林进行采伐,既是一个森林经营周期的结束,也是下一个周期的开始。森林主伐主要承担着采伐成熟林、过熟林、促进森林更新等重要任务。

抚育采伐是从幼林郁闭起到成熟林采伐(主伐)前一个龄级止的这一段时间内,在森林中对部分林木进行的采伐。抚育采伐的目的在于,确保目的树种和优良立木的密度与组成,提高林木的质量;提高林木生长量,缩短工艺成熟周期;加强各种森林防护的效果,发挥森林的生态效应和经济效应。可以说,通过抚育采伐既可以达到培育森林的效果,也可以达到获取相应数量木材的目的,具有双重意义。

第二节　森林资源采伐利用政策的历史演变

森林资源采伐利用主要涉及的是木质林产品的利用。保证木质林产品的持续生产不仅是为了满足社会的需求,更是为了合理有序地调整森林。因此,森林资源采伐管理政策对调整林龄结构、树种结构,促进森林可持续经营,更加合理地利用森林资源具有重要的意义。我国的森林资源采伐利用政策主要经历了三个阶段。

一、计划管理阶段

我国的森林采伐管理制度与经济管理制度有一定的相互关系。新中国成立之初,百废待兴,恢复生产、发展经济成为当时的首要任务。当时我国林业发展面临两大问题:一是供需矛盾突出,低木材生产能力不能满足国民经济恢复及发展的大量林产品需求;二是森林资源管理不当,林业行政管理基础薄弱并且出现大量毁林开荒的现象,致使森林资源不但没有增加反而呈现减少的趋势。

为此,政府把普遍护林作为首要任务,严禁滥砍滥伐滥垦森林,并对木材生产、流通、分配等方面作出了严格的管制。1950 年 5 月,国务院发布了《关于全国林业工作的指示》,将"普遍护林,重点造林,合理采伐和合理利用"作为林业建设总方针,并规定由国家统筹供应公私用林,其他任何机关、部队、学校或企业不得借口任何理由自行采伐。从此,我国林业进入了计划管理阶段。1953 年,国家发布了《关于发动群众开展造林、育林、护林运动的指示》,调动人们林业建设的积极性。1953 年之后,木材的采伐、分配和调运都要严格按照国家规定的木材生产计划进行,木材的采伐工作受到严格的管制。我国规定,所有的木材采伐行为都需要统一报送政府财政经济委员会,由其批准制订出当年度的总体木材生产计划,再转给林业部,然后由林业部根据计划,统一组织木材的采伐和生产。

在计划管理阶段,木材的生产、流通、分配、销售都需要按照计划严格地进行,体现了一种高度集中的计划经济,我国林业建设取得了一定的成就,一些偏远的大林区逐步被开发利用。但是由于当时国家部门权力分割不合理、林业各部门之间不协调、林业建设方面经验不足等原因,在这段时期内我国的森林资源并未呈现出平稳提升的状态。

二、自由管理阶段

这一阶段主要指的是"文革"时期,此时的林业发展遭受了沉重的打击。各级林业机构曾经一度陷入瘫痪状态,林业专业人才大量流失;林业方针政策丧失作用、林业生产管理机构形同虚设;林权不明晰,林地所有制混乱,人民建设林业的积极性大大降低;过度采伐、乱砍滥伐的现象依然严重,森林资源损失巨大。据统计,"文革"期间,全国共发生有记录的森林火灾超过 11 万次,受灾的森林面积超过 1 亿亩,森林资源遭到严重破坏,生态环境恶化。面对如此严峻的形势,党和国家于 1964 年提出"以营林为基础,采育结合,造管并举,综合利用,多种经营"的林业建设方针。从制度和法律层面来说,虽然该项政策对林业的恢复和发展有一定程度的积极作用,但是在具体的实施中,并没有有效地控制采伐管理失控的现象。

三、限额管理阶段

1978 年召开十一届三中全会,党和国家提出了一系列关于林业恢复和发展的重大措施,从此,我国林业进入了全面恢复振兴时期。1984 年颁布的《森林法》中较早地出现了"限额采伐"。《森林法》第八条规定:"对森林实行限额采伐,鼓励植树造林、封山育林,扩大森林覆盖面积。"第二十九条规定:"国家根据用材林的消耗量低于生长量的原则,严格控制森林年采伐量。国家所有的森林和林木以国有林业企业事业单位、农场、厂矿为单位,集体所有的森林和林木、个人所有的林木以县为单位,制定年采伐限额,由省、自治区、直辖市林业主管部门汇总,经同级人民政府审核后,报国务院批准。""限额采伐"首次作为一项保护性措施被纳入法规中。1985 年,林业部颁布了《制定森林年采伐限额暂行规定》,对森林采伐限额的实施依据、范围、方法、申请和批准流程等方面作出了详细的规定。1986 年,林业部发布了《森林法实施细则》对森林采伐管理制度进行更加详细的说明,明确了木材许可证制度。1987 年,国务院颁布了《国务院批转林业部关于各省、自治区、直辖市年森林采伐限额审核意见报告的通知》,标志着我国采伐限额制度正式实施。森林采伐限额制度按照采伐量低于生长量的原则,根据森林资源具体情况,每五年调整一次。

随着我国经济建设工作进一步深化,我国的森林采伐管理制度也随着时代的进步而不断地完善。1998 年对《森林法》进行了修订,其中森林采伐制度依旧是修订重点。首次规定将农民和个人所有的林木采伐纳入年采伐限额。根据采伐许可证上规定的范围进行采伐,同时需要对木材的运输发放运输证件。此后,我国形成了比较完备的"以采伐限额管理为核心,以凭证采伐、凭证运输和木材加工监管为重点"的森林采伐管理体系。2003 年,国家林业局对人工商品林采伐办法进行了调整。2010 年,国家林业局出台的《〈森林法〉修改意见稿》,对森林采伐管理制度作出了较多的修改,例如,对商品林和公益林分别制定采伐限额、由单一的审批许可制度改为审批或备案制等。虽然该意见稿仅仅是一个林业制度方面的规范,并未正式实施,但是体现了森林采伐管理制度的变动方向和发展趋势,也体现了党和国家对林业发展的重视。

从 1978 年至今,我国森林采伐限额管理制度一直在实践中不断摸索,我国对森林资源的开发和利用也日趋合理和高效,林业的经济和生态效益越来越明显。总体来说,我国的森林资源采伐限额管理制度在一定程度上反映了林业发展的需求,并且有效地推动了林业生产力的释放。

第三节　我国现行森林采伐利用政策

一、年度木材生产计划管理制度

我国的国情林情决定了我国实行年度木材生产计划管理制度,目的在于管理商品材消耗林木的数量,将年采伐量控制在相应的采伐限额之内。经国家批准后的年度木材生产计划具有法律效力,指导木材生产单位进行木材生产活动。《森林法》第三十条规定:"国家制定统一的年度木材生产计划。年度木材生产计划不得超过批准的年采伐限额。计划管理的范围由国务院规定。"

(一)对木材生产计划实施范围的界定

《森林法实施条例》第二十九条规定:"采伐森林、林木作为商品销售的,必须纳入国家年度木材生产计划;但是,农村居民采伐自留山上个人所有的薪炭林和自留地、房前屋后个人所有的零星林木除外。"

年度木材生产计划是在已批准的年森林采伐限额的基础上制定的。森林采伐限额包括商品材、农民自用材、烧柴等一切人为消耗的森林资源,其中消耗最大的可控制部分是商品木材所消耗的森林资源。木材生产计划所消耗的森林蓄积量应当小于已批准的森林采伐限额。林木采伐许可证发放的除薪炭林外的采伐数量不得超过木材生产计划规定的数量。

国家林业局《关于调整人工用材林采伐管理政策的通知》规定:对符合技术规程要求的人工用材林进行抚育间伐,凡采伐林木胸径小于 10 厘米(含 10 厘米)的,可以不纳入木材生产计划管理,但是其消耗蓄积量必须纳入森林采伐限额管理;对于竹林的采伐,国家不再下达年度生产计划,由各省(自治区、直辖市)依法按国务院批准的毛竹、杂竹采伐限额控制执行。

(二)木材生产计划是法定计划

国家年度木材生产计划是法定的计划,必须逐级分解、下达和控制,不得随意更改或者擅自下达。依据《森林法实施条例》第三十九条第三款规定,超过木材生产计划采伐森林或林木的,必须对超计划采伐那部分承担法律责任。并且,在《国家林业局关于实行全国统一林木采伐年度有关问题的通知》中明确规定,全国的林木采伐年度统一规定为每年的 1 月 1 日至 12 月 31 日,木材生产计划指标不得跨年度使用。

二、森林采伐限额管理制度

(一)森林采伐限额管理制度概念

森林采伐限额管理制度是针对我国森林资源不足的实际,在借鉴国外对森林资源管理的先进做法的基础上,由《森林法》明确规定的一项法律制度和保护发展森林资源的一项根本性措施。森林采伐限额是森林可承受采伐的最大承载力,是编制采伐限额单位根据森林资源状况,按照森林可持续经营和国土生态安全的需求,制定出采伐消耗森林、林木蓄积的最大限量。

(二)森林采伐限额管理相关规定

《森林法》第八条规定:"对森林实行限额采伐,鼓励植树造林、封山育林,扩大森林覆盖面积";第二十九条规定:"国家根据用材林的消耗量低于生长量的原则,严格控制森林年采伐量"。依照《森林法》,国家根据用材林的消耗量低于生产量的原则,严格控制森林年采伐量,采伐林木必须申请采伐许可证,按许可证的规定进行采伐,对包括超限额采伐在内的滥伐林木的行为,如果以立木材积计算不足 2 立方米或者幼树不足 50 株的,由县级以上人民政府林业主管部门责令补种滥伐株数 5 倍的树木,并处滥伐林木价值 2 倍至 3 倍的罚款;如果以立木材积计算 2 立方米以上或者幼树 50 株以上的,由县级以上人民政府林业主管部门责令补种滥伐株数 5 倍的树木,并处滥伐林木价值 3 倍至 5 倍的罚款。

《森林法实施条例》第二十八条规定:"国家所有的森林和林木以国有林业企业事业单位、农场、厂矿为单位,集体所有的森林和林木、个人所有的林木以县为单位,制定年森林采伐限额,由省、自治区、直辖市人民政府林业主管部门汇总、平衡,经本级人民政府审核后,报国务院批准;其中,重点林区的年森林采伐限额,由国务院林业主管部门报国务院批准。国务院批准的年森林采伐限额,每 5 年核定一次。"第三十九条还规定,超过木材生产计划采伐森林或者其他林木的,依照滥伐森林、林木的有关规定处罚。

(三)森林采伐限额的依据

1. 经上级主管部门批准的森林经营方案中确定的年合理采伐量,应作为该单位确定年森林采伐限额的依据。

2. 已编制尚未审批的森林经营方案应对方案中的合理年采伐量进行审定后,作为确定年森林采伐限额的依据。

3. 尚未编制森林经营方案的单位,要根据森林资源现状,按规定的原则,分别按不同林种、经营类型或优势树种、不同采伐类型和各项参数,选用适宜的公式测算合理年森林采伐量,作为编制年森林采伐限额的依据。

（四）对森林采伐限额的管理

1. 建立健全森林资源和林业行政管理机构,完善配套管理体制

建立健全森林资源和林业行政管理机构对于林业的法制化建设具有重要意义。只有建立起一套完备的组织管理体系、配备好恰当的管理人员,才能使国家的林业法律法规得到有效的实施,从而加快林业的法制化进程。

2. 明确森林采伐的实施范围

森林采伐限额是指立木蓄积量。其实施范围,除群众房前屋后零星林木以及农民生活烧柴所消耗的林木外,一切人为采伐所消耗的立木蓄积量,如商品材、商品薪材、乡镇企业加工用材、乡村集体生产建设用材和农民副业生产在集体林中砍伐的建房用材等消耗的立木蓄积量都包括在内。

3. 严格执行森林采伐限额制度,加强采伐限额管理

森林采伐限额要实行分级控制,逐级分解、下达和控制。在下达采伐限额时,须将国有林和集体林的采伐限额分别列出,不得相互挤占。编制木材生产总产量计划指标时,应以经批准的主要树种出材率或综合出材率为计算依据,折算成林木采伐蓄积量,其数量不得超过年森林采伐限额,并应留有余地。为促进林木生长,在确定和落实采伐指标时应优先安排中幼林抚育、低产林改造和母树更新采伐。林木采伐许可证、木材运输证统一由林业行政管理部门归口管理。年森林限额采伐指标的分配和林木采伐许可证的发放,要与"三防"——森林防火、防治森林病虫害、防止乱砍滥伐——工作结合进行。

4. 加强森林采伐限额的监督检查

国有林业企事业单位,主要通过伐区调查设计、审批、拨交、验收等环节,检查山上资源消耗;检查各种证、卡、台账,结合样点调查,检查山下资源消耗。集体林区,凡实行折股经营、联合采伐的地方,通过伐区调查设计等环节,检查山上资源消耗;检查各种证、卡、台账,结合样点调查,检查山下资源消耗。分散经营的地方,主要靠行政手段结合样点调查、典型调查、社会调查等多种方法监督检查。

三、林木采伐许可证制度

（一）林木采伐许可证的概念

林木采伐许可证是按照我国《森林法》的规定,由国务院国家林业局依法制定和实行的森林采伐权,在林木采伐许可证限定的地点、林种、树种、采伐时间内,按规定的采伐方式和采伐数量进行采伐,承担采伐迹地更新造林义务的有效法律凭证。作为林木采伐管理的核心手段,凭证采伐林木制度能够确保限额采伐有效实施,维护林木资源所有者的合法权益,

促使森林资源持续稳定地增长。

1981 年国家颁布了《中共中央、国务院关于保护森林发展林业若干问题的规定》,明确了在全国实行凭证采伐制度,使得"森林按证采伐"以国家法律制度的形式确立下来,将采伐行为制度化和法律化,把各个采伐环节和林业资源消耗活动全部纳入国家管制范围,并对一些不合理的采伐消耗活动进行处罚。

（二）林木采伐许可证制度的特征

1. 限定性

林木采伐许可证制度的限定性主要是指林木采伐许可证对采伐的地点、数量、范围等方面都有严格的规定,行为主体只能在规定范围内活动。一旦行为活动超出限定的权利范围,则会被认定为无效,甚至还需要承担相应的法律责任。

2. 特许性

林木采伐许可证制度的特许性主要是指通过林木采伐许可证,对林木享有所有权和使用权的单位和个人给予其在特定的地点,对特定的树种和数量的林木进行采伐活动的权利。林木采伐许可证代表着一种权利的认可,只有被林木采伐许可证承认的采伐行为,才具有合法性,并且受到国家的保护。

3. 监督性

林木采伐许可证的监督性主要指的是其对采伐行为的管理和控制作用。林木采伐许可证对采伐范围和采伐内容都有明确的规定,持证的当事人可以行使林木采伐许可证赋予的相应权利。一方面,林木采伐许可证作为法律实施的载体,使得采伐行为具有合法性和有效性;另一方面,也使得采伐行为人的采伐活动被纳入国家的管理和监督范围。任何超出采伐许可证规定范围的行为都会被视为无效行为,任何无证的采伐行为都会被视为乱砍滥伐,并且会承担相应的法律责任。

（三）林木采伐许可证的发放

《森林法》第三十二条规定:"采伐林木必须申请采伐许可证,按许可证的规定进行采伐;农村居民采伐自留地和房前屋后个人所有的零星林木除外。"这就说明,除了上述规定林木不需要申请林木采伐许可证,其他无论是否属于林业系统内的木材生产经营的单位、个人都要申请林木采伐许可证。

根据我国的《森林法》《森林法实施细则》和《森林采伐更新管理办法》等法律法规规定,申请林木采伐许可证,需遵循以下几点:

1. 国有林业局、国有林场、国有采育场等单位申请林木采伐许可证时,必须按规定提交有关文件:(1) 伐区调查设计文件;(2) 本单位上年度完成的更新验收合格证;(3) 上级林业主管部门核定的木材年度生产计划和年度限额采伐指标等文件。

2. 国有农场和其他国有非林业生产单位申请林木采伐许可证时,必须提交采伐目的、采伐地点、采伐树种、林种、林况、采伐面积、蓄积、采伐方式和更新措施等内容的文件。部队除提交上述内容的文件外,还应提交师级以上领导机关同意采伐的文件。

3. 集体(个人)申请林木采伐许可证时,必须提交以下文件:(1) 采伐地点、采伐面积、采伐树种、采伐林种、林况、株数、蓄积、完成更新时间等文件;(2) 提交基层林业站核对的年度限额采伐指标;(3) 上年度完成的更新验收合格证等文件。

(四) 林木采伐许可证制度的重要意义

1. 合理配置林木资源

规定采伐额度,有效控制林木采伐量,避免采伐的盲目性,有利于林木资源的合理利用。

2. 保护生态环境

通过对森林采伐行为的控制与监督,在一定程度上减少了乱砍滥伐等非法行为的发生,保护了有限的森林资源,促进林木生态效益的发挥。

3. 促进森林管理水平的提高

林木采伐许可证制度使得森林采伐管理更加制度化、规范化、科学化,促进森林管理的集约化经营,加快国家依法治林的进程。

四、乱砍滥伐森林林木行为的处理

(一) 乱砍森林、林木行为的处理

1. 对哄砍森林、林木行为的处理

1987 年国务院颁布的《关于加强南方集体林区森林资源管理、坚决制止乱砍滥伐的指示》中指出:"哄抢、盗伐国有林木是违法犯罪行为,必须坚决依法处理,该判刑的要判刑,绝不能手软。对挑动群众哄抢破坏森林,伤害护林人员的犯罪分子,必须从速从重依法惩办。"该指示还指出,县级领导在任期内对乱砍滥伐森林资源制止不力的,必须追究县委、县政府领导人的责任。哄砍森林、林木的当事人,其行为已构成犯罪的,由司法机关追究刑事责任。

2. 对盗伐行为的处理

盗伐森林、林木的行为特征:盗伐森林、林木的行为具有直接故意和非法占有的动机,同时,行为人的盗伐行为是以秘密的方式进行的,使人们较难以防范,因此,容易造成破坏性的社会后果。

盗伐森林、林木的数量界限:盗伐森林、林木的数量,是行为人造成危害的主要事实,也是区别罪与非罪界限的基本内容。根据《森林法实施细则》第二十二条和 1987 年 9 月 5 日最高人民法院、最高人民检察院《关于办理盗伐、滥伐林木案件应用法律的几个问题的解释》[法(研)发〔1987〕23 号]的规定,认定盗伐森林、林木的数量界限,是分别按林区、非林区以及森林、林木不同特征的数量来划分。盗伐森林或者其他林木,林区木材 1 立方米以下、幼

树 50 株以下的,非林区木材 0.5 立方米以下、幼树 20 株以下的,或者相当于上述损失的,情节轻微,属一般违法。盗伐森林或其他林木,林区木材超过 1 立方米、幼树超过 50 株的,非林区木材超过 0.5 立方米、幼树超过 20 株的,是数量较大,情节较严重。盗伐森林或者其他林木,林区木材达 20～30 立方米、幼树达 1 000～1 500 株,非林区木材达 10～20 立方米、幼树达 500～1 000 株的,或者相当于上述损失的,是数量巨大,情节严重。盗伐森林或者其他林木,林区木材达 100 立方米以上或幼树 5 000 株以上,非林区木材达 50 立方米以上或幼树 2 500 株以上,或相当于上述损失的,是数量特别巨大,情节特别严重。

盗伐森林、林木行为的处罚:根据《森林法》及《违反森林法行政处罚暂行办法》等法律、法规、规章有关条款的规定,对盗伐行为人的处罚有:依法责令赔偿损失,补种盗伐株数 10 倍的树木,并处违法所得 3～10 倍的罚款。盗伐的林木或者其变卖所得,应予以追缴;属于集体或者个人所有的,返还原主;属于国家所有的,由当地林业主管部门收缴作为林业基金;盗伐森林或者其他林木,数量较大的,处 3 年以下有期徒刑、拘役或者管制,并处罚金;数量巨大的,处 3 年以上 7 年以下有期徒刑,并处罚金;数量特别巨大的,处 7 年以上有期徒刑,并处罚金。

(二) 滥伐森林、林木行为的处理

所谓滥伐森林、林木的行为,是指违反《森林法》规定,没有林木采伐许可证或者虽持有许可证但未按林木采伐许可证规定的采伐地点、林种、树种、采伐方式和采伐数量采伐,或者不听林业生产管理人员的指挥,任意砍伐其他地方的森林、林木,或超过采伐限量的行为。

滥伐森林、林木行为的特点有:

1. 未按林木采伐许可证的规定采伐

当事人虽然持有林木采伐许可证,但实际采伐行为与采伐证上规定的内容不相符,违反《森林法》规定,造成对森林、林木的破坏事实。

2. 行为人的行为具有违法故意性

行为人明知不按林木采伐许可证的规定采伐,会造成违反《森林法》的后果,但为了达到某种目的,故意不按采伐证上的规定采伐,或者故意违背生产管理人员的指挥。这种滥伐是故意造成的,并且具有直接故意性。但由于林班、小班界限标示不分明,难以辨认,或者由于当事人看不懂图纸而引起的滥伐属过失行为。

对于滥伐森林、林木的数量界定,根据《森林法实施细则》第二十二条以及其他有关规定认定:滥伐森林或者其他林木,林区木材 5 立方米以下,幼树 100 株以下,非林区木材 2 立方米以下、幼树 50 株以下的,情节轻微,属一般违法。

滥伐森林或者其他林木,林区木材超过 5 立方米、幼树超过 100 株的,非林区木材超过 2 立方米、幼树超过 50 株的,情节较严重。如果滥伐森林或者其他林木,林区木材达 10～20 立方米或幼树达 500～1 200 株;非林区木材达 5～10 立方米或幼树达 250～600 株,或者相当于上述损失的,情节严重。

滥伐森林、林木行为的处罚包括:滥伐森林或其他林木,由林业主管部门责令补种滥伐株数 5 倍的树木,并处以滥伐林木价值 2 倍以上 5 倍以下的罚款。滥伐森林或者其他林木,数量较大的,处 3 年以下有期徒刑、拘役或者管制,并处或者单处罚金;数量巨大的,处 3 年以上 7 年以下有期徒刑,并处罚金。

(三)伪造、倒卖林木采伐许可证的处理

1. 处罚原则

以伪造、倒卖林木采伐许可证的事实为依据,根据《森林法》和其他有关规定、规章,只要行为人实施伪造、倒卖林木采伐许可证的行为,不论有无获利,都应依法给以处罚。根据《森林法实施细则》第二十二条第二款规定,伪造或者倒卖林木采伐许可证、木材运输证件的处以 50～100 元的罚款;对已获利的除应予没收外,并处以违法所得 2～5 倍的罚款。

2. 处罚执行机关

根据《森林法》第四十二条规定,伪造林木采伐许可证的,由林业主管部门没收违法买卖的证件、文件和违法所得,并处以罚款;构成犯罪的,依法追究刑事责任。

第四节　我国森林资源采伐限额政策的执行情况

一、我国森林资源采伐限额政策成效

我国的森林采伐限额政策充分体现了国家对森林资源实行可持续经营的思想,促使森林资源稳定、持续增长。该项政策自实施以来,对我国的生态、经济、社会三个方面都产生了不同程度的影响。

(一)促进森林资源增长

森林资源在实施采伐限额政策后呈现恢复性增长,过度采伐的情况明显改善。"八五"期间,我国年森林资源消耗总量首次超过了年生长总量,我国的全国森林资源清查每五年进行一次。在 1973 年和 1981 年的两次清查中,森林面积由 1.22 亿公顷下降到 1.15 亿公顷,森林覆盖率减少了 0.7 个百分点。但自 1978 年我国森林采伐进入限额管理阶段后,森林面积呈现持续增长趋势。第八次全国森林资源清查从 2009 年开始至 2013 年结束,清查结果显示:全国森林面积 2.08 亿公顷,森林覆盖率 21.63%,森林蓄积 151.37 亿立方米。与第七次森林资源清查结果相比,森林总量净增 1 223 万公顷,森林覆盖率提高 1.27 个百分点,森林蓄积净增 14.16 亿立方米。这充分说明,我国实行森林采伐管理制度对森林资源数量增长起到了相当重要的作用。

(二)提高森林资源的质量

采伐限额管理在一定程度上避免森林采伐的盲目性,促进树种的结构调整,减少乱砍滥

伐行为的发生,改善森林质量。根据国家林业局下发的《关于 2011 年度全国森林采伐限额执行情况检查结果的通报》,2012 年,国家林业局对全国 26 个省(区、市)的 36 个县(区、市、旗)的 2011 年度森林采伐限额执行情况进行了检查。检查结果表明,林木采伐管理政策基本得到落实,36 个县年林木采伐量均控制在采伐限额以内。在检查的 1 187 个有证伐区中,有 1 083 个伐区的采伐量未超采伐证规定数量,占检查伐区总数的 91.2%,比 2010 年度有了较大提升。总之,随着林木采伐管理更加规范化、科学化,我国森林资源利用水平也不断提高,促进森林资源质量的改善,最终达到林业可持续发展的目的。

二、我国森林资源采伐限额政策的失效

自我国施行采伐限额管理制度以来,取得了诸多的成效,但在具体的政策实施过程中仍然存在一些问题,相应的政策目标并未完全达成。与此同时,一些属于政策本身以及政策执行中的不合理部分日益明显,主要表现为以下几个方面:

1. 森林采伐限额的编制缺乏科学性

我国以"生长量大于采伐量"的原则来编制森林采伐限额。虽然我国在"十二五"期间将商品林和公益林区分开,分别制定相应的采伐限额,但仍然存在对采伐限额分类混乱的现象,影响采伐指标设定的科学性。许多林农根本无法明确采伐限额涉及的编限单位、合理年伐量测算方法、林木权属、龄组划分、采伐年龄等指标,所以无法分清自己经营的林木应按照哪种采伐限额。可以看出,采伐限额的编制在一定程度上脱离了实际,可操作性不强。加之,在具体的调查取证过程中,可能存在失误、疏漏、捏造等行为,更加影响采伐限额的科学性和合理性。

2. 采伐许可证审批与管理存在问题

我国《森林法》第三十二条规定:"采伐林木必须申请采伐许可证,按许可证的规定进行采伐。"办理采伐许可证是为了防止非法采伐行为的发生。但是在实际的政策实施过程中仍然存在一系列问题。首先,采伐许可证的办理审批程序复杂。对于一些普通的林农或者规模小的采伐单位来说,根本没有能力通过层层的审批程序,所涉及的审批成本过高。这在很大程度上抑制了他们遵循采伐许可证制度的积极性,从而影响非公有制林业发展。与此同时,复杂烦琐的审批程序增加了林业发展的成本,影响了森林资源的经济效益。其次,森林采伐在管理上存在疏漏。部分单位没有按规定发放采伐许可证,有些发证人员不具备发证资格,业务素质低,这大大降低了采伐许可证制度的执行效果。

3. 超额采伐现象依旧存在

虽然森林采伐限额每五年制定一次,但不可否认的是,森林超额采伐现象依然大量存在。随着我国社会主义市场经济的不断发展,社会对木质林产品的需求持续增长,我国的森林资源年消耗量仍然居高不下。

根据第五次全国森林资源连续清查结果(1994—1998 年),全国年均林木采伐量超采伐

限额 8 679.40 万立方米，超限额比率为 33.8%。在清查的 29 个省（自治区、直辖市）中，有 26 个省（自治区、直辖市）不同程度超限额采伐，部分省、自治区年均超限额采伐达 500 万立方米以上。1998 年实行采伐限额管理制度后，国家加大对木材采伐的管理。根据 2000 年全国森林采伐限额执行情况检查结果显示，抽查县（局）超限额比率由平均超限 11.5% 下降为总体不超，超限额采伐的县（局）数占抽查县（局）数的比率由 59.3% 下降为 35.0%，林木采伐发证率和伐区凭证采伐率均有一定程度提高。根据国家林业局下发的《关于 2011 年度全国森林采伐限额执行情况检查结果的通报》，2011 年，各地按要求及时将限额分解落实到编限单位，并采取得力措施加强监管，林木采伐管理政策基本得到落实，总采伐量未超总采伐限额，但仍存在超证采伐、无证成片采伐、发证合格率低、森林抚育补贴试点项目未按设计开展及伐区作业设计质量低等问题。可以说，该项制度实施初期的确起到了积极保护森林资源的作用，但这种作用也是有限的。我国长期、大量存在的森林超限额采伐现象，一定程度上凸显森林限额采伐管理制度本身存在的问题。

4. 无证采伐和超证采伐现象较为严重

无证采伐、超证采伐现象依然大量存在。《森林法》第三十二条规定："采伐林木必须申请采伐许可证，按许可证的规定进行采伐；农村居民采伐自留地和房前屋后个人所有的零星林木除外。"据国家林业局下发的《关于 2009 年度全国森林采伐限额执行情况检查结果的通报》显示：安徽省临泉县和亳州市谯城区、河北省沽源县、辽宁省铁岭县、吉林省柳河县、陕西省镇巴县等 6 个县，有 30% 以上的有证采伐小班超出林木采伐许可证规定数量采伐，其中，辽宁省铁岭县超证采伐小班数占检查小班总数的 53.7%。安徽省亳州市谯城区、辽宁省铁岭县、吉林省柳河县、内蒙古自治区南木林业局、安徽省临泉县、湖南省东安县等 6 个县超过 20% 的采伐小班采伐蓄积量超过林木采伐许可证规定数量 10 立方米以上，且超采量都在林木采伐许可证规定数量的 5% 以上。据 2011 年森林采伐限额执行情况检查结果显示，被检查的 36 个县的发证率、发证合格率、伐区凭证采伐率分别平均为 78.6%、88.4%、97.7%。从总体上来看，采伐许可证制度基本上得到了贯彻实施，但并未完全杜绝无证采伐现象的发生，无证采伐量依然很大。

本章小结

森林资源承担着维护生态平衡、改善环境、促进经济社会可持续发展的重任。林木采伐管理是森林永续经营和森林生态保护的重要制度保障，也是平衡私人林业经济利益和社会公共生态安全利益之间和谐关系的重要制度安排。林木采伐管理制度为有效地控制森林资源的消耗、保持森林资源的增长起到了很重要的作用。

我国对森林年采伐量进行严格的控制，这对非公有制林业的发展造成了严重的影响。从产权经济学的角度来说，影响最为突出的地方表现在使得林业生产经营者产权残缺，无法获得预期的经济收益。这无疑抑制了经营者的生产积极性,对非公有制林业的发展造成不利影响。

国家对森林采伐管理制度的构建应以我国实际的林情为依据,以采伐限额分类控制、森林可持续经营为原则,提高森林采伐管理的科学性和合理性、保护和发展好我国的森林资源,充分发挥好森林资源的生态效益和经济效益。

【案例分析及讨论】

大石头林业局森林资源危机

吉林省大石头林业局始建于 1952 年,是建局最早的老森工企业之一。到 1989 年共为国家生产木材 1 495 万立方米,上缴税利累计达 2.7 亿元,是国家总投资的 5.8 倍。到 20 世纪 80 年代末期,全局有全民职工 11 387 人,大集体职工 5 218 人,从业青年 5 317 人,离退休职工 4 425 人。

(1)大石头林业局的森林资源状况

大石头林业局森林经营总面积为 263 438 公顷,林业用地面积为 223 464 公顷,有林地面积为 197 989 公顷,森林覆盖率为 79.2%。森林总蓄积为 2 020 万立方米,其中天然林总面积为 1 946.5 万立方米,人工林总蓄积为 73.5 万立方米,但是到 1989 年,可供采伐利用的成过熟林蓄积只有 160 万立方米,只占总蓄积的 7.9%,按当时林业局主伐产量 19.3 万立方米计算,可供采伐年限只有 5 年左右。

(2)大石头林业局的社会结构

大石头林业局是在中央政府直接管辖下,以计划经济手段,按大而全模式开发建设的,实行的是林业和社会建设合一、林业与企业建设合一的体制,林业内部结构庞大。全局共设有党、政、工、青、公、检、法以及学校、医院等部门和科室,局内划分为采运、营林、林产、基建、文教、卫生、商业、服务、机械检修、多种经营十大行业。按产业结构分:第一产业有 18 个单位,第二产业有 7 个单位,第三产业有 14 个单位,共计 39 个单位。

(3)大石头林业局的经济形势

历史上,大石头林业局为国家经济建设和社会发展做出了很大贡献。但是,由于历史原因和长期忽视森林经营及森林资源管理,致使森林资源锐减,可采森林资源已近枯竭。在这种情况下,企业只有大幅度调减木材产量,因此也出现了前所未有的经济危困的局面,这种恶性循环还在不断加剧。尤其是进入 20 世纪 80 年代中期以后,企业各项资金严重短缺,企业各项经营活动难以维持,更有甚者,已连续出现拖欠职工工资的问题。

(4)大石头林业局出现森林资源危机、经济危困的成因

① 大石头林业局管理结构不合理。林业局有 11 387 位职工,直接从事一线生产的人员不足 30%,而从事社会性、辅助性工作的人员多达 70%,不但人浮于事,也加重了林业局的

经济负担。

② 受计划经济指令性计划的影响，建局以来，为满足国家对木材的过量需求，长期执行国家指令性木材生产计划，林业局连年进行过量的森林采伐，导致森林资源，尤其是可采森林资源急剧减少。

③ 大石头林业局森林经营长期滞后。由于长期实行以木材生产为中心的方针，国家长期没有森林经营的投入，林业局只靠内部提取的育林基金投入 2 500 万元，造林 67 333.3 公顷，造林成本仅为 225 元/公顷，造林质量不高，其保存率仅为 34.3%，林区职工因此用"一年青、二年黄、三年见阎王"来形容林区的营林造林状况。

④ 森林资源管理体制不顺。其一，大石头林业局属于中央政府直接开发建设的重点国有林区的林业局，从 20 世纪 70 年代后期下放到吉林省管辖之后，森林资源一直由中央政府和省政府实行双重管理，致使森林经营投入无人负责，互相推托，利益与权利互相争抢，基层难以适应。其二，大石头林业局本身既是森林资源的管理者，又是森林采伐的企业经营者，森林采伐难以自我约束，在林业局经济出现危困时，为了企业的生存，只能以过量采伐森林谋求自身的出路。

资料来源：王迎. 我国重点国有林区森林经营与森林资源管理体制改革研究[D]. 北京：北京林业大学，2013.

1. 大石头林业局对森林资源的管理存在哪些问题？
2. 国家在推进以大石头林业局为代表的重点国有林区森林的经营和资源管理体制与机制改革时，需要解决哪些问题？
3. 森林资源在林业经济发展中起到哪些重要作用？

【本章复习思考题】

1. 简述森林资源采伐利用的方式。
2. 简述森林采伐限额管理制度的含义，以及如何加强对森林采伐限额的管理。
3. 林木采伐许可证的特征有哪些？
4. 我国森林资源采伐利用政策经历了哪些发展阶段？
5. 我国森林资源采伐利用政策的实现工具有哪些？
6. 简述林木采伐许可证制度的概念及基本特点。
7. 论述我国森林采伐限额政策的实施效果，以及存在的问题。

【相关阅读材料】

全国人民代表大会常务委员会. 中华人民共和国森林法(修订版). 2009-8-27.

国务院. 中华人民共和国森林法实施条例(修订版). 2018-3-19.

国务院. 森林保护条例(修订版). 2009.

国务院. 国务院关于坚决制止乱砍滥伐森林的紧急通知. 1980-12-5.

国家林业局. 关于进一步深化森林采伐管理改革试点工作的通知. 2010-11-3.

【主要参考文献】

［1］刘以.我国森林资源管制政策的效果分析［D］.合肥：安徽大学，2013.

［2］红玉，于晓光，郑小贤，等.集体林区森林采伐限额执行中存在的问题与对策［J］.内蒙古林业调查设计，2012(6)：47－49，120.

［3］李秋娟，靳爱鲜，张玉珍，等.中国现行森林资源采伐管理体系及其改革策略［J］.中国软科学，2009(9)：9－14.

［4］张会儒.基于减少对环境影响的采伐方式的森林采伐作业规程进展［J］.林业科学研究，2007(6)：867－871.

［5］姚祖岩，尹晓阳，胡军华.关于改革当前森林采伐管理机制若干问题的思考［J］.林业资源管理，2010(1)：19－22.

［6］李蕾.我国森林采伐法律制度研究［D］.哈尔滨：东北林业大学，2008.

［7］赵晨，徐铭泽，刘振英，等.“十二五”期间年森林采伐限额编制方法与技术［J］.林业资源管理，2011(4)：6－8，25.

［8］胡晓峰.国内外森林采伐方式及发展方向研究［J］.中国农业信息，2013(13)：224.

［9］李锴，张明.我国森林采伐限额制度面临的问题及其解决措施［J］.江西社会科学，2004(12)：242－246.

［10］陆洪波，孟令义.强化森林经营完善森林采伐制度［J］.中国林副特产，2008(4)：93－94.

［11］王迎.我国重点国有林区森林经营与森林资源管理体制改革研究［D］.北京：北京林业大学，2013.

［12］刘明.我国森林资源采伐限额管理制度改革研究［D］.保定：河北农业大学，2012.

［13］林龙.集体公益林采伐限额管理制度的不足与完善［J］.人民论坛，2015(11)：126－128.

［14］邢力文.集体林权改革背景下森林采伐法律制度研究［D］.哈尔滨：东北林业大学，2013.

［15］赵赛.我国林木采伐许可证制度的问题及对策［D］.长沙：湖南师范大学，2012.

［16］王佳玮.我国森林采伐管理制度立法完善研究［D］.北京：北京林业大学，2014.

［17］李剑泉，陆文明，李智勇，等.中国木材资源利用管理政策体系［J］.林业科技，2007(5)：67－70.

［18］万志芳，李明.森林采伐管理制度综述［J］.河南林业科技，2007(1)：18－20.

［19］李欣，刘玉玲.林区乱砍滥伐事件频发原因分析及对策研究［J］.绿色科技，2010(1)：26－27.

［20］张煜星.中国森林资源1950—2003年经营状况及问题［J］.北京林业大学学报，2008(5)：91－96.

第十一章

木材流通管理制度

【本章学习目标】

1. 掌握木材运输证的申请、种类及其填写的内容。
2. 理解木材经营、加工单位管理的含义、内容以及木材经营、加工单位应具备的条件。
3. 了解我国贸易体制及其改革的基本轨迹。
4. 理解绿色贸易壁垒的定义及形成原因、表现形式，我国绿色贸易壁垒措施体系。
5. 了解森林认证的含义、影响与作用，以及森林认证国内外发展现状、政策建议。

【本章要点】

木材流通是木材生产经营活动的重要环节。木材流通是指木材及木制品通过买卖的形式，从林业生产领域到消费领域转移的一种经济活动。它包括木材收购、调运、再加工、储存和销售等环节。加强木材流通管理，有利于保护森林资源、维护木材市场的正常秩序、保护木材生产者和消费者利益。木材流通管理主要包括：木材加工经营管理、木材运输管理和木材贸易管理。本章将按照木材流通的顺序，首先介绍木材的运输管理，其次介绍木材经营、加工单位的管理，再次介绍我国木材及其制品贸易的体制，再其次再介绍与木材贸易相关的国际公约，最后介绍木质林产品国际贸易的新壁垒——森林认证。

第一节 木材运输管理制度

一、木材运输管理概述

木材运输管理，是指有执法权、监督权的各级林业主管部门，根据已出台的法律法规、相关政策规定，对木材运输进行监管。木材运输管理的主要内容是：严格按照规定发放并检验已发放的木材运输证；检查木材运输的过程中证件是否随货同行、是否与木材运输证所填写的资料相一致（运输范围是县内、省内，还是出省；运输方式是否属实；运输木材是否合法属实；证件是否有效等）；对违章运输进行纠正、处理（补发证件或者停止运输）。木材运输管理的核心是持证件运输、按证件要求运输。

木材运输作业主要分为伐区木材运输和一般木材运输。其中，伐区木材运输主要是将木材从伐区运往山下楞场或加工厂的短距离运输作业。伐区木材运输具有运输距离短、车载量小、运输要求低等特点。而一般木材运输是使用一般车辆将木材从山下楞场或加工厂装车运往木材消费地区的较长距离运输作业。一般木材运输具有运输距离长、车载量大、运输要求高等特点。

二、木材运输政策要求

木材运输管理的核心是持证件运输、按证件要求运输。由林业主管部门负责具体的证件发放、证件检查等工作。

《森林法实施条例》规定："从林区运出非国家统一调拨的木材,必须持有县级以上人民政府林业主管部门核发的木材运输证。重点林区的木材运输证,由省、自治区、直辖市人民政府林业主管部门核发;其他木材运输证,由县级以上人民政府林业主管部门核发""木材运输证自木材起运点到终点全程有效,必须随货同行。没有木材运输证的,承运单位和个人不得承运"。并且规定木材运输的检查工作由经国家批准的木材检查站完成。

（一）木材运输证的种类

根据木材的运输范围不同,可将木材运输证分为出省木材运输证、省内木材运输证、县内木材运输证。

1. 出省木材运输证

自 1989 年 10 月 1 日起,出省木材运输证由原林业部统一印制。除国家统一调拨的木材外,凡运输出省的非国家统一调拨的木材,必须持有省级林业主管部门签发的出省木材运输证,并货证同行,全国有效(见表 11-1)。

表 11-1　出省木材运输证

_____省（区、市）　　　　　　　　　　　　　　　　　　　　　　　　No.

发证依据					
木材产地	省(自治区、直辖市)		县(市)		局(场)
发货单位(人)					
收货单位(人)					
运输方式					
运输起讫	自( )至( )省(自治区、直辖市)( )县、市				
有效期限	自　年　月　日　至　年　月　日　过期作废				
材(树)种	品名	规格	数量		注
			根(块、件)数	材积(立方米)	
合计	万　千　百　十　　根(块、件):		千　百　十　点　立方米		

签发机关（章）　　　　　　　见证人：_____

管理机关（专用章）

签证日期　年　月　日

注：① 本证由起运地省级林业主管部门盖章有效；② 一车(船)一证,证货相符,全程有效；③ 不准涂改、买卖、转让或重复、过期使用；④ 运达本证规定地点的木材,需再次转运出省(区、市)的,应凭本证在当地林业主管部门重新办理出省木材运输证；⑤ 凡联运出省,中途临时改变运输方式的,应凭本证在转运地的林业主管部门重新办理运输证件。

2. 省内木材运输证

凡运输省内的非国家统一调拨的木材必须持有县以上林业主管部门签发的省内木材统一运输证,并货证同行,只在省内运输有效。

3. 县内木材运输证

县境内运输木材分两种情况:运输目的地就在本县内的,只需要持有木材合法来源证明;运输目的地是出县的,需要持有木材运输证,并须随货同行。

(二)木材运输证的发放

按照《森林法实施条例》规定,申请木材运输证必须提交下列证明文件:

(1)合法的林木采伐许可证或者其他合法来源证明。

(2)对应施检疫的植物、植物产品包括:林木种子、苗木和其他繁殖材料;乔木、灌木、竹类、花卉和其他森林植物;木材、竹材、药材、果品、盆景和其他林产品的相关检验检疫证书。

(3)木材经营加工许可证。

符合上述所有条件的,从接到申请之日起,受理木材运输证申请的县级以上人民政府林业主管部门应当在3日内发给木材运输证。依法发放的木材运输证所准运的木材运输总量,不得超过当地年度木材生产计划规定可以运出销售的木材总量。

《森林法实施条例》第三十五条规定:"从林区运出非国家统一调拨的木材,必须持有县级以上人民政府林业主管部门核发的木材运输证。重点林区的木材运输证,由省、自治区、直辖市人民政府林业主管部门核发;其他木材运输证,由县级以上地方人民政府林业主管部门核发。"运输国家一、二级保护树种木材的单位和个人,应当持有省人民政府林业行政主管部门加盖珍稀树种木材专用章的木材运输证。

(三)木材运输证的检查

《森林法实施条例》第三十七条规定:"经省、自治区、直辖市人民政府批准在林区设立的木材检查站,负责检查木材运输。"负责检查的人员必须具有相关部门颁发的检查证才能执行检查工作,每一个负责检查的人员都要持有此证书,否则不能执法。一般需检查的内容包括木材种类、用途、运往地点、合法砍伐证明(货单)、产地证。

1. 检查和检验

查验,即检查并检验木材和其证明文件。其内容包括:

(1)检查并检验木材运输证的真伪。如果发现有使用假冒或字迹不清的木材运输证,必须依照条例进行解决。

(2)检查过程中发现木材的种类、材质、大小与木材运输证不一样,而且经过问询,不能给出合理解释的,依照法律处罚。

(3)证实相符,实际超过证上记载的,依照法律处罚。

2. 放行

对符合木材运输证上填写内容的木材,对货证相符的,应当在运输证上加盖木材检查站验讫章,并立即放行。此时,检查人员要对运输证号、运输车辆牌照及运输数量进行过站登记,同时在木材运输证背面和木材尺码单上加盖查验印章、注明过站日期及木材数量。如若遇到出县、出省站,注销同时,要通报其他林业单位。

（四）不符合原木、锯材、竹材、木片、树蔸、木炭和胸径 5 厘米以上的树木运输行为的处理

第一,没有木材运输许可证的原件,有正当理由的,在规定时期前补办;逾期不补办又无正当理由的,没收非法运输的全部木材,并可处以相当于超出证件上批准数额的总价 30% 以下的罚款;以伪装等方式逃避木材检查站检查的,对所运输的所有木材没收,并对行为人处以相当于超出证件上批准数额的总价 10%～50% 的罚款。

第二,运输木材的数量超出木材运输证所准运的运输数量的,运输木材的树种、材种或规格与运输证所载不符又无正当理由的,运输木材的树种、材种、规格与木材运输证记载不符或者超过规定数量的,没收其不符或者超过部分的木材。

第三,使用伪造、涂改的木材运输证件运输木材的,收缴其运输证件,没收非法运输的木材,并处没收木材价款的 10%～50% 的罚款。

第四,违反规定运输木材又不能提供木材合法来源证明的,木材检查站或林业行政主管部门可以先将所运输的木材予以扣留,发给扣留凭证,并通知货主或承运人在规定的限期内接受处理。逾期不接受处理的,没收所运输的全部木材。

第五,对无运输证件的木材进行承运的单位或个人,没收运费,并处运费 1～3 倍的罚款。被扣留的木材,货主或承运人在规定的限期内不接受处理的,予以没收。

第六,拒绝、阻挠木材检查站执法人员依法履行公务,违反治安管理规定的,由公安机关依法处罚;构成犯罪的,提请司法机关依法追究其刑事责任。

第二节　木材经营、加工单位的管理制度

一、木材经营、加工管理的含义

木材经营、加工单位是指企业的主营业务为加工出售木材原料。木材经营、加工管理是指林业主管部门与工商行政管理机关依照国家的有关法律规定对木材的加工、购销活动进行组织、协调、管理和控制的过程。工商行政管理部门和林业行政主管部门应当对木材交易市场进行监督管理。林业行政执法人员可以进入货运车站、码头和木材经营加工场所以及车、船内实施监督检查,但应当出示行政执法证和木材检查证,此外不能对企业内部事务进行干预和管理。

二、木材经营、加工单位管理的内容

按照《森林法实施条例》第三十四条规定:"木材收购单位和个人不得收购没有林木采伐

许可证或者其他合法来源证明的木材。前款所称木材,是指原木、锯材、竹林、木片和省、自治区、直辖市规定的其他木材。"任何木材经营、加工单位必须凭证经营、凭证销售,经营加工行为必须符合国家有关的管理规定,管理内容主要包括:

(1) 木材经营环节的控制管理。重点是对木材经营的准入、要求准则、行为依据、所需证明的法规进行管理。

(2) 帮助工商管理机关和行政机关,做好对木材市场的监督管理工作。

(3) 监督并贯彻落实木材的价格和相关税费的政策。

(4) 审核并且管理相关证书的发放。

三、木材经营、加工单位应具备的条件

林业主管部门必须具备以下5个条件才能对木材经营、加工单位进行审查:

(1) 具有与其经营木材数量相适应的流动资金,其中自有资金应占总额的50%以上。

(2) 有与其经营加工规模相适应的固定场所和设施。

(3) 有相当规模的从业人员和木材检尺人员。

(4) 遵守国家和地方有关法律、法规、规章和制度,无违法经营加工的不良记录。

(5) 有合法的木材来源渠道。遵守国家和地方有关法律、法规、规章和制度,符合本地区木材经营加工发展规划要求。

四、木材经营加工单位手续变更

1. 必须要经过本地县级及县级以上林业部门审查并审核同意之后,登记过的林业单位才能申请由原等级的工商管理行政机关办理年检换照手续。其中,注册登记到期的木材经营单位及个人,必须重新办理注册登记手续。

2. 原等级的工商行政管理机关应对经营、加工不良的已办理过年检、换照手续的单位和个人备案。没有被林业主管部门审核并且同意的单位和个人需要申请变更登记或注销登记。

3. 没有履行以上两条规定并且正在经营的单位和个人视为超越经营范围,由有关部门进行处理。所有新成立的单位必须严格按照上述规定办理或变更手续。

五、违章木材经营加工行为的处理

《森林法实施条例》第三十四条明确指出:"木材收购单位和个人不得收购没有林木采伐许可证或者其他合法来源证明的木材。"根据《森林法》,林业主管部门有权对违反林业管理规定的单位和个人进行处罚,包括责令停止违法行为,没收违法收购的盗伐、滥伐的林木或者变卖所得,并且可以进行罚款,罚款金额为违法收购林木的价款1倍以上3倍以下,对违反《森林法》的单位和个人追究其刑事责任。县(区、市)林业局有权取消违反林业行政管理

规定的和违反《森林法》的单位和个人的木材经营加工资格,并要求工商行政管理机关对其营业执照进行变更或注销。

第三节　我国木质林产品贸易体制和贸易政策

一、木质林产品贸易的相关概念

木质林产品主要指原木、锯材、木质人造板、各种木质和以木材为原料的各种纸制品、林化产品这类以从森林中获取的木材为原料生产出来的各种产品的综合。木质林产品贸易则是指以各种木质林产品为交易对象的商品交换活动。林产品贸易的形式主要有:零售与批发贸易、进出口贸易、租赁贸易、信托贸易等。本章主要针对进出口贸易。

林产品贸易政策指的是国家根据林产品贸易的客观经济规律和一定时期、区域的经济状况制定的为了保障林产品贸易的协调发展,使之与整个社会再生产相适应以及促进社会经济发展的有关规范和准则。

二、我国林产品贸易体制及其改革的基本轨迹

随着我国特色经济和贸易体制不断变化,我国林产品贸易体制也在不断变化,主要有 4 个阶段:

（一）传统贸易体制阶段（1949 — 1978 年）

自 1949 年新中国成立后,我国对外贸易活动是由国家统一管理、统一领导,高度集中、统负盈亏、政企合一的国家高度管制、内向型的对外贸易政策。这段时期我国对外经济活动少、对外贸易额也很小。这导致了我国林产品贸易处于较低的发展水平。林产品的贸易主要是由指定的国营公司从指定的国家和地区进口,且进口数量有限、种类集中。新中国成立初期国家高度集中管理是积极的,但这种贸易体制在我国的经济发展中起到了越来越大的阻碍作用,主要是制约了体制的改革。

（二）贸易体制改革试点阶段（1979 — 1988 年）

该阶段是 1979 年至 1988 年改革开放初期,改革开放政策使我国实行了渐进式的对外开放,虽然主体仍旧是计划经济,但奠定了有选择的进口替代的基础。此阶段,林产品贸易也有所发展,国家对林产品进口拨款使得林业成为国家的重点发展项目。

（三）贸易体制全面改革阶段（1989 — 1998 年）

这段时间我国计划经济与市场经济共存,并采取了一系列改革措施,例如政企分开;简政放权;在外贸计划体制中,政府只下达具有指导性的进出口总额指标等。我国外贸法律体系在 1994 年颁布《中华人民共和国对外贸易法》(简称《外贸法》)之后得到了很大完善,推动

了我国外贸的发展。另外,政府为了调动积极性并提高我国企业的竞争力采取了一系列措施。这些措施包括减少计划内林产品进口,直到 1993 年完全取消和逐年降低进出口关税等。

(四)贸易体制深化改革阶段(1999 年至今)

随着我国贸易体制改革的不断深化,我国木质林产品贸易也快速发展。入世后,我国对外贸行政手段进行了一系列调整,外贸的经营登记备案制也逐步发展起来。林产品贸易日趋自由化,国家大幅降低进口关税。申请林产品经营的主体可以是国家审核的专营单位,也可以是有能力的公司。1999 年后,我国木材进口实行零关税政策,逐步向世界开放林产品市场。

三、我国木质林产品贸易相关政策

(一)林产品国内贸易政策

1. 林产品商品管理政策

林产品总共有两类:原木、成品及半成品。由于其使用价值和经济地位不同,因此进行分类管理。一方面,国家林业主管部门负责原木的统一收购工作,其他经营者需通过木材市场进行交易;另一方面,采用议购议销及自由贸易政策来管理用于人民生产生活的成品、半成品。林产品商品管理政策的主要目的有三个:第一是保护我国森林资源,第二是保证林业生态效应的发挥,第三是满足社会生活对林产品的需求。

2. 林产品市场管理政策

政府监督和管理林产品贸易市场的交易活动需要通过行政、法律及经济手段,主要有以下几条政策措施:(1)关于参与贸易活动当事人的政策规定,即对从事贸易当事人的营业登记、经营范围、经营方式方面的规定;(2)关于林产品入市方面的规定,即要求经营产品须在经营范围之内,禁止经营假冒伪劣产品等方面的规定;(3)关于对林产品价格的调控、检查及监督等政策;(4)关于市场稳定的维护,各方面利益关系的协调政策。通过对林产品市场的管理,可以提高林产品的流通效率,打击市场垄断、维护市场竞争、促进市场繁荣。

3. 林产品价格管理政策

林产品有自身的特殊性,因此国家对林产品实行更为严格的监督管理手段。国家用于管理和控制的主要政策为制定最高价或最低价,或在某一特定时期对特定产品定价。

(二)林产品对外贸易政策

林产品对外贸易是指以林产品为贸易对象的国与国之间、国与地区之间的贸易活动,是国内贸易的延伸和扩展。林产品对外贸易政策是一国政府为林产品对外贸易工作所规定的基本行为准则和采取的重要措施的统称。目前我国林产品贸易政策主要有:

1. 进出口许可证制度

政府规定只要是涉及控制进出口和禁止进出口的林产品都须实行许可证制度。活动主体进行进出口贸易活动,必须办理有关部门签发的许可证。此外,由于木材资源产品的特殊性,国家严格限制此类产品的出口,例如以国产木材作原料生产的木浆、纸制品等不允许出口。

2. 进出口企业管理政策

我国集中管理林产品进出口企业,在审批程序、经营范围、业务活动及与有关部门的相互关系等方面界定较为严格。我国加入 WTO 后,对进出口林业企业制定了一些新的管理措施。例如,我国对从事林业的外资企业实行优惠政策,在初次所得税免除和减免期满后,税务机关仍会为其减免 15%～30% 的所得税;外国投资者向林业提供特殊技术而获得的特许经营费,可适用 10% 的所得税优惠税率。

3. 关税管理政策

指政府出于保护国内经济平稳发展和民族利益的需要而制定的一项税收政策。随着我国经济和林业产业的发展,我国关税政策体系也逐步完善。例如,为了鼓励林产品出口、出口创汇,我国在 2003 年对木质林产品实行了出口退税政策。随着经济的发展,某些林产品的出口退税率被取消或调低。这些政策的目的主要是保护木材、节约资源、促进林业产业结构的升级。

4. 产品检验和接运政策

严格监督和检验进出口林产品的品种、数量、质量,以及到岸接运的原则和规定。为了降低贸易风险,使我国进出口贸易健康、安全地运行,国家需要制定与之配套的产品检验和接运政策。例如,进口原木有可能携带各种有害生物,导致我国森林资源遭受危害,因此进出口检疫工作显得尤为重要。木材和木材制品进出口要遵守《中华人民共和国进出境动植物检疫法》,并按《中华人民共和国进出境动植物检疫法实施条例》实施:

第一,我国对向中国输出动植物产品的国外生产、加工、存放单位实行注册登记制度。动植物及其制品在入境前,动植物及其制品的货主或代理人应向入境口岸提供动植物检疫机关出具的疫情证明、输入国家或者地区政府动植物检疫机关出具的准许该动物进境的证件,并说明拟过境的路线,国家动植物检疫局审查同意后,签发动物过境许可证。

第二,涉及木质林产品原料投资的国民待遇条款。

第三,其他税费优惠政策,例如,云南省边贸木材进出口取消 12 项收费。

5. 林产品进出口的非关税贸易壁垒

指政府采取除关税以外的各种办法,对林产品对外贸易活动进行调节、管理和控制,非关税壁垒大致可以分为直接的和间接的两大类;前者是由海关直接对进出口林产品的数量、品种加以限制,比如进/出口许可、进口配额、进口禁令、出口限制、国家专控的进出口贸易等;后者是对林产品进出口商品制定严格的海关手续或通过外汇管制,间接地限制商品的进出口,主要措施有技术性贸易壁垒、政府采购、自愿出口限制、卫生与动植物检疫措施、国内法以及反倾销、反补贴、保障措施及贸易救济措施等。近年来,随着关税壁垒和传统非关税壁垒作用的弱化,林产品出口贸易发展受到绿色贸易壁垒的严重制约,以绿色技术标准、卫生检验检疫制度和各种认证制度为主要形式的绿色贸易壁垒、技术性贸易壁垒已被广泛使用。任何一个国家设置抑或不设置绿色贸易壁垒、技术性贸易壁垒都具有双重性。既有对于本国产业及资源的保护作用,同时还会受到被设置国的报复等负面影响。

第四节　木材贸易的绿色贸易壁垒问题

一、绿色贸易壁垒的定义及形成原因

(一)绿色贸易壁垒的定义

绿色贸易壁垒,又称环境贸易壁垒、生态壁垒。绿色壁垒通常指在国际贸易中,一个国家以保护生态环境人类健康为由而直接或间接采取的限制甚至禁止贸易的措施。对外国商品的限制可以体现在商品本身,还可以对该商品的设计、原料、生产、包装、运输等环节提出要求。绿色贸易壁垒表现为一些苛刻的环保标准,具有一定程度的歧视性色彩。

在当今国际经济一体化趋势越来越明显的大背景下,国际贸易作为国际经济一体化主要推动力之一,得到了前所未有的发展,各国间的经济贸易往来愈加频繁、关系愈加密切。同时,各国间的贸易竞争也达到了白热化的程度。一些国家为了达到保护本国产业与市场的目的,采取了一系列贸易限制措施,其中绿色贸易壁垒是自 20 世纪 90 年代以来,发达国家使用最频繁的一种,也是当今国际贸易领域主要的贸易壁垒之一。

(二)形成绿色贸易壁垒的原因

1. 环境负效应全球化

环境负效应全球化是绿色壁垒形成的根本原因。随着经济全球化的不断发展,环境问题呈现出明显的全球化趋势。全球气候变暖、臭氧层空洞增大、生物多样性减少等问题日益严重,对人类经济社会发展、生态环境造成不同程度的威胁。

世界各国制定旨在保护自然资源、生态环境和人类健康的环保制度和标准,而这些制度和标准体现在贸易上即是对来自其他国家的产品及服务设置绿色障碍,限制进口,从而形成事实上的壁垒。

2. 消费者的绿色偏好

消费者的绿色偏好是绿色贸易壁垒形成的群众基础。随着人民生活水平的提高,尤其是在发达国家,消费者对生活质量、消费品质量提出了更高的要求,由此产生了一种新型需求,即"绿色需求"。绿色需求是指消费者为得到更有利于健康的食品、更有利于资源与环境保护的产品、更优美的生态环境的需求的满足而支付的意愿与能力。

3. 各国在环保标准、法律法规等方面存在差异

由于各国的生产力发展水平不同,经济所处的发展阶段不同,进行环境保护的能力和对环境质量的需求存在着巨大的差异,各种环境问题在不同的国家的严重程度也不尽相同,由此决定了不同国家的环境标准参差不齐,难以协调。环境标准的不同导致企业环保费用内在化的成本不同,直接影响到产品的生产成本,而生产成本的高低直接关系到产品的国际竞争力,影响到一国的国际收支平衡和宏观经济的稳定性。因此,环境标准问题就成为各国广泛关注的一个国际性问题。

例如,德国于 1994 年通过的新的《消费者保护法》规定:禁止使用和进口能分解成致癌芳香胺的 118 种染料及其染色的纺织品,禁止进口的最后期限是 1996 年 3 月 31 日,禁止销售的期限是 1996 年 9 月 30 日。这一规定对许多国家的纺织品出口造成极大的冲击。据不完全统计,我国出口德国的纺织品未通过"生态"检验的就占 15%。

4. 贸易保护主义的兴起

绿色壁垒的合理、合法及广泛性特点使其成为贸易保护主义的首选手段。发达国家从中既保护了国内的产业,又成为标准的制定者。这正是"绿色壁垒"作为国际贸易保护主义新形式得以迅速发展的根本原因所在。

5. 国际环境法律法规的限制

随着全球经济的发展和环境问题全球化,国际上制定了大量的国际性环保公约,到目前为止已有 200 个左右的公约,我国已缔约或签署了其中的 50 项国际环境公约。在 WTO 体制内,WTO 并未使贸易保护主义消失,竞争的加剧反而迫使各国政府在关税手段保护程度降低的情况下,寻找更有效的非关税壁垒以保护国内市场和产业。不可否认的是,国际上的环境法律法规既起到了有效保护全球环境的作用,同时也在一定程度上影响了国际贸易的发展。

6. 传统的非关税壁垒越来越受到国际社会的谴责

各国为使本国的幼稚产业得到发展,夕阳产业减缓衰退,使具有规模经济的产业获取超额利润,都没有放弃过贸易保护。但是,随着关贸总协定和世界贸易组织的运行,关税不断降低,非关税壁垒受到更多的限制,传统的贸易壁垒的运用空间也越来越小。在此种情况下,发达国家为了其自身的利益,开始寻求新的贸易保护措施。绿色贸易壁垒应运而生,成为在各国发展最快的一种贸易壁垒。

二、绿色贸易壁垒的表现形式

绿色贸易壁垒所涉及的内容繁多、形式多样,主要有以下几种表现形式:绿色关税和市场准入、绿色技术标准、绿色环境标志、绿色包装制度、绿色卫生检验检疫制度、绿色补贴、绿色税收。

（一）绿色关税和市场准入

发达国家对一些污染环境和影响生态，可能对环境造成威胁及破坏的产品征收进口附加税，或者限制和禁止商品进口，甚至对其实行贸易制裁。但是，在标准的实行上常常内外有别，明显带有歧视性的规定，可以说是以绿色之名行贸易保护之实。课征环境关税和制定严格的市场准入标准是一种典型的非关税壁垒形式，日益成为部分国家国际贸易政策的重要组成部分。

（二）绿色技术标准

通过立法手段，制定严格的强制性技术标准，限制国外商品进口。发达国家凭借自己的经济技术优势和垄断地位，不考虑或很少考虑发展中国家的实际情况，对进口产品不分国别一律采取非常严格的技术标准，事实上导致发展中国家产品被排斥在发达国家市场之外。

这种带有歧视性的环保技术标准，使得发展中国家的许多产品丧失了参与发展中国家市场竞争的资格。美国现有 55 种认证体系，日本有 25 种认证体系，欧盟已统一了 9 种认证体系，共有 10 万个技术法规和标准，很多都较为苛刻。

（三）绿色环境标志

绿色环境标志又称绿色标签，是环保产品的证明性商标。发展中国家产品要进入发达国家市场，必须提出申请，经批准取得绿色环境标志。目前已有 40 多个国家和地区推行绿色环境标志制度，并趋向于协调一致，相互承认，对发展中国家产品进入发达国家市场形成了巨大的障碍。自从德国 1977 年实行环境标志制度以来，诸多国家相继实施，其认证过程的复杂，增加了厂商的生产与交易成本，对于一些发展中国家来说，甚至成为一道壁垒。我国每年被美国海关因标签和使用了未经 FDA（Food and Drug Administration）认可的添加剂而扣留的食品事件屡屡发生。

（四）绿色包装制度

绿色包装又称环保包装，指能节约资源，减少废弃物，用后易于回收再用或再生，易于自然分解，不污染环境的包装。根据包装废弃物处理的 3R 原则（即 Reduce—减少，Reuse—再利用，Recycle—再循环），发达国家制定了较高且比较完善的包装材料标准，包括废弃物的回收、复用和再生等制度，是为了防止包装材料及其形成的包装废弃物给环境造成危害，结构不合理的包装容器可能损害使用者的健康，因此采取环境保护措施，但某些过于严格的绿色包装措施，则可能妨碍发展中国家的对外贸易，引发贸易争端。

目前，世界各国根据自身的贸易情况，纷纷制定有关法律，对绿色包装制定了不同的要求，促进绿色包装制度的进一步发展。绿色包装涉及范围广泛、内容多样，各国进行了一系列规定。此外世界各国以法律法规的形式规定包装材料或包装废弃物的处理。主要表现为以下几种形式：以立法的形式禁止使用某些包装材料，建立存储返还制度，强制执行再循环或再利用相关的法律、税收优惠和处罚。

（五）绿色卫生检验检疫制度

绿色卫生检验检疫制度指国家有关部门针对产品是否有毒素、污染物、微生物及添加剂等进行全面的卫生检查,其目的在于确保人类及动植物免受污染物、毒素、微生物、添加剂的影响,防止超标产品进入国内市场。相对于发展中国家而言,发达国家的卫生检验检疫制度会更为严格苛刻。例如,欧共体对食物中农药残留限量进行严格的限制。这使得生产技术水平较低的发展中国家的很多产品不能达到标准。2001年后,欧盟针对我国的茶叶检测新增了56种残余农药检测,这使得我国当年对欧盟的茶叶出口缩减了37%。

（六）绿色补贴

绿色补贴又称环境补贴,是各国对本国企业治理环境、改善产品加工工艺的投入进行补贴,通过采取各种干预政策将环境成本内部化,来实现保护环境和自然资源、提高本国产品竞争力的一种产业政策。由于发展中国家较低的环境标准导致了较低的环境治理成本,发达国家选择将严重污染环境的产业转移到发展中国家以此来获得更低的生产成本,但是发展中国家的环境治理成本却因此大大提高。与此同时,由于发展中国家的绝大多数企业无法承担高额的环境治理成本,因此政府为了稳定产业协调发展和环境的可持续利用,有时会给予一定的补贴。但是发达国家却认为发展中国家的"补贴"违反WTO的《补贴与反补贴措施协议》,从而限制发展中国家产品的出口。

（七）绿色税收

绿色税收也称环境税收,是以保护环境、合理开发利用自然资源、推进绿色生产和消费为目的,建立开征以保护环境的生态税收的"绿色"税制,从而保持人类的可持续发展。即为了实现保护环境的目的而把生产商品所需要的环境费用纳入其市场价格的一种专门征收的税收。目前开征的税种有:(1)针对能产生CO_2排放物的燃料而征收的污染物排放税;(2)针对公共处理设施的使用活动而征收的环境服务税,征收依据是公共服务;(3)针对使用过程中造成严重环境危害的产品征收的污染产品税;(4)针对开发利用生态环境的生产者和消费者所征收的生态补偿税,目的在于弥补或恢复在开发利用过程中对生态环境造成的破坏。

三、我国绿色贸易壁垒措施体系

随着我国经济社会的发展,我国的绿色贸易壁垒体系也逐步完善。我国的绿色贸易壁垒措施体系由国际环境保护公约、环境法规、环境技术标准、环境认证、商品检验与检疫规定、绿色包装与标签要求、环境成本内在化要求7项措施组成,如图11-1所示。

（一）参与的国际环境保护公约

由我国政府签订的直接与贸易有关的国际公约一般是代表我国绿色贸易壁垒措施体系中的国际环境公约。这类公约涉及各个方面、内容丰富多样,例如臭氧层保护、全球气候变

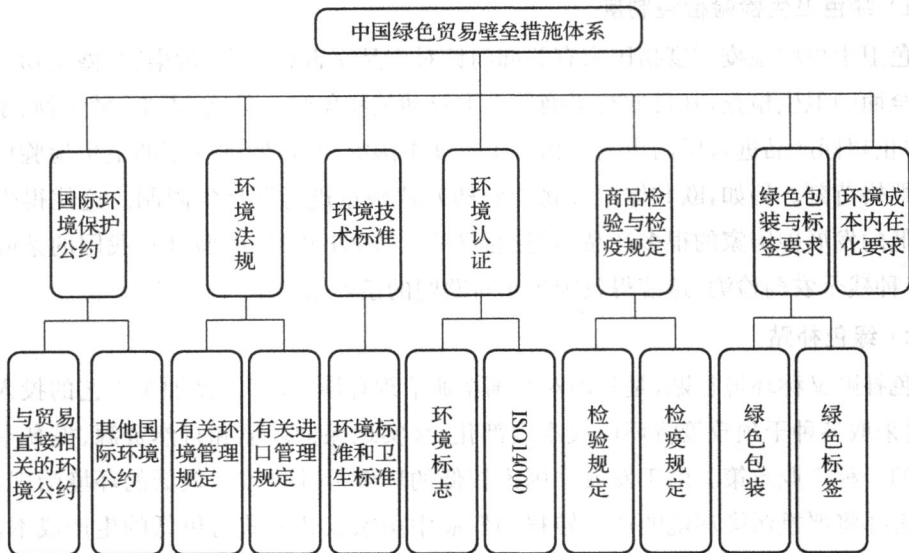

图 11 - 1　我国绿色贸易壁垒措施体系

化、危险品安全使用与控制等。如今,我国参与的比较重要的国际环境保护公约有《国际植物新品种保护公约》(1978 年 10 月 23 日)、《濒危野生动植物种国际贸易公约》第二十一条的修正案(1983 年 4 月 30 日)、《国际遗传工程和生物技术中心章程》(1983 年 9 月 13 日)、《保护臭氧层维也纳公约》(1985 年 3 月 22 日)、经修正的《关于消耗臭氧层物质的蒙特利尔议定书》(1987 年 9 月 16 日)、《控制危险废物越境转移及其处置(巴塞尔公约)》(1989 年 3 月 22 日)、《生物多样性公约》(1992 年 6 月 5 日)、《联合国气候变化框架公约》(1992 年 6 月 11 日)、《控制危险废物越境转移及其处置巴塞尔公约》修正案(1995 年 9 月 22 日)、《联合国气候变化框架公约》京都议定书(1997 年 12 月 10 日)等。

(二)环境法规

自改革开放以来,我国环境法规的建设与国家改革开放进程几乎是同步发展的。特别是在 1979 年《中华人民共和国环境保护法(试行)》颁布实施后,我国环境法律法规更呈现出欣欣向荣的局面。直至目前,我国环境法规体系包括现行有效法律 26 部,行政法规 50 余部;地方性法规部门规章和政府规章 660 余项,国家标准 800 多项。其中,有关的资源循环利用法律 2 部;有关的生态保护法律 3 部;有关的防灾减灾法律 3 部;有关的能源与节能减排法 4 部;有关的环境污染防治法律有 6 部;有关的自然资源保护法律有 7 部。与进口相关的环境法律法规有《固体废弃污染环境防治法》《关于严格控制境外有害废物转移到我国的通知》《废物进口环境保护管理暂行规定》《关于废物进口环境保护管理暂行规定的补充规定》《对外经济开放地区环境管理暂行规定》和《关于加强外商投资建设项目环境保护管理的通知》等。在这些法律法规的保护下,外国不安全的产品基本没有机会进入我国境内。

（三）环境技术标准

我国的环境技术标准由环境标准和卫生标准两部分组成。

环境标准的制定和实施是环境行政管理工作的重要依据。环境标准的有效制定能在一定程度上对企业治理污染起到监督和促进作用，从而促进资源的进一步有效利用，提高生态的良性循环能力。这样就能通过制定和实施有效的环境标准，来达到保护环境的目标。目前我国环境标准的制定日益完善，现行各类国家环境标准 1 286 项，累计共颁布 1 397 项，其中废止了 111 项。

卫生标准是以保障各类人群健康为直接目的而正式批准颁布的针对与人的生存、生活、劳动和学习有关的各种化学的、物理的及生物的有害因素和条件所作的一系列量值规定，和为保证实现这些规定所必需的技术行为规定。现阶段卫生标准的主要目的是保护我国人民的健康和安全，其主要内容是针对与人群健康有关的人类生活和工厂劳动环境中的物理的、化学的、生物学的因素所作的限量或者适量的规定，以及有关的技术行为规定。

（四）环境认证

我国的环境认证分为环境标志制度和 ISO14000 环境管理标准认证两个部分。

我国于 1994 年 5 月 17 日成立中国环境标志产品认证委员会，此后环境标志制度正式实施。它由我国国家环境保护总局负责制定相关的认证标准。地方环保局负责初审及日常的监督管理。目前我国的环境标志具体包含 44 项环境标志产品的技术要求，由国际履约类，可再生、可回收利用类，改善区域环境质量类，改善居室环境质量类，保护人类健康类和提高资源能源利用率类这六类构成。但不可否认的是，环境标志制度的实施不仅对我国企业经济效益的提高产生积极影响，而且在一定程度上限制了国外不符合我国环境标准的产品进入我国境内。环境认证是一套管理性质的标准。它在制定时考虑了不同国家的情况，是环境管理经验的结晶。

此外，我国目前引进了国际通用的 ISO14000 环境质量管理体系，我国环境管理体系涉及领域十分广泛，在建设上面取得了巨大进步，环境管理体系日益完善，变得更加科学化、多样化、规范化，积极向国际环境认证标准靠拢。

（五）商品检验与检疫规定

商品检验检疫制度旨在维护国家经济的健康发展，保证公民生命安全。该类检验检疫制度对进入我国的外国商品起到很好的把关作用，并为对外贸易质量安全提供依据。

目前我国制定和颁布的检验法规和条例主要有：《中华人民共和国食品卫生法》（1995年 10 月 30 日）、《中华人民共和国进出口商品检验法》《中华人民共和国进出口商品检验法实施条例》《边境贸易进口商品检验管理办法》《进口废物装运前检验管理办法（试行）》《进出口食品标签管理办法（试行）》《进出口化妆品检验管理规定》《进口食品卫生监督检验工作规程》等。

与商品检疫有关的法律法规有《中华人民共和国国境卫生检疫法》《中华人民共和国国境卫生检疫法实施细则》《中华人民共和国进出境动植物检疫法》《中华人民共和国进出境动植物检疫法实施条例》《中华人民共和国种子管理条例》等;相关实施细则有《中华人民共和国动植物检疫总所关于对进境货物木质包装材料的检疫要求》《中华人民共和国进境植物检疫危险性病、虫、杂草的检疫处理原则和要求》《进境花卉检疫管理办法》等。此类法律法规和实施细则可以有效防止危险性植物、病、虫、杂草和其他有害生物的人为传播,保障林业生产安全,促进贸易健康快速发展,维护社会公益。

(六)绿色包装与标签要求

为了大力推行国内的包装和标签与国际接轨,发展绿色包装和标签,我国制定和颁布了一系列与包装、标签有关的法律法规,同时禁止国外对环境有害的包装进入我国市场。例如,1993 年 9 月,我国施行的《中华人民共和国产品质量法》对在我国境内销售的产品包装和标签进行了详细的规定。

(七)环境成本内在化要求

联合国报告文件《环境管理会计——政策与联系》将环境成本定义为"与破坏环境和环境保护有关的全部成本,包括外部成本和内部成本"。可以说,环境成本是企业补偿在原料获取、产品生产运输流通以及回收处理等过程中对生态环境造成破坏所需支付的费用。环境成本内在化就是将这些费用计入产品的成本之中,从而使产品价格不仅能反映生产成本和交易费用,还能反映出产品对环境污染的补偿费用。环境成本内在化离不开污染者的付费,生产者和消费者需要为他们的污染行为支付相应的代价,并将其完全反映在市场价格机制中,体现"谁使用,谁付费;谁污染,谁治理"的原则。

在此思想的指导下,我国制定了一系列将环境成本内在化的措施。例如我国实行的排污收费制度,在产品成本中增加环境成本,以此反映产品的真正价值,协调经济与环境之间的关系,从而实现合理使用资源、有效保护环境的目标。但与一些发达国家相比,我国在环境成本化方面还存在许多不足,相关制度不完善,所以仍需要政府进一步采取措施促进我国环境成本内在化的发展。

第五节　木质林产品国际贸易的新壁垒——森林认证制度

一、森林认证的起源与相关概念

(一)森林认证的起源

随着经济全球化的进一步发展,森林问题也呈现出全球化的态势,每个国家和地区都会或多或少地遇到森林资源匮乏、生物多样性减少、生态环境恶化等问题。森林资源锐减使以原木为首的林产品生产经营产生巨大压力,造成林产品难以满足社会经济需求的现象。林业作为经济社会持续健康发展的基础、影响社会生态建设的关键因素,积极推动其可持续发展已成为世界的一种潮流。而森林认证则是维护林业可持续发展的重要手段。

为了解决森林问题、实现森林的可持续经营,各国政府以及非政府环境保护组织采取了如改革国家政策、积极推进国际间合作等的一系列措施。但最后决策效果却并不理想。非政府环境保护组织在意识到部分国家在维护森林经营可持续性方面出现决策失误导致未能有效解决森林问题,林产品贸易风险加大以后,制定了森林认证制度,使之作为一种市场机制来促进森林的可持续经营。

随着消费者环保意识的增强,林产品被要求更高的可信度。由于私有部门的标签由自己自定操作规程和自己声明次序生产,缺乏公信力,绝大多数林产品贸易无法证明其产品真正是由良好的森林木材生产,所以由第三方出面提出可信度高、被普遍认可的认证十分重要。20世纪90年代,森林认证逐渐发展起来,其中以森林经营和林产品标签为代表。他们通过第三方独立进行,达到提高森林经营管理水平、扩大林产品市场份额、取得更高收益的目标。

为了保证认证的独立性和公正性,非政府环境保护组织于1993年成立了森林管理委员会(FSC)。此外,世界各国还积极开展自己的森林认证工作。森林认证在全球范围内迅速发展,并形成了一些认证体系。

(二)森林认证的相关概念

森林认证又称森林可持续经营的认证、木材认证,是一种促进林业可持续经营的重要手段。它由森林经营认证和产销监管链认证两部分组成,分别针对森林经营单位和木材加工的各个环节进行认证。其中,森林经营认证是由独立的第三方根据所制定的一系列原则、标准和指标,按照规定的程序对森林经营业绩进行审核,以此证明森林经营单位达到相应要求的过程;产销监管链认证是对原木的运输、加工到流通直至消费者手中的整个链条进行跟踪。经过认证后的产品会被贴上林产品标签,以此证明该成品源自符合相关标准的森林。由独立的第三方来完成森林认证,保证了该项工作的公正性和透明性。

二、森林认证的影响

对于森林认证,需要从正反两方面进行考虑。从正面来讲,森林认证对森林的保护和可持续经营具有重要的作用;从反面来讲,森林认证客观上是一种新型的贸易壁垒,它在一定程度上制约了国际林产品贸易的发展。

我国的林产品贸易一定程度上受到森林认证的影响。21世纪,随着我国不断加强生态文明建设,我国林业也逐步由以木材生产为主导向以生态建设为主导发展。人工林的采伐量在整个森林采伐量中的比例日益增大,天然林不再是主要采伐对象,木材的自给率约为60%。2000年以后,我国木材进口量快速增加,所占比重不断加大,在国际木材贸易中的地位也不断上升。2011 年,我国原木进口量占世界总出口量的 37.65%。锯材进口量由 2000 年占世界总出口量的 5.1%上升到 2013 年的 20.4%。2013 年,我国锯材进口量占世界总出口量的 20.4%。现今,我国已经成为世界林产品进口第二大国。

但由于我国进口的木材大多源于非可持续经营的森林,所以我国所要承担的国际社会的职责也越来越多。随着我国经济贸易的不断发展,林产品的出口量也呈迅猛发展态势,尤其以家具和胶合板最为显著。2014 年,我国的木制品出口总额为 349.52 亿美元,同比增长 12.99%,其中,木家具、木框架坐具和胶合板出口额合计约 279.06 亿美元,占木制品出口总额的 79.84%。

随着我国经济贸易的快速发展,林产品贸易已经成为我国经济中不可或缺的一部分。然而,随着贸易保护主义在全球范围内盛行,森林认证等"绿色壁垒"已成为继反倾销、反补贴等贸易保护措施之后,我国林产品出口面临的又一大障碍,难以跨越的市场准入门槛极大程度地影响了我国林产品的出口。例如我国出口到欧洲各国的木材产品越来越多地受到森林认证的限制。因此,如何消除日益增长的"绿色壁垒",正成为我国林业产业需要面对的一个重要课题。

三、森林认证的国内外发展现状

(一)世界森林认证发展现状

从认证体系方面来看,森林认证多元化和趋同化并存。目前世界上共有 50 多个森林认证体系,全球性森林认证体系有森林管理委员会(FSC)和森林认证认可计划(PEFC)。此外,很多国家都在继续发展制定适合自己国家的认证框架体系,并且国家体系都在努力获得国际体系的认可与合作,寻求体系间的互相认可,力图让国家自己的认证体系与国际体系接轨。从全球认证面积方面来看,森林认证面积增长快但分布不均。在森林认证发展初期,认证面积小,认证工作实施难度大。随着国际贸易的不断发展,认证的森林面积也呈现出快速增长的态势。目前,全球已经有 60 多个国家和地区开展了森林认证工作,世界上大约有 8% 的森林通过了认证。在所有通过认证的森林中,FSC 和 PEFC 共占总面积的 99%。截至 2013 年 11 月,由 FSC 和 PEFC 这两大认证体系认证的森林面积达到 437 751 305 公顷,是 2002 年的 4 倍左右,约占全球森林总面积的 19%。其中,由 FSC 认证的森林面积达到 186 637 611 公顷,占 42.64%;由 PEFC 认证的森林面积达到 251 114 594 公顷,占 57.36%。但认证的森林主要分布在发达国家集中的北半球。据统计,在被认证的森林中,北半球森林面积占 80%~90%,其中北美约占 56%,欧洲约占 33%。

从认证对象来看,主要针对森林经营者和林产品的加工、销售企业。其中,森林经营者包括了私有林主和国有、集体林森林经营单位。

(二)我国森林认证发展现状

就我国而言,森林面积约 2.07 亿公顷,位居世界第五,仅次于俄罗斯、巴西、加拿大和美国。但我国有相当大面积的森林得不到认证,森林认证面积和认证比例远远低于德国、加拿大、瑞典、美国、巴西、俄罗斯等国家,这显然对我国林业发展造成了不利影响。为此,我国政府高度重视森林认证工作,把它作为促进森林可持续经营和林业可持续发展的一种潜在的市场政策工具。经过十多年的努力,我国森林认证体系(CFCS)已经建成并日臻完善,并且于 2014 年 2 月实现了与 PEFC 体系的互认,标志着我国的森林认证体系正式登上了国际舞台。从认证的规模来看,截至 2013 年 10 月,我国有 58 个森林经营单位的 2 878 832 公顷森林获得了森林经营认证,有 3 461 家木材加工企业通过了产销监管链认证。其中,通过 FSC 体系认证的有 3 254 家,通过 PEFC 体系认证的共有 207 张 COC 证书,其中 204 张为有效证书。

从认证对象来看,森林经营的法人、加工和销售企业是我国的主要森林认证对象,且以后两者居多。在已经通过的森林经营认证中,认证对象也主要是一些国有林场或自然保护区。

四、我国森林认证工作的政策建议

1. 制定合理的运行机制和激励措施,加快我国认证体系建设

目前,我国正处于国家森林认证体系建设的关键时期,国内缺乏认证产品市场,因此,在此情况下,政府必须依据我国林情制定有效的运行机制和鼓励政策。所要采取的标准主要有以下几个:制定符合我国现阶段林业经营的特点的认证标准;制定符合我国现行法律法规的相关规定;制定森林认证标准可以结合其他相关政策,例如税收政策、限额采伐制度等。

2. 推进森林认证与绿色采购的结合,促进林业产业可持续发展

绿色采购是以政府与企业为主要采购主体,以压缩成本、合理配置资源、保护资源为目的,将环境因素纳入采购行为的过程。而林产品绿色采购则是将林产品作为采购对象,在保持生态的同时实现林产品可持续供给的过程。在一些发达国家,森林认证是国家进行林产品绿色采购的一个重要手段。在我国的《政府采购法》中,一些公共产品已经采取公开投标和公共采购的政策,我国也可以借鉴国外的经验,优先考虑采购已经认证的林产品。

3. 强化森林认证市场推广,加快国际体系的认证

随着国际贸易的快速发展,国际市场的竞争压力越来越大,我国进出口贸易企业积极寻求与国际体系的认证。据统计,共有 190 多家企业通过了国际体系森林管理委员会的产销监管链认证。但森林经营认证却未得到同步发展,至今为止还处于面积小、认证数量少的局面,主要原因是国内木材在质量、价格等方面未达到相关企业的要求,导致许多进出口林企直接进口认证木材。针对上述情况,我国需要开展多样化的市场推广活动,并进行相关能力的培育,尽快达到国际标准。

4. 启动森林认证示范项目,从实践中得到方法

目前来看,我国的森林认证体系还停留在研究理论阶段,还没有经过实践。无论是专家

制定标准还是部门制定规章制度,都要进行实践,唯有实践才能得到真知。因此,我国可以启动森林认证示范项目,从实践中发现问题并找到方法解决问题。

本章小结

　　木材生产经营活动中不可缺少且非常重要的一部分是木材流通。它包括木材收购、调运、再加工、储存和销售等环节。加强木材流通管理,有利于保护森林资源的多样性、维护木材市场的正常秩序、保证木材生产者和消费者利益不受侵犯。通过了解木材流通方面的法律法规,熟知木材经营加工管理、木材运输管理、木材市场、木材贸易等方面的相关知识,从根本上意识到木材流通管理工作的重要性,为"发展现代林业,建设生态文明,推动科学发展"提供有力支持,更好地促进我国林业的可持续发展。

【案例分析及讨论】

关于木材运输管理的案件

　　(1)案件事实

　　2012年6月11日,经群众举报,当事人张××无证运输并销往长沙的香樟活立木两株被我局干警依法在樟树镇新华村路段(二十六块碑)查获,经现场勘验、调查询问、登记保存及当事人供认,张××无证运输木材事实成立,证据确凿,违反了《森林法实施条例》第三十五条,我局按照《森林法实施条例》第四十四条第一款之规定依法没收当事人张××非法运输的香樟活立木两株(胸径为38厘米、40厘米)。

　　(2)法律适用

　　《森林法实施条例》第三十五条　从林区运出非国家统一调拨的木材,必须持有县级以上人民政府林业主管部门核发的木材运输证。重点林区的木材运输证,由省、自治区、直辖市人民政府林业主管部门核发;其他木材运输证,由县级以上地方人民政府林业主管部门核发。木材运输证自木材起运点到终点全程有效,必须随货同行。没有木材运输证的,承运单位和个人不得承运。即只有持有县级以上人民政府林业主管部门核发的木材运输证才能从林区运出非国家统一调拨的木材。省、自治区、直辖市人民政府林业主管部门核发重点林区的木材运输证,而县级以上地方人民政府林业主管部门核发其他木材运输证。

　　《森林法实施条例》第四十四条(第一款)无木材运输证运输木材的,由县级以上人民政府林业主管部门没收非法运输的木材,对货主可以并处非法运输木材价款30%以下的罚款。即县级以上人民政府林业主管部门可没收无木材运输证运输的木材,对货主可以并处非法运输木材价款30%以下的罚款。

（3）决定结果

经我局干警现场勘实、调查询问，当事人张××无证运输木材违法事实清楚、证据确凿。我局决定按照《森林法实施条例》第四十四条之规定没收其非法运输的香樟活立木两株（胸径为 38 厘米、40 厘米）。

（4）说明理由

① 对证据采信理由的说明

我局干警接到群众举报后，在樟树镇新华村路段当场查获当事人运输香樟活立木两株，经现场勘验、调查询问，证物、证言俱全，张××无证运输木材事实清楚、证据确凿。

② 对证据选择理由的说明

经调查本案违法事实清晰、证据充足，张××无证运输木材，违反《森林法实施条例》第三十五条：从林区运出非国家统一调拨的木材，必须持有县级以上人民政府林业主管部门核发的木材运输证。应根据《森林法实施条例》第四十四条（第一款）之规定进行处罚。

③ 对决定裁量理由的说明

《森林法实施条例》第四十四条（第一款）无木材运输证运输木材的，由县级以上人民政府林业主管部门没收非法运输的木材，对货主可以并处非法运输木材价款30％以下的罚款。又根据《湘阴县林业行政处罚自由裁量权细化标准》和《湘阴县林业行政处罚下限制实施方案》的相关规定。故我局决定依法没收张××非法运输的香樟活立木两株（胸径为 38 厘米、40 厘米）。

（5）告知权利

6 月 13 日，我局将"林业行政处罚决定书"（湘阴林罚字〔2011〕X 号）当场送达给张××（张××在送达回证上签字），并告知当事人如不服本决定，可以在接到决定书之日起 60 日内向湘阴县人民政府或者岳阳市林业局申请行政复议，或者在三个月内直接向人民法院起诉。逾期不申请行政复议或者不向人民法院起诉又不履行处罚决定的，我局将依法申请人民法院强制执行或者依法强制执行。

1. 木材运输证在木材运输管理中的地位和作用是什么？

2. 加强木材运输管理对于我国林业可持续发展有何重要意义？

【本章复习思考题】

1. 简述木材运输管理的主要内容。

2. 木材运输证有哪些类型？

3. 木材经营、加工单位应具备什么样的条件？

4. 简述我国木质林产品贸易体制的发展阶段。

5. 目前我国木质林产品贸易政策有哪些？

6. 简述绿色贸易壁垒的定义、形成原因、表现形式。

7. 我国的绿色贸易壁垒措施有哪些?

8. 简述森林认证的含义及形成背景。

9. 森林认证的作用、意义是什么?

10. 论述我国森林认证发展现状。

【相关阅读材料】

全国人民代表大会常务委员会. 中华人民共和国森林法(修订版). 2009-8-27.

全国人民代表大会常务委员会. 中华人民共和国对外贸易法(修订版). 2004-4-6.

国务院. 中华人民共和国森林法实施条例(修订版). 2018-3-19.

国务院. 中共中央国务院关于加快林业发展的决定. 2003-6-25.

国家林业局. 关于进一步规范木材凭证运输管理有关问题的通知. 1998-10-13.

国家林业局. 关于实行凭证运输木材制度有关问题的通知. 1991-5-8.

国家林业局. 关于开展森林认证工作的意见. 2008-6-6.

国家林业局. 关于加快推进森林认证工作的指导意见. 2010-9-16.

【主要参考文献】

[1] FSC. Global FSC certificates: type and distribution[R]. 2014.

[2] UNECE. Forest Products Annual Market Review 2013—2014[R]. 2014:14 - 17.

[3] 黄安. 新时期中国外贸转型发展研究[D]. 福州:福建师范大学,2014.

[4] 朱江梅. 基于绿色贸易壁垒视域的中国林产品出口贸易研究[D]. 哈尔滨:东北林业大学,2012.

[5] 李冉,程宝栋. 我国木质林产品加工贸易发展现状及对策分析[J]. 木材工业,2011(2):14 - 17.

[6] 赵辰. 后危机时期我国面临的绿色贸易壁垒及应对措施研究[D]. 北京:外交学院,2012.

[7] 季开胜. 全球绿色贸易壁垒的现状及发展趋势[J]. 价格月刊,2011(6):17 - 20.

[8] 杜宇霞. 木质林产品出口贸易与环境协调的策略研究[D]. 哈尔滨:东北林业大学,2013.

[9] 迟诚. 我国的环境成本内在化问题研究[J]. 经济纵横,2010(5):41 - 44.

[10] 许传德,韩璐,张学军. 新世纪以来我国木材进口情况分析及预测[J]. 林业经济,2015(10):52 - 56.

[11] 秦月. 2013年1—9月我国木材进出口情况评析[J]. 中国人造板,2014(1):31 - 34.

[12] 刘能文,谢满华. 2014年我国木材进口与木制品出口及2015年展望[J]. 木材工业,2015(2):24 - 27.

[13] 柯其燕,涂慧萍. 森林认证国内外进展[J]. 绿色科技,2014(12):270 - 274.

[14] 余柏松. 森林认证体系认可计划(PEFC)及其国际互认概况[J]. 轻工标准与质量,2015(1):31 - 32.

［15］国家林业局科技发展中心（植物新品种保护办公室）.我国森林认证体系实现国际互认［N］.中国绿色时报,2015-01-01(E03).

［16］汪晓钟.森林资源保护管理面临的问题与对策探讨［J］.现代园艺,2012(6):157.

［17］孟翠英.我国森林资源现状及林业的可持续发展探析［J］.科技创新与应用,2015(20):290.

［18］胡延杰,陈绍志,李秋娟.森林认证国际新进展及启示［J］.林业经济,2015(8):101-104,112.

［19］苏蕾,曹玉昆,陈锐.浅析森林认证对我国木地板出口企业的影响及对策［J］.安徽农业科学,2012(13):7777-7779,7792.

［20］凌棱.关于森林经营认证影响的研究［D］.北京:北京林业大学,2014.

［21］赵敏顺,张德亮,谢萍.我国森林认证发展存在的问题及对策［J］.当代经济,2014(4):70-71.

［22］徐斌,陈绍志,付博.中国森林认证:问题与挑战［J］.林业经济,2013(11):82-85,90.

［23］邸富宏,杨三红,郭晋平,等.森林认证的发展及其对中国森林经营的影响［J］.林业调查规划,2015(2):143-146.

［24］周生贤.中国林业的历史性转变(1—4)［M］.北京:中国林业出版社,2002.

［25］孔凡斌.可持续发展条件下林业法制建设若干问题的思考［J］.东北林业大学学报,2003(2):41-45.

［26］王祝雄.关于加强林业行政执法研究［J］.林业经济,2000(3):63-69.

［27］房薇,孙妍.福建省木材流通的现状及存在问题思考［J］.林业调查规划,2005(4):55-58.

［28］国家林业局.中国林业发展报告［M］.北京:中国林业出版社,2002.

［29］刘刚.对加强木材流通管理的思考［J］.吉林林业科技,2003(2):31-32.

［30］吴强.木材营销工作思考［J］.林业建设,2002(3):36-38.

［31］张力.林业政策与法规［M］.北京:中国林业出版社,2009.

［32］高岚.林业经济管理学［M］.北京:中国林业出版社,2009.

［33］国家林业局.关于进一步加强木材经营加工监督管理有关问题的通知［J］.国家林业局公报,2006(3).

［34］刘德钦.林政管理学［M］.北京:经济科学出版社,2010.

［35］许向阳.木材流通与宏观调控［M］.北京:中国林业出版社,1994.

［36］朱光前.2009—2010年木材流通回顾与展望［M］.北京:中国物资出版社,2010.

第十二章

其他主要林业政策

【本章学习目标】

1. 了解林业投资政策的概念、目标以及当前我国林业投资存在的问题、解决政策。
2. 了解林业价格政策的目标及我国现行主要的林产品价格政策。
3. 了解我国林产品价格政策调整的基本原则及基本内容。

【本章要点】

本章将重点介绍对我国林业发展有显著影响的其他经济政策,主要包括林业投资政策与林产品价格政策。林业投资是影响林业发展的基本因素之一,不同的投资目的、投资规模、投资结构等将使林业经济发展呈现不同的态势。林产品价格则与林业发展、山区经济以及林业职工生活水平有密切的联系。本章在分析我国林业投资政策历史沿革的基础上,揭示现阶段我国林业投资的问题,介绍了我国现行的主要林业投资政策。同时在分析我国林产品价格政策演变的基础上,系统阐述了我国现行的林产品价格政策。

第一节　林业投资政策

一、林业投资政策概述

林业投资泛指从事以森林资源为主要对象的资金投入活动,从而取得一定的经济效益、社会效益和生态效益。林业投资是在预定的时间范围内达到预期效益的一种扩大再生产的经济行为。林业投资活动对林业发展有重要的影响,国家相应的林业投资政策也会使得林业经济发展呈现出不同的态势。

林业投资政策是党和国家在一定时期社会形势下制定和实施的关于林业资金的筹集、使用、管理等方面的行为规范,是林业投资活动的基本方针与原则,是调整政府、单位、个人及社会其他团体的林业投资行为的标准。为了与相关的林业产业政策和其他林业政策相互配合、相互协调,我国林业的林业投资政策被具体分为投资来源政策、林业投资规模政策、林业投资结构政策。

二、我国林业投资政策的历史沿革

中华人民共和国成立以来,我国的林政法规建设已经经历了 60 多年的发展,其发展历程跌宕起伏,充满艰辛。我国的林业投资政策也随着国家社会经济的发展而不断变化。

计划经济时期,我国实行高度集中的计划经济体制,由中央政府统一管理全国的人力、物力、财力。政府是唯一的投融资主体,依靠相关的财政手段对社会资源进行直接分配与管理,金融机构和企业只是政府的附属和计划执行者。政府直接管理着全国各行各业,包括林业投融资活动。当时,我国林业投资主要集中在采伐为主的森工方面,而对于森林的培育、管护等方面的资金投放却少之又少,进一步体现了我国对林业"只取少投入"的思想。

在改革开放的时代大背景下,我国林业投融资政策随着各种经济体制的改革也发生了巨大的变化,逐步加深对林业生态效应的关注,对林业后续资源培育的投资力度也越来越大。我国于 1981 年颁布的《中共中央、国务院关于保护森林发展林业若干问题的决定》明确提出建立林业基金制度:"建立国家林业基金制度。要把国家的林业投资,财政拨款,银行贷款,按照规定提取的育林基金和更改资金,列入林业基金,由中央和地方林业部门,按照规定权限,分级管理,专款专用,年终结余允许跨年度使用。"1985 年,我国对林业和森工企业进行了"拨改贷"改革,不再实行由国家财政拨款的单一方式,而是由银行提供贷款,实行林业项目贴息贷款政策。1988 年,我国形成了"地方投资为主、中央投资为辅"的林业投资政策,并且逐步形成了国家投资、自筹资金、信贷资金三足鼎立的林业投资格局。

1992 年,林业建设资金来源由于我国社会主义市场经济制度的确立,出现了多元化,其资金投入数量也逐年上升。随着我国六大林业重点工程的启动,国家更是加大对林业建设的投入,并设立相应的投入政策。2003 年,党中央、国务院出台了《中共中央国务院关于加快林业发展的决定》,确立了以生态建设为主的林业发展战略。2008 年,国务院出台了《中共中央国务院关于全面推进集体林权制度改革的意见》,指出要建立支持集体林业发展的公共财政制度、要建立和完善森林生态效益补偿基金制度;推进林业投融资改革,加大林业信贷投放,完善林业贷款财政贴息政策,大力发展对林业的小额贷款,逐步完善我国的林业投资政策。

三、现阶段我国林业投资问题

我国虽然在制度上取得了巨大的成就,但是仍然存在许多问题。

1. 林业投资总体水平低

虽然我国森林面积居世界前列,但人均占有森林面积和蓄积量却低于世界平均水平,并且面临着严重的土地荒漠化和沙化、水土流失等问题。我国对森林资源与林产品供不应求,需要依赖进口以满足市场对木材和木制品的需求。目前,我国已成为世界上最大的林产品进口国。

据统计,1952—1990 年国家财政支出中林业的比重仅为 0.68%,其中"六五"时期为 0.8%,"七五"时期为 0.71%,"八五"前三年为 0.7%。我国对林业的财政支出明显低于水利、农业。虽然随着国家对林业发展的日益重视,国家林业投资总量有所增加,但所占比例依旧较低,2012 年林业投资在全社会固定资产投资中的比重仅为 0.89%。政府投资林业还需加大力度,资金不足一直是林业投资中的主要问题,现有的林业生态建设投资项目不足,许多地区林业企业欠债累累,濒临破产。

2. 林业投入的基本结构不合理

(1) 林业投入的利用效率不高。林业投入总量不足,使得林业产业素质不高、效益不好,难以形成高效利用资金的产业机制,使得我国林业投入的利用效率不高。

(2) 林区开发建设资金不到位、公益性林业的国家投入短缺,很大程度上影响了林区开发和生态林业工程建设。森林保护及林业基础设施建设由于缺乏稳定的资金来源,很多的林业生态项目因为资金不足而不断推迟或大规模缩减开支。

3. 林业保险发展不完善

由于林业是一个高风险的产业,对保险有着巨大的需求。我国森林保险具有高风险、高费率、低保障、低覆盖的特点。目前,我国政策性森林保险只承保火灾风险,且森林保险对象只是针对商品林。由于缺少相关的国家优惠政策扶持,保险公司很难全面开展林业保险工作。

四、现阶段主要林业投资政策

1. 增加对林业的投入,重点投向生态保护和资源恢复

中央和地方财政逐步加大对林业的投入。从 1999—2012 年期间我国的林业投入结构来看,国家投资占林业投资最低比重为 46.23%,最高比重为 80.81%,国家成为林业投资主体。根据《2014 年中国林业发展报告》,2013 年,全国林业建设新增到位资金 3 730.87 亿元。与 2012 年相比,新到位资金增长了 13.02%。此后,我国还将继续扩大林业投资规模。

2. 采取多种投入形式

根据林业分类经营原则,我国对不同类型的林业采取不同的投入方式。根据林业经营的目的和组织形式来看,林业可分为三种类型即产业林业、生态林业和社会林业。其中,产业林业是以经济效益为目的,涉及用材林、经济林的培育,木材生产、加工利用等方面,通过市场机制调节投入;生态林业是以发挥生态效益为目标,涉及防护林体系建设、自然保护区建设等方面,生产性投入主要依靠国家无偿拨款;社会林业是指除产业林业和生态林业之外的其他林业经营活动,主要包含农用林业和城市林业,主要以经济扶持政策和必要的行政方式解决资金投入问题。

3. 开征森林生态效益受益费(税)

随着我国社会主义市场经济体制的不断发展和完善,在林业投入方面只有生态林业投入问题需要国家投资解决。在社会投资中,国家投资的相对额减少是必然趋势,而随着社会对生态环境质量要求日益提高,国家生态林业投入也将随之提高。为达到筹集生态林业建设资金的目的,国家应在充分研究论证的基础上,开征"森林生态效益受益费(税)",向森林生态效益受益单位和个人征集生态林业发展建设资金。

4.对林业实行轻税制

目前,我国对林业实行轻税制,主要表现在税费的低税率甚至是零税率。较低的林业税率可以在一定程度上延长林业的休养生息的时间和保护林业的发展。可以说,合理地减轻林业的税负,在某种意义上就是增加了林业的投资。

5.分级负责林业投资

在我国,不同的投资范围是由不同层次的林业投资主体负责的。

国务院林业主管部门投资范围包括:关系全国环境保护的生态林业;国家级的自然保护建设工程;国家产业政策重点扶持的支柱产业项目;林业科技、教育;林业公(检)法等公益性项目建设投资。其中,基础性项目主要来自国家政策性贷款;公益性项目全部由国家财政投入。

地方林业主管部门投资范围主要包括:营林、森工、森林保护、生态林业工程、林业科技教育、林业公检法等。资金投入渠道主要有国家、地方财政预算内补助投资,育林基金,政策性专项基金及贷款等。

林业企业投资范围,主要是竞争性项目或基础性项目,通常是借助市场筹措资金。此外,还包括企业自有资金、银行贷款和经批准发行的林业企业投资债券或股票等有价证券。

第二节 林产品价格政策

一、林产品价格政策概述

林产品价格政策是针对林产品价格方面而制定的一系列指导方针和原则,从而达到一定的宏观目标,决定着林产品的价格水平、价格体系、价格结构的全部内容,是我国价格政策的重要组成部分。林产品价格政策主要包括:林产品价格制定政策、林产品差价和比价政策、林产品价格管理政策及其相应的配套政策等。林产品价格政策在作为调节和规范林产品交易的重要手段的同时,也是对林业利润进行分配与再分配的重要杠杆。制定和实施好林产品价格政策,对于促进林业稳定健康发展、繁荣山区经济具有重要的作用。

二、我国林产品价格政策的演变

针对我国特有的社会环境,我国的林业政策也根据不同的情况作出不同程度的调整。林产品的价格形成机制和保护政策贯穿林业政策形成的全过程,进而影响着林产品价格的波动。我国林产品的流通机制和经营方式主要经历了以下几个阶段:

(一)自由购销阶段(1949—1952年)

新中国成立初期我国刚从战乱中走出来,国民经济处于复苏时期,国家还未有大规模的经济建设活动,因此社会对林产品的需求量小。该阶段,除国有林区的木材价格由各省(区)

自行制定执行外,集体林区的木材处于自由购销的阶段,即林产品价格由交易双方自行商议。这一时期,我国林产品价格基本稳定在较低水平。

(二)统购统销阶段(1953—1984 年)

该阶段,我国对林产品管制较为严格,林产品实行集中购销、有计划的分配,并制定统一的计划价格。以木材为代表的林产品价格一直处于较低的水平,甚至低于其内在价值,这给林产品生产加工带来了巨大的损失。为了降低损失,林产品生产加工企业不得不降低产量,因而使得林产品供不应求。为了消除这一情况,政府只有采取集中采伐树木增加林木的供应,但也由于过量的采伐对我国的森林资源造成了严重的破坏。随着我国经济体制改革措施的陆续制定与实施,政府加大了对价格改革的关注。1984 年 10 月《中共中央关于经济体制改革的决定》提出,价格改革是整个经济体制改革成败的关键的论断,这对价格改革的深化起到了巨大的推动作用。

(三)双轨制阶段(1985—1997 年)

随着经济体制改革的不断深化,单纯的统购统销已经不再适合我国的体制,故针对这时的经济体制开始实行议价议购,放开南方木材市场,上市的木材按质论价。这一阶段的主要特点是:"议购统销并存,市场调节与国家计划分配并存,随行就市的市场价格与国家指令性、指导性价格并存"。但由于对林产品市场定位不准确、国家重视度不够等,该阶段我国林业发展状况并不理想,甚至出现了严重的乱砍滥伐现象。

(四)宏观调控下的放开市场阶段(1998 年至今)

1998 年取消统配木材,对国家重点用材实行产销衔接计划。至此,我国逐步形成了较为成熟的价格机制和调节木材供需机制。

三、我国现行的林产品价格政策

(一)林产品价格政策目标

1. 林产品价格政策目标确定的依据

(1)森林资源状况。森林资源是林产品生产的物质基础,这就使其具有能够决定林产品价格政策的特点。森林资源具有多功能性,因此,其产品生产具有客观约束性。所以,我们在制定价格政策的过程中不能只考虑林产品的产量,也要考虑森林的生态功能的发挥。

(2)林产品的供求状况。供需决定价格,相应地,价格反映供求。所以,林产品价格政策必须具备有效调节市场供需矛盾,促进林产品市场稳定发展的功能。

(3)国家宏观经济发展的要求。林产品价格政策的政策目标能够顺利实现的条件之一,就是必须要能反映国家对林业发展的基本要求。能够反映国家对林业发展的基本要求是林产品价格政策能够顺利实现的前提条件之一。林产品价格政策的制定首先要与国民经济宏观价格总政策的指导思想相一致,其次必须要与国家总的价格改革制度相协调。

（4）现行林产品价格政策。只有科学分析现行的林产品价格政策,总结现有政策的不足和有效性,才能制定出更加科学、合理,并且更加完善的新政策。

（5）考虑国际市场对林产品价格变化的影响。在制定和调整我国国内林产品价格政策时,必须将国际市场的林产品价格也纳入考虑范围,务必将国内林产品与进口林产品价格统一起来。

2. 林产品价格政策的目标

林产品价格政策具有多目标复合的特征。一方面,目标的确立受到多种因素的影响;另一方面,其所要解决的问题具有复杂性、多样性的特点。一般而言,林产品价格政策的目标主要有:

（1）保持林产品价格总水平的相对稳定。这是林产品价格政策的基本目标。

（2）建立林产品市场价格体制。这是社会主义市场经济的必然趋势,指由市场确定价格,而不是政府定价。虽然短期内不能实现,但相应的过渡政策、措施应在不同阶段的林产品价格政策中得以体现。这是林产品价格政策的长期和根本目标。

（3）合理调节利益分配。发挥价格的经济杠杆作用,通过林产品价格政策使林产品收入在生产者、经营者、消费者之间实现公平分配。

（4）促进林产品供求平衡。供求平衡是市场稳定的基础,价格作为经济杠杆对林产品供求具有重要的调节作用。因此,林产品价格政策必须能够促进林产品供求平衡。

（5）促进林业资源配置优化和林业产业结构合理化。一方面,林产品价格政策要能激励生产状况好、经济效益高的企业及相关项目的发展;另一方面,应能抑制那些生产状况恶劣、经济效益差的企业及相关项目的发展。只有这样才能达到促进林业资源优化配置和产业结构合理化的目标,以此提高林业经济的整体效益。

（二）我国现行主要的林产品价格政策

1. 基本稳定与合理调整的政策

稳定物价是我国长远的战略方针,也是价格管理的指导原则。一方面,稳定物价反映了社会主义经济规律的客观要求;另一方面,该政策与我国国情以及社会主义现代化建设的目标相匹配。稳定物价包括两方面的内容——基本稳定与合理调整。两者需相互协调、相互配合。价格基本稳定对于营造稳定的经济环境、促进企业竞争和提高经营主体经济效益具有重要意义。但这是一种"相对的稳定",在价格稳定的前提下允许对某些部分进行合理的调整。现阶段,我国仍实行"基本稳定与合理调整"的林产品价格政策。

2. 缩小价格剪刀差,保持林产品的合理比价政策

价格剪刀差指的是在工农业产品交换中,工业品价格高于价值而农产品价格低于价值所形成的差额,也可以说是工农业产品之间的不等价交换,我国的价格剪刀差主要是历史遗留下来的。价格剪刀差的存在对经济发展有着不利影响,既违背了价值规律,又损害了林业

生产经营者的利益。因此,缩小价格剪刀差,维持林产品的合理比价显得尤为重要。国家在制定相关的法律政策时,需要做到既保护了林业生产经营者的合法权益,又兼顾了国家、集体、个人三者间的利益。

3. 差价政策

林产品差价政策是指在定价基础上,由于同种林产品存在树种、材种、等级以及地区、质量的不同,从而形成价格上的差异,为此所制定的有关规定。制定和实施差价政策的目的在于限制林产品在地区间的不合理流动,指导和调节生产者因自然条件差异而产生的收入差异,鼓励生产优质品,体现优质优价、按质论价。我国现行的林产品差价政策主要包括:树种差价政策、林种差价政策、径级差价政策、质量差价政策等。

不可否认的是,虽然我国的差价政策在不断地发展和完善,但依旧存在不足,例如存在质量差价倒挂、树种差价过小、径级差价不合理、木材经销企业不良经营等一些问题。因此,我国必须科学合理地调整林产品差价政策,保证质量地贯彻差价政策的实施,并加强相关的督促检查工作。

4. 木材价格的保护政策

价格保护政策是指国家为了保护生产者或消费者利益而制定的一定的价格限额。木材价格的保护政策,主要是指对收购木材产品规定最低限价,而对产地销售木材规定最高限价的政策做法。我国于1985年在南方木材市场规定产地收购环节执行最低限价,该项措施保护的对象是林农。该政策的目的在于实现对生产耗费进行补偿。而在销售环节执行最高限价,主要针对木材消费者,旨在保证价格在用户的承受能力范围内。但同时,保护价格的制定始终以价值为基础,再根据市场供求状况制定出科学合理的最低、最高限价。

本章小结

林业不仅是一项不可缺少的公益事业,更是一项重要的基础产业。在以公有制为主体,多种所有制形式共同发展的基本经济制度下,党和国家日益重视对林业经济的发展,为促进林业跨越式发展积极调动各方面的力量;制定出包括林业投资政策、林产品价格政策等在内的一系列林业经济政策,来调整林业经济运行中各种经济关系和经济活动,这对林业的可持续发展具有重要的意义。

【案例分析及讨论】

林产品价格形成政策的演变——以木材为例

1952年之前,国有林区的木材价格由各省(区、市)自行制定并执行,集体林区的木材自由购销。国家、合作社或个体可以在林区和城镇中设立机构经营木材,买卖双方协商决定价格(期间全国木材价格基本稳定在一个较低的水平上,平均为 55.72 元/立方米)。

1953 年起,国家实行统购统销制度,向集体中收购木材,根据计划分配和销售。由于我国木材价格依然偏低,1953 年全国林区平均木材价格仅 58.89 元/立方米,在之后的近 30 年时间里,我国 3 次提升木材价格。直至 1981 年,全国木材平均价格增至 87.33 元/立方米。调整后的价格仍然低于其木材内在价值,两者矛盾依然尖锐。偏低的木材价格导致木材生产企业损失深重,据统计,如果培育森林费用计入木材生产成本,我国木材生产行业每年亏损 10 亿多元。因而木材生产经营减少,以致木材市场供不应求,政府只得集中采伐森林资源,然而,过量采伐致使采育失衡,林木一度更新跟不上采伐。由于木材生产任务过重,政府不惜增加成本进口木材。

随着经济体制改革的深入,为了进一步刺激林区经济,1985 年 1 月 1 日,中央在《关于进一步活跃农村经济的十项政策》中明确指出:"集体林区取消木材统购,开放木材市场,允许林农和集体的木材自由上市,实行议购议销"。由此,我国南方木材市场开放,上市木材按质论价,议购议销,随行就市。政府在调整木材价格和完善林业政策过程中,发挥合理调节价值规律的作用,对稳定木材价格、控制木材消费、提高林农经济收入、改变林区贫困面貌产生积极作用。但是,由于对木材的市场定位及性质认识不充分,"双轨制"阶段的林业政策不但没有加快林木发展,反而使林木乱砍滥伐现象加剧,阻碍森林资源可持续发展。

1998 年,国家取消统配木材,对国家重点用材实行产销衔接制度。我国木材流通改革取得重大突破,至此,市场主导木材供需和价格的机制基本形成。木材价格开放,大大地刺激了我国木材经营,同时改变了流通格局。随着市场深入开放,林产品交易种类增加,交易区域扩大,林木行业竞争同样愈加激烈。

资料来源:马恩丽,王武魁. 林业政策对林产品价格波动的影响分析——以木材为例[J]. 安徽农业科学,2013(7):3155 - 3157.

1. 林产品价格政策对林业企业的影响有哪些?

2. 不同阶段我国林产品价格政策存在哪些问题?

时间	价格政策	影响
1952 年之前	国有林区木材价格由各省(区、市)自行制定并执行,集体林区自由购销	木材价格稳定在偏低水平,木材市场缺乏活力
1953—1984 年	国家实行统购统销制度,并多次提升木材价格	木材价格仍然偏低,林木企业减少投入,过度砍伐,采育失衡
1984—1997 年	集体林区取消木材采购,开放木材市场,允许林农和集体的木材自由上市,实行议购议销	一定程度上改善了林区经济,但是由于双轨制阶段,木材市场的不规范与不完善,乱砍滥伐问题依然存在
1998 年之后	取消统配木材,对国家重点用材实行产销衔接	市场主导木材供需与价格的机制基本形成,木材市场化逐渐完善

【本章复习思考题】

1. 简述我国主要的林业投资政策及其目标。
2. 我国林业投资体制存在哪些问题?
3. 林业投资主体与投资范围具体有哪些?
4. 简述选定林产品价格政策目标的依据,其具体目标有哪些?
5. 我国现行主要的林产品价格政策有哪些?
6. 林产品价格政策调整的基本内容及基本原则是什么?
7. 简述木材流通管理的特点、作用、主要任务。
8. 木材运输管理的基本原则和意义是什么?
9. 讨论林产品贸易政策的内容、作用。
10. 讨论林产品国内贸易政策有哪些?

【相关阅读材料】

国务院. 全国林地保护利用规划纲要(2010—2020 年). 2010-7-25.

国家林业局. 关于印发《国家林业局 2014 年工作要点》的通知. 2014-1-20.

国家林业局. 关于贯彻落实好加快林下经济发展意见的通知. 2012-8-23.

国家林业局. 中央财政森林生态效益补偿基金管理办法. 2007-3-15.

国家林业局. 关于进一步加快林业信息化发展的指导意见. 2013-8-12.

【主要参考文献】

[1] Guido Fioretti. The investment acceleration principle revisited by means of a neural network[J]. Neural Computing and Applications,2004(1):16 – 23.

[2] 蒋宁,肖平. 林产品价格现状与林产品价格调控体系的构建[J].江苏商论,2012(3):38 – 40.

[3] 刘璨,李成金,许兆军,等. 我国林业财政政策研究[J]. 林业经济,2014(1):60 – 79.

[4] 盛均全. 中国林业投融资问题研究[D]. 北京:北京林业大学,2012.

[5] 于江龙,刘俊昌,陈文汇. 我国林业投资与产业经济增长关系研究[J]. 价格理论与实践, 2011(9):85 – 86.

[6] 刘凤平. 我国林业投融资问题研究[D]. 合肥:安徽大学,2010.

[7] 田治威,秦涛,潘焕学. 中国林业金融支持体系研究[M]. 北京:经济管理出版社,2009.

[8] 赵荣,陈绍志,张英,等. 中央林业投资现状、问题与政策建议[J]. 林业经济,2013(6):46 – 50.

[9] 马恩丽,王武魁. 林业政策对林产品价格波动的影响分析——以木材为例[J]. 安徽农业科学,2013(7):3155 – 3157.

[10] 韩丽晶,曹玉昆,陈丽荣,等. 木材可追溯性、林产品市场准入标准与中国林产品贸易[J]. 林业经济问题,2015(3):62 – 67.

[11] 吴国春,高瑞. 新形势下中国林产品贸易面临的问题及对策研究[J]. 安徽农业科学,

2014(22):239-242.

[12] 程澄. 中国林产品国际贸易的比较利益研究[D]. 杭州:浙江大学,2013.

[13] 于波涛,杜宇霞. 中国木质林产品出口贸易中的环境问题及对策分析[J]. 林业经济问题,2013(1):40-44.

[14] 刁钢. 中国木材供给及政策研究[D]. 北京:北京林业大学,2014.

[15] 包颖彦. 中国林产品贸易的困境与优化对策探讨[J]. 现代经济信息,2014(4):143.

[16] 袁方方. 我国林产品进出口贸易对林业产业的影响分析[D]. 北京:北京林业大学,2013.

[17] 陈立桥,陈立俊. 林产品贸易政策对林业的影响及对策研究[J]. 国家林业局管理干部学院学报,2010(1):41-46.

[18] 侯方淼,宋维明,陈伟,等. 中国林产品对外贸易政策评价初探[J]. 世界林业研究,2010(5):44-48.

[19] 蒋祖辉,陈国梁. 中国木材流通论[M]. 北京:中国林业出版社,1994.

[20] 刘珉. 林业投资研究[J]. 林业经济,2011(4):43-49.

[21] 王东,于淑彦. 试论我国林业投资监管体系的问题及对策[J]. 科协论坛(下半月),2011(1):151.

[22] 于江龙,刘俊昌,陈文汇. 我国林业投资与产业经济增长关系研究[J]. 价格理论与实践2011(9):85-86.

[23] 张天阳. 促进安徽省林业可持续发展的公共政策研究[D]. 合肥:安徽大学,2014.

[24] 张勇. 中国循环经济年鉴[M]. 北京:冶金工业出版社,2014.

[25] 国家林业局. 中国林业统计年鉴-2010[M]. 北京:中国林业出版社,2011.

[26] 国家林业局. 中国林业统计年鉴-2011[M]. 北京:中国林业出版社,2012.

[27] 王术华. 林业财政专项资金绩效管理研究[D]. 北京:北京林业大学,2014.

[28] 王永富. 林产品物流供应链体系建设研究[J]. 生态经济(学术版),2012(1):261-264.

[29] 张学文. 中国林业上市公司林产品流通效率比较研究[J]. 经济地理,2012(10):102-107.

[30] 张学文,柳思维. 中国林产品流通效率的实证分析:1996~2010[J]. 系统工程,2013(3):74-79.

[31] 马凯. 我国林业产业投资基金发展研究[D]. 北京:北京林业大学,2014.

[32] 李彦良. 政府林业投资结构的变动对森林资源影响的研究[D]. 保定:河北农业大学,2013.

[33] 金永生. 中国流通产业组织创新研究[M]. 北京:首都经济贸易大学出版社,2004.

[34] 赵林美. 林业投资政策对林业生态经济的贡献度分析[J]. 赤峰学院学报(自然科学版),2016(1):94-96.